中 国 教 育 发 展 出 版 工 程

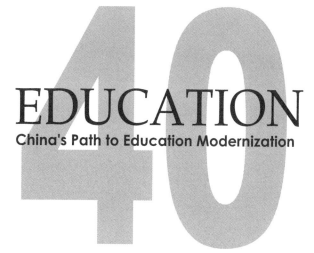

上海市纪念改革开放40年研究丛书

全 国 高 校 出 版 社 主 题 出 版

教育现代化的中国之路
纪念教育改革开放 40 年丛书

丛书总主编　袁振国

EDUCATION

China's Path to Education Modernization

从规制到赋能

——教育制度变迁创新之路

范国睿等　著

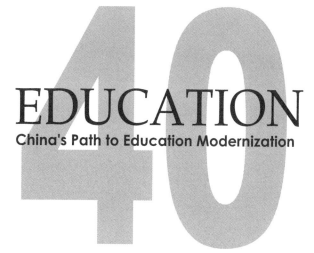
华东师范大学出版社

上海市哲学社会科学学术话语体系建设办公室
上海市哲学社会科学规划办公室　资助出版

全面深化改革，加快实现教育现代化

——"教育现代化的中国之路"丛书总序

1978 年 12 月，中国共产党十一届三中全会确立了解放思想、实事求是的思想路线，作出了改革开放的重大决策。改革开放以来，中国经济 40 年持续增长，人均 GDP 从世界第 171 名跃升到第 70 名[①]，GDP 总量从第 9 名跃升到第 2 名[②]，对世界经济的贡献率从 1978 年的 3.05% 提高到 2016 年的 31.53%[③]。这在中国历史上是一个奇迹，在世界史上也是一个奇迹。

中国教育是这个奇迹的重要组成部分，也是创造这个奇迹的重要动力。中国学前教育毛入学率从 1981 年的 12.62% 提高到 2016 年的 77.4%，超过中高收入国家平均水平 5 个百分点；2016 年九年义务教育巩固率达到 93.4%，超过高收入国家平均水平；高中教育毛入学率从 1981 年的 39.56% 提高到 2016 年的 87.5%，高于中高收入国家平均水平 5 个百分点；高等教育毛入学率从 1981 年 1.6% 提高到 2016 年的 42.7%，超过中高收入国家平均水平 6 个百分点。与此同时，中国的 PISA 成绩和大学的发展都有不俗的表现，显示了中国教育质量的大幅提升。

教育的发展促进中国的人力资源结构发生了重大变化。16—59 岁人口的平均受教育年限从 1981 年的不到 5 年上升到 2016 年的 10.35 年，大专以上文化程度的人口比例由 1982 年的 0.58% 上升到 2015 年的 12.44%[④]。中国在 1990 年的预期受教育

---

① 数据来源：联合国统计署（https://unstats.un.org）。统计口径为人均 GDP（现价美元），其中 1978 年统计的国家为 187 个；2016 年统计的国家为 212 个。本文有关中国的数据不包括中国香港特别行政区、中国澳门特别行政区和中国台湾地区的数据，除非另作说明。

② 数据来源：联合国统计署（https://unstats.un.org）。统计口径为 GDP（现价美元），其中 1978 年统计的国家为 187 个，2016 年统计的国家为 212 个。

③ 数据来源：世界银行数据库（https://data.worldbank.org.cn/indicator）。统计口径为 GDP（2010 年美元不变价），按照"中国对世界经济增长的贡献率 = 中国 GDP 增量/世界 GDP 增量×100%"计算。

④ 数据来源：中华人民共和国国家统计局关于一九八二年人口普查主要数字的公报（http://www.stats.gov.cn/tjsj/tjgb/rkpcgb/qgrkpcgb/200204/t20020404_30318.html）、2015 年全国 1% 人口抽样调查主要数据公报（http://www.stats.gov.cn/tjsj/zxfb/201604/t20160420_1346151.html）。

年限为 8.8 年,世界排名第 119 名;2015 年预期受教育年限提高到 13.5 年,世界排名上升到第 83 名。① 中国从一个人口大国转变成为一个人力资源大国,并日益向人力资源强国迈进。

揭示中国改革开放的成功经验和原因,是学术界越来越浓厚的兴趣,更是中国学者的责任所在。美国著名中国研究学者费正清(John King Fairbank,1907—1991)70年前出版了《美国与中国》(*The United States and China*)一书,这是西方学者第一次把中国和美国进行对比研究的专著。在这本书中,费正清说中国正在发生一场现代化运动,这场现代化运动最基本的特征是决定放弃自己国家所有的传统和制度,然后把西方所有的文明和制度包括语言作为一个对应体,所以中国的现代化就是西方不断冲击中国,中国不断作出反应的过程。在很长时间里面,"冲击—反应模式"是西方学者对中国即将开展的现代化道路的一种共识。② 可是,1991 年他在临终前两天出版的《中国新史》(*China:A New History*)一书中说:"经过 50 年的阅历和观察,我发现中国的现代化发展,很可能不是一个冲击—反应的结果,而是一个自身内在基因变革和内在发展冲动的结果。"③

诺贝尔经济学奖得主罗纳德·科斯(Ronald H. Coase,1910—2013)在他 102 岁的时候,出版了一本与其助手王宁合著的叫《变革中国:市场经济的中国之路》(*How China Became Capitalist*)的书,书中说:"中国很成功,她的发展还会得到延续,但是,中国的经济发展,不能用传统的西方经济学来解释。中国改革的成功,是人类行为的意外后果。"④

世界是一个多元的世界,现代化不是只有一条道路,更没有一条标准的道路,中国及其教育现代化的成功实践,证明了现代化存在多种通道和实现形式,充分彰显了中国现代化成功的世界意义。

---

① 数据来源:联合国开发计划署有关教育预计学历(年)http://hdr. undp. org/en/data♯;1990 年数据统计的国家数为 172 个;2015 年数据统计的国家数为 191 个。

② 费正清:《美国与中国》(第四版),世界知识出版社 2000 年版,第 132—134;451 页。

③ 费正清著,薛绚译:《费正清论中国:中国新史》,正中书局 2001 年版,第 492—493 页。

④ 罗纳德·哈里·科斯,王宁著,徐尧,李哲民译:《变革中国:市场经济的中国之路》,中信出版社 2013 年版,第 1,206—210 页。

教育现代化是中国教育改革开放的一贯主题

实践表明,改革开放以来中国教育的改革发展史,就是一部教育现代化的探索史、奋斗史,是一部中国特色社会主义教育现代化的跃进史。

1983 年邓小平为北京景山学校题词,"教育要面向现代化,面向世界,面向未来"。这集中反映了中国人民对教育发展的憧憬和决心,为中国教育的改革发展确立了思想基础和战略方向。

1985 年《中共中央关于教育体制改革的决定》明确了社会主义教育现代化建设的宏伟任务:"不但必须放手使用和努力提高现有的人才,而且必须极大地提高全党对教育工作的认识,面向现代化、面向世界、面向未来,为九十年代以至下世纪初叶我国经济和社会的发展,大规模地准备新的能够坚持社会主义方向的各级各类合格人才。"

1993 年中共中央、国务院印发了《中国教育改革和发展纲要》,进一步明确了我国教育改革发展的目标:"再经过几十年的努力,建立起比较成熟和完善的社会主义教育体系,实现教育的现代化。"

2010 年 7 月,《国家中长期教育改革和发展规划纲要(2010—2020 年)》明确提出:"到 2020 年,基本实现教育现代化,基本形成学习型社会,进入人力资源强国行列。"该纲要要求为国家基本实现现代化提前做好人力资源准备。

2017 年中共第十九次代表大会再次强调:"建设教育强国是中华民族伟大复兴的基础工程,必须把教育事业放在优先位置,加快教育现代化,办好人民满意的教育。"中共十九大报告进一步强调了实现教育现代化的紧迫感。

总而言之,教育现代化始终是中国教育改革发展的一贯主题和鲜明旗帜,已经成为凝聚全国各方面的力量优先发展教育的理想追求和精神动力,其不仅为实现工业、农业、国防、科学技术的现代化提供了人才保障和智力支持,而且对建设富强民主文明和谐美丽的社会主义现代化国家具有决定性意义。

改革开放持续深化是教育现代化的强大动力

中国教育的现代化始终是和改革开放相伴随行的。教育现代化为教育改革发展确立了总体方向,改革开放既为教育现代化的实现提供了强大动力,也为中国教育现代化迅速推进指明了基本路径。

1977 年恢复高考制度,派遣留学生出国,吹响了中国改革开放的号角。此后,教育改革在整个国家改革开放的背景下逐步展开并不断深化,经过 1977—1985 年的拨乱反正,1985—1993 年的全面启动,1993—2010 年的全面深化,2010 年以来教育综合改革的深入推进,开创了具有中国特色社会主义教育现代化的崭新局面。

1977—1985 年解放思想、拨乱反正。 从 20 世纪 50 年代后期开始,由于全党工作重点一直没有转移到经济建设上来,同时因受到"以阶级斗争为纲"的"左"的思想的影响,教育事业不但长期没有被放到应有的重要地位,而且在历次政治运动中遭到频繁冲击。"文化大革命"更使这种"左"的错误走到否定知识、取消教育的极端,从而使教育事业遭到严重破坏,广大教育工作者遭受严重摧残,不仅耽误了整整一代青少年的成长,而且使我国教育事业同世界发达国家之间在许多方面本已缩小的差距又被拉大了。中共十一届三中全会以后,经过指导思想的拨乱反正,党中央对教育工作做出了一系列新的论断和决策,我国教育事业才得以恢复,重新走上蓬勃发展的道路。

1985—1993 年教育改革全面启动。 冰冻三尺非一日之寒。改革开放初期,轻视教育、轻视知识、轻视人才的错误观念还广泛存在,教育战线"左"的影响仍没有完全克服,教育工作不适应社会主义现代化建设需要的局面短期内还没有根本扭转。面对我国对外开放、对内搞活,以及经济体制改革全面展开和世界范围新技术革命正在兴起的形势,我国教育事业的落后和教育体制的弊端就显得更加突出。特别是在教育事业管理权限的划分上,政府有关部门对学校尤其是对高等学校管得过多、统得过死,导致各级各类学校缺乏应有活力;而政府应该加以管理的事情,又没有很好地管起来。在教育结构上,基础教育薄弱,学校数量不足、质量不高,合格的师资和必要的设备严重缺乏;经济建设大量急需的职业和技术教育没有得到应有发展;高等教育内部的学科、专业结构及办学层次比例失调。与此同时，各级各类学校都普遍存在课程内容陈旧，教学方法死板，教学手段单一，以及实践环节被严重忽视等状况，不同程度脱离了经济和社会发展的需要，落后于当代科学文化的发展。为此，《中共中央关于教育体制改革的决定》明确指出："要从根本上改变这种状况，必须从教育体制入手，有系统地进行改革。"该决定也确立了"教育为社会主义建设服务，社会主义建设依靠教育"的基本方针，那就是要从教育体制改革入手，以简政放权、扩大学校的办学自主权为核心，相应地改革劳动人事制度，使各级各类教育主动适应经济和社会发展的多方面需要的意识和能力得到显著提高。

1993—2010年教育改革全面深化。这一时期，经过拨乱反正和各项教育改革的逐步展开，九年义务教育开始有计划、分阶段地实施，职业和技术教育得到相当程度的发展，高等教育发展较快，初步形成了多种层次、多种形式、学科门类基本齐全的体系；形式多样的成人教育和民族教育也得到很大发展；农村基础教育实行地方负责、分级管理的体制取得了明显效果。但是，我国教育在总体上还比较落后，尚不适应加快改革开放和现代化建设的需要；教育的战略地位在实践中还没有完全落实；教育投入不足，教师待遇偏低，办学条件较差；教育思想、教学内容和教学方法不同程度脱离实际；学校思想政治工作存在明显薄弱环节；教育管理体制及运行机制显得还比较僵化。为此，中国共产党第十四次全国代表大会明确提出，"必须把教育摆在优先发展的战略地位，努力提高全民族的思想道德和科学文化水平，这是实现我国现代化的根本大计"。为了落实这一重大战略部署，中共中央、国务院印发了《中国教育改革和发展纲要》，首次提出"国家财政性教育经费支出（包括：各级财政对教育的拨款，城乡教育费附加，企业用于举办中小学的经费，校办产业减免税部分）占国民生产总值的比例，本世纪末达到百分之四"；同时决定"教育体制改革要采取综合配套、分步推进的方针，加快步伐，改革包得过多、统得过死的体制，初步建立起与社会主义市场经济体制和政治体制、科技体制改革相适应的教育新体制"。这一纲领性文件的颁行，促进了中国教育迈上了国际化、终身化、多元化办学的新台阶。

2010年以来教育进入综合改革新阶段。经过30多年的艰苦奋斗，我国教育体制逐步完善，办学水平不断提高。21世纪第一个十年，城乡免费义务教育全面实现，职业教育快速发展，高等教育进入大众化阶段，教育公平迈出重大步伐。但是，面对经济全球化深入发展,科技进步日新月异,人才竞争日趋激烈的新形势,以及面对经济升级和社会转型对教育提出的新要求,中国教育还面临一系列重大挑战,存在诸多深层矛盾。主要表现在:教育观念相对落后,内容方法比较陈旧,中小学生课业负担过重,素质教育推进困难;学生适应社会和就业创业能力不强,创新型、实用型、复合型人才极其紧缺;教育体制机制不完善,学校办学活力不足;教育结构和布局不尽合理,城乡、区域教育发展不平衡,贫困地区、民族地区教育发展相对滞后;教育投入不足,教育优先发展的战略地位尚未得到全面落实。为此,需要通过深化教育综合改革,特别是重点领域和关键环节的改革,以立德树人为根本任务,以改革创新为强大动力,以促进公平和提高质量为战略重点,以推进考试招生制度改革和深入推进管办评分离为重要抓手,着力培养创新型、复合型、实践型和国际性人才。对此,2010年由中共中央、国务院颁布的《国家中长期教育改革和发展规划纲要(2010—2020年)》作出了全面部署,也由此开启了从教育大国迈向教育强国、实现内涵式发展的新征程。

新时代为教育现代化开辟了更加广阔的前景

2017年中国共产党第十九次全国代表大会胜利召开,开启了中国特色社会主义新时代。大会作出了我国社会主要矛盾已经转化为人民日益增长的美好生活需要和不平衡不充分的发展之间的矛盾的历史判断,提出了分两个阶段的奋斗目标:即从2020年到2035年,在全面建成小康社会的基础上,再奋斗十五年,基本实现社会主义现代化;从2035年到本世纪中叶,在基本实现现代化的基础上,再奋斗十五年,把我国建成富强民主文明和谐美丽的社会主义现代化强国。

中国未来发展、中华民族伟大复兴,关键靠人才,基础在教育。强国必先强教,中共十九大报告明确提出,建设教育强国是中华民族伟大复兴的基础工程,强调要把教育事业放在优先发展位置,加快教育现代化,办好人民满意的教育。这为新时代中国教育改革发展确立了新方位,提出了新目标,指明了新路径。面向2035乃至2050年,教育必须坚持全面深化改革,坚决破除一切不合时宜的思想观念和体制机制弊端,突破利益固化的藩篱,吸收人类文明有益成果,尊重教育规律和人才成长规律,在教育结构和教育布局优化上作出更大努力，在教育公平和教育质量提升上迈出更大步伐，在激发教育活力上采取更有力的措施，系统创新人才培养模式，全面提高个性化、多样化、高质量教育服务的供给能力，坚持中国特色社会主义教育道路，不断推进教育治理体系和治理能力的现代化。

总结经验，面向未来，走向世界

改革开放 40 年来中国教育发生的巨大变化，提高了全民素质，增强了综合国力，造福于亿万人民。回顾中国教育改革开放的历史进程，分析各重要历史阶段面对各种复杂问题的解决之道，总结教育破浪前进的成功经验，深刻认识蕴藏于现象后的规律性特征，对丰富和发展中国特色社会主义教育理论体系，坚定中国特色社会主义教育道路自信具有不可替代的重要意义。为此，我们组织编写了这套"教育现代化的中国之路——纪念教育改革开放 40 年"丛书，并列为上海社科"改革开放 40 年"研究系列项目重点课题。丛书以中国特色社会主义教育现代化为价值引领，以历史进程为经，以重大事件为纬，分为 10 卷，为总结各级各类教育理论创新、制度创新、政策创新和教育事业跨越式发展的成就和经验进行系统尝试，为构建具有中国特色的教育理论体系和话语体系作应有的努力。

理论研究的任务不仅是为了认识世界，更是为了改造世界。认识规律的最终目的是为了引领实践。中国教育已经完成了从教育弱国向教育大国的转变，如何从教育大国向教育强国迈进，任务更艰巨，事业更伟大。面对信息化、网络化、数据化的扑面而来，面对充满了不确定的未来，加深对教育规律的认识，加强对人才成长成才规律的认识，才能够继往开来，加快教育现代化步伐，办更加公平、更高质量、更具活力的教育，沿着中国特色社会主义的正确道路不断前进。

中国教育的成就不仅造福于中国人民，而且为世界的教育创新作出了自己的贡献。实现教育现代化没有可以照抄照搬的路径和模式。中国教育改革开放 40 年来，我们坚持积极学习借鉴世界先进理念和成功经验，坚持尊重教育规律，坚持扎根中国大地办教育，成功地开辟了一条在一个人口众多、发展不平衡、整体发展水平很低的国家，跨越式发展实现教育现代化的道路。总结 40 年教育改革开放的历程，可以为世界实现教育现代化提供中国经验和中国智慧,也可以为加快我国教育现代化,日益走近世界舞台中央、不断为人类作出更大贡献添薪助力。

丛书总主编袁振国

2018 年 5 月

目　录

第三章

学校领导与管理制度 / 129

第四章

课程与教材制度 / 153

第五章
教师制度 / 191

第六章
教育评价制度 / 233

第七章
考试招生与就业制度 / 267

第九章
教育财政制度 / 339

第十章

教育对外开放制度 / 373

导言：从规制到赋能①

——改革开放 40 年我国教育制度的变迁与创新

经过 40 年的改革开放和现代化发展，中国社会进入新时代中国特色社会主义发展的新阶段②。美国学者裴宜理（Elizabeth J. Perry）在研究中国改革开放 30 年时指出："自改革开放以来，中国政府不仅从各种困境中挺了过来，而且还以更为欣欣向荣的态势发展了 30 多年。因此，这一现象旋即吸引了比较政治和公共政策研究领域的广泛关注并对其进行了严肃的学理探究。"③值此中国改革开放 40 年纪念之际，我们站在新时代中国特色社会主义思想与制度体系建设的高度，借助历史文献，把中国教育改革与发展放在 40 年中国社会政治经济变革的宏观背景下考察，结合具有标志性的重大教育政策与教育改革事件，回顾、总结和反思中国教育制度要素与制度体系变迁和创新的曲折过程，全面检视中国教育制度建设的成败得失，以期为完善中国特色社会主义教育制度体系、保障和促进未来中国教育的新发展，提供历史借鉴与理智智慧。

一、教育制度变革史研究的方法论

影响教育制度的变迁与创新的因素，既有教育系统之外的社会政治经济因素，又有教育系统内部事业发展的矛盾与任务等因素，更有教育制度系统自身的逻辑因素，因此，对 40 年教育制度变迁与创新历程的研究，是一个复杂的工程。在研究过程中，

---

① 范国睿：《教育制度变革的当下史》，《华东师范大学学报（教育科学版）》2018 年第 5 期；范国睿：《教育制度变革的价值追求与战略选择》，《全球教育展望》2018 年第 7 期；范国睿等：《改革开放 40 年教育体制机制改革的历史与逻辑分析》，《教育研究》2018 年第 7 期。收入本书时，作者作了相应修订。

② 习近平：《决胜全面建成小康社会 夺取新时代中国特色社会主义伟大胜利——在中国共产党第十九次全国代表大会上的报告》，2017 年 10 月 18 日。

③ Perry, Elizabeth J. Growing Pains: Challenges for a Rising China. Daedalus, Spring, 2014, 143（2）: 5 – 13.

我们遵循以下方法论原则，化繁为简，条分缕析：

（一）**历史与逻辑的统一**。教育制度的变迁与形塑，是历史发展的结果。恩格斯指出："历史从哪里开始，思想进程也应当从哪里开始，而思想进程的进一步发展不过是历史过程在抽象的、理论上前后一贯的形式上的反映。"①改革开放 40 年来教育制度的变迁是一个曲折前进的过程；对教育制度变迁逻辑的考察，自然与教育变革的历史进程相统一，这就需要把教育改革与制度建设的重大事件与逻辑放在改革开放的历史进程中加以考察，还原教育变革的历史真实。

（二）**教育制度分析与社会系统分析的统一**。在社会系统中，教育与政治、经济、文化等社会因素紧密联系，相互作用，教育制度变迁是教育政策与教育变革的结果，教育改革与社会政治经济的变革紧密联系，且相互影响。教育制度，实际上是政府管理的国家教育制度，是"致力于正规教育，进行整体控制和监督，至少部分地由政府负责，是组成部分和过程相互联系的、全国范围的、多样化的学校教育机构的总和"。② 中国特色社会主义教育制度的发展变化，尤其与政党政治、国家体制改革紧密相关，在改革开放 40 年较长的历史时期内，以经济建设为中心的发展战略，也直接影响着社会各要素的变革与发展。因此，对教育制度变迁的考察，需要把教育制度与教育变革放在动态发展的社会系统中，放在教育与社会政治、经济诸要素的结构性变革和发展中，借助党和国家领导人的讲话，中共中央、国务院的相关政策文件，国家相关法律法规，教育部和地方政府、教育行政部门的教育法律、法规、规章、政策文本，加以系统考察。

（三）**教育制度变迁与教育事业发展的统一**。教育制度的建立与完善，旨在理顺各种教育元素之间的关系，其根本目的是促进教育事业的健康发展；而在教育事业的发展进程中，不同历史阶段教育事业发展的主要矛盾、主要任务不同，相应地，也就需要不同教育制度予以保障。由此，在梳理教育制度变迁的过程中，就需要结合对教育事业发展的考察。

（四）**教育制度的系统建构与重大教育改革事件分析的统一**。教育制度是一个由

---

① 恩格斯：《卡尔·马克思〈政治经济学批判 第一分册〉》，见中共中央马克思恩格斯列宁斯大林著作编译局编《马克思恩格斯选集（第二卷）》，人民出版社 1995 年版，第 43 页。

② Archer，Margaret S. Social Origins of Educational Systems. Sage，1979：54.

办学体制、教育体制、学校领导与管理体制、教育人事制度、教育财政制度、考试招生制度等一系列制度要素构成的复杂系统；在不同教育发展阶段，由于教育事业发展的主要矛盾与主要任务的差异，导致不同历史时期会有不同的标志性教育改革事件，这些重大教育改革事件既与某一教育制度要素高度相关，又与整个教育制度系统的完善相关。由此，在研究过程中，需要以点带面，把重大教育改革事件放在整个教育制度的系统建构中加以考察。

（五）教育制度的顶层设计与实践过程的统一。面对教育事业发展的突出矛盾与任务，国家和地方政府以及教育行政部门会通过一系列决策行为，寻求制度化的措施破解教育问题的解决方案。在实践过程中，由于社会与教育自身的发展变化，又需要根据实际情况对这种制度化顶层设计进行调适，以创新和完善制度设计。因此，在研究过程中，需要将教育制度的顶层设计与教育变革的执行、修正、调整、完善等实践过程加以系统考察。

二、改革开放 40 年教育制度变迁的历史脉络

改革开放 40 年来的教育改革与教育制度变迁，经历了拨乱反正、恢复和重建教育制度，全面启动教育改革，探索基于市场机制的制度变革以促进教育事业发展，调整教育政策、从追求效率走向关注公平，以及推进教育领域综合改革、加快教育治理体系与治理能力现代化建设等不同发展阶段。

（一）拨乱反正，教育制度的恢复与重建(1978—1984)

综观中国社会与教育改革的历史进程，1949 年中华人民共和国成立，使中国社会实现了从几千年封建专制社会向人民民主社会的飞跃；中国社会历经社会主义改造，在基本完成从新民主主义到社会主义的转变基础上，开始全面的、大规模的社会主义建设。中国教育制度，在探索建立民族的、科学的、大众的文化教育体系过程中不断完善[①]。然而，这种探索与发展并非一帆风顺，在此后长达十年的"文化大革命"期间，"左"

[①] 1949 年 9 月 29 日，中国人民政治协商会议第一届全体会议通过起临时宪法作用的《中国人民政治协商会议共同纲领》，规定："中华人民共和国的文化教育为新民主主义的，即民族的、科学的、大众的文化教育。"

倾错误盛行，"使党、国家和人民遭到建国以来最严重的挫折和损失"[1]；教育为无产阶级政治服务的功能得以强化，学校成为无产阶级专政的工具[2]，教育制度、教育秩序、教育生态遭受严重破坏。"文革"后，纠正"左"倾错误、彻底扭转"十年内乱"造成的严重局势、使党和国家从危难中重新奋起的社会诉求日益强烈，但是，由于"两个凡是"[3]的禁锢，这一顺应时势的愿望严重受阻，社会各项事业"在徘徊中前进"[4]。1978 年 12 月，中国共产党第十一届中央委员会第三次全体会议召开，拨乱反正，"实现了新中国成立以来我们党历史上具有深远意义的伟大转折，开启了我国改革开放历史新时期"[5]。

解放思想与确立经济建设战略重心。中共十一届三中全会充分肯定了必须完整、准确地掌握毛泽东思想的科学体系，与此同时，全面认真地纠正了"文革"中的"左"倾错误，冲破了教条主义和个人崇拜的思想禁锢，批判和否定了"两个凡是"错误方针，高度评价了关于真理标准问题的讨论，确立"实践是检验真理的唯一标准"作为党的思想路线的根本原则，确定了解放思想、开动脑筋、实事求是、团结一致向前看的指导方针，从而重新确立了马克思主义实事求是的思想路线。十一届三中全会果断停止使用"以阶级斗争为纲"的口号，作出了把党和国家工作中心转移到经济建设上来、实行改革开放的历史性决策，"目的就是要解放和发展社会生产力，实现国家现代化，让中国人民富裕

---

[1] 《关于建国以来党的若干历史问题的决议》(1981 年 6 月 27 日中国共产党第十一届中央委员会第六次全体会议通过)。

[2] "学校应当成为无产阶级专政的工具"是列宁提出的："在国民教育方面，俄共给自己提出的任务是：把 1917 年十月革命时开始的事业进行到底，即把学校由资产阶级的阶级统治工具变为摧毁这种统治和完全消灭社会阶级划分的工具。学校应当成为无产阶级专政的工具。"(列宁：《俄共(布)纲领草案》，见中共中央马克思恩格斯列宁斯大林著作编译局编《列宁选集(第三卷)》，人民出版社 2012 年版，第 744 页)列宁所谓"学校应当成为无产阶级专政的工具"是指学校发挥"传播一般共产主义原则"和"对劳动群众中的半无产者和非无产者的阶层传播无产阶级在思想、组织、教育等方面的影响"(教育的功能)，与以暴力镇压剥削阶级反抗意义上的"专政"(镇压的功能)有着严格区别(陈桂生：《马克思主义教育论著研究》，华东师范大学出版社1993 年版，第 255—260 页)。

[3] 1977 年 2 月 7 日《人民日报》、《红旗》杂志、《解放军报》社论《学好文件抓住纲》提出"凡是毛主席作出的决策，我们都坚决维护；凡是毛主席的指示，我们都始终不渝地遵循"，目的是高举毛主席旗帜。"两个凡是"提出后，遭到邓小平、陈云等人的坚决反对，并引发关于真理标准问题的大讨论[邓小平：《"两个凡是"不符合马克思主义》(1977 年 5 月 24 日)，见中共中央文献编辑委员会编辑《邓小平文选(第二卷)》，人民出版社1983 年版，第 38 页]；陈云提出"不唯上、不唯书、只唯实"的思想(陈云：《陈云文选(第三卷)》，人民出版社1995 年版，第 371 页)。

[4] 《关于建国以来党的若干历史问题的决议》。

[5] 胡锦涛：《在纪念党的十一届三中全会召开 30 周年大会上的讲话》，2008 年 12 月 18 日。

起来,振兴伟大的中华民族;就是要推动我国社会主义制度自我完善和发展,赋予社会主义新的生机活力,建设和发展中国特色社会主义"①。

确立"尊重知识,尊重人才"的教育观、人才观。"文革"期间,受"左"倾思想影响,"知识越多越反动"、"知识分子是臭老九"等错误思想盛行;"文革"过后,1971年《全国教育工作会议纪要》的"两个估计"②,仍是困扰广大教师、知识分子的精神枷锁。邓小平明确指出"两个估计"不符合实际,并对"文革"前17年的教育和教师队伍作了充分肯定③;基于对现代化建设人才需求的战略思考,指出:"我们要实现现代化,关键是科学技术要能上去。发展科学技术,不抓教育不行。靠空讲不能实现现代化,必须有知识,有人才。""一定要在党内造成一种空气:尊重知识,尊重人才。"④"两个尊重"的提出,对落实知识分子政策、在全社会养成尊师重教的风气,发挥了重要作用。1978年12月,中共十一届三中全会提出要"大力加强实现现代化所必需的科学和教育工作"⑤。1979年3月,中共中央撤销1971年《全国教育工作会议纪要》,彻底推倒了"两个估计",为当时教育、科技界的拨乱反正扫清了障碍。

教育秩序的恢复与重建。"文革"过后,摆在教育工作者面前的紧迫任务是恢复和重建教育秩序。1978年,邓小平在全国教育工作会议上要求"学校要大力加强革命秩序","提高教育质量,提高科学文化的教学水平"⑥。接着,先后恢复中小学12年学制("文革"期间改为10年)、恢复职称制度、实行学位制度等,进而从制度上恢复和重建教

---

① 胡锦涛:《高举中国特色社会主义伟大旗帜　为夺取全面建设小康社会新胜利而奋斗——在中国共产党第十七次全国代表大会上的报告》,2007年10月15日。

② 1971年4月15日至7月31日,全国教育工作会议在北京举行。在会议通过并经毛泽东同意的《全国教育工作会议纪要》中,提出了所谓"两个估计",即:解放后17年"毛主席的无产阶级教育路线基本上没有得到贯彻执行","资产阶级专了无产阶级的政";大多数教师和解放后培养的大批学生的"世界观基本上是资产阶级的"。从这"两个估计"出发,会议确定和重申了"工宣队"长期领导学校、知识分子到工农兵中接受再教育、选拔工农兵上大学、缩短大学学制等政策。"两个估计"使广大知识分子长期受到严重压抑。1977年11月18日《人民日报》发表教育部大批判组的文章《教育战线的一场大论战》,批判"两个估计"。

③ 邓小平:《关于科学和教育工作的几点意见》(1977年8月8日),见中共中央文献编辑委员会编辑《邓小平文选(第二卷)》,人民出版社1983年版,第48—49页。

④ 邓小平:《尊重知识,尊重人才》(1977年5月24日),见中共中央文献编辑委员会编辑《邓小平文选(第二卷)》,人民出版社1983年版,第40—41页。

⑤《中国共产党第十一届中央委员会第三次全体会议公报》(1978年12月22日通过)。

⑥ 邓小平:《在全国教育工作会议上的讲话》(1978年4月22日),见中共中央文献编辑委员会编辑《邓小平文选(第二卷)》,人民出版社1983年版,第105、103页。

育秩序。1978 年 9—10 月,教育部参照"文革"前 17 年的相关文件①,重新修订和颁发《全日制中学暂行工作条例(试行草案)》《全日制小学暂行工作条例(试行草案)》《全国重点高等学校暂行工作条例(试行草案)》,整顿和恢复大中小学各项工作制度。尽管有学者认为选择以"文革"前 17 年的教育制度作为新时期恢复和重建教育秩序、发展教育事业的范本,是一场"未完成的拨乱反正"②,但在缺乏基于改革开放的国际视野,又无更佳可资借鉴的本土经验的背景下,这不失为应急状态下的一种便利性选择。教育秩序的恢复与重建为此后的教育改革奠定了良好的制度基础。

确立"三个面向"教育方针。1983 年国庆节,邓小平为北京景山学校题词:"教育要面向现代化,面向世界,面向未来。"③这一被简称为"三个面向"的新提法,与邓小平从社会主义精神文明角度提出的"四有新人"④培养目标,对 20 世纪 80—90 年代的教育改革与发展产生了广泛而深刻的影响。"三个面向"准确地揭示了我国教育的历史性转折,即从"以阶级斗争为纲"和闭关锁国的教育转向改革开放、以"经济建设为中心"的教育;"三个面向"从三个不同的维度,描绘了中国教育的未来发展方向,那就是:立足传统,面向现代化;立足中国,面向世界;立足当下,面向未来。

恢复高考制度。"文革"期间,停止 10 年的高等学校招生考试,耽误了一代人的成长,也造成国家建设人才的短缺。⑤ 1977 年,刚刚复出工作的邓小平力排众议,提出恢

---

① 1961 年,中共中央发布《教育部直属高等学校暂行工作条例(草案)》(高教 60 条);1963 年,颁布《全日制中学暂行工作条例(草案)》(中学 50 条)、《全日制小学暂行工作条例(草案)》。三个条例对于当时规范教育秩序、提高教育质量、促进教育事业发展发挥了重要作用。

② 杨东平:《我国教育改革与发展 30 年》,见邹东涛主编《中国经济发展和体制改革报告 No. 1:中国改革开放 30 年(1978—2008)》,社会科学文献出版社 2008 年版,第 711 页。

③ 邓小平:《为景山学校题词》(1983 年 10 月 1 日),见中共中央文献编辑委员会编辑《邓小平文选(第三卷)》,人民出版社 1993 年版,第 35 页。

④ 中共中央文献研究室编辑:《邓小平论教育》,人民教育出版社 1995 年版,第 123 页。

⑤ "文革"之初,为了把大专学校和高中的"文化大革命运动""搞深搞透",高等教育部于 1966 年连续发出通知,先是推迟高等学校招生录取工作,接着提出"取消考试"、"采取推荐与选拔相结合"的招生办法。1971 年,中共中央批准《全国教育工作会议纪要》,要求大专院校坚持"自愿报名,群众推荐,领导批准,学校复审"的办法,招收具有初中以上文化程度的有二至三年以上实践经验的优秀工农兵。1977 年 6 月,教育部高等学校招生工作会议仍然提出采用"文革"中实行的免试推荐工农兵上大学的招生办法,这一意见遭到当年刚刚复出工作的邓小平的反对。邓小平认为,"要经过严格考试,把最优秀的人才集中在重点中学和大学"。[邓小平:《尊重知识,尊重人才》(1977 年 5 月 24 日),见中共中央文献编辑委员会编辑《邓小平文选(第二卷)》,人民出版社 1983 年版,第 40 页]

复高等学校招生考试制度，"今年就要下决心恢复从高中毕业生中直接招考学生，不要再搞群众推荐"，并认为这"可能是早出人才、早出成果的一个好办法"①。当年 10 月，国务院正式批转教育部《关于 1977 年高等学校招生工作的意见》，规定从 1977 年起，对高等学校招生制度进行改革，恢复统一招生考试，高考制度正式恢复。高考制度的恢复，是拨乱反正的重大成果，更是恢复与重建教育制度、使中国教育走向新秩序的开始，是中国教育现代化的新开端。

恢复重点学校制度。早在 20 世纪 50 年代，面对国家建设亟需专门人才而教育资源严重不足的情况，我国曾实行重点学校制度。"文革"期间，在"知识无用论"与"反智主义"盛行的背景下，重点学校制度被取消。1977 年 5 月，邓小平指出："办教育要两条腿走路，既注意普及，又注意提高，要办重点小学、重点中学、重点大学。要经过严格考试，把最优秀的人才集中在重点中学和大学。"②1978 年 1 月，教育部发布《关于办好一批重点中小学的试行方案》，提出全国重点中小学形成"小金字塔"结构，并在经费投入、办学条件、师资队伍、学生来源等方面向重点学校倾斜。重点学校制度对于有效地集中利用已有教育资源，改善部分学校办学条件，提高教育质量，"多出人才，快出人才"，满足国家和社会对高素质人才的需求，发挥了历史性的重要作用。由于重点学校的特质、在教育资源分布上的局限性及其与此后教育发展中所产生的"择校热"、"应试教育"现象之间不可避免的关联，20 世纪 80 年代中期，我国开始探索改革重点学校制度。

（二）改革教育体制，教育制度变革的部署与展开（1985—1991）

1985 年 5 月，改革开放后的第一次全国教育工作会议召开，讨论并通过了《中共中央关于教育体制改革的决定》（以下简称《决定》）。《决定》与同期中共中央连续发布的关于经济体制改革、科学技术体制改革的两个"决定"③，构成这一时期以体制改革为特征的社会改革与发展的总框架，从而大大推动了中国社会的现代化进程。

---

① 邓小平：《关于科学和教育工作的几点意见》(1977 年 8 月 8 日)，见中共中央文献编辑委员会编辑《邓小平文选(第二卷)》，人民出版社 1983 年版，第 55 页。

② 邓小平：《尊重知识，尊重人才》(1977 年 5 月 24 日)，见中共中央文献编辑委员会编辑《邓小平文选(第二卷)》，人民出版社 1983 年版，第 40 页。

③《中共中央关于经济体制改革的决定》(中国共产党第十二届中央委员会第三次全体会议 1984 年 10 月 20 日通过)，《人民日报》1984 年 10 月 21 日；《中共中央关于科学技术体制改革的决定》(1985 年 3 月 13 日)，《人民日报》1985 年 3 月 20 日。

教育功能的转向。《决定》力图破解"如何在有限的财力物力条件下,把教育搞上去,满足社会主义现代化建设的迫切需要"的问题,"通过改革来更好地调动各级政府、广大师生员工和社会各方面的积极性,团结一致,同心同德,多想办法,发挥各方面的潜力,使教育事业一年比一年更好地向前发展"的问题。在教育功能的认识上,《决定》提出了"教育必须为社会主义建设服务,社会主义建设必须依靠教育"的论断。显然,这一表述超越了 1958 年 9 月中共中央、国务院《关于教育工作的指示》,提出了影响中国教育长达 20 年的"教育为无产阶级的政治服务,教育与生产劳动相结合"的教育方针,是与十一届三中全会以来"以经济建设为中心"的发展战略相吻合的;《决定》指出,"教育体制改革的根本目的是提高民族素质,多出人才、出好人才"。从强调教育为政治服务,到强调发挥教育促进经济和社会发展的功能,到对教育育人价值的肯定,是思想认识上的巨大进步。这一价值取向在此后的教育改革过程中得到了贯彻。例如,1993 年 2 月中共中央、国务院《中国教育改革和发展纲要》提出了教育体制改革的"三个有利于"的原则,即"有利于坚持教育的社会主义方向,培养德智体全面发展的建设者和接班人;有利于调动各级政府、全社会和广大师生员工的积极性,提高教育质量、科研水平和办学效益;有利于促进教育更好地为社会主义现代化建设服务"。

简政放权,扩大学校的办学自主权。"文革"之后,伴随着教育领域的拨乱反正,学校办学自主权问题被提上日程。早在 1979 年底,上海 4 所大学的校长在《人民日报》上发文,呼吁改革高等教育体制,给高等学校以办学自主权,引起强烈反响①。《决定》力图反映当时各地扩大办学自主权的迫切愿望与经验。在中央和地方的教育管理权责关系上,"改革管理体制,在加强宏观管理的同时,坚决实行简政放权,扩大学校的办学自主权"。在基础教育领域,"把发展基础教育的责任交给地方","实行基础教育由地方负责、分级管理的原则"。中央决定"大政方针和宏观规划","基础教育管理权属于地方","具体政策、制度、计划的制定和实施,以及对学校的领导、管理和检查,责任和权力都交给地方"。这一制度后来被 1986 年 4 月颁布的《中华人民共和国义务教育法》予以确认。为了促进义务教育发展,《决定》首次提出了教育投入体制的"两个增长"原则,即"中央和地方政府的教育拨款的增长要高于财政经常性收入的增长,并使按在校学生人数平

---

① 苏步青、李国豪、刘佛年、邓旭初:《给高等学校一点自主权》,《人民日报》1979 年 12 月 6 日。

均的教育费用逐步增长"；为了保证地方发展教育事业，《决定》还要求，除国家拨款以外，"地方机动财力中应有适当比例用于教育，乡财政收入应主要用于教育"，并且允许地方"征收教育费附加"，"用于改善基础教育的教学设施"，这些制度性要求，也被纳入《义务教育法》[①]，从而确立了农村义务教育的责任以县、乡（镇）政府为主，农村基础教育的经费主要由县、乡两级政府筹措的法理依据。1987 年，国家教育委员会等机构指出，基础教育实行地方负责以后，"要充分发挥县在管理农村基础教育方面的重要作用"，"扩大乡一级管理农村学校的职责权限"，并且认为这"是这次改革的一个重要特点"。在农村基础教育管理体制改革中，发挥村在解决危房、改善办学条件、提高教师待遇、筹措解决民办教师的工资、管好学校财产、维护学校权益、动员适龄儿童入学、参与监督学校工作等方面的作用[②]。将基础教育的管理权下放给地方，建立起省、县、乡分级管理，财政以乡为主的义务教育管理体制，调动了地方的积极性，对促进基础教育的发展发挥了积极的作用；但是，以乡为主举办义务教育的体制，教育管理重心过低，客观上造成教育对地方经济发展水平的依赖，成为此后教育发展不平衡的重要原因之一。

校长负责制。在政府与学校关系、学校内部的党政关系上，中华人民共和国成立以后，我国实行学校党支部领导下的校长负责制、当地党委和主管教育行政部门领导下的校长负责制两种模式。《决定》提出"学校逐步实行校长负责制"，进而明确了学校党支部、校长、校务委员会、教职工代表大会之间的权责关系。"学校中的党组织要从过去那种包揽一切的状态中解脱出来，把自己的精力集中到加强党的建设和加强思想政治工作上来。""有条件的学校要设立由校长主持的、人数不多的、有威信的校务委员会，作为审议机构。要建立和健全以教师为主体的教职工代表大会制度，加强民主管理和民主监督。"从而，在权责分置的情况下，保证学校内部管理机制有效运行。尽管在此后的改革与发展中，人们对中小学校长负责制仍存争议，但这一制度对于促进中

---

① 《义务教育法》规定："国家用于义务教育的财政拨款的增长比例，应当高于财政经常性收入的增长比例，并使按在校学生人数平均的教育费用逐步增长。""地方各级人民政府按照国务院的规定，在城乡征收教育事业费附加，主要用于实施义务教育。"

② 《国家教育委员会、财政部关于农村基础教育管理体制改革若干问题的意见》（教政研字〔87〕002 号），1987 年 6 月 15 日。

小学自主办学、自主发展发挥了积极作用①。

1989 年的政治风波后,教育体制改革陷入停滞状态。1992 年邓小平南巡讲话后,开启新一轮的改革与发展。

(三) 探索市场机制,以制度变革促进教育事业发展(1992—2002)

从传统的计划经济走向市场经济,从思想认识到战略布局,经历了从"计划经济为主、市场调节为辅"②、"有计划商品经济"③到"社会主义市场经济"④的复杂认识与转变过程。1992 年春,邓小平在赴武昌、深圳、珠海和上海视察途中发表一系列重要谈话⑤,发动了新一轮的解放思想、改革开放,开启了以经济增长为核心的新发展道路。1994 年 6 月,改革开放以来的第二次全国教育工作会议召开,提出建立与社会主义市场经济体制相适应的教育体制⑥。为了回应 1997 年中共十五大提出的跨世纪社会主义现代化建设的宏伟目标与任务,"实施科教兴国战略和可持续发展战略","深化科技和教育体制改革,促进科技、教育同经济的结合"⑦,教育部制定了跨世纪教育改革和发展的施工蓝图《面向 21 世纪教育振兴行动计划》。1999 年 6 月,改革开放以来的第三次全国教育工作会议召开,从迎接 21 世纪挑战的战略高度出发,对深化教育体制和结构改革、全面推进素质教育,实施科教兴国战略,建立适应社会主义市场经济体制和

---

① 萧宗六:《中小学应继续实行校长负责制——建国后中小学管理体制改革的回顾与思考》,《中国教育报》1989 年 10 月 17 日;萧宗六:《关于校长负责制的几点思考》,《中小学管理》1990 年第 6 期;萧宗六:《中小学应普遍推行校长负责制》,《中国教育报》1993 年 3 月 30 日;萧宗六:《校长负责制的提出及内涵》,《中小学管理》2000 年第 11 期。

② 胡耀邦:《全面开创社会主义现代化建设的新局面——在中国共产党第十二次全国代表大会上的报告》,1982 年 9 月 8 日。

③ 《中共中央关于经济体制改革的决定》(中国共产党第十二届中央委员会第三次全体会议 1984 年 10 月 20 日通过),《人民日报》1984 年 10 月 21 日;《沿着有中国特色的社会主义道路前进——在中国共产党第十三次全国代表大会上的报告》,1987 年 10 月 25 日。

④ 江泽民:《加快改革开放和现代化建设步伐 夺取有中国特色社会主义事业的更大胜利——在中国共产党第十四次全国代表大会上的报告》,1992 年 10 月 12 日。

⑤ 陈锡添:《东方风来 满眼春——邓小平同志在深圳纪实》,《深圳特区报》1992 年 3 月 26 日,《人民日报》1992 年 3 月 31 日;邓小平:《在武昌、深圳、珠海、上海等地的谈话要点》(1992 年 1 月 18 日—2 月 21 日),见中共中央文献编辑委员会编辑《邓小平文选(第三卷)》,人民出版社 1993 年版,第 373 页。

⑥ 《国务院关于〈中国教育改革和发展纲要〉的实施意见》(国发〔1994〕39 号),1994 年 7 月 3 日。

⑦ 江泽民:《高举邓小平理论伟大旗帜,把建设有中国特色社会主义事业全面推向二十一世纪——在中国共产党第十五次全国代表大会上的报告》,1997 年 9 月 12 日。

政治、科技体制改革需要的教育体制，进行了总体部署①。

建立与社会主义市场经济体制相适应的教育体制。1993 年，中共中央、国务院《中国教育改革和发展纲要》提出，教育改革要坚持"三个有利于"原则，"改革包得过多、统得过死的体制"，建立"与社会主义市场经济体制和政治体制、科技体制改革相适应的教育新体制"，这一任务贯穿整个 20 世纪 90 年代。在办学体制改革上，一方面，"进一步确立中央与省（自治区、直辖市）分级管理、分级负责的教育管理体制"，另一方面，"改变政府包揽办学的格局，逐步建立以政府办学为主体、社会各界共同办学的体制"。中等以下教育"完善分级办学、分级管理的体制"，基础教育以地方政府办学为主；高等教育实行"政府宏观管理、学校面向社会自主办学的体制"，以中央、省两级政府办学为主，社会各界参与办学。在政府与学校的关系上，转变政府职能，"由对学校的直接行政管理，转变为运用立法、拨款、规划、信息服务、政策指导和必要的行政手段，进行宏观管理"。"按照政事分开的原则，通过立法，明确高等学校的权利和义务，使高等学校真正成为面向社会自主办学的法人实体。""学校要善于行使自己的权力，承担应负的责任，建立起主动适应经济建设和社会发展需要的自我发展、自我约束的运行机制。"简政放权、分级管理、落实学校办学自主权等思想与战略，延续了 20 世纪 80 年代中期《决定》的教育改革主张，在此后国家相关教育政策文件中得以强化和完善②。如 1995 年 5 月国家教育委员会提出："高等教育管理体制改革的目标是，争取到 2000 年或稍长一点时间，基本形成举办者、管理者和办学者职责分明，以财政拨款为主多渠道经费投入，中央和省、自治区、直辖市人民政府两级管理、分工负责，以省、自治区、直辖市人民政府统筹为主，条块有机结合的体制框架。"③但是，这一时期的多渠道筹措教育经费、民办教育发展、公办学校转制、大学扩招等一系列带有经济主义倾向的发展教育产业的政策与制度，也相应产生了一系列新问题。

教育管理的地方化。对义务教育管理体制而言，20 世纪 90 年代实行的是 80 年代

---

① 《中共中央国务院关于深化教育改革，全面推进素质教育的决定》，1999 年 6 月 13 日。

② 《国务院办公厅转发国家教委〈关于深化高等教育体制改革若干意见〉的通知》（国办发〔1995〕43 号），1995 年 5 月 29 日；《国务院批转教育部面向 21 世纪教育振兴行动计划的通知》（国发〔1999〕4 号），1999 年 1 月 13 日；《中共中央国务院关于深化教育改革，全面推进素质教育的决定》，1999 年 6 月 13 日；《国务院关于基础教育改革与发展的决定》（国发〔2001〕21 号），2001 年 5 月 29 日。

③ 《国务院办公厅转发国家教委〈关于深化高等教育体制改革若干意见〉的通知》（国办发〔1995〕43 号），1995 年 5 月 29 日。

《义务教育法》所规定的"分级办学,分级管理"体制,在我国城乡经济体制改革刚刚启动、政府总体财力还比较有限的情况下,将农村义务教育的责任落实到乡镇,有助于调动地方办学的积极性,增强基础教育发展的动力和活力。实际上,乡镇党委、政府和村民委员会在筹措教育经费、征收农村教育费附加、加快学校建设、改造学校危房、改善教师待遇、动员适龄儿童入学等方面发挥了积极作用,办学条件得到不同程度的改善,为加快基础教育特别是九年义务教育的发展作出了重大贡献。但是,这种被称为"地方化"的教育管理体制①,客观上造成义务教育对乡镇财政的依赖,使农村基础教育的地区性差异不断加大,全国出现大面积拖欠农村中小学教师工资的严重情况。1994年分税制改革后②,农村基础教育投入基本上是由乡镇财政和农民承担;而由于地方经济发展水平的差异较大,进而造成义务教育发展区域(县域内)不平衡加剧。从2000年起,农村实行"税费改革",取消了农村教育费附加和农村捐集资,教育筹资渠道更加单一,农村教育经费更加短缺,使农村基础教育的发展和农村学校的运营陷于重重困难。2001年,国家改变了历时15年以乡镇为主的农村义务教育管理体制,明确"实行在国务院领导下,由地方政府负责、分级管理、以县为主的体制"③。即使如此,一些地方仍强调"以县为主但绝不能减轻乡镇政府职责",要求"一方面,要落实以县为主的管理体制,加大县级政府统筹管理基础教育的责任和权限;另一方面,要继续调动乡镇办学的积极性"④。"以县为主"的教育管理体制,将基础教育管理权限上调至县级,一定程度上改善了教育管理重心过低、教育经费以乡镇为主的问题,对于保障农村基础

① 陈彬:《教育地方化:成就、问题与前瞻》,《教育与经济》1996年第1期。
② 分税制是将税收按照税种划分为中央税、地方税进行管理而形成的财政管理体制。分税制改革的实质在于有效地处理中央政府和地方政府之间的事权和财权关系。分税制是市场经济国家普遍实行的运用财政手段对经济实行宏观调控的财政体制。我国于1994年开始实施分税制财政管理体制。分税制改革后,财政关系呈财政收入不断向上级集中趋势,乡镇财政最为薄弱。在本级财政负担本级教育支出的原则下,地方政府在教育分配上偏向高等教育和城市基础教育,农村基础教育得到省市政府的财政投入更少,农村基础教育投入基本上是由乡镇财政和农民承担。
③ 《国务院关于基础教育改革与发展的决定》(国发〔2001〕21号),2001年5月29日。2002年,国务院办公厅发布《关于完善农村义务教育管理体制的通知》(国办发〔2002〕28号,2002年4月14日),对此作了具体部署。时任国务院副总理李岚清在2002年4月国务院办公厅召开的完善农村义务教育管理体制电视电话会议上指出:"调整和完善农村义务教育管理体制,关键是要实现两个重大转变,即把农村义务教育的责任从农民承担转到主要由政府承担,把政府对农村义务教育的责任由以乡镇为主转到以县为主。"
④ 朱振岳:《浙江省省长柴松岳在谈到完善全省基础教育管理体制时强调 以县为主但绝不能减轻乡镇政府职责》,《中国教育报》2001年11月17日。

教育的基本需要，尤其是教师工资的发放，发挥了积极作用；但对于很多财力薄弱的县而言，县级财政仍然无力承担农村义务教育投入。

多渠道筹措教育经费。1993 年，中共中央、国务院提出，"改革和完善教育投资体制，增加教育经费"，强调"增加教育投资是落实教育战略地位的根本措施，各级政府、社会各方面和个人都要努力增加对教育的投入，确保教育事业优先发展"。"要逐步建立以国家财政拨款为主，辅之以征收用于教育的税费、收取非义务教育阶段学生学杂费、校办产业收入、社会捐资集资和设立教育基金等多种渠道筹措教育经费的体制。"①当时所谓"多渠道"教育投资体制包括：财（国家财政）、税（教育税）、费（学杂费）、产（校办产业收入）、社（社会捐资集资）、基（教育基金）、科（科研经费）、贷（教育贷款）、息（利息）等。对于学校收费问题，1996 年，国家教育委员会等三部门发布的《义务教育学校收费管理暂行办法》允许义务教育阶段收取杂费、借读费，"全部用于补充学校公用经费的不足"；同时发布的《普通高级中学收费管理暂行办法》规定"高中教育属于非义务教育阶段，学校依据国家有关规定，向学生收取学费"，"学费是学校经费的必要来源之一"。在政府教育财政资源不足的情况下，一些地方积极探索，提出"人民教育人民办"等口号，建立"人民教育基金制度"，依靠人民群众办教育，为普及九年义务教育作出了贡献②。但是，所谓"人民教育人民办"，基本上是农民用自己的钱举办"义务教育"，给农民增添了严重的经济负担。"对许多国家而言，权力下放意味着政府各部将不愿意承担的责任全部推给下放后掌权的组织，而又不向它们提供相应的经费。"③基于制度性教育经费短缺的多渠道筹措教育经费，伴随着民办学校发展、学校转制改革，不可避免地产生教育乱收费现象，其中，又以"择校费"引发社会严重关切。虽然联合国经济及社会理事会（Economic

---

① 《中共中央国务院关于印发〈中国教育改革和发展纲要〉的通知》（中发〔1993〕3 号），1993 年 2 月 13 日。

② 20 世纪 80 年代，山东省平度县率先创立"人民教育基金制度"，实行基础教育、职业教育、成人教育"三教统筹"，"经（农）科教结合"，被评为全国基础教育先进县（市）、扫盲工作先进县（市）、幼儿教育先进县（市）、特殊教育先进县（市）和"两基"工作先进县（市）。1987 年、1988 年，全国和山东省先后在山东省平度县召开农村教育为当地经济建设服务经验交流会和现场会。平度经验得到中央和地方政府的肯定和推广。（丁日新：《谈谈平度县的人民教育基金制度》，《中国教育学刊》1989 年第 1 期；丁日新：《在农村建立人民教育基金制度的问题》，《教育研究》1989 年第 2 期；韩薇：《他山之石可以攻玉——山东省平度县人民教育基金制度启示》，《江西教育》1990 年第 2 期）

③ Whitacre, P. Education Decentralization in Africa as Viewed through the Literature and USAID Projects. Washington DC, Academy for Education Development and USAID, January 1997.

and Social Council)的报告批评中国"学校收费太高,使穷人无法上学"是有扩大之嫌的一面之词,但"权力下放可能使得教育权更无法平等享受,因为教育经费须全部由当地贫穷社区和家庭负责",而"让家庭和社区承担教育经费,将扩大贫富差距"[①],却也部分属实,这直接导致新世纪初长达十余年的治理教育乱收费。

发展民办教育。1985 年,《决定》提出"地方要鼓励和指导国家企业、社会团体和个人办学";1989 年 7 月,上海市颁布《上海市社会力量办学管理办法》,从法规上把基础教育作为社会力量办学的基本类型之一,民办教育首先在非学历教育和非正规教育领域发展起来。1992 年,中共十四大指出"鼓励多渠道、多形式社会集资办学和民间办学,改变国家包办教育的做法"[②]。1993 年 2 月中共中央、国务院颁布规定:"改变政府包揽办学的格局,逐步建立以政府办学为主体、社会各界共同办学的体制。""国家对社会团体和公民个人依法办学,采取积极鼓励、大力支持、正确引导、加强管理的方针"[③],民办教育推进到中、高等职业教育和职业培训等领域。1997 年,新中国第一个规范民办教育的行政法规《社会力量办学条例》颁行,标志着我国民办教育进入了依法办学、依法管理、依法行政的新阶段。1999 年 6 月,中共中央、国务院指出:"积极鼓励和支持社会力量以多种形式办学,满足人民群众日益增长的教育需求,形成以政府办学为主体、公办学校和民办学校共同发展的格局。凡符合国家有关法律法规的办学形式,均可大胆试验。""允许设立少数民办小学和初中,在这个范围内提供择校机会。""积极发展以社区为依托的、公办与民办相结合的幼儿教育。""要因地制宜地制定优惠政策(如土地优惠使用、免征配套费等),支持社会力量办学。"[④]在实践层面,20 世纪 90 年代,在逐步建立社会主义市场经济体制的过程中,国有经济的转型和非公有制经济的发展,为民办教育的兴起和发展提供了适宜的外部条件;政府的公共教育财政投入虽逐年递增,但财政性公共教育经费的增加赶不上教育需求的急速发展,教育资源的供需矛盾一直是困扰我国教育发展的基本矛盾,优质教育成为稀缺资源;一部分先行脱贫致富、对子女教育有较高期

---

① United Nations Economic and Social Council. The Right to Education. Report submitted by the Special Rapporteur, Katarina Tomasevski (E/CN. 4/2004/45),15 Jan. 2004,New York: United Nations.

② 江泽民:《加快改革开放和现代化建设步伐 夺取有中国特色社会主义事业的更大胜利——在中国共产党第十四次全国代表大会上的报告》,1992 年 10 月 12 日。

③《中共中央国务院关于印发〈中国教育改革和发展纲要〉的通知》(中发〔1993〕3 号),1993 年 2 月 13 日。

④《中共中央国务院关于深化教育改革,全面推进素质教育的决定》,1999 年 6 月 13 日。

望的父母择校意愿强烈，加剧了优质教育供需矛盾；基础教育地方化政策的实施为民办教育的兴起创造了最初的体制条件。经过十多年的发展，我国民办学校已形成多种类型共同发展的格局，从办学主体的角度划分，包括民营企业办学、企业集团（含股份制企业）办学、社会团体办学、教育集团办学、国内外捐资办学、公民个人办学等类型。浙江省台州市椒江区教育局尝试"教育股份制"、兴办股份制学校①。这些探索从不同角度丰富了民办教育的内涵。

发展教育产业与公立学校转制改革。1992 年，《中共中央、国务院关于加快发展第三产业的决定》指出，将教育属性由"上层建筑"重新定义为"社会生产力"的一部分，明确将教育定义为第三产业，并认为教育事业是第三产业中对国民经济发展具有全局性、先导性影响的基础行业。教育产业论的思想逐步成为发展教育事业的新视角②。1999年 6 月，中共中央、国务院明确提出要"发展教育产业"③。如果说 1993 年北京大学"破墙开店"④的做法是一种单纯的经济行为，是对发展教育产业思想的简单机械式回应，那么，基础教育中的学校转制改革的影响则是将市场机制引入教育领域的探索⑤。从1993 年开始，我国一些省区开始开展不同形式的公立中小学转制试点工作。在政策依据上，学校转制改革主要依据国务院和国家教育委员会的相关文件，如 1994 年国务院发文指出："鼓励企事业单位和其他社会力量按国家的法律和政策多渠道、多形式办学。

---

① 1996 年 10 月，浙江省台州市椒江区教育局提出"教育股份制"构想，引进辽宁省盘锦魏书生教育品牌，于当年 12 月成立"书生教育实业有限责任公司"，筹建"书生中学"；1997 年 9 月，"书生中学"开学。魏书生于2007 年担任书生中学名誉校长。（"椒江教育股份制办学模式研究"课题组：《开发民间教育投资潜力的新探索——椒江"教育股份制"研究报告》，《教育研究》1999 年第 3 期；吴华、宁冬华：《从现代企业制度到现代学校制度——对椒江"现代学校制度"实践的理性思考》，《浙江大学学报（人文社会科学版）》2004 年第 1 期）
② 张铁明：《教育科学研究的一个全新视野：教育产业论》，《广州教育》1993 年第 5 期。
③ 《中共中央国务院关于深化教育改革，全面推进素质教育的决定》，1999 年 6 月 13 日。
④ 1993 年 3 月，北京大学作出在当时引起广泛争议的决定：将约 600 米长的南墙推倒，改建为面积约为25 000平方米的商业街，一时间，"北大破墙开店"成为教育产业化、市场化的标志之一。
⑤ 关于教育与市场之间的关系，当时的学术界有三种不同观点：教育是产业，完全可以进行市场化运作；教育是一种特殊的产业，某些部分可以通过市场来运作；虽然教育具有一定的产业属性，但就其基本性质而言，应将其归为公共产品，不能也不应该市场化。（范国睿：《"教育适应市场经济"理论研究述评》，《教育研究》1995 年第 8 期；劳凯声：《世纪之交的中国教育改革走向：教育与市场的关系问题》，《北京大学教育评论》2003 年第 3 期；范国睿：《政府·社会·学校——基于校本管理理念的现代学校制度设计》，《教育发展研究》2005 年第 1 期）

有条件的地方,也可实行'民办公助'、'公办民助'等形式。"①1996 年 4 月,《全国教育事业"九五"计划和 2010 年发展规划》提出:"现有公办学校在条件具备时,也可酌情转为'公办民助'学校或'民办公助'学校。到 2010 年,基本形成以政府办学为主,社会各界共同参与的办学体制及公立学校和民办学校共同发展的格局。"1997 年 1 月,国家教育委员会提出:"各地在义务教育阶段办学体制改革中,可依实际情况实行'公办民助'、'民办公助'、社会参与、举办民办学校等多种形式。"②1998 年 6 月,教育部对"中小学办学体制改革试验"予以认可和支持,将其作为"当前基础教育改革的一个新课题",认为"'公办民助'、'民办公助'等不同的办学模式是对义务教育阶段政府办学的适当补充","目前仍处在探索试验阶段"。③ 各地对公立学校转制改革的试验探索各有特色,先后出现了一系列带有市场化探索的教育改革,其中,浙江长兴④、江苏宿迁⑤、湖北监利⑥的改

---

① 《国务院关于〈中国教育改革和发展纲要〉的实施意见》(国发〔1994〕39 号),1994 年 7 月 3 日。

② 《关于规范当前义务教育阶段办学行为的若干原则意见》(教基〔1997〕1 号),1997 年 1 月 14 日。

③ 《国务院办公厅转发教育部〈关于义务教育阶段办学体制改革试验工作若干意见〉的通知》(国办发〔1998〕96 号),1998 年 6 月 25 日。

④ 2001 年 7 月,长兴县教育局出台"关于教育券使用办法的通知",规定自 2001 年起凡就读民办学校的新生可获得一张面额为 50 元的教育券,报名就读职业类学校的新生可获得面额为 30 元的教育券,中国的"教育券"实践就此拉开序幕。2002 年 12 月,浙江省教育厅在长兴召开现场会,研讨教育券的理论、政策与操作问题,鼓励省内各地、县开展实验,并且在全国第一个于全省范围内推广"教育券"制度。到 2003 年底,全省已经有多个县市开展了多种形式的"教育券"实验。(吴华等:《中国教育券实践的现状、问题与前景》,《教育发展研究》2005 年第 6B 期)

⑤ 2003 年 9 月 21 日晚,中国中央电视台《焦点访谈》节目播出江苏省重点中学宿迁中学作为国有民营办学体制改革试点学校转制后原本就近入学的学生需交高额学费才能入学、宿迁市宿城区政府拍卖马陵中学两个案例。(陆映红、王祥:《由公立学校"转制"案例引发的思考——浅谈教育的平等与效率》,《基础教育研究》2004 年第 4 期)

⑥ 2003 年 10 月 9 日,湖北省监利县委、县政府联合下发《监利县基础教育综合改革实施意见》(监发〔2003〕17 号),规定:"鼓励国家机构以外的社会组织和个人,利用非国家财政性经费,在我县投资办教育,在学校确有办学利润的前提下,投资者可以取提出资总额 10% 以内的回报,鼓励社会组织和个人收购或租赁现在国家教育资产举办民办教育,收购和租赁的具体办法另行规定;鼓励社会资金通过债转股、新增投资参股等多种形式投资教育,在学校确有利润的前提下,按股分红,鼓励社会力量承办学校后勤服务,承办学校新增的现代教育技术等单个项目的服务。"此后,监利县将 700 所中小学校推向市场,教师将打破身份终身制,待遇岗位化;县财政拨款直接对学生人数,学生可自主择校;决策机构学校民主管理委员会由出资方、学校校长、教师代表、家长代表组成;学校投资者每年可取得投资总额 10% 以内的回报。2005 年 8 月,监利县政府与翔宇教育集团签订协议,翔宇教育集团在监利投资建设一个高中新校园、一所初中和一个现代化体育馆;监利县将原监利中学改制,翔宇教育集团拥有对监利一中为期 15 年的委托管理权,统一调配监利一中的人、财、物。[丁裴:《监利教改:卖掉 700 所学校》,http://finance.sina.com.cn/roll/20040109/1123596885.shtml(阅读时间:2017 年 11 月 17 日);李思德、何海宁:《监利公立优质高中改制调查》,《南风窗(半月 (转下页)

革影响广泛。通过公办中小学办学体制改革试点，兴办了一批改制学校，对特定历史时期多渠道筹措教育经费、改善学校办学条件、促进基础教育较快发展、扩大优质教育资源、满足人民群众多样化教育需求等发挥了积极作用；但是，由于法律法规不健全，政策体系不完善，改制过程中产生了办学性质不清、改制行为不规范、以改制为名高收费、国有教育资产严重流失等问题，影响了教育的公益性和均衡发展。

基于拉动经济增长的大学扩招。视教育为产业的思想直接影响了中国长达十余年的大学扩大招生政策。20世纪90年代上半期，高等教育从精英教育转向大众化的趋势逐渐显现。1996年4月，国家教育委员会提出2010年"高等学校在校生增加到950万人左右，每10万人口在校生学生数达到700人，毛入学率达11％左右"的高等教育发展目标①。随后两年，扩大高校招生规模的呼声不断高涨，已形成扩招共识；教育部等相关部门也就扩招问题进行过不同形式的研讨，并开始加快增加招生计划节奏。1998年12月，教育部在《面向21世纪教育振兴行动计划》中提出，积极稳步发展高等教育，到2000年，"高等教育入学率达到11％左右"，到2010年，"高等教育规模有较大扩展，入学率接近15％"。与此同时，时任亚洲开发银行首席经济学家的汤敏等人向中共中央提出大学招生人数三年扩大一倍的建议②。1999年初，国家计划发展委员会向中央提出进一步扩大国内需求、促进经济增长的12条建议，其中明确提出要扩大高等学校招生规模。1999年6月，国家计划发展委员会和教育部调整普通高校扩招计划，由上年的108万人

（接上页）刊）》2006年5月（上）；黄学军：《公立学校委托管理改革：问题与走向》，《中国教育学刊》2010年第11期］

① 《全国教育事业"九五"计划和2010年发展规划》（教计〔1996〕45号），1996年4月10日。

② 1998年11月，正值亚洲金融危机肆虐之际，时任亚洲开发银行首席经济学家的汤敏与其妻冬小蕾向中共中央提出扩大大学招生人数的建议，这一建议很快被时任国务院总理朱镕基、主管教育的副总理李岚清采纳。汤敏的建议基于以下背景：当时中国大学生数量远低于同等发达国家水平；广大群众普遍渴望子女都能受到高等教育，政府有责任尽量满足他们这种愿望；1998年国企改革使大量下岗工人进入就业市场，扩招可推迟学生就业，避免大批年轻人参与就业恶性竞争，并可增加教育消费、拉动内需、带动相关产业发展；国家提出保持经济增长8％的目标，当时的经济增长率为7.8％，急需扩大内需，教育被认为是公众最大需求；高校师生比偏低，有能力消化扩招；高等教育的大众化事关中华民族复兴大业。汤敏的建议包括：扩大高等教育招生规模，3年扩大1倍；建立相应的助学政策，完善助学贷款、助学金、奖学金制度；进一步深化教育改革，培养社会需要的人才；好学校多扩，差学校少扩。汤敏的建议在当时招致社会各界尤其是高等教育界的不少质疑，反对声余音未绝。［汤敏：《扩招扩错了吗》，http://finance.sina.com.cn/economist/jingjixueren/20060206/09432318575.shtml（阅读时间：2017年11月25日）；汤敏：《再谈扩招扩错了吗》，《南风窗》2006年3月（上）；高鹤涛：《经济学家汤敏从不后悔谏言大学扩招》，《广州日报》2007年8月27日］

增加到 154 万人,增长 43％,1999 年实际招生达 159.7 万人。2002 年全国普通高校招生 320.5 万人,高校在校生人数达 1 600 万人,高等教育毛入学率达 15％,迈入高等教育大众化阶段,提前 8 年实现《面向 21 世纪教育振兴行动计划》提出的目标。2006 年,时任国务委员陈至立在多种场合指出,我国已经进入高等教育大众化阶段①。2006 年 5 月,国务院常务会议在肯定大学扩招取得相应成绩的同时,决定"根据当前高校的实际情况,有必要适当控制招生增长幅度,相对稳定招生规模"。② 2012 年 3 月,教育部指出,高等教育坚持"走以质量提升为核心的内涵式发展道路","保持公办普通高校本科招生规模相对稳定",长达十余年的大学扩招暂告结束③。基础教育公办学校转制改革尚有引入市场机制探索教育制度变革的意蕴,但大学扩招的直接目的却与当时因受亚洲金融危机影响、外向型经济(对外贸易)疲软而亟需拉动国内经济需求有关。在大学扩招改革上,尽管教育部本来的思考还是要更好地满足 21 世纪中国经济社会发展、提高国民素质、人民群众接受高等教育等"三个需要",但面对国家经济建设的迫切需求,却根据国务院要求,在短短十余天重新调整已做好的招生计划④。由于此前的高等教育改革过程中已经开始实行高校收费政策⑤,汤敏的建议实质在于让更多的家庭承担高等教育费用⑥,事实上,家庭对子女大学教育费的支出从 1999 年的 18％增至 2005 年的 31.5％⑦。

---

① 2006 年 2 月,时任国务委员陈至立在哈瓦那第五届国际高等教育大会开幕式上讲话指出:"中国高等教育在校生已达到 2 100 万人,居世界第一位,毛入学率也达到了 21％,进入了国际公认的高等教育大众化发展阶段,实现了历史性的跨越。"[《陈至立在第五届国际高等教育大会开幕式上讲话》,http://www.ce.cn/xwzx/gnsz/gdxw/200602/14/t20060214_6083059.shtml(阅读时间:2017 年 11 月 25 日);陈至立:《加强领导 狠抓落实,努力做好高校毕业生就业工作——陈至立国务委员在高校毕业生就业工作协调会上的讲话》,http://www.gov.cn/ldhd/2006-06/09/content_305329.htm(阅读时间:2017 年 11 月 25 日)]

② 国务院常务会议认为:"2005 年,全国普通高校招生 504 万人,是 1998 年的 4.7 倍,毛入学率为 21％,高等学校在学人数达 2 300 万人,规模居世界第一。我国高等教育已步入大众化阶段,为现代化建设培养了大批高素质人才,为国家经济社会发展作出了重要贡献。"[《温家宝主持国务院常务会听取高等教育工作汇报等》,http://www.gov.cn/ldhd/2006-05/10/content_277511.htm(阅读时间:2017 年 11 月 25 日)]

③ 《教育部关于全面提高高等教育质量的若干意见》(教高〔2012〕4 号),2012 年 3 月 16 日。

④ 纪宝成:《扩招让高教发展驶入快车道》,《中国教育报》2009 年 9 月 21 日。

⑤ 《中国教育改革和发展纲要》认为:"高等教育是非义务教育,学生上大学原则上均应缴费。"因此,要"改革学生上大学由国家包下来的做法,逐步实行收费制度"。

⑥ Bai, Limin. Graduate Unemployment: Dilemmas and Challenges in China's Move to Mass Higher Education. The China Quarterly, 185(1): 128-144.

⑦ Zhao, Litao & Sixin Sheng. Financing China's Higher Education Expansion. In Seren T. Hall and Megan W. Lewis(eds.). Education in China 21st Century Issues and Challenges. NY: Nova Science Publishers.

大学扩招的经济目的同样为扩招效果所证明，2003 年，时任教育部副部长张保庆谈道："1998 年，全国普通高校共收学费 70 多亿元，1999 年此项收费收入超过 100 亿元。"[1]出于拉动经济增长的大学扩招客观上较好地满足了人民群众希望接受高等教育的迫切愿望，适应了经济社会持续快速发展对高层次、高素质专门人才的强烈需求，有效地缓解了高考升学压力，推动了我国由人口大国向人力资源大国迈进；但扩招也不可避免地带来学生家庭负担过重、高校教学秩序紊乱、教育质量下滑、毕业生就业压力大等问题。

发展基于市场机制的教育产业的思想与实践，引起国际社会的关注。1999 年，世界银行在《21 世纪中国教育战略目标》报告中指出，中国正在向社会主义市场经济转型，建议政府应当建立更为有效的教育管理体制，确定近期、中期和长期需优先解决的战略重点问题。近期目标包括增加对贫困地区的教育专项资助、提高各级政府财政教育拨款的效益、完善更为有效的教育成效评价指标体系，中期目标是构建确保整个教育系统有效运行的经费体制，而长期目标则是缩小地区间发展的不平衡性，全面提高教育质量，而不是实现教育产业化[2]。

（四）从效率走向公平，教育制度变革的调整与持续（2003—2009）

改革开放以来，中国经济社会发展取得长足进步，但以经济建设为中心、单纯追求 GDP 增长的发展模式，不仅带来资源浪费、环境污染等问题，也造成贫富差距、城乡差别、区域发展差异以及经济与社会发展不协调等深层次的问题，以"以人为本"、"全面发展"、"协调发展"、"可持续发展"为内涵的"科学发展观"[3]应运而生。在此背景下，教育

---

[1] 张保庆：《高校收费：严格规范管理落实配套措施》，《人民日报》2000 年 6 月 9 日。

[2] Beemer, Halsey, et al. Strategic Goals for Chinese Education in the 21st Century(Report No. 1 8969 - CHA). Human Development Sector Unit, East Asia and Pacific Region, World Bank, November 30, 1999. http://documents. worldbank. org/curated/en/203951468768863829/pdf/multi-page. pdf.

[3] 胡锦涛：《树立和落实科学发展观》，见中共中央文献编辑委员会编辑《胡锦涛文选（第二卷）》，人民出版社 2016 年版。科学发展观是"以人为本，全面、协调、可持续的发展观"。"坚持以人为本，就是要以实现人的全面发展为目标，从人民群众的根本利益出发谋发展、促发展，不断满足人民群众日益增长的物质文化需要，切实保障人民群众的经济、政治和文化权益，让发展的成果惠及全体人民。全面发展，就是要以经济建设为中心，全面推进经济、政治、文化建设，实现经济发展和社会全面进步。协调发展，就是要统筹城乡发展、统筹区域发展、统筹经济社会发展、统筹人与自然和谐发展、统筹国内发展和对外开放，推进生产力和生产关系、经济基础和上层建筑相协调，推进经济、政治、文化建设的各个环节、各个方面相协调。可持续发展，就是要促进人与自然的和谐，实现经济发展和人口、资源、环境相协调，坚持走生产发展、生活富裕、生态良好的文明发展道路，保证一代接一代地永续发展。"

产业化的思想遭受质疑。2003—2004年,教育部明确表示反对教育产业化,时任教育部长周济认为,"'教育产业化'、'学校公司化'的观念和搞'公办新机制'、卖公办学校的做法,不符合完善社会主义市场经济体制要求,必须坚决制止","要坚持教育的公益性原则,强调教育发展要以政府投入为主,加强政府发展教育的责任,使教育成为政府一项最重要的工作"①。2006年6月,重新修订的《义务教育法》第一次以法律的形式全面阐述了义务教育的特征与性质,"义务教育是国家统一实施的所有适龄儿童、少年必须接受的教育,是国家必须予以保障的公益性事业",进一步强调了义务教育的公益性、统一性与强制性原则。2006年10月,中共十六届六中全会提出"坚持教育优先发展,促进教育公平"的方针②。时任中共中央总书记胡锦涛在中共十七大报告中指出,"教育公平是社会公平的重要基础","坚持教育公益性质"。由此,在教育制度变革与政策导向上,对教育公平的关注取代了此前对数量、规模、速度的追求,开始着重治理乱收费、整顿改制学校,关注农村教育,促进义务教育均衡发展。

治理教育乱收费。基于市场机制的多渠道筹措教育经费,导致教育乱收费现象日益严重,治理教育乱收费现象也就成为题中应有之义。早在1996年,国家教育委员会等三部门发布的《普通高级中学收费管理暂行办法》在允许高中教育向学生收取学费的同时,要求:"健全收费管理的规章和制度,对巧立名目擅自增设收费项目,扩大收费范围和提高收费标准的,……要按国家有关规定予以严肃查处。"2001年4月,国家要求"加大治理学校乱收费工作的力度,重点解决农村中小学乱收费问题"③,规定农村义务教育学校的杂费、住宿费标准由省(自治区、直辖市)物价、财政部门会同教育部门统一制定,取消地(市)级以下政府或部门制定的标准和各地规定的代收费项目,规定学校不得收取教学辅导材料费、建校费、教育基金、着装费及各种摊派和"搭车"收费。然而,教

---

① 《教育部长:反对"教育福利化"和"教育产业化"》,http://news.sina.com.cn/e/2004-03-01/16491934828s.shtml(阅读时间:2017年11月20日)。

② 《中共中央关于构建社会主义和谐社会若干重大问题的决定》(2006年10月11日中国共产党第十六届中央委员会第六次全体会议通过)。

③ 《国务院办公厅转发国务院纠正行业不正之风办公室关于2001年纠风工作实施意见的通知》(国办发〔2001〕23号),2001年4月6日。根据《国务院关于宣布失效一批国务院文件的决定》(国发〔2015〕68号),此文件已失效。《国务院纠风办、教育部关于进一步做好治理教育乱收费工作的意见》(国纠办发〔2001〕10号),2001年6月12日。

育乱收费不仅未能根治,反而愈演愈烈,以致 2009—2016 年间,教育部等多个部委每年联合发布一个规范教育收费、治理教育乱收费的相关文件①。2002 年 5 月,国家开始要求各级各类学校实施教育收费公示制度②;2004 年,要求在义务教育学校全面推行"一费制"收费办法,除按规定标准收取杂费、教材费、作业本费外,禁止收取其他费用③,希望以此遏制乱收费之风。然而,这一时期,学校单独或和社会培训机构联合或委托举办以选拔生源为目的的各类培训班("占坑班")、跨区域招生和收费的行为、通过任何考试方式招生和收费的行为、通过招收特长生方式收费的行为、收取与入学挂钩的捐资助学款、公办学校以民办名义招生和收费的行为④,层出不穷。除去教育经费短缺、收费背后的经济利益等原因外,政策层面同时允许"合理"收费与制止"乱"收费⑤,导致"合理"收费与所制止的"乱"收费之间的界限并不清晰,也是重要原因。至于高中教育阶段的乱收费现象,实质上被冠以"三限"之名行收费之实的政策推波助澜⑥。公办普通高中招收择校生的"三限"政策,在当时有区别对待、利于遏制乱收费的作用,但这一政策本身缺乏法律依据,也使以金钱购买学额合法化,使基于学业成绩的有序教

① 《教育部、国务院纠风办、监察部、国家发展改革委、财政部、审计署、新闻出版总署关于 2009 年规范教育收费进一步治理教育乱收费工作的实施意见》(教监〔2009〕5 号),2009 年 4 月 30 日;《教育部、国务院纠风办、监察部、国家发展改革委、财政部、审计署、新闻出版总署关于 2010 年治理教育乱收费规范教育收费工作的实施意见》(教财〔2010〕2 号),2010 年 4 月 21 日;《教育部等七部门关于 2011 年治理教育乱收费规范教育收费工作的实施意见》(教监〔2011〕8 号),2011 年 4 月 7 日;《教育部等七部门关于 2012 年治理教育乱收费规范教育收费工作的实施意见》(教办〔2012〕4 号),2012 年 4 月 25 日;《教育部等五部门关于 2013 年规范教育收费治理教育乱收费工作的实施意见》(教办〔2013〕4 号),2013 年 7 月 11 日;《教育部等五部门关于 2014 年规范教育收费治理教育乱收费工作的实施意见》(教办〔2014〕6 号),2014 年 4 月 16 日;《教育部等五部门关于 2015 年规范教育收费治理教育乱收费工作的实施意见》(教办〔2015〕6 号),2015 年 6 月 3 日;《教育部等四部门关于 2016 年规范教育收费治理教育乱收费工作的实施意见》(教办〔2016〕4 号),2016 年 5 月 12 日。
② 《国家计委、财政部、教育部关于印发〈教育收费公示制度〉的通知》(计价格〔2002〕792 号),2002 年 5 月 27 日。
③ 《教育部 国家发展改革委 财政部关于在全国义务教育阶段学校推行"一费制"收费办法的意见》(教财〔2004〕7 号)。
④ 《教育部 国家发展改革委 审计署关于印发〈治理义务教育阶段择校乱收费的八条措施〉的通知》(教基一〔2012〕1 号),2012 年 1 月 20 日。
⑤ 如 2006 年《中共中央关于构建社会主义和谐社会若干重大问题的决定》中说:"规范学校收费项目和标准,坚决制止教育乱收费。"
⑥ 所谓"三限"政策,是指政府举办的公办高中在完成本年度招生计划的前提下,可以招收一定数量的择校生,但必须严格限分数(不准违反规定录取低于最低录取分数线的新生)、限人数(不准超过国家规定的班额,择校生数量不得超过当地政府规定的比例)、限钱数(择校生交费标准,由教育行政部门提出,经省级人民政府批准后向社会公布,学校不得擅自提高标准)。

育竞争演变为教育之外的家长经济资本和社会资本的竞争,助长了教育高收费、乱收费的风气。直到2014年,相关省市才陆续明确禁止根据"三限"政策招收择校生。

清理规范公办转制学校。显然,20世纪90年代以来的公办中小学进行办学体制改革试点,在一定程度上拓宽了教育经费筹措渠道,利用社会资金促进了教育发展。但是,在这一过程中出现的一些地方改制行为不规范、收费过高等问题,尤其是简单地出售、转让公办学校现象,严重偏离了教育宗旨和办学体制改革方向;转制学校改革在一定程度上赋予教育收费一定的合理性,因此,治理教育乱收费的同时,必然需要清理规范转制学校。上海自2004年起,各区县即着手对公办转制学校进行梳理和调整,先后有6所转制学校或转为公办学校,或并入其他公办学校和转制学校①。2005年5月,教育部要求:"加强依法治教力度,进一步规范办学行为,有效遏制义务教育阶段择校之风蔓延的势头。义务教育阶段公办学校不得举办或变相举办重点学校。具有优质教育资源的公办学校不得改为民办或以改制为名实行高收费。"②在此基础上,国家于2005年12月及时调整公办中小学办学体制改革有关政策,要求采取"先关门、后清理"的办法,做好清理整顿改制学校收费准备工作,从2006年1月起,"全面停止审批新的改制学校和新的改制学校收费标准",同时对现有改制学校进行全面调查、清理规范③。2006年4月,教育部等七部门要求,"加强对办学体制改革工作的领导,全面停止审批新的改制学校和新的改制学校收费标准","对以改制为名乱收费的学校进行全面清理。公办学校凡改制为民办学校的,必须符合'四独立'原则","严禁搞'校中校'、'一校两制'和以改制为名乱收费"。④ 2006年6月修订的《义务教育法》对义务教育"是国家必须予以保障的公益性事业"的规定,成为治理规范转制学校的法律依据。据此,2006年8月,教育部规定:"自新修订的《义务教育法》实施之日起,任何部门和个人不得改变或者变相改变义务教育阶段公办学校的性质,不得将公办学校出售、转

---

① 章迪思、庄玉兴:《让学生能读优质学校 上海一批转制校退回公办》,《解放日报》2005年5月13日。
② 《教育部关于进一步推进义务教育均衡发展的若干意见》(教基〔2005〕9号),2005年5月25日。
③ 《国家发展改革委 教育部关于做好清理整顿改制学校收费准备工作的通知》(发改价格〔2005〕2827号),2005年12月30日。
④ 民办学校"四独立"原则,是指民办学校要有独立法人、独立校园校舍、独立实行经费核算和人事管理、独立进行教育教学。[《教育部关于贯彻〈义务教育法〉进一步规范义务教育办学行为的若干意见》(教基〔2006〕19号),2006年8月24日]

让。""地方各级教育行政部门要依法停止义务教育阶段公办学校改制的审批。省级教育行政部门要会同财政、国有资产管理等部门对本地义务教育阶段改制学校进行全面清理。"①2008年8月，教育部进一步要求明确"改制学校的走向"，要么改为公办学校，要么改为民办学校。在清理规范公办转制学校过程中，要在明晰学校资产属性、学校办学性质、确保公共教育资源不流失的前提下，采取"有进有退"的策略，依法加以规范。所谓"进"，就是按照民办学校机制运行，必须与公办学校剥离，依据《中华人民共和国民办教育促进法实施条例》第六条，完全做到"五独立"②，妥善解决好教师安置问题，保障教师的合法权益，防止国有资产流失；所谓"退"，就是恢复学校的公办属性，要严格依照有关法律、法规，妥善解决非国家资本的退出以及学校在办学过程中形成的各种债权债务，义务教育学校按就近入学原则招生，不再按转制学校标准收取高额学费，同时要求政府承担相应的办学责任，保证学校所需办学经费投入到位。原公有民营、公办民助或民办公助等形式收费标准一律废止。在此过程中，一些省区还规定，如转制学校的前身是优质教育资源（如重点中学），则必须恢复公办学校属性，不能转为按民办学校机制运行③，据此，有的公办转制学校直接恢复公办学校属性，有的则通过学校合并、学校移址办学等柔性措施巧妙地恢复转制学校的公办属性。至此，全国各地陆续展开清理规范转制学校工作，如天津市2006年全面停止改制小学招生；至2008年，全面完成改制初中的清理规范工作④。转制学校的清理规范，使一批优质教育学校回归公办属性，保障和促进了教育的公平性。

积极推进义务教育均衡发展。在治理教育乱收费、治理整顿转制学校的同时，国家积极推进义务教育均衡发展。自1985年《决定》提出普及九年义务教育、1986年修订的《义务教育法》提出我国实行九年义务教育制度以来，我国义务教育历经非均衡发

---

① 《教育部关于贯彻〈义务教育法〉进一步规范义务教育办学行为的若干意见》（教基〔2006〕19号），2006年8月24日。

② "公办学校参与举办的民办学校应当具有独立的法人资格，具有与公办学校相分离的校园和基本教育教学设施，实行独立的财务会计制度，独立招生，独立颁发学业证书。"［《中华人民共和国民办教育促进法实施条例》（中华人民共和国国务院令第399号），2004年3月5日］

③ 章迪思、庄玉兴：《让学生能读优质学校　上海一批转制校退回公办》，《解放日报》2005年5月13日。

④ 孙刚：《改制小学今年停止招生》，《天津日报》2006年5月22日；孙刚：《改制初中清理整顿全面完成》，《天津日报》2008年6月25日。

展、非均衡向均衡发展过渡和均衡发展三个阶段①。2002 年 6 月,教育部提出"发展基础教育是各级政府应尽的职责","积极推进义务教育阶段学校均衡发展",义务教育由此开始逐步向均衡发展转变②。2003 年 9 月,召开了中华人民共和国成立以来的第一次全国农村教育工作会议,同时国务院提出"到 2007 年,西部地区普及九年义务教育(以下简称"普九")人口覆盖率要达到 85% 以上,青壮年文盲率降到 5% 以下"的发展目标③。2005 年 5 月,教育部要求:"把义务教育工作重心进一步落实到办好每一所学校和关注每一个孩子健康成长上来,有效遏制城乡之间、地区之间和学校之间教育差距扩大的势头,积极改善农村学校和城镇薄弱学校的办学条件,逐步实现义务教育的均衡发展。"④2006 年修订的《义务教育法》规定:"国务院和县级以上地方人民政府应当合理配置教育资源,促进义务教育均衡发展。"2010 年 1 月,教育部发文要求,地方各级教育行政部门把义务教育作为教育改革与发展的重中之重,将推进均衡发展作为义务教育改革与发展的重要任务⑤。同年,《国家中长期教育改革和发展规划纲要(2010—2020 年)》(以下简称《规划纲要》)将"均衡发展"作为"义务教育的战略性任务"。2011 年,全国各省(区、市)通过了国家"普九"验收,用 25 年全面普及了城乡免费义务教育,从根本上解决了适龄儿童少年"有学上"问题,为提高全体国民素质奠定了坚实基础;但区域之间、城乡之间、学校之间办学水平和教育质量还存在明显差距,人民群众不断增长的高质量教育需求与供给不足的矛盾依然突出。在此背景下,深入推进义务教育均衡发展,着力提升农村学校和薄弱学校办学水平,全面提高义务教育质量,更具现实意义⑥。2012 年 11 月,中共十八大提出"努力办好人民满意的教育","均衡发展九年义务教育"的发展战略⑦。面对全面建成小康社会、新型城镇化深入发展对"整体提升义务教育办学条件和教育质量"的新要求,以及户籍制度改革、计划生

---

① 阮成武:《我国义务教育均衡发展政策的演进逻辑与未来走向》,《教育研究》2013 年第 7 期。
② 《教育部关于加强基础教育办学管理若干问题的通知》(教基〔2002〕1 号),2002 年 2 月 26 日。
③ 《国务院关于进一步加强农村教育工作的决定》(国发〔2003〕19 号),2003 年 9 月 17 日。
④ 《教育部关于进一步推进义务教育均衡发展的若干意见》(教基〔2005〕9 号),2005 年 5 月 25 日。
⑤ 《教育部关于贯彻落实科学发展观进一步推进义务教育均衡发展的意见》(教基一〔2010〕1 号),2010 年 1 月 4 日。
⑥ 《国务院关于深入推进义务教育均衡发展的意见》(国发〔2012〕48 号),2012 年 9 月 5 日。
⑦ 胡锦涛:《坚定不移沿着中国特色社会主义道路前进　为全面建成小康社会而奋斗——在中国共产党第十八次全国代表大会上的报告》,2012 年 11 月 8 日。

育政策调整、人口及学生流动给城乡义务教育学校规划布局和城镇学位供给带来巨大挑战的新环境，2016 年，国家将义务教育均衡发展推进到"统筹推进县域内城乡义务教育一体化改革发展"的新阶段，要求"加快推进县域内城乡义务教育学校建设标准统一、教师编制标准统一、生均公用经费基准定额统一、基本装备配置标准统一和'两免一补'政策城乡全覆盖"①。

农村义务教育经费保障机制改革。回溯义务教育均衡发展的历程，在制度变革与政策调整上，首先表现在对义务教育性质与作用的认识发生了根本性变化，认识到"义务教育是教育工作的重中之重，是国家必须保障的公益性事业，是必须优先发展的基本公共事业，是脱贫攻坚的基础性事业"②，从而保障了义务教育的公益性，将义务教育纳入国家基础性事业发展战略。其次，建立与完善了农村义务教育经费保障机制，加大教育经费投入。2003 年，全国农村教育工作会议确立了"在国务院领导下，由地方政府负责、分级管理、以县为主"的农村义务教育管理体制，进一步明确了各级政府保障农村义务教育投入的责任，要求各级政府进一步加大投入，新增教育经费主要用于农村，"在税费改革③中，确保改革后农村义务教育的投入不低于改革前的水平并力争有所提高"④。2005 年 5 月，教育部要求"建立和完善保障义务教育均衡发展的公共财政体制"，"优先保障推进义务教育均衡发展所需资金。要切实落实教育经费'三个

---

① 《国务院关于统筹推进县域内城乡义务教育一体化改革发展的若干意见》（国发〔2016〕40 号），2016 年 7 月 2 日。

② 同上注。

③ 2000 年，为了减轻农民负担，我国开始进行农村税费改革试点工作，改革的措施之一是"取消在农村进行教育集资"。〔《中共中央、国务院关于进行农村税费改革试点工作的通知》（中发〔2000〕7 号），2000 年 3 月 2 日〕2001 年，国务院农村税费改革后，对农村义务教育管理体制改革作了相应部署："保障农村义务教育经费投入。在农村税费改革过程中，要高度重视农村义务教育的稳定和发展。农村税费改革必须相应改革农村义务教育管理体制，由过去的乡镇政府和当地农民集资办学，改为由县级政府举办和管理农村义务教育，教育经费纳入县级财政，并建立和完善农村义务教育经费保障机制，加强县级政府对教师管理和教师工资发放的统筹职能，将农村中小学教师工资的管理上收到县，由县级财政按国家规定的标准及时足额发放。各省级政府要参照改革前农村中小学校的实际公用经费，核定本地区标准和定额，扣除学校适当收取的杂费，其余部分由县级地方财政在预算中予以安排。中央和省级政府要加大对农村义务教育的支持力度，通过转移支付支持贫困县的义务教育，并安排专项资金用于贫困地区农村中小学危房改造和校舍建设，确保农村义务教育的健康发展。"〔《国务院关于进一步做好农村税费改革试点工作的通知》（国发〔2001〕5 号），2001 年 3 月 24 日〕

④ 《国务院关于进一步加强农村教育工作的决定》（国发〔2003〕19 号），2003 年 9 月 17 日。

增长'①和新增教育经费主要用于农村的要求,在经费投入上对薄弱学校的改造采取倾斜政策,城市教育费附加要优先用于薄弱校改造"②。国务院进一步要求,深化农村义务教育经费保障机制改革,"按照'明确各级责任、中央地方共担、加大财政投入、提高保障水平、分步组织实施'的基本原则,逐步将农村义务教育全面纳入公共财政保障范围,建立中央和地方分项目、按比例分担的农村义务教育经费保障机制"③。2006 年修订的《义务教育法》进一步明确"国家将义务教育全面纳入财政保障范围",并将教育经费的"三个增长"纳入法治范围。第三,逐步实施"两免一补"④政策,扩大政策覆盖范围。"两免一补"政策始于 2001 年国家提出对贫困地区农村中小学生逐步实行政府免费提供教科书制度⑤;2003 年,国务院提出"到 2007 年,争取全国农村义务教育阶段家庭经济困难学生都能享受到'两免一补'"的目标⑥;2005 年 12 月,国务院要求"全部免除农村义务教育阶段学生学杂费,对贫困家庭学生免费提供教科书并补助寄宿生生活费"⑦,免学杂费的对象覆盖到全部农村义务教育学生。2006 年 10 月,中共中央要求:"落实农村义务教育经费保障机制,在农村并逐步在城市免除义务教育学杂费,全面落实对家庭经济困难学生免费提供课本和补助寄宿生生活费政策,保障农民工子女接受义务教育。"⑧在全面实施农村义务教育经费保障机制改革的基础上,"两免一补"政策从农村扩大到城市,从 2008 年秋季学期开始,全部免除城市义务教育阶段公办学

---

① 义务教育经费投入"三个增长",即"国务院和地方各级人民政府用于实施义务教育财政拨款的增长比例应当高于财政经常性收入的增长比例,保证按照在校学生人数平均的义务教育费用逐步增长,保证教职工工资和学生人均公用经费逐步增长"(《中华人民共和国义务教育法》,2006 年 6 月 29 日修订)。

② 《教育部关于进一步推进义务教育均衡发展的若干意见》(教基〔2005〕9 号),2005 年 5 月 25 日。

③ 《国务院关于深化农村义务教育经费保障机制改革的通知》(国发〔2005〕43 号),2005 年 12 月 24 日。

④ "两免一补",包括免除义务教育阶段学杂费,对家庭经济困难学生免费提供教科书和补助寄宿生生活费。

⑤ 《国务院办公厅转发体改等部门关于降低中小学教材价格深化教材管理体制改革意见的通知》(国办发〔2001〕34 号),2001 年 6 月 4 日。根据《国务院关于宣布失效一批国务院文件的决定》(国发〔2015〕68 号),此文件已失效。《教育部 财政部关于印发〈关于对全国部分贫困地区农村中小学生试行免费提供教科书的意见〉的通知》(教基〔2001〕15 号),2001 年 6 月 7 日。

⑥ 《国务院关于进一步加强农村教育工作的决定》(国发〔2003〕19 号),2003 年 9 月 17 日。

⑦ 《国务院关于深化农村义务教育经费保障机制改革的通知》(国发〔2005〕43 号),2005 年 12 月 24 日。

⑧ 《中共中央关于构建社会主义和谐社会若干重大问题的决定》(2006 年 10 月 11 日中国共产党第十六届中央委员会第六次全体会议通过)。

校学生学杂费①。2017 年,国务院总理李克强在第十二届全国人大五次会议上提出:"统一城乡义务教育学生'两免一补'政策。"②至此,"两免一补"政策实现了"三个统一":统一城乡义务教育"两免一补"政策,将原来农村学生享受"两免一补",城市学生只免学杂费、对低保家庭学生免费提供教科书和对家庭经济困难寄宿生补助生活费的政策,调整为对城乡义务教育学生全部实行"两免一补"政策;统一城乡义务教育学校生均公用经费基准定额;统一中央与地方经费分担机制,将中央对农村和城市实行不同的经费分担机制,即中央只分担农村义务教育经费,城市义务教育经费由地方负责、中央适当奖补,调整为中央和地方对城乡义务教育实行统一的分项目、按比例分担机制。

（五）深化教育领域综合改革,基于教育治理现代化的教育制度变革（2010 年至今）

随着经济的跨越式发展,2010 年中国 GDP 超过日本,成为全球第二大经济体。尽管中国的人均 GDP 仍不容乐观,但中国正以强劲的发展势头步入世界强国之林,已成不争事实。2012 年 11 月,中共十八大提出了全面建成小康社会和全面深化改革开放的目标,确立了"五位一体"③的建设中国特色社会主义的总布局,以及实现社会主义现代化和中华民族伟大复兴总任务④。2013 年 11 月,中共十八届三中全会要求全面深化改革,完善和发展中国特色社会主义制度,推进国家治理体系和治理能力现代化⑤。2014 年 10 月,中共十八届四中全会提出了"建设中国特色社会主义法治体系,建设社会主义法治国家"的全面推进依法治国总目标⑥。2014 年 12 月,习近平提出

---

① 《国务院关于做好免除城市义务教育阶段学生学杂费工作的通知》（国发〔2008〕25 号）,2008 年 8 月 12 日。

② 李克强:《政府工作报告——2017 年 3 月 5 日在第十二届全国人民代表大会第五次会议上》,《人民日报》2017 年 3 月 17 日。

③ "五位一体",指经济建设、政治建设、文化建设、社会建设、生态文明建设。

④ 胡锦涛:《坚定不移沿着中国特色社会主义道路前进 为全面建成小康社会而奋斗——在中国共产党第十八次全国代表大会上的报告》,2012 年 11 月 8 日。

⑤ 《中共中央关于全面深化改革若干重大问题的决定》（2013 年 11 月 12 日中国共产党第十八届中央委员会第三次全体会议通过）。

⑥ 《中共中央关于全面推进依法治国若干重大问题的决定》（2014 年 10 月 23 日中国共产党第十八届中央委员会第四次全体会议通过）。

"全面建成小康社会、全面深化改革、全面依法治国、全面从严治党"的战略布局①。2015 年 10 月,中共十八届五中全会确立了创新发展、协调发展、绿色发展、开放发展、共享发展的新理念②。2017 年 10 月,中共十九大作出"中国特色社会主义进入了新时代"的论断,阐述了新时代中国特色社会主义的思想和理论,清晰描绘了"两个一百年"全面建成社会主义现代化强国的时间表、路线图③。

新时代教育改革与发展的新矛盾、新目标、新任务。历经 40 年的改革与发展,中国社会的主要矛盾已由改革开放之初的"人民日益增长的物质文化需要同落后的社会生产之间的矛盾"④转化为中国特色社会主义新时代"人民日益增长的美好生活需要和不平衡不充分的发展之间的矛盾"⑤,表现为人民美好生活需要日益广泛,不仅对物质文化生活提出了更高要求,而且在民主、法治、公平、正义、安全、环境等方面的要求日益增长。在教育领域,这一新的矛盾表现为人民群众接受优质教育的需求与教育发展不平衡不充分之间的矛盾。从改革开放之初《决定》提出"有步骤地实行九年制义务教育",举国上下着力推进普及九年制义务教育,到促进义务教育均衡发展,公众让每一个孩子"有学上"的愿望基本实现;但是,随着社会的发展,公众对教育的需求已演变为"上好学",这其中既有对高质量教育的渴望,又有对可以满足个性化发展的选择性教育的需求,更有对公平平等的教育秩序的向往,有对现代化教育的期盼。教育现代化是一个渐进的发展过程,《规划纲要》提出"到 2020 年基本实现教育现代化"的阶段性目标是"基本实现教育现代化,基本形成学习型社会,进入人力资源强国行列"。为此,要"坚持教育优先发展","努力办好人民满意的教育",促进"幼有所育、学有所教"⑥,发展具有

---

① 习近平:《协调推进"四个全面"战略布局》(2014 年 12 月 13 日—2016 年 1 月 29 日),见《习近平谈治国理政(第二卷)》,外文出版社 2017 年版,第 22 页。
② 《中共中央关于制定国民经济和社会发展第十三个五年规划的建议》(2015 年 10 月 29 日中国共产党第十八届中央委员会第五次全体会议通过)。
③ 习近平:《决胜全面建成小康社会 夺取新时代中国特色社会主义伟大胜利——在中国共产党第十九次全国代表大会上的报告》,2017 年 10 月 18 日。
④ 《关于建国以来党的若干历史问题的决议》(1981 年 6 月 27 日中国共产党第十一届中央委员会第六次全体会议通过)。
⑤ 习近平:《决胜全面建成小康社会 夺取新时代中国特色社会主义伟大胜利——在中国共产党第十九次全国代表大会上的报告》,2017 年 10 月 18 日。
⑥ 同上注。

中国特色、世界水平的现代教育，"让每个孩子都能成为有用之才"①。

考试招生制度改革。显然，考试招生制度改革被认为是"深化教育领域综合改革"的重要议题。改革开放以来的考试招生制度被认为是"总体上符合国情，权威性、公平性社会认可"，但同时也产生了唯分数论影响学生全面发展，一考定终身使学生学习负担过重，区域、城乡入学机会存在差距，中小学择校现象较为突出，加分造假以及时有发生的违规招生等社会反应强烈的现象与问题。② 2010 年《规划纲要》提出"推进考试招生制度改革"，"探索招生与考试相对分离的办法，政府宏观管理，专业机构组织实施，学校依法自主招生，学生多次选择，逐步形成分类考试、综合评价、多元录取的考试招生制度"。这一改革建议被中共中央纳入"深化教育领域综合改革"范畴，要求"探索招生和考试相对分离、学生考试多次选择、学校依法自主招生、专业机构组织实施、政府宏观管理、社会参与监督的运行机制"③。2014 年，国务院发文要求当年启动考试招生制度改革试点，2017 年全面推进，"到 2020 年基本建立中国特色现代教育考试招生制度，形成分类考试，综合评价、多元录取的考试招生模式，健全促进公平、科学选才、监督有力的体制机制"④。新一轮高考改革试点，根据国家统一部署，2014 年新高考招生制度改革在上海和浙江试点，在试点过程中，两地完善高中学业水平考试，规范高中学生综合素质评价；2017 年，为应对新高考综合改革试点第一届学生的高考，两地深化高考考试内容改革，着重考查学生独立思考和运用所学知识分析问题、解决问题的能力；积极探索基于统一高考和高中学业水平考试成绩、参考综合素质评价的多元录取机制，增加高校和学生的双向选择机会，从而使新高考改革试点工作平稳落地。根据教育部的相关要求，北京、天津、山东、海南四省市作为第二批高考综合改革试点，2017 年秋季学期进入高考综合改革实施阶段⑤。

教育治理体系现代化建设。具有中国特色、世界水平的现代教育需要强有力的制

① 胡锦涛：《坚定不移沿着中国特色社会主义道路前进　为全面建成小康社会而奋斗——在中国共产党第十八次全国代表大会上的报告》，2012 年 11 月 8 日。
② 《国务院关于深化考试招生制度改革的实施意见》（国发〔2014〕35 号），2014 年 9 月 3 日。
③ 《中共中央关于全面深化改革若干重大问题的决定》（2013 年 11 月 12 日中国共产党第十八届中央委员会第三次全体会议通过）。
④ 《国务院关于深化考试招生制度改革的实施意见》（国发〔2014〕35 号），2014 年 9 月 3 日。
⑤ 《教育部关于做好 2017 年普通高校招生工作的通知》（教学〔2017〕1 号），2017 年 2 月 13 日。

度保障。为了落实中共十八大提出的"深化教育领域综合改革"任务①,2013 年,中共中央要求:"深入推进管办评分离,扩大省级政府教育统筹权和学校办学自主权,完善学校内部治理结构。强化国家教育督导,委托社会组织开展教育评估监测。健全政府补贴、政府购买服务、助学贷款、基金奖励、捐资激励等制度,鼓励社会力量兴办教育。"②2015 年 5 月,教育部要求:"到 2020 年,基本形成政府依法管理、学校依法自主办学、社会各界依法参与和监督的教育公共治理新格局,为基本实现教育现代化提供重要制度保障。"③2017 年 9 月,《关于深化教育体制机制改革的意见》提出深化教育体制机制改革的主要目标是:"到 2020 年,教育基础性制度体系基本建立,形成充满活力、富有效率、更加开放、有利于科学发展的教育体制机制,人民群众关心的教育热点难点问题进一步缓解,政府依法宏观管理、学校依法自主办学、社会有序参与、各方合力推进的格局更加完善,为发展具有中国特色、世界水平的现代教育提供制度支撑。"

与传统的以管制为表征的教育管理体制相比,以管办评分离、放管服结合为表征的教育治理体系现代化建设具有严密的制度逻辑④。教育治理体系现代化的核心是理顺教育系统诸要素之间的关系,激发各教育要素的活力,从而激发整个教育系统的活力。具体而言,就是要理顺政府、学校、社会三类主体内部及三者之间的关系。对政府与社会、政府与学校的关系而言,需要简政放权,转变政府职能,放管服结合。2015 年,国务院相关文件提出了转变政府职能的"简政放权、依法监管、公正透明、权责一致、社会共治"的治理原则⑤。同年召开的中共十八届五中全会提出,在构建发展新体制上,深化行政管理体制改革,进一步转变政府职能,持续推进简政放权、放管结合、优

---

① 胡锦涛:《坚定不移沿着中国特色社会主义道路前进　为全面建成小康社会而奋斗——在中国共产党第十八次全国代表大会上的报告》,2012 年 11 月 8 日。

② 《中共中央关于全面深化改革若干重大问题的决定》(2013 年 11 月 12 日中国共产党第十八届中央委员会第三次全体会议通过)。

③ 《教育部关于深入推进教育管办评分离促进政府职能转变的若干意见》(教政法〔2015〕5 号),2015 年 5 月 4 日。

④ 范国睿:《教育管办评分离改革:理论假设与实践路径》,《教育科学研究》2017 年第 5 期。

⑤ 《国务院关于印发 2015 年推进简政放权放管结合转变政府职能工作方案的通知》(国发〔2015〕29 号),2015 年 5 月 12 日。

化服务,提高政府效能,激发市场活力和社会创造力①。"政府职能转变是一场从理念到体制的深刻变革,是一场刀刃向内的自我革命","通过推进政企分开、政资分开、政事分开、政府与市场中介组织分开,把不该由政府管理的事项交给市场或社会,把该由政府管理的事项切实管住管好,……使政府工作的关注点和着力点转向加强宏观调控、严格市场监管,更加注重社会管理和公共服务,实现规范有序、公开透明、便民高效的政府管理,建设人民满意的政府"。② 在推进国家治理体系和治理能力现代化过程中,在地方政府职能转变和机构改革的基础上,深化党和国家机构改革。③ 在教育领域,2017 年《关于深化教育体制机制改革的意见》提出"坚持放管服相结合","深化简政放权、放管结合、优化服务改革,把该放的权力坚决放下去,把该管的事项切实管住管好,加强事中事后监管,构建政府、学校、社会之间的新型关系"。在教育事务管理过程中,通过清单管理的方式,把政府该管的管住,把该放给学校的教育权力放给学校,政府以教育标准体系建设,引领教育事业发展,促进学校依法自主办学,同时加强教育事业发展过程中的事中事后监管;把该放给社会的教育权力放给社会,引导、培育社会组织参与教育事业,购买社会组织的专业化教育服务,服务于学校、教师和学生的发展。对学校而言,则是依法自主办学④,通过科学合理的体制机制保障学校权力运行,需要通过学校章程规范学校内部权力关系,同时完善学校内部治理结构,调动包括全体教师、学生、家长以及社会(社区)资源共同参与办学,服务于学校的自主发展,同时形成有效的监督力量。在高等教育领域,通过现代大学制度建设,推进大学章程建设和学校内部治理结构改革,让学校拥有更大办学自主权,发挥学术委员会等学术组织的学术权力,改进教师职称评审机制,健全薪酬分配制度,完善现代大学制度,激发广

---

① 《中共中央关于制定国民经济和社会发展第十三个五年规划的建议》(2015 年 10 月 29 日中国共产党第十八届中央委员会第五次全体会议通过)。

② 李克强:《在全国深化简政放权放管结合优化服务改革电视电话会议上的讲话》,2017 年 6 月 13 日。

③ 2013 年 8 月 27 日,中共中央政治局召开会议,审议通过《关于地方政府职能转变和机构改革的意见》(中发〔2013〕9 号);《中共中央关于深化党和国家机构改革的决定》(2018 年 2 月 28 日中国共产党第十九届中央委员会第三次全体会议通过)。

④ 范国睿:《基于教育管办评分离的中小学依法自主办学的体制机制改革探索》,《教育研究》2017 年第4 期。

大教学科研人员教书育人、干事创业的积极性和主动性[1]；同时，加快一批世界一流大学和一流学科建设，"深化高校综合改革，加快中国特色现代大学制度建设，着力破除体制机制障碍，加快构建充满活力、富有效率、更加开放、有利于学校科学发展的体制机制"[2]。社会组织参与教育，既有社会组织参与办学，也有社会组织参与教育服务与评价。对于前者而言，2016 年 11 月重新修订的《中华人民共和国民办教育促进法》确立了民办教育分类管理制度[3]，此后的相关政策[4]进一步建立健全了民办学校分类管理分类登记机制和监督管理机制，为营利性和非营利性民办学校的分类发展提供了法律保障与政策支持。对于后者而言，"管办评分离"并非仅限于社会组织参与教育"评价"，社会组织"参与教育"的活动与行为还包括参与兴办学校、参与学校管理、参与学校教育活动，以及参与学校评价[5]。目前，在教育类社会组织无论数量上还是资质上都不能满足教育发展需求的情况下，一方面需要大力培育社会组织，提升其参与教育的资质与能力，另一方面，通过建章立制，规范社会组织参与教育的机制与程序。

三、改革开放 40 年教育制度变革的价值坚守与战略选择

历经 40 年的改革与发展，我国教育事业的规模与质量均得以长足发展，小学净入学率、中学毛入学率、高等教育毛入学率稳步增长，青少年平均受教育年限、高等教育完成率与发达国家的差距进一步缩小；学前教育在日趋规范的同时，规模不断发展，义务教育逐步走向优质均衡；普通高中教育呈多样化特色化发展态势，现代职业教育体系不断完善，高等教育伴随着"双一流"内涵发展速度加快，公共教育投入占 GDP 比重

---

[1] 《教育部、中央编办、发展改革委、财政部、人力资源社会保障部关于深化高等教育领域简政放权放管结合优化服务改革的若干意见》（教政法〔2017〕7 号），2017 年 3 月 31 日。

[2] 《国务院关于印发统筹推进世界一流大学和一流学科建设总体方案的通知》（国发〔2015〕64 号），2015 年 10 月 24 日。

[3] 《全国人民代表大会常务委员会关于修改〈中华人民共和国民办教育促进法〉的决定》（2016 年 11 月 7 日第十二届全国人民代表大会常务委员会第二十四次会议通过）；《国务院关于鼓励社会力量兴办教育促进民办教育健康发展的若干意见》（国发〔2016〕81 号），2016 年 12 月 29 日。

[4] 《国务院关于印发统筹推进世界一流大学和一流学科建设总体方案的通知》（国发〔2015〕64 号），2015 年 10 月 24 日；《教育部等五部门关于印发〈民办学校分类登记实施细则〉的通知》（教发〔2016〕19 号）；《教育部　人力资源社会保障部　工商总局关于印发〈营利性民办学校监督管理实施细则〉的通知》（教发〔2016〕20 号），2016 年 12 月 30 日。

[5] 杜明峰、范国睿：《社会组织参与教育：机制与策略》，《教育研究》2017 年第 4 期。

始终保持在 4% 以上，逐步接近 G20 国家平均水平；"教育总体发展水平进入世界中上行列"①。回顾教育改革开放 40 年发展历程，重要的是总结提炼教育改革开放的有价值的经验与智慧。

（一）始终坚持教育为人民服务

"制度伦理"（institutional ethics）是内蕴于制度的伦理追求、道德原则和价值判断；在教育现代化进程中，不可避免地需要从制度伦理层面回答教育为谁服务的问题。1949 年中华人民共和国成立不久召开的第一次全国教育工作会议就确立了"教育要为工农服务，为生产建设服务"的教育建设方针。改革开放之初，在教育历经从"为无产阶级政治服务"向"为社会主义建设服务"的转变之后，1993 年 2 月，《中国教育改革和发展纲要》提出"把促进公平作为国家基本教育政策"，认为"教育公平是社会公平的重要基础"，"教育公平的主要责任在政府，全社会要共同促进教育公平"。1999 年 6月，第三次全国教育工作会议提出："我们必须全面贯彻党的教育方针，坚持教育为社会主义现代化建设服务、为人民服务，坚持教育与社会实践相结合，以提高国民素质为根本宗旨，以培养学生的创新精神和实践能力为重点，努力造就有理想、有道德、有文化、有纪律的，德育、智育、体育、美育等全面发展的社会主义事业建设者和接班人。"②首次在教育方针中加入"为人民服务"的要求。2002 年中共十六大报告、2010 年 7 月《规划纲要》将教育方针表述为"全面贯彻党的教育方针，坚持教育为社会主义现代化建设服务，为人民服务，与生产劳动和社会实践相结合，培养德智体美全面发展的社会主义建设者和接班人"，再次重申了"教育为人民服务"的要求。2012 年 11 月，中共十八大报告提出"把以人为本作为深入贯彻落实科学发展观的核心立场，始终把实现好、维护好、发展好最广大人民根本利益作为党和国家一切工作的出发点和落脚点，尊重人民首创精神，保障人民各项权益，不断在实现发展成果由人民共享、促进人的全面发展上取得新成效"，"坚持教育为社会主义现代化建设服务、为人民服务"，"努力办好人民满意的教育"。2017 年，中共十九大报告提出"坚持以人民为中心"，坚持"全心全意

---

① 《国务院关于印发国家教育事业发展"十三五"规划的通知》（国发〔2017〕4 号），2017 年 1 月 10 日。
② 江泽民：《教育必须以提高国民素质为根本宗旨》（1999 年 6 月 15 日），见中共中央文献编辑委员会编辑《江泽民文选（第二卷）》，人民出版社 2006 年版，第 157 页。

为人民服务的根本宗旨","把人民对美好生活的向往作为奋斗目标","始终把人民利益摆在至高无上的地位,让改革发展成果更多更公平惠及全体人民,朝着实现全体人民共同富裕不断迈进","加快教育现代化,办好人民满意的教育"。在 2018 年召开的第十三届全国人民代表大会第一次会议上,国务院总理李克强提出:"要加快推进教育现代化,办好人民满意的教育,让每个人都有平等机会通过教育改变自身命运、成就人生梦想。"在 40 年的改革与发展中,从普及九年义务教育,到实施"高中阶段教育普及攻坚计划"①,从着力解决幼儿园入园难到义务教育就近入学,从义务教育均衡发展到推动城乡义务教育一体化发展,从实施免费义务教育到健全学生资助制度,从保障农村留守儿童安全、健康和受教育权益②到"保障残疾人享有平等接受教育的权利"③,对以国家扶贫开发工作重点县和集中连片特困地区县(以下简称贫困县)及建档立卡等贫困人口为重点的教育精准扶贫④,"努力让每个孩子都能享有公平而有质量的教育"正逐步实现。

(二)始终坚持不断深化教育改革

回顾 40 年的发展历程,中国社会在曲折中前进,中共十一届三中全会确立的改革开放成为一个时代的主旋律。改革开放之初,邓小平即提出,"发展才是硬道理"⑤,中国"要做到发展,必须坚持对外开放、对内改革"⑥;"改革是中国发展生产力的必由之路"⑦,坚持改革开放,是解决中国问题的希望⑧。时至今日,改革开放进入全面深化改革的阶段,利益格局固化"全面深化改革的总目标是完善和发展中国特色社会主义制

---

① 《教育部等四部门关于印发〈高中阶段教育普及攻坚计划(2017—2020 年)〉的通知》(教基〔2017〕1 号),2017 年 3 月 24 日。

② 《国务院关于加强农村留守儿童关爱保护工作的意见》(国发〔2016〕13 号),2016 年 2 月 4 日。

③ 《残疾人教育条例》,2017 年 1 月 11 日。

④ 《教育部等六部门关于印发〈教育脱贫攻坚"十三五"规划〉的通知》(教发〔2016〕18 号),2016 年 12 月16 日。

⑤ 邓小平:《在武昌、深圳、珠海、上海等地的谈话要点》(1992 年 1 月 18 日—2 月 21 日),见中共中央文献编辑委员会编辑《邓小平文选(第三卷)》,人民出版社 1993 年版,第 377 页。

⑥ 邓小平:《加强四项基本原则教育,坚持改革开放政策》(1987 年 1 月 20 日),见中共中央文献编辑委员会编辑《邓小平文选(第三卷)》,人民出版社 1993 年版,第 202 页。

⑦ 邓小平:《改革是中国发展生产力的必由之路》(1985 年 8 月 28 日),见中共中央文献编辑委员会编辑《邓小平文选(第三卷)》,人民出版社 1993 年版,第 136 页。

⑧ 邓小平:《压倒一切的是稳定》(1989 年 2 月 26 日),见中共中央文献编辑委员会编辑《邓小平文选(第三卷)》,人民出版社 1993 年版,第 284 页。

度，推进国家治理体系和治理能力现代化"，全面深化改革就是要"进一步解放思想、解放和发展社会生产力、解放和增强社会活力，坚决破除各方面体制机制弊端"；在改革的方法与策略上，"更加注重改革的系统性、整体性、协同性"。① 对于教育改革而言，从 1985 年《决定》着重理顺央地关系和政府与学校关系，到恢复高考制度、进行基础教育课程改革、建立现代大学制度，一系列单项的或局部的改革，不断推动教育事业发展。2012 年起，教育改革进入深水区、攻坚期，进入"深化教育领域综合改革"②的新阶段，教育改革涉及面更广、关联度更高，破解深层次矛盾和问题难度更大，许多问题解决起来往往涉及多个部门职责，涉及多种政策配套，涉及多方利益调整，靠原有的单项改革或局部突破的办法难以奏效，需要在继续深入实施国家教育体制改革试点的基础上，用系统思维、全局意识、普遍联系的观点认识改革、加强改革的顶层设计，需要坚持问题导向、目标导向，统筹兼顾，改革不适应现实要求的体制机制、法律法规，从传统的教育管理转向教育治理，推进管办评分离，构建政府、学校、社会之间的新型关系，统筹推进育人方式、办学模式、管理体制、保障机制改革，不断提高教育治理体系和治理能力现代化建设水平。

（三）始终坚持持续扩大教育开放

改革与开放是中国现代化发展的双引擎，改革是从内部由政府主导不断释放动能，开放则是不断融入全球化，从外部吸取动能。传统中国长期处于停滞和落后状态的根本原因是闭关自守；在现代化发展的进程中，世界变成了"开放的世界"，任何国家，只有与其他国家互通有无、融入全球化进程，方能步入现代化的快车道。从对外开放的实践看，中国对外开放由 20 世纪 80 年代初出于四个现代化建设的迫切需要引进利用国外智力、资本开始③，由开放深圳、珠海、汕头和厦门经济特区，逐步开放沿海港口城市、长江沿岸城市、边境沿海地区省会城市、内陆地区省会城市等，形成了一个经

① 《中共中央关于全面深化改革若干重大问题的决定》（2013 年 11 月 12 日中国共产党第十八届中央委员会第三次全体会议通过）。

② 胡锦涛：《坚定不移沿着中国特色社会主义道路前进　为全面建成小康社会而奋斗——在中国共产党第十八次全国代表大会上的报告》，2012 年 11 月 8 日。

③ 邓小平：《利用外国智力和扩大对外开放》（1983 年 7 月 8 日），见中共中央文献编辑委员会编辑《邓小平文选（第三卷）》，人民出版社 1993 年版，第 32 页；《中共中央国务院关于引进国外智力以利四化建设的决定》（中发〔1983〕30 号），1983 年 8 月 24 日。

济特区、沿海开放城市、沿海开放区、沿江开放港口城市、沿边开放城镇、内地省会开放城市的全方位、多层次、宽领域的对外开放体系和格局。进入新时代,正如习近平2015 年 9 月与时任美国总统奥巴马会晤时所说,"改革开放是中国的基本国策,也是今后推动中国发展的根本动力","中国开放的大门永远不会关上"①。在教育领域,从恢复选派中青年学者出国学习、邀请国外专家来华讲学、选派公费留学生、允许个人自费留学开始,到开放来华留学、发展中外合作办学,对外教育交流不断丰富。2002 年,中国加入世界贸易组织,适时调整对外教育服务贸易战略,进一步优化教育对外开放制度,加大开放力度。2003 年,出台《中外合作办学条例》,促进中外合作办学健康发展。2006 年起,实施"高等学校学科创新引智计划"("111 计划"②),推进中国高等学校建设世界一流大学的进程。2007 年起,实施"国家建设高水平大学公派研究生项目",选派一流研究生到国外一流院校、专业,师从一流导师留学学习。2008 年起,实施"海外高层次人才引进计划"("千人计划")③,分层次、有计划地引进一批能够突破关键技术、发展高新技术产业、带动新兴学科的战略科学家、科技创新创业领军人才和青年人才。2010 年,实施《留学中国计划》,建立与我国国际地位、教育规模和水平相适应的来华留学工作与服务体系,以期"到 2020 年,使我国成为亚洲最大的留学目的地国家"。④ 至此,我国的教育国际化开始由学习型向输出型转变,教育对外开放进入加快"走出去"步伐的新时代。2016 年 4 月,中共中央办公厅、国务院办公厅发布《关于做好新时期教育对外开放工作的若干意见》,完善"选、派、管、回、用"工作机制,加快

---

① 霍小光、孟娜、田帆:《习近平同美国总统奥巴马会晤》,http://www.xinhuanet.com/world/2015-09/25/
c_1116681366.htm(阅读时间:2018 年 1 月 29 日)。

② "高等学校学科创新引智计划",又称"111 计划",由教育部、国家外国专家局联合实施,旨在推进中国高等学校建设世界一流大学进程,瞄准国际学科发展前沿,以国家重点学科为基础,从世界范围排名前 100位的著名大学及研究机构的优势学科队伍中,引进、汇聚 1 000 余名优秀人才,形成高水平的研究队伍,建设 100 个左右世界一流的学科创新引智基地。2005 年 9 月,教育部和国家外国专家局发布《高等学校学科创新引智计划"十一五"规划(2006—2010)》(教技〔2005〕6 号),启动高等学校学科创新引智计划;2006 年,发布《高等学校学科创新引智基地管理办法》(教技〔2006〕4 号);2016 年 11 月,为了适应新时代对外开放和高等学校"双一流"建设需要,教育部和国家外国专家局发布了新的《高等学校学科创新引智计划实施与管理办法》,参见《教育部国家外国专家局关于印发〈高等学校学科创新引智计划实施与管理办法〉的通知》(教技〔2016〕4 号),2016 年 11 月 3 日。

③ 《中共中央办公厅转发〈中央人才工作协调小组关于实施海外高层次人才引进计划的意见〉的通知》(中办发〔2008〕25 号),2008 年 12 月 23 日。

④ 《教育部关于印发〈留学中国计划〉的通知》(教外来〔2010〕68 号),2010 年 9 月 21 日。

留学事业发展，提高留学教育质量；改革和完善准入、审批、评估认证以及退出等相关制度与机制，提升涉外办学水平；引进世界一流大学和特色学科，提升我国教育实力和创新能力；丰富中外人文交流，讲好中国故事、传播好中国声音；完善教育对外开放布局，"中国将加强同世界各国的教育交流，扩大教育对外开放，积极支持发展中国家教育事业发展"，①加强与大国、周边国家、发展中国家、多边组织的务实合作，推进共建"一带一路"教育行动②，积极参与全球教育治理，提升教育对外开放治理水平，促进教育合作共赢，中国教育正以其独特的方式，为"共同构建人类命运共同体"③贡献力量。

（四）始终坚持教育优先发展

改革开放以来，党和国家始终坚持把教育摆在优先发展的战略地位，但不同历史时期的内涵与表述有所差异。早在改革开放初期，邓小平就提出了社会主义的根本任务是发展生产力、科学技术是第一生产力、实现现代化的关键是科学技术、发展科学技术依靠教育等一系列思想，把依靠科技和教育发展经济作为国家战略④。1992年，中共十二大提出"必须把教育摆在优先发展的战略地位，努力提高全民族的思想道德和科学文化水平"，并认为"这是实现我国现代化的根本大计"。⑤ 1995年5月，中共中央国务院发布《关于加速科学技术进步的决定》，首次提出"实施科教兴国战略"，"坚持教育为本，把科技和教育摆在经济、社会发展的重要位置，增强国家的科技实力及向现实生产力转化的能力，提高全民族的科技文化素质，把经济建设移到依靠科技进步和提

① 《习近平主席在联合国"教育第一"全球倡议行动一周年纪念活动上发表视频贺词》，《人民日报》2013年9月27日。
② 《教育部关于印发〈推进共建"一带一路"教育行动〉的通知》（教外〔2016〕46号），2016年7月13日。
③ 习近平：《共同构建人类命运共同体》（2017年1月18日），见习近平《习近平谈治国理政（第二卷）》，外文出版社2017年版，第537—548页。
④ 邓小平指出："我们要实现现代化，关键是科学技术要能上去。发展科学技术，不抓教育不行。"［邓小平：《尊重知识，尊重人才》（1977年5月24日），见中共中央文献编辑委员会编辑《邓小平文选（第二卷）》，人民出版社1983年版，第40页］"我这里说的关于教育、科技、知识分子的意见，是作为一个战略方针，一个战略措施来说的。从长远看，这个问题到了着手解决的时候了。"［邓小平：《科学技术是第一生产力》（1988年9月5日，12日），见中共中央文献编辑委员会编辑《邓小平文选（第三卷）》，人民出版社1993年版，第275—276页］"经济发展得快一点，必须依靠科技和教育。"［邓小平：《在武昌、深圳、珠海、上海等地的谈话要点》（1992年1月18日—2月21日），见中共中央文献编辑委员会编辑《邓小平文选（第三卷）》，人民出版社1993年版，第377页］
⑤ 江泽民：《加快改革开放和现代化建设步伐　夺取有中国特色社会主义事业的更大胜利——在中国共产党第十四次全国代表大会上的报告》，1992年10月12日。

高劳动者素质的轨道上来,加速实现国家的繁荣强盛"。2006年10月,《中共中央关于构建社会主义和谐社会若干重大问题的决定》提出:"坚持教育优先发展,促进教育公平。全面贯彻党的教育方针,大力实施科教兴国战略和人才强国战略,全面实施素质教育,深化教育改革,提高教育质量,建设现代国民教育体系和终身教育体系,保障人民享有接受良好教育的机会。"教育优先发展的战略作用由促进经济发展转向促进教育公平。中共十八大将教育摆在改善民生和加强社会建设之首,"教育是民族振兴和社会进步的基石。要坚持教育优先发展,全面贯彻党的教育方针,坚持教育为社会主义现代化建设服务、为人民服务"①,将教育为社会主义现代化建设服务和为人民服务统一起来。2013年9月,习近平在祝贺联合国"教育第一"全球倡议行动一周年纪念活动时指出:"中国将坚定实施科教兴国战略,始终把教育摆在优先发展的战略位置,不断扩大投入,努力发展全民教育、终身教育,建设学习型社会,努力让每个孩子享有受教育的机会,努力让13亿人民享有更好更公平的教育,获得发展自身、奉献社会、造福人民的能力。"②中共十九大确立了建设教育强国的奋斗目标,并以此作为"中华民族伟大复兴的基础工程",为此,"必须把教育事业放在优先位置,深化教育改革,加快教育现代化,办好人民满意的教育"③,从建设教育强国、实现中华民族的伟大复兴的角度,赋予教育优先发展新的意义。

落实教育优先发展战略的根本举措在于增加教育投入。1993年,《中国教育改革和发展纲要》提出"提高国家财政性教育经费支出占国内生产总值比例,2012年达到4%"的战略目标;1995年,《中华人民共和国教育法》提出政府教育经费投入的"三个增长"(各级人民政府教育财政拨款的增长应当高于财政经常性收入的增长,并使按在校学生人数平均的教育费用逐步增长,保证教师工资和学生人均公用经费逐步增长),使增加政府教育经费投入于法有据;1998年起,中央本级财政教育经费支出比例连续三年每年提高一个百分点,中央本级教育事业费5年增加489亿元,彰显了中央政府

---

① 胡锦涛:《坚定不移沿着中国特色社会主义道路前进　为全面建成小康社会而奋斗——在中国共产党第十八次全国代表大会上的报告》,2012年11月8日。

② 《习近平主席在联合国"教育第一"全球倡议行动一周年纪念活动上发表视频贺词》,《人民日报》2013年9月27日。

③ 习近平:《决胜全面建成小康社会　夺取新时代中国特色社会主义伟大胜利——在中国共产党第十九次全国代表大会上的报告》,2017年10月18日。

优先发展教育的决心、意志和智慧；2006 年，《中共中央关于构建社会主义和谐社会若干重大问题的决定》提出"保证财政性教育经费增长幅度明显高于财政经常性收入增长幅度，逐步使财政性教育经费占国内生产总值的比例达到 4％"，4％成为《决定》中唯一的数字性指标；2010 年，中共中央、国务院印发《国家中长期教育改革和发展规划纲要（2010—2020 年）》，再次明确"提高国家财政性教育经费支出占国内生产总值比例，2012 年达到 4％"的目标；为了实现这一目标，2011 年，国务院要求各级人民政府进一步优化财政支出结构，压缩一般性支出，新增财力着力向教育倾斜，提高财政教育支出占公共财政支出的比重，增加教育经费预算，保证财政教育支出增长幅度明显高于财政经常性收入增长幅度，严格落实教育经费法定增长要求①。2012 年，国家财政性教育经费突破 2 万亿元，用了 20 年的时间，首次使国家财政性教育经费占 GDP 比例达到 4％。改革与发展道路并不平坦，在 2013 年《中共中央关于全面深化改革若干重大问题的决定》要求深化财税体制改革、改进预算管理制度、"清理规范重点支出同财政收支增幅或生产总值挂钩事项，一般不采取挂钩方式"的情况下，2017 年国务院《国家教育事业发展"十三五"规划》仍提出"坚持把教育作为各级人民政府财政支出重点领域给予优先保障，保证国家财政性教育经费支出占国内生产总值的比例一般不低于 4％"的要求，从"一般不采取挂钩"到"一般不低于"，体现了国家落实优先发展教育战略的决心。2012—2016 年，国家财政性教育经费支出占国内生产总值比例分别为 4.28、4.30、4.15、4.26、4.22②，教育优先发展战略得以保障，公共教育经费投入走上可持续的稳定增长之路。

四、改革开放 40 年的教育制度创新：寻求适度的张力与激发活力

改革是生产关系、利益关系的调整。如果说改革开放前 30 年按照"效率优先"的原则着力推进经济建设、积累了大量的社会财富，那么，进一步改革面临的问题就是利

---

① 《国务院关于进一步加大财政教育投入的意见》（国发〔2011〕22 号），2011 年 6 月 29 日。
② 《2012 年全国教育经费执行情况统计公告》（教财〔2013〕7 号），2013 年 12 月 18 日；《2013 年全国教育经费执行情况统计公告》（教财〔2014〕4 号），2014 年 10 月 31 日；《2014 年全国教育经费执行情况统计公告》（教财〔2015〕9 号），2015 年 10 月 9 日；《2015 年全国教育经费执行情况统计公告》（教财〔2016〕9 号），2016 年 10 月 30 日；《2016 年全国教育经费执行情况统计公告》（教财〔2017〕6 号），2017 年 10 月 10 日。

益关系的重新调整,是对社会财富按"公平"原则进行再分配,以促进全社会的和谐持续发展。因此,全面深化改革,就是要"坚决破除一切不合时宜的思想观念和体制机制弊端,突破利益固化的藩篱"①。对于中国社会而言,改革开放的 40 年,是从恢复和重建社会秩序走向突破体制藩篱激发社会活力、从计划经济走向市场经济、从统一集中的统制型管理走向建构多方参与的治理体系的过程,各利益主体之间的冲突、博弈与妥协贯穿其中。教育制度变迁与创新,必然涉及集权与分权、计划与市场、政府与社会、政府与学校、学校与社会等一系列复杂关系,教育变革的过程,即是寻求多方关系的平衡与和谐,以便在维持理性秩序的同时,激发各方的激情与活力。

(一) 调适央地关系,促进教育制度变迁的顶层设计与地方探索相结合

自改革开放之初,教育体制改革的核心就是"更好地调动各级政府、广大师生员工和社会各方面的积极性",在政府教育管理过程中,核心是"调动各级政府办学的积极性",改革的举措之一是"把发展基础教育的责任交给地方"②。但是,当教育管理权责层层下放到乡镇时,便产生了区域教育发展严重失衡的问题;2001 年,国务院发布《关于基础教育改革与发展的决定》,改变了历时 15 年以乡镇为主的农村义务教育管理体制,明确"实行在国务院领导下,由地方政府负责、分级管理、以县为主的体制"。"省级统筹、以县为主"教育管理体制的建立与完善,成为深化教育体制改革、促进区域教育均衡发展的有益探索。

以课程改革为例,40 年来,寻求国家课程的权威性与地方课程学校课程的灵活性之间的合适张力,平衡国家与地方、学校之间的教育权力关系,一直没有间断。中华人民共和国成立以来,在中小学课程教材制度上,基本上实行的是国家统一制定教学计划、教学大纲、统一编写教材、全国使用统编教材的制度。改革开放之初,在《中共中央关于教育体制改革的决定》有关"简政放权"的教育改革背景下,国家教育委员会于1988 年给予上海进行中小学课程改革试验的特殊政策,上海启动"一期课改",力图改变以升学为中心的"应试教育"课程教材体系,改变以必修课为主体的课程教学模式,

① 习近平:《决胜全面建成小康社会　夺取新时代中国特色社会主义伟大胜利——在中国共产党第十九次全国代表大会上的报告》,2017 年 10 月 18 日。
② 《中共中央关于教育体制改革的决定》(中发〔1985〕12 号),1985 年 5 月 27 日。

实现减轻负担、提高质量，加强基础、培养能力，提高素质、发展个性等"三大突破"。经过五年努力，上海编制出适合经济发达地区使用的中小学课程设置方案、课程标准、教材及教学辅助软件等，并进行相应实验①，为全国的基础教育课程改革提供了有益的经验。20 世纪 90 年代，国家教育委员会提出普通高中课程由中央、地方、学校三级管理，规定了各级管理权限；"建立课程教材三级管理模式，是为了保障和促进课程对不同地区、学校和学生的适应性，实行有指导的逐步放权"②。新世纪初启动的基础教育课程改革，要求"改变课程管理过于集中的状况，实行国家、地方、学校三级课程管理，增强课程对地方、学校及学生的适应性"③。三级课程管理体制的实施，将原先国家层面过于集中的课程权力下放给地方和学校，使地方和学校参与课程开发，进而形成国家课程、地方课程和学校课程并存的局面，使课程更加适合地方和学校的具体教育教学情境，反映了课程管理制度从集权走向有限度的分权的趋势。课程问题，不仅涉及"什么知识最有价值"的经典问题④，更涉及"谁的知识最有价值"的关键问题⑤。为了全面贯彻党的教育方针，把培育和践行社会主义核心价值观融入国民教育全过程，从 2012 年开始，教育部统一组织编写义务教育道德与法治、语文和历史三科教材，并于 2017 年 9 月秋季学期在全国各地初始年级投入使用；在教材审查制度上，首次实行学科审查、综合审查、专题审查和终审制度的四审制度，确保教材整体质量和水平。2017 年 3 月，教育部成立教材局，负责课程教材规划、建设与管理；同年 7 月，国务院成立国家教材委员会，指导和统筹全国教材工作。

在推进教育治理体系现代化建设的进程中，"推进局部的阶段性改革开放要在加强顶层设计的前提下进行，加强顶层设计要在推进局部的阶段性改革开放的基础上来谋划"⑥，正如《关于深化教育体制机制改革的意见》所提出的，坚持顶层设计与基层探

---

① 孙元清等著：《上海课程改革 25 年（1988—2013）》，上海教育出版社 2016 年版，第 25 页。
② 全国课程专业委员会秘书处编：《21 世纪中国课程研究与改革》，人民教育出版社 2001 年版，第 90 页。
③《基础教育课程改革纲要（试行）》，2001 年 6 月 8 日。
④［英］斯宾塞著，胡毅译：《教育论》，人民教育出版社 1962 年版，第 1—44 页。
⑤ 美国麦迪逊威斯康星大学课程与教学和教育政策研究系教授迈克尔·W·阿普尔（Michael W. Apple）在其《意识形态与课程》中，力图运用意识形态与霸权的概念，揭示教育中知识与权力间的复杂关系，批判性地审视某一特定历史时期、特定制度背景下特定社会集团或阶级的"合法性知识"。参见［美］迈克尔·W·阿普尔著，黄忠敬译：《意识形态与课程》，华东师范大学出版社 2003 年版，第 57 页。
⑥ 习近平：《习近平谈治国理政》，外文出版社 2014 年版，第 68 页。

索相结合,既加强系统谋划,又尊重基层首创精神,充分调动地方和学校改革的积极性主动性创造性,及时将成功经验上升为制度和政策。新时代教育制度变革的显著特征是加强顶层设计,诸如深化考试招生制度改革、现代职业教育体系建设、一流大学学科建设、一揽子修改教育法律等重大教育改革,均经国务院常务会议审议,再报中央全面深化改革领导小组会议和中央政治局会议审议,最后由国务院和相关部委全面推进、具体实施。2018年3月,为加强党中央对教育工作的集中统一领导,根据中共十九届三中全会《深化党和国家机构改革方案》,组建中央教育工作领导小组,作为党中央决策议事协调机构,其主要职责是:研究提出并组织实施在教育领域坚持党的领导、加强党的建设方针政策,研究部署教育领域思想政治、意识形态工作,审议国家教育发展战略、中长期规划、教育重大政策和体制改革方案,协调解决教育工作重大问题等。这对于加强教育改革的顶层设计,有效处理中央和地方、全局与局部关系,增进改革的系统性、整体性、协同性,形成整体效应,具有重要意义。另一方面,随着我国教育改革进入"深水区",许多地区和学校从实际出发,坚持问题导向,总结提炼出许多改革探索的新经验,一些被推广实践证明行之有效的改革经验,为国家层面的宏观决策提供了重要的实践支持。青岛市2014年起着力推进依法治校、建设现代学校制度的改革试验,梳理自主办学权力清单,全面落实并下放给公办学校;在此基础上,2017年2月,青岛市政府颁布《青岛市中小学校管理办法》,以地方法律规章的形式,规范了"校长可以按照规定提名、聘任副校长"、学校"自主招聘紧缺专业和高层次人才"、"自主设置内设机构,按照规定选任机构负责人"等学校办学自主权。近年来,上海作为全国率先启动教育综合改革的试点地区,在国家宏观教育改革的顶层设计指导下,积极探索,提出了许多新思路、新举措。2017年12月,上海市人大制定并通过了全国首部地方性高等教育法规《上海市高等教育促进条例》,将所取得的新成就、新经验上升为教育法规,以法律的形式固化下来,为上海高等教育治理体系的现代化建设和高等教育的健康持续发展提供强有力的法治保障①。未来的教育改革,有关国家教育法律、教育制度、教育标准、教育战略规划等全局性改革与创新,需要由国家层面统筹规划、统一实施;有关涉及重点难点问题的教育改革,需要在局部试点基础上逐步推开,动态调整;有关区域和

---

① 范国睿:《为上海高等教育治理现代化提供法律保障》,《文汇报》2018年3月16日。

学校层面的改革,则需要充分发挥基层教育改革的积极性主动性,鼓励地方和学校大胆创新,勇于探索,进而形成顶层设计与基层探索、全面推进与重点突破、法治建设与改革创新相结合的教育制度变革与创新机制。

(二)理顺府际关系、建立与完善政府统筹、府际协商的治理机制

府际关系,指政府之间在垂直和水平上的纵横交错关系,以及不同地区的政府间关系。对于同一地区而言,主要涉及同级政府内设部门间的横向府际关系。在政府教育治理体系内部,除主管教育事务的教育行政部门以外,发展与改革委员会、组织、财政、人力资源与社会保障、编制、规划国土资源、住房城乡建设、科技、国有资产监督、经济信息化、税务等部门,均有自身的治理逻辑并负有相应的教育管理职责。但是,长期以来存在的部门间各自为政、多头行政局面,教育行政部门与其他政府职能部门之间屡屡发生的沟通不畅、相互扯皮推诿现象,对学校办学秩序造成严重影响。在改革实践过程中,一些地区尝试由教育行政部门统筹政府相关职能部门的教育管理活动。《上海市高等教育促进条例》提出,在市级层面,建立高等教育改革发展议事协调机制,审议高等教育改革发展的重大方针和政策,协调解决高等教育发展中的重大问题和重大事项;设立高等教育投入评估咨询委员会,对高等教育重大投入政策提出咨询和评估,对经费使用情况进行督导和检查。《青岛市中小学校管理办法》规定:"有关部门开展与中小学校有关的评审、评比、评估、竞赛、检查等活动的,应当于每年 11 月底前向教育行政部门提报次年计划,由教育行政部门编制目录并于次年年初向学校公布。"这些实践探索,为深化政府教育治理体系改革、建立与完善政府统筹、府际协商的教育治理机制,积累了有益经验。

(三)简政放权,放管服结合,重构新型政府—学校关系

1985 年,《决定》提出"改革管理体制,在加强宏观管理的同时,坚决实行简政放权,扩大学校的办学自主权",重新进行教育权力配置,使传统的教育行政法律关系发生了很大变化。此后,扩大学校办学自主权一直是教育改革的主线。2017 年,中共中央办公厅、国务院办公厅《关于深化教育体制机制改革的意见》将"学校依法自主办学"作为"充满活力、富有效率、更加开放、有利于科学发展"的教育治理格局的重要组成部分。学校自主办学权,源于政府的放权。对于政府而言,需要科学规划国家和区域教育事业发展的类型、规模与速度,使每一所学校都有科学合理的发展定位;需要建立健全系统化的教育标准体系,使学校在自主办学过程中有标准可依;需要通过清单管理,把该放给学校的权力下放给学校,使学校有权可用;需要加强事中事后监管,监督和保障学校依法用好办学权力;需要为学校合理配置教育资源、提供专业化的服务,使学校健康持续发展。

(四) 积极稳妥地发挥社会组织、市场参与教育作用

20 世纪 90 年代,出于公众对教育质量的不满而寻找教育供给市场化、通过市场机制提高教育质量、重视教育绩效责任的教育改革在全球陆续出现[①]。在此过程中,出现了迈向素质教育(quality education)或竞争性学校(competitive schools)的趋向,强调教育质量管理与质量保障、学校监控与评价、父母选择权、教育券、市场化、父母及社区参与治理,以及绩效为本的拨款机制等改革热点。[②]

1992 年 10 月,中共十四大提出建立社会主义市场经济体制,使市场在国家宏观调控下对资源配置起基础性作用。在此背景下,1993 年 2 月,《中国教育改革和发展纲要》提出:"教育体制改革要采取综合配套、分步推进的方针,加快步伐,改革包得过多、统得过死的体制,初步建立起与社会主义市场经济体制和政治体制、科技体制改革相适应的教育新体制。"本来,政府与学校的关系是传统教育治理关系的核心,1985 年《决定》有关"坚决实行简政放权,扩大学校的办学自主权"的表述,表明这一关系是教

---

① Goertz, M. E. & Duffy, M. C. Assessment and Accountability Systems in the 50 States, 1999 - 2000. CPRE Research Report Series, 2001;Headington, R. Monitoring, Assessment, Recording, Reporting and Accountability: Meeting the Standards. London: David Fulton, 2000; Heller, D. E. (ed.). The States and Public Higher Education Policy: Affordable, Access, and Accountability. Baltimore: John Hopkins University Press, 2001; Mahony, P. & Hextall, I. Reconstructing Teaching: Standards, Performance and Accountability. London: Routledge, 2000.

② Cheng, Y. C. Paradigm Shift in Education: Towards the Third Wave Research. In L. Hill and F. Levine (eds.), World Education Research Yearbook 2014. New York. NY: Routledge, 2015: 5 - 29; Cheng, Y. C. & Townsend, T. Educational Change and Development in the Asia-Pacific Region: Trends and Issues. In Townsend, T. & Cheng, Y. C. (eds.). Educational Change and Development in the Asia-Pacific Region: Challenges for the Future. The Netherlands: Swets & Zeitlinger, 2000: 317 - 344; Mukhopadhyay, M. Total Quality Management in Education. New Delhi: National Institute of Educational Planning and Administration, 2001;Pang, I. , Isawa, E. , Kim, A. , Knipprath, H. , Mel, M. A. & Palmer, T. Family and Community Participation in Education. In J. P. Keeves & R. Watanabe (eds.). International Handbook of Educational Research in the Asia-Pacific Region. The Netherlands: Kluwer Academic Publishers, 2003: 1063 - 1080.

育体制改革中最重要的改革对象。但是，自从我国开始建立市场经济以后，这一关系发生了深刻变化，政府—学校关系演变成政府、学校与市场三者之间的关系。在政府教育投入严重不足的情况下，将市场机制引入教育领域的最初探索，一是"鼓励多渠道、多形式社会集资办学和民间办学"①，国家对社会团体和公民个人依法办学采取"积极鼓励、大力支持、正确引导、加强管理"的方针，"逐步建立以政府办学为主体、社会各界共同办学的体制"②；二是探索公办学校转制改革，在实践中出现了民办公助、公办民助、公办学校。在此后的发展过程中，民办教育在《中华人民共和国民办教育促进法》的法律框架内，从"出资人可以从办学节余中取得合理回报"③，发展到按营利性民办学校或非营利性学校分类管理的方式，分类管理，分类发展④。相比之下，公立学校转制，因其发展过程中产生的公私不分、国有教育资产流失、损害教育的公益性等问题被叫停并加以清理、规范。

随着我国市场经济的发展，在深化经济体制改革过程中，市场在资源配置中的作用由"基础性作用"转为"决定性作用"⑤。在推进以管办评分离、放管服结合的治理体系现代化建设过程中，除参与办学外，社会组织正以其自身的专业化优势，以市场机制参与包括教育在内的公共事务。正如《中共中央关于全面深化改革若干重大问题的决定》所指出的："推广政府购买服务，凡属事务性管理服务，原则上都要引入竞争机制，通过合同、委托等方式向社会购买。""创新提供公共教育服务方式，健全政府购买教育服务机制，在决策咨询、学校管理、提供义务教育和学前教育学位、师资培训、特殊人群服务、教育质量和办学绩效评价等领域推广政府购买服务，提高公共教育服务的质量

---

① 江泽民：《加快改革开放和现代化建设步伐　夺取有中国特色社会主义事业的更大胜利——在中国共产党第十四次全国代表大会上的报告》，1992 年 10 月 12 日。
②《中共中央国务院关于印发〈中国教育改革和发展纲要〉的通知》（中发〔1993〕3 号），1993 年 2 月 13 日。
③《中华人民共和国民办教育促进法》（2002 年 12 月 28 日第九届全国人民代表大会常务委员会第三十一次会议通过）。
④《全国人民代表大会常务委员会关于修改〈中华人民共和国民办教育促进法〉的决定》（2016 年 11 月 7 日第十二届全国人民代表大会常务委员会第二十四次会议通过）。
⑤ 习近平：《决胜全面建成小康社会　夺取新时代中国特色社会主义伟大胜利——在中国共产党第十九次全国代表大会上的报告》，2017 年 10 月 18 日。

和效率。"①各种线上教育资源、相关体育艺术团体、教育管理公司、教育评估事务以及卫生、安全所等专业机构,正以其丰富的教育资源、专业化的服务资质,参与教育服务、支持、监督与评价等事务。

(五) 扩大学校依法自主办学权,激发学校教育活力

如前所述,"扩大学校的办学自主权"是 1985 年《决定》提出并延续至今的教育改革命题。《决定》提出"学校逐步实行校长负责制",建构了由学校党支部、校长、校务委员会、教职工代表大会组成的学校组织框架,其中,"学校中的党组织要从过去那种包揽一切的状态中解脱出来,把自己的精力集中到加强党的建设和加强思想政治工作上来";有条件的学校要设立由校长主持的、人数不多的、有威信的校务委员会,作为审议机构,同时建立和健全以教师为主体的教职工代表大会制度,加强民主管理和民主监督。随着教育改革的不断深化,我国学校领导体制不断发生变化。进一步加强和改善党对学校的领导,公办高等学校坚持和完善党委领导下的校长负责制,在中小学、民办学校充分发挥基层党组织的政治核心作用②。

在推进教育治理体系与治理能力现代化进程中,尽管目前尚无一部《学校法》对学校办学过程中的责任、权利予以明确界定和规范,但是,为落实各级各类学校的法定办学自主权,可以通过学校章程(大学章程)的制定与完善,将学校的依法自主办学具体化为依章程自主办学,使学校自主办学有章可循;可以通过学校制度体系建设,制定并完善教学、科研、学生、人事、资产与财务、后勤、安全、对外合作、学生组织、学生社团等方面的管理制度,建立健全各种办事程序、内部机构组织规则、议事规则等;进一步加强和改善党对学校的领导,完善普通中小学和中等职业学校校长负责制、高等学校党委领导下的校长负责制;坚持和完善普通中小学和中等职业学校校长负责制,建立由学校负责人、教师、学生及家长代表、社区代表等参加的校务委员会,注重发挥校务委员会对学校章程、发展规划及年度工作报告、学校重大教育教学改革以及涉及学生、家

---

① 《教育部关于深入推进教育管办评分离促进政府职能转变的若干意见》(教政法〔2015〕5 号),2015 年 5 月 4 日。
② 《中共中央办公厅印发〈关于坚持和完善普通高等学校党委领导下的校长负责制的实施意见〉》(中办发〔2014〕55 号),2014 年 10 月 15 日。

长、社区工作重要事项的决策作用,完善民主决策程序①;加强校务委员会、高等学校理事会与学术委员会、教职工代表大会、学生代表大会、家长委员会等组织建设,完善学校内部治理结构,完善民主决策程序,依法保障广大教职工和学生参与学校民主管理和监督;完善校务公开制度,保证教职工、学生、社会公众对学校重大事项、重要制度的知情权;推动学校积极开展自我评价,完善学校内部质量保障体系和机制,引入第三方社会组织的专业评价,建立科学、规范、公正的教育监督、监测与评价制度;完善学校法律救济制度,维护学校、师生合法权益。一系列教育制度建设的改革措施,正促进保障学校自主发展、特色发展、可持续发展的良性机制逐步形成。近年来,全国各地逐步推开扩大中小学办学自主权的改革试验,涉及校长负责制、办学模式、资源配置、人事管理、合作办学等诸多方面。例如,山东省 2014 年出台实施《关于推进基础教育综合改革的意见》,试点取消学校和校长行政级别,分步推进中小学校长职级制改革,积极探索与校长职级制相适应的职级管理办法,建立促进校长专业发展、保障教育家办学的管理制度。

学校是一个生态系统,作为外部环境的教育管理体制与管理机制,影响和制约着学校活力;学校活力也取决于学校内部组织机制的建立与完善。学校活力表现为学校领导与广大教职员工共同拥有的育人价值追求、教育理想、责任与使命,表现为学校制度与运行机制激发、促进与保障学校内部组织与个体充分发挥其积极性与创造性,表现为学生在教师引导、帮助下在学校及师生共同设计的各种学习与活动中的主动学习、自主学习、自主发展。

五、教育制度变迁与创新的法治保障

教育制度是合理配置各种教育利益主体关系的保障,改革是社会规制(social regulation)形成过程的组成部分②;教育制度的变迁与创新,客观上需要教育法治予以保障和促进。从根本上讲,改革开放 40 年的教育制度变迁过程,也是我国教育改革不

---

① 《教育部关于深入推进教育管办评分离促进政府职能转变的若干意见》(教政法〔2015〕5 号),2015 年 5 月 4 日。

② Popkewitz, Thomas S. A Political Sociology of Educational Reform: Power/Knowledge in Teaching, Teacher Education, and Research. New York: Teachers College Press, 1991: 2.

断法治化的过程。1980 年,第一部教育法规《中华人民共和国学位条例》出台,我国走上教育法治建设的轨道。此后,《中华人民共和国义务教育法》、《中华人民共和国教师法》相继出台。1995 年 3 月,《中华人民共和国教育法》的颁布标志着我国教育法治建设向着综合法治的阶段过渡。进入新世纪以来,《中华人民共和国职业教育法》、《中华人民共和国高等教育法》、《中华人民共和国民办教育促进法》及一大批行政法规和地方性法规相继出台,基本形成了我国法律体系的框架,教育立法进入全面、系统的阶段。在教育立法进程中,1993 年,《中国教育改革和发展纲要》提出"争取到本世纪末,初步建立起教育法律、法规体系的框架";2010 年,《规划纲要》提出了"按照全面实施依法治国基本方略的要求,加快教育法制建设进程,完善中国特色社会主义教育法律法规"的要求,以及"修订教育法、职业教育法、高等教育法、学位条例、教师法、民办教育促进法,制定有关考试、学校、终身学习、学前教育、家庭教育等法律"的"六修五立"具体任务。相关教育法律、规章的出台与修订,对推进教育事业有法可依、依法治教发挥了重要作用。在中国社会步入中国特色社会主义新时代的今天,各种教育利益主体之间的矛盾与法律关系日益复杂,不同教育主体间的适度张力只能通过教育法律关系来调适,因此,面对教育改革需要回应国家发展重大需求、回应人民群众的教育需求的艰巨任务,教育立法、修法、执法工作仍任重道远。

进一步完善教育法律体系。在教育立法、修法过程中,需要坚持教育事权法治化方向,厘定各级政府治理的法定边界,理清教育行政管理职责,完善教育行政组织和行政程序法律制度,实现机构、职能、权限、程序、责任法定化,从源头上解决教育治理过程中存在的政府"缺位"、"越位"和"错位"问题;完善不同层级政府教育事权法律制度,强化国家层面宏观管理、制度设定职责和必要的执法权,强化省级统筹推进区域内基本公共教育服务均等化职责,强化市县层面的执行职责,确保各项法定职责落到基层、落到实处;深入推进"放管服"改革,根据"法定职责必须为、法无授权不可为"原则,建立与完善厘定不同教育利益主体权责关系的教育权力清单、责任清单、负面清单制度①;加强国家教育标准体系的顶层设计,建立健全学校建设、经费投入、教师编制、教育质量、仪器设施、专业教学、语言文字等具有国际视野、中国特色的系统化教育标准

① 张力:《教育领域应引入清单管理》,《教育法治》2017 年第 1 期。

体系,保障各级各类学校自主办学于法有据。

进一步完善教育法律法规执法体系。首先,建立与完善教育监管制度。在加强教育事务的事中事后监管过程中,通过建立健全教育法律规章,规范教育行政权力行使程序与教育行政审批流程,创新规范精简高效的教育行政管理方式,改进和提升教育管理服务水平;加大教育行政执法力度,依法运用行政指导、行政处罚、行政强制等手段和相应的法律程序,监督学校办学行为,依法纠正相关违法、违规行为;强化学校依法办学意识,总结开展依法治校示范学校创建活动,健全各级各类学校依法治校评价指标体系与评价机制。其次,完善教育政务、校务公开制度与社会报告制度,及时、准确地公开教育行政、办学信息,保证政府相关部门、教职工、学生、家长、社会组织、公众对教育行政以及学校办学过程中的重大事项、重要制度的知情权,重点公开教育经费收支、招生就业、基本建设招投标、培养目标与课程设置、教育教学安排等信息;相关教育资源配置、干部选拔任用、专业技术职务评聘、岗位聘用、学术评价和各种评优、选拔活动,则需按照公平公开公正的原则,保障过程与结果的公开透明,接受利益相关者的监督。第三,建立健全教育治理监督、评价与问责制度。建立与完善教育行政权力运行制约和监督制度,加强对政府和教育行政部门的监督及监察、审计等专门监督,形成包括党内监督、人大监督、民主监督、司法监督、社会监督、舆论监督的一体化监督体系;逐步建立健全教育行政绩效评估制度,以公平公正公开的评估标准与评估指标重点评估教育行政履职、行政效率、行政效益、行政成本等,以适当方式向社会公开评估过程和评估结果。建立与完善学校多元评价制度,建立基于学生健康成长的区域教育质量综合评价制度、基于校长专业发展的校长评价制度、底线管理与特色发展相结合的学校办学评价制度,以及学校满意度调查与评价制度。改革教育评估模式,推进政府购买服务,委托第三方专业评估组织对政府教育行政绩效、学校办学水平、校长办学业绩、学生体质和课业负担等,开展客观、独立、公正、全面、深入的专业评估。建立与完善教育问责制度,将教育监测、评估结果作为评价政府及其主要负责人教育行政工作业绩、学校校长办学业绩的重要参考,对不履行或者拖延履行法定教育职责的、超越或者滥用教育行政职权的、违反法定教育行政程序造成不良后果的,依法追究相应责任;建立基于清单管理与政务公开、财务公开制度相结合,基于学校章程的责任倒查制度。

把中国教育放在 40 年改革开放的宏大历史中加以考察,不难发现,中国教育事业发展史,就是一部中国教育改革史,一部中国教育制度的变迁与创新史;现代公共教育的发展,与国家和社会的变革与发展息息相关;科学合理的教育制度建设与创新发展,既是教育改革与发展的重要组成部分,又是教育事业发展的体制、制度保障。在这一过程中,虽然不同历史发展阶段的教育改革环境不同、面临的重大教育问题有别、教育改革的具体策略各异,但作为教育制度基础的教育目的、价值与方针始终坚持不变——教育为人民服务的制度伦理没有变,不断深化教育改革与持续扩大对外开放的总战略没有变,教育优先发展的战略没有变。在这一发展过程中,教育制度变革表现为不同层级的政府及其部门之间,政府与学校、社会组织、市场之间,学校领导、教师与家长之间等不同教育利益主体教育权力与利益的合理调适与博弈。改革开放以来的中国教育改革过程,是教育体制机制改革不断深化的过程,也是中国特色社会主义教育制度体系不断完善的过程,是一个以教育政策和规章推进点状改革到以法律规范教育秩序、推进教育制度建设与完善的过程,更是一个重建教育秩序进而力图突破规制、以法治赋权、推进协商共治的过程,一个寻求不同教育利益主体间适度张力与激发其活力的过程,一个从规制走向赋能的过程。这为当下和未来的教育改革积累了有价值的变革伦理基础与教育决策的理性资源。新时代教育体制机制改革的主要任务是建构与完善"政府依法宏观管理、学校依法自主办学、社会有序参与、各方合力推进的格局",从而使教育"充满活力、富有效率、更加开放、有利于科学发展"。正如教育部部长陈宝生所言,教育体制"四梁八柱"的改革方案基本建立,教育改革进入"全面施工内部装修"阶段;今后教育发展的任务是进一步促进教育均衡发展,解决好不平衡不充分的问题,满足人民日益增长的享受更公平更高质量教育的需求[1]。

面向未来,我们正步入一个基于互联网的新技术全面普及和渗透的时代,互联网以及基于互联网的大数据、人工智能,正全面、深入地影响着我们每一个人的生活、工作、学习以及思维方式,基于网络的学习资源使学校教育不再是知识的唯一来源,浸润式学习使学习和教育在任何情景下每时每刻都可能发生。40 年来的教育制度变

---

[1] 蔡继乐:《教育改革进入"全面施工内部装修"阶段》,《中国教育报》2017 年 10 月 20 日。

革是以制度化学校教育为基础的教育变革，当制度化、体系化、规范化的学校教育系统及其功能发生了革命性变化、基于线上线下混合学习的新教育业态成为教育"新常态"时，必然呼唤全新的教育制度与教育治理机制服务、保障和促进这种"新常态"的教育。

第一章

办学体制

　　中共十九大报告指出,坚持全面深化改革,就是要"不断推进国家治理体系和治理能力现代化,坚决破除一切不合时宜的思想观念和体制机制弊端,突破利益固化的藩篱,吸收人类文明有益成果,构建系统完备、科学规范、运行有效的制度体系"。在此之前,中共中央办公厅、国务院办公厅印发《关于深化教育体制机制改革的意见》,提出深化教育体制机制改革的指导思想是"全面落实立德树人根本任务,系统推进育人方式、办学模式、管理体制、保障机制改革,使各级各类教育更加符合教育规律、更加符合人才成长规律、更能促进人的全面发展"。作为教育体制机制改革的重要方面,办学体制改革从一开始就是教育改革的重要抓手和突破口。为了更为清晰地呈现改革开放 40 年我国办学体制改革的过程,本章从"国家办学体制"和"社会力量办学"两个维度出发,全面回顾 40 年来我国办学体制改革中的若干重大事件和重大转折,勾勒办学体制发展的基本脉络。

第一节　社会转型与办学体制改革

　　办学体制改革的步伐总是系于经济社会改革的进程。如果经济社会改革的进程缓慢,办学体制的改革也是极为有限的;如果办学体制改革具备坚实的社会基础,那么它改革的进展和成效就会更加显著。改革开放初期办学体制改革的转型和发展,主要得益于这一时期思想领域、经济领域、社会结构以及政治体制等方面的改革和转型。

一、解放思想作为前提

　　改革开放面临的首要问题是思想问题。在当时,思想不解放、思想僵化的现象非常严重,还没有完全摆脱"左"倾错误的束缚。如何看待"两个凡是"和"两个估计",是教育领域思想解放和拨乱反正中最为关键的,前者涉及意识形态问题,后者则关乎所有教育工作者的身份问题。对此,邓小平 1977 年 5 月在同中央领导同志讲话的时候明确指出,"两个凡是"不符合马克思主义。① 9 月,邓小平又指出:"两个估计"是不符合实际的,"应当肯定,十七年中,绝大多数知识分子,不管是科学工作者还是教育工作者,在毛泽东思想的光辉照耀下,在党的正确领导下,辛勤劳动,努力工作,取得了很大成绩。特别是教育工作者,他们的劳动更辛苦。现在差不多各条战线的骨干力量,大都是建国以后我们自己培养的,特别是前十几年培养出来的。如果对十七年不作这样的估计,就无法解释我们所取得的一切成就了"②。在 1978 年全国科学大会开幕式上的讲话中,邓小平明确肯定了知识分子的阶级属性,强调:在社会主义社会里,知识分子的绝大多数已经是工人阶级和劳动人民自己的知识分子,因此也可以说,已经是工人阶级自己的一部分。③ 1978 年 5 月 11 日,《光明日报》发表《实践是检验真理的唯一标准》,拉开了真理标准问题讨论的序幕。邓小平对此高度重视,指出真理标准问题的讨论是"关系到党和国家的前途和命运的问题"④。教育领域也本着这一马克思主义基本原则,初步总结了中华人民共和国成立三十年来教育工作的基本经验,即社会主义教育事业必须有计划按比例地发展;社会主义学校的办学方针必须坚持培养又红又专的人才;必须正确贯彻知识分子政策;必须加强党对教育事业的领导等⑤。

邓小平对教育改革的重新"定调"、教育领域中拨乱反正和真理标准的讨论,都为办学体制改革提供了不可或缺的思想前提。人们开始冲破思想的束缚,审视过去由政府"包办"学校体制下的教育发展,反思政府单一办学体制所带来的"包得过多"、"统得过死"、"缺乏灵活性"等问题,并开始建构更加灵活多样的办学体制的尝试。在理论上,马克思主义的教育观重新得到确立,实践的标准取代了语录标准和权力标准,人们的思想观念开始由僵化走向活跃,由守旧走向革新,教育界也开始大力提倡"百花齐放、百家争鸣"的方针,并开始了有关毛泽东教育思想、教育本质、教育规律、教育功能和价值等一系列教育基本理论命题的重新认识,掀起了教育理论争鸣的热潮。⑥

---

① 中共中央文献编辑委员会编辑:《邓小平文选(第二卷)》,人民出版社 1994 年版,第 38—39 页。
② 同上书,第 49 页。
③ 同上书,第 89 页。
④ 同上书,第 191 页。
⑤ 何东昌主编:《中华人民共和国重要教育文献(1976—1990)》,海南出版社 1998 年版,第 1774 页。
⑥ 瞿葆奎主编:《教育基本理论之研究(1978—1995)》,福建教育出版社 1998 年版,第 152 页。

二、经济发展作为动力

1978 年 12 月,安徽省凤阳县梨园公社小岗村生产队实行包干到户的契约,开启了我国农村土地制度改革的先河,也开启了经济体制改革的全新篇章。中共十一届三中全会提出党和国家的工作重点开始转向经济建设,但是对于如何建设经济、建设什么样的经济还没有一个系统的认识和规划。从 1981 年《关于建国以来党的若干历史问题的决议》提出"国营经济和集体经济是我国基本的经济形式,一定范围的劳动者个体经济是公有制经济的必要补充",到 1984 年《中共中央关于经济体制改革的决定》明确"商品经济是社会经济发展不可逾越的阶段,企业活力是经济体制改革的中心环节";从 1987 年十三大报告提出"社会主义有计划商品经济的体制,应该是计划与市场内在统一的体制",到中共十四大提出"建立社会主义市场经济体制",十五大提出"坚持和完善社会主义公有制为主体、多种所有制经济共同发展的基本经济制度;坚持和完善社会主义市场经济体制,使市场在国家宏观调控下对资源配置起基础性作用",以及到中共十六大宣布我国社会主义市场经济体制已经初步建立。我国的经济体制改革经历了一个循序渐进、不断摸索的过程,同时也是一个不断突破思想、破除枷锁和制度完善的过程。每一次改革,哪怕是小小的突破,都伴随着一系列巨大的努力和付出,一些在现在看来再正常不过,甚至有些"保守"的表达,在当时都已经是不小的突破。而所有这些改革,都旨在调整生产关系,释放市场活力,促进社会生产力的发展。改革和发展的成效已经不仅为理论所证实,也是我们日常生活中凭经验即可感知的事实。

市场经济的建立和深入,改变的不仅仅是国家的经济面貌和人民的生活水平,也潜在地转变了人们的价值观念和生活方式。计划经济体制下的生产关系不断得到调试,人们的自主权开始不断扩大,利益诉求的自主性增强。以往在计划经济体制下不能或者不敢从事的活动,在改革开放之后开始慢慢出现,人们可以追求自己的正当利益。原先由行政级别或身份决定的利益分配,逐渐转变为一种按照市场原则分配的机制,不同的利益主体之间不断分化,促进了社会结构向多样化的转型。教育领域的结构分化也开始显现,单一的计划经济体制下的教育体制和办学体制难以适应社会结构多样化的需求,一种新的、与社会主义市场经济发展相适应的教育办学体制出现,势不可挡。

三、社会转型作为基础

社会结构转型是改革开放最为明显的标志,它的主要表征就是国家与社会关系之间的变化,即社会结构开始由单一性、均质化的"总体性"利益格局,转变为由不同地区、单位或个体组成的相对独立、多元化的利益格局。国家不再完全地掌控社会,而是逐步减弱对社会的控制,在国家与社会之间释放一定的空间,一定程度上缓解了国家—社会二元结构"直接遭遇"所带来的剧烈变化。随着以市场逻辑为原则的经济体制改革在中国不断深入,市场观念开始深入人心,支配分配和行动的逻辑不再是过去的行政主导,而是日益扩展的市场逻辑。社会结构转型的具体特征表现为以下三个方面①:一是国家与社会开始逐步分离,社会成为一个可以为个体或市场提供资源或机会的源泉。社会可以相对摆脱对国家的完全依赖,个体或组织可以通过社会获得资源或成长。二是相对独立的社会力量开始形成。在社会或市场领域寻求发展的那部分人逐步形成一个新的阶层,而且这部分人的规模仍在不断扩展。三是社会组织的力量得到重视。各种民间团体、行业协会、专业机构、基金会等开始出现,并在社会中扮演着越来越重要的角色。

社会结构转型对办学体制改革而言,有两点重要启示:一是资源获得方式发生变化。在"总体性"社会中,政府几乎掌握了所有的教育资源,制定统一的教育制度、课程计划、教学大纲等。即便在 20 世纪 60 年代出现过诸如"两条腿走路"、农村集体办学、二部制学校等办学形式,但其本质依然是国家主义的集体所有,其性质与国家公办学校没有根本区别。改革开放后,民办教育"异军突起",它们开始凭借灵活的市场机制脱颖而出,构成 20 世纪 80 年代中国教育改革的最大亮点,直至 1999 年全国第三次教育工作会议上,首次将民办教育的发展放到与公办教育同等重要的地位,提出积极鼓励和支持社会力量以多种形式办学,形成以政府办学为主体、公办学校和民办学校共同发展的格局②。二是个体活动空间获得空前发展。改革开放后,社会逐步成为一个独立的领域,不再完全依赖政府的资源供给和配置。譬如,各类社会组织如专业机构、第三方组织、基金会,乃至个人逐渐开始基于自身对教育的理解参与教育的改革和

---

① 孙立平著:《转型与断裂:改革以来中国社会结构的变迁》,清华大学出版社 2004 年版,第 3—4 页。
② 胡卫主编:《民办教育的发展与规范》,教育科学出版社 2000 年版,第 98 页。

发展。

四、政治改革作为保障

改革开放的政治体制改革,主要着眼于建立与经济体制改革相匹配的制度体系,推动中国政治文明建设。政治体制改革的核心内容是改革"强国家—弱社会"的模式,其根本性的动作是 1978 年中共十一届三中全会提出的停止"以阶级斗争为纲"的错误方针。以此为转折点,政治控制开始松动,社会活动自主性开始增强,具体包含以下几个方面①:一是控制范围缩小。突出表现在人们的日常生活、文学艺术、科学、教育等领域,生活方式、消费方式、教育需求等的变换更多与市场发生联系,而不是由国家意志推动。二是在国家仍然保持控制的领域中,控制的力度在减弱,控制的方式在变化。突出地表现在处理与社会生活的关系时不再是采用单一的、严密的行政命令,而是开始注重结合经济手段、教育手段等多样化手段进行,在强调原则性的同时更加注重灵活性。三是控制手段的规范化不断提升。改革开放前,党和政府对社会生活的控制具有相当任意的特点,尤其是政治力量可以渗透到社会的各个领域和角落;改革开放后,依法治国理念的不断深入和政府建设的法治化进程不断加速,推动着社会的不断进步。

政治体制改革对于办学体制改革的意义在于,一方面要下放教育权力,反映在《中共中央关于教育体制改革的决定》中,就是中央政府向地方政府下放教育权力,政府向学校下放权力。与之相应的,政府控制范围的缩小以及市场化带来的多元力量,也要求改变政府办学的单一模式,为市场力量和社会力量参与办学和评估提供空间,实现教育的管办评分离。另一方面,加强教育的法治化进程,确保各级各类教育改革都在法治的范围内行动,消除教育命令、计划、规划等教育政策的随意性,强调更加广泛、更加充分和更加健全的教育民主建设,办好人民满意的教育。

---

① 孙立平著:《转型与断裂:改革以来中国社会结构的变迁》,清华大学出版社 2004 年版,第 2—3 页。

第二节　国家办学体制：从"政府包办"到"以政府办学为主体"

在现代国家体系中，教育事务是一种公共事务，国家通过税收和财政拨款为公众提供基本的公共服务。新中国成立后，我国建立了高度集中的办学体制。改革开放之后，这种固化的模式难以有效适应经济社会的发展，政府"包办"公立中小学的局面开始被打破，逐步转变为"以政府办学为主体、全社会积极参与、公办教育和民办教育共同发展的格局"。

一、办学体制改革的历史回溯

新中国成立后，中央政府按照"以老解放区新教育经验为基础，吸收旧教育有用经验，借助苏联经验，建设新民主主义教育"[1]的教育建设总方向，建立了与我国国家政治制度和经济制度相匹配的、倾向于中央集权的教育行政体制[2]。这种教育行政体制的主要特点是，教育计划、纲领、条例和政策大都在党和政府的"强势"主导下进行，国家对教育实施的是一种垂直的、权威式的管理和建设[3]。中央政府通过对国民党官办学校、各类私立学校以及外资津贴学校等各种"旧教育"和"旧学校"进行接管、接办、接收和改造，掌握了学校的领导权和主办权，形成了政府包揽学校一切事务的格局。社会团体、集体或个人都不允许独立办学，因此也影响了地方社会及社会团体和民间办学[4]。

从 1956 年开始，我国逐渐认识到盲目学习苏联教育所带来的消极后果，因此提出要探索中国自己的教育发展道路，其中一项重要举措是丰富办学形式。1958 年 4 月 21 日，《人民日报》发表了题为"大量发展民办农业中学"的社论，提出应该增加民办职业中学"这一条腿"，两条腿走路才能走得快走得好。当然，这里的"民办"指的是"建立

---

① 何东昌主编：《中华人民共和国重要教育文献(1949—1975)》，海南出版社 1998 年版，第 7 页。

② 吴志宏著：《教育行政学》，人民教育出版社 2000 年版，第 61 页。

③ Mun C. Tsang. Education and National Development in China since 1949：Oscillating Policies and Enduring Dilemmas. China Review，ina Review，p. 580.

④ 李庆刚著：《"大跃进"时期"教育革命"研究》，中共中央党校出版社 2006 年版，第 219—220 页。

在群众的需要和自觉的基础上的。校舍、经费、教师等是由群众自己解决的"①。这与现代意义上的民办教育虽有一定的差异,但作为一种办学体制上的探索仍具有重要意义。刘少奇也提出,"我国应有两种教育制度",一种是全日制的学校教育制度,另外一种是半工半读的学校教育制度②。1958 年 8 月,中共中央、国务院颁发《关于教育事业管理权力下放问题的规定》,指出:"小学、普通中学、职业中学、一般的中等专业学校和各级业余学校的设置和发展,无论公办或民办,由地方自行决定。"③此后的《中共中央、国务院关于教育工作的指示》中进一步提出:"为了多快好省地发展教育事业,必须动员一切积极因素,……全面规划与地方分权相结合的原则。"④但是,由于急于探索一条自己的道路以摆脱苏联模式的束缚,再加上不切实际的总路线的指导,导致大、中小学规模急剧扩增,不断放出教育跃进的"卫星"⑤。教育领域开始"大跃进"。

这样,由于体制性的原因和采取"运动式"的方式发展教育,导致刚有起色的教育事业又陷入混乱。从 1963 年开始,党和国家又开始对教育进行调整,这一时期的主基调就是收紧教育的办学模式和管理权限,强调国家对教育的统一领导,但此时国家并没有将地方自主的大门完全关闭。1963 年,中共中央《关于讨论试行全日制中小学工作条例草案和对当前中小学教育工作几个问题的指示》明确指出,"中小学教育事业要认真贯彻执行两条腿走路的方针……举办中小学教育应该采取多种多样的形式,主要是国家办学与集体或者个人办学并举,普通教育与职业教育、技术教育并举"⑥,同时也强调了要关注和解决存在于城市的"二部制学校"以及少数地区出现的私塾。1964 年颁布的《教育部关于中小学教育和职业教育七年(1964—1970)规划要点(初步草案)》提出,普及中小学教育应该根据不同地区、不同经济条件和文化基础,按照不同要求,采取多种形式,除全日制学校外,还可以办简易小学,更好地适应农村的需要⑦。

---

① 何东昌主编:《中华人民共和国重要教育文献(1949—1975)》,海南出版社 1998 年版,第 826 页。
② 同上书,第 834 页。
③ 同上书,第 850 页。
④ 同上书,第 859 页。
⑤ 李庆刚著:《"大跃进"时期"教育革命"研究》,中共中央党校出版社 2006 年版,第 10 页。
⑥ 何东昌主编:《中华人民共和国重要教育文献(1949—1975)》,海南出版社 1998 年版,第 1150 页。
⑦ 同上书,第 1240、1248 页。

　　"文革"时期,教育领域成为"重灾区",从"政治挂帅"到"两个估计",再到"取消高考",都对教育事业发展造成了前所未有的破坏。"文革"期间对教育制度的破坏和对教师、知识分子的压抑也是世所罕见的。

　　从1978年开始,国家开始对经济社会各方面进行重大调整和改革,改变长期以来形成的高度集中的政治、经济和社会形态,实现国家与社会之间关系的根本重组。改革的最重要目的是解决"解放思想"和"向前看"的问题①,即如何能够理顺生产关系,解放生产力和发展生产力。虽然很难说国家从一开始就非常明确地将教育改革作为改革的重心,但是毫无疑问,改革的突破口是在教育领域②。而且,在改革开放初期,教育改革始终处于"领跑"的位置,带动着其他领域的思想解放和改革开放。1985年5月颁布的《中共中央关于教育体制改革的决定》,就是代表了当时改革开放重大步骤的三个体制改革文件之一,它的核心思想就是下放权力,改革权力过分集中的状况,激发地方活力③。然而事实上,"放权"只是特定阶段教育体制改革的主要方向,并非我国教育体制改革的永恒主题。新中国成立以来,我国教育在管理体制上始终存在着在"集权"与"分权"之间的"钟摆"现象。虽然集权倾向是最为主要的,但是分权意识总是能够对既有的体制形成一定的冲击,而且人们最为关注的也正是二者之间的这种"拉锯战"④。总之,改革开放后,国家改革的方向就是打破政府包揽办学的格局,激活地方活力,强调地方参与,由此逐步形成了一个以政府办学为主,社会各界参与教育的局面。

二、中央、省、中心城市三级办学体制

　　自1985年《中共中央关于教育体制改革的决定》颁发后,中央逐步向地方下放教育管理权限,高等教育恢复了两级管理;在学校层面,政府向学校下放教育与学校管理权,学校逐步实行校长负责制;高等学校办学自主权不断扩大,形成了中央、省、中心城

---

① 中共中央文献编辑委员会编辑:《邓小平文选(第二卷)》,人民出版社1994年版,第140页。
② 同上书,第48页。
③ 范国睿:《教育体制改革与教育生态活力——纪念〈中共中央关于教育体制改革的决定〉颁布30周年》,《教育发展研究》2015年第19期。
④ 扈中平、陈东升著:《中国教育两难问题》,湖南教育出版社1995年版,第8页。

市三级办学体制。

（一）出台《中共中央关于教育体制改革的决定》

1985 年是我国教育体制改革的分水岭，国家由此开始逐步探索并建立与社会主义市场经济体制相适应的教育体制。1983 年 9 月底，北京景山学校全体师生给邓小平写信，请他对新时期如何进行教育改革作指示。邓小平遂题词"教育要面向现代化，面向世界，面向未来"。这一纲领性指示为新时期中国教育的改革与发展指明了新方向。在邓小平指示和国家层面改革的推动下，部分地区也出现了一些源于基层的教育实践探索。1985 年的《中共中央关于教育体制改革的决定》，很大程度上就是反映了这些源于基层、符合本地区特征、富有成效与活力的改革探索。

1984 年，在《中共中央关于经济体制改革的决定》颁布一个星期之后，中央书记处就将科技、教育体制的改革提上日程，并成立了由胡启立牵头的工作班子，正式开始教育体制改革文件的起草工作。经过广泛调研发现，教育领域的最大弊端在于长期计划经济体制下所形成的僵化模式：在教育结构上，高等教育、基础教育、职业教育等设置比例不合理；在教育思想上，从"文革"中"反智主义"走向另一个极端，唯学历、唯文凭盛行；基础教育滞后，师范教育不受重视；在学校管理体制上，由于政府权力过于集中，学校无法成为一个独立自主的办学主体，外无压力，内无动力，整个学校缺乏活力①。为改变当时教育的现状，中共中央于 1985 年 5 月 27 日颁布了《中共中央关于教育体制改革的决定》（以下简称《决定》）。《决定》提出"教育体制改革的根本目的是提高民族素质，多出人才、出好人才"；基本指导思想是"教育必须为社会主义建设服务，社会主义建设必须要靠教育"。《决定》指出，社会主义现代化建设的宏伟任务，要求必须放手使用和努力提高现有的人才，提高全党对教育工作的认识，面向现代化、面向世界、面向未来，为九十年代以至下世纪初叶我国经济和社会的发展，大规模地准备新的能够坚持社会主义方向的各级各类合格人才。

（二）中央向地方下放教育权限

中央向地方下放教育权限，具体包括以下三个方面。

---

① 胡启立：《〈中共中央关于教育体制改革的决定〉出台前后》，《炎黄春秋》2008 年第 12 期；郝怀明：《我参与起草〈关于教育体制改革的决定〉》，《炎黄春秋》2013 年第 10 期。

第一,强调中央向地方下放教育管理权。《决定》提出,我国实行九年制义务教育,坚持基础教育由地方负责、分级管理的原则。"除大政方针和宏观规划由中央决定外,具体政策、制度、计划的制定和实施,以及对学校的领导、管理和检查,责任和权力都交给地方。省、市(地)、县、乡分级管理的职责如何划分,由省、自治区、直辖市决定。"也就是说,要调动地方的积极性,强调地方对于基础教育管理的责任。中央政府的职责主要在于宏观指导,负责制定有关基础教育的法规、方针、政策及总体发展规划、学制、办学等;省、自治区、直辖市政府负责制定本地区的学制、办学、招生计划等;省级以下政府的权限,由省、自治区、直辖市政府自行确定。

第二,恢复高等教育两级管理体制。改革开放前,我国高等教育的办学体制属公办性质,全部由政府直接投资,先后形成了教育部直属高等学校、中央有关部委举办的高等学校、地方政府举办的高等学校和行业或企业举办的高校四种办学形式,这种办学体制在当时总体上是适应我国计划经济体制的①。改革开放后,我国开始变国有化的办学体制为一主多元的办学体制,民办教育开始兴起,各种形式办学如公有民办高校、公民联办高校、公立高校整体转制、独立二级学院、股份合作制高校、中外合作办学等开始出现。1986 年 3 月国务院颁发《高等教育管理职责暂行规定》,明确指出,"国家教育委员会在国务院的领导下,主管全国高等教育工作","省、自治区、直辖市人民政府管理本地区内的高等学校",并提出"扩大高等学校管理权限,增强高等学校适应经济和社会发展需要的能力"②。此后,在《中共中央国务院关于深化教育改革,全面推进素质教育的决定》中,进一步明确了中央和省级人民政府两级管理、以省级人民政府管理为主的新体制。

第三,明确三级办学体制。《决定》提出:"为了调动各级政府办学的积极性,实行中央、省(自治区、直辖市)、中心城市三级办学的体制。中央部门和地方办的高等学校,要优先满足主办部门和地方培养人才的需要,同时要发挥潜力,接受委托,为其他部门和单位培养学生,积极倡导部门、地方之间的联合办学。"

---

① 杨德广:《60 年来中国高等教育办学体制和管理体制的变革》,《大学教育科学》2009 年第 5 期。

② 何东昌主编:《中华人民共和国重要教育文献(1976—1990)》,海南出版社 1998 年版,第 2392—2394 页。

（三）政府向学校下放教育与学校管理权

政府向学校下放教育管理权力也是《决定》的重要内容。第一，学校逐步实行校长负责制。《决定》要求："学校逐步实行校长负责制，有条件的学校要设立由校长主持、人数不多的、有威信的校务委员会，作为审议机构。"可以看到，这里对改革的艰难程度是有一个预估的，因此强调要"逐步"实行，且强调有条件的学校可以设立校务委员会。

第二，扩大高等学校办学自主权。《决定》指出，高等教育中存在政府有关部门"统得过死"的问题，同时指出，高等教育体制改革的关键是"改变政府对高等学校统得过多的管理体制。在国家统一的教育方针和计划的指导下，扩大高等学校的办学自主权，加强高等学校同生产、科研和社会其他各方面的联系，使高等学校具有主动适应经济和社会发展需要的积极性和能力"。为此，提出要将传统上由政府控制的权力下放给高校，这些权力包括：扩大招生自主权，在执行国家政策、法令、计划的前提下，高等学校有权在计划外接受委托培养学生和招收自费生；调整专业自主权，制订教学计划和教学大纲，编写和选用教材；研究与合作权，接受委托或与外单位合作，进行科学研究和技术开发，建立教学、科研、生产联合体；干部任命权，提名任免副校长和任免其他各级干部；经费使用权，具体安排国家拨发的基建投资和经费，等等。同时，国家对高校实行宏观管理，定期对高校进行评估，对成绩卓著的学校给予荣誉和物质上的重点支持，办得不好的学校进行整顿或停办。

三、改变国家包办教育的做法

由上可知，1985 年《中共中央关于教育体制改革的决定》的核心是放权，激发地方活力。但是，即便强调放权，其改革的重心依然是围绕政府本身改革，主张中央政府要向地方政府放权，政府向学校放权，并没有涉及办学性质的问题。但是在 1992 年中共十四大报告中就明确提出，"要鼓励多渠道、多形式社会集资办学和民间办学，改变国家包办教育的做法"，这就实现了一个很大的突破。中共十四大报告进一步强调"加快改革开放的步伐，不要被一些姓'社'姓'资'的抽象争论束缚自己的思想和手脚"；对社会主义市场经济的表述为，"我们要建立的社会主义市场经济体制，就是要使市场在社会主义国家宏观调控下对资源配置起基础性作用，使经济活动遵循价值规律的要求，适应供求关系的变化"。正是由于社会主义市场经济上的这一突破，才使得办学体制的政策表述和教育事业发展又向前迈了一步，这也表明，教育体制的改革，总是系于社会主义市场经济改革和发展的步伐。

四、政府宏观管理、学校面向社会自主办学

1993年2月13日，中共中央、国务院颁发《中国教育改革和发展纲要》（以下简称《纲要》），标志着我国教育体制改革进入了一个新的阶段。《纲要》提出，教育体制改革要采取综合配套、分步推进的方针，加快步伐，改革包得过多、统得过死的体制，初步建立起与社会主义市场经济体制和政治体制、科技体制改革相适应的教育新体制。在此基础上，《纲要》提出了深化教育体制改革的新思路，包括：深化中等以下教育体制改革，继续完善分级办学、分级管理的体制；进行高等教育体制改革，主要是解决政府与高等学校、中央与地方、国家教委与中央各业务部门之间的关系，逐步建立政府宏观管理、学校面向社会自主办学的体制。

（一）中等及中等以下各级各类学校实行校长负责制

中小学校实行校长负责制，是教育体制改革的重要内容。1985年《中共中央关于教育体制改革的决定》提出要逐步实施校长负责制。1993年《纲要》在此基础上进一步提出："中等及中等以下各类学校实行校长负责制。校长要全面贯彻国家的教育方针和政策，依靠教职员工办好学校。"自此开始，校长负责制作为我国中小学校的基本管理制度，开始在全国范围内施行。此后，这一制度不断完善，逐步明确了中等及中等以下各类学校校长的管理权力，并加强了学校党支部的监督作用和教职工代表大会的监督作用。《纲要》还规定：中等及中等以下教育，由地方政府在中央大政方针的指导下，实行统筹和管理。国家颁发基本学制、课程设置和课程标准、学校人员编制标准、教师资格和教职工基本工资标准等规定，省、自治区、直辖市政府有权确定本地区的学制、年度招生规模，确定教学计划，选用教材和审定省编教材，确定教师职务限额和工资水平等。省以下各级政府的权限，由省、自治区、直辖市政府确定。这是对我国三级办学体制的进一步强调和明确，意味着这一体制更加完善。

（二）高等教育"政府宏观管理、学校面向社会自主办学"

1993年的《纲要》提出，改革办学体制就是要改变政府包揽办学的格局，逐步建立以政府办学为主体、社会各界共同办学的体制。在现阶段，基础教育应以地方政府办

学为主;高等教育要逐步形成以中央、省(自治区、直辖市)两级政府办学为主,社会各界参与办学的新格局。职业技术教育和成人教育主要依靠行业、企业、事业单位办学和社会各方面联合办学。这一提法,是在扩大高等学校办学自主权基础上的新扩展。其中,高等教育主张要建立政府宏观管理、学校面向社会自主办学的体制。

从根本上讲,高等教育体制改革主要是要解决好政府与高等学校、中央与地方、国家教委与中央各业务部门之间的关系。首先,在政府与学校的关系上,要按照政事分开的原则,通过立法,明确高等学校的权利和义务,使高等学校真正成为面向社会自主办学的法人实体。在招生、专业调整、机构设置、干部任免、经费使用、职称评定、工资分配和国际合作交流等方面,进一步扩大高等学校的办学自主权。其次,在中央与地方的关系上,进一步确立中央与省(自治区、直辖市)分级管理、分级负责的教育管理体制。中央直接管理一部分关系国家经济、社会发展全局并在高等教育中起示范作用的骨干学校和少数行业性强、地方不便管理的学校;对地方举办的高等教育的领导和管理,责任和权力都交给省(自治区、直辖市),省级人民政府对本区域的高等教育事业负有统筹协调的职责。再次,在国家教委与中央各业务部门的关系上,国家教委负责统筹规划、政策指导、组织协调、监督检查、提供服务。中央各业务部门加强对本行业的人才预测和规划,协助国家教委指导本行业的人才培养工作,负责管理其所属学校,包括在国家宏观指导下,决定所属学校的招生规模、专业设置、经费筹措、学生就业等。

五、政府办学为主体、全社会积极参与

1999 年,《中共中央国务院关于深化教育改革,全面推进素质教育的决定》(以下简称《决定》)提出:继续完善基础教育主要由地方负责、分级管理的体制。根据各地实际,加大县级人民政府对教育经费、教师管理和校长任免等方面的统筹权。这里明确提出了对县级人民政府教育责任的要求,意味着自 1985 年以来一直强调的教育权力下放从此开始上收,不再无限制地下放到乡镇一级,甚至是农村。对此时的高等学校而言,《决定》明确提出:继续按照"共建、调整、合作、合并"的方式,基本完成高等教育管理体制和布局结构的调整,形成中央和省级人民政府两级管理、以省级人民政府管理为主的新体制,合理配置教育资源,提高教育质量和办学效益。2001 年出台的《国务院关于基础教育改革与发展的决定》进一步强调了基础教育"地方负责、分级管

理"的原则,更加明确了县级人民政府对基础教育的责任。2004 年颁布的《2003—2007 年教育振兴行动计划》提出,要完善中央和省级人民政府两级管理、以省级人民政府管理为主的高等教育管理体制。继续发挥中央和省级两级政府的积极性,发挥行业和企业的积极性,加强高等学校共建工作,巩固结构调整的成果,促进学科的深度融合和优化发展。

2010 年《国家中长期教育改革和发展规划纲要(2010—2020 年)》(以下简称《规划纲要》)专门开辟一章论述办学体制改革。提出:深化公办学校办学体制改革,积极鼓励行业、企业等社会力量参与公办学校办学,扶持薄弱学校发展,扩大优质教育资源;同时,改进非义务教育公共服务提供方式,完善优惠政策,鼓励公平竞争,引导社会资金以多种方式进入教育领域。改革的目标是:健全政府主导、社会参与、办学主体多元、办学形式多样、充满生机活力的办学体制,形成以政府办学为主体、全社会积极参与、公办教育和民办教育共同发展的格局。调动全社会参与的积极性,进一步激发教育活力,满足人民群众多层次、多样化的教育需求。此后,教育领域改革,尤其是办学体制改革的表述大都在《规划纲要》的范围内,没有新的、比较大的突破。实际上表明,我国已经初步建立起适应当前经济社会发展的办学体制。

第三节 社会力量办学:从"允许和提倡"到"支持和规范"

改革开放以来,国家办学体制改革的主要思路是打破政府包揽办学的局面,允许政府之外的力量参与教育。与此同时,国家对社会力量的态度也从防范、管控转变为鼓励、支持。社会力量依托不断完善的社会主义市场经济和不断文明的教育法治,不仅获得了参与办学的合法身份,而且与公办学校优势互补、公平竞争、共同发展。

一、允许社会力量举办各种教育事业

改革开放前国家对教育实行的是"大包大揽"式的管理,虽然是"包揽",但并不意味着政府就完全确保教育领域改革和发展的所有需求都得到了满足,实际上政府也无法满足教育的一切需求。这里的"包揽"主要指的是办学体制上实现完全由政府举办、

出资、聘任教师、检查、评估等事项。改革开放后，为了改变这种僵化的模式，国家开始逐步放开这种"包揽"式的办学体制和管理体制，通过不同程度的放权，给地方灵活性和自主性，以此推动教育更有活力地发展。1980 年，《中共中央国务院关于普及小学教育若干问题的决定》指出："在我们这样一个人口众多、经济不发达的大国，普及小学教育，不可能完全由国家包下来，必须坚持'两条腿走路'的方针，以国家办学为主体，充分调动社队集体、厂矿企业等方面办学的积极性。还要鼓励群众自筹办学经费。"①这是改革开放后较早提出的要重视和发挥政府之外教育力量作用的文件。但是，无论是社队集体还是厂矿企业，它们在本质上依然属于集体性质的，因此还不能作为严格意义上的社会力量。1982 年通过的《中华人民共和国宪法》第十九条，除了强调由"国家举办各种学校，普及初等义务教育，发展中等教育、职业教育和高等教育，并且发展学前教育"外，还富有远见地提出了鼓励社会力量办学："国家鼓励集体经济组织、国家企业事业和其他社会力量依照法律规定举办各种教育事业。"相比此前的表述，这里有了一个巨大的突破，国家第一次从法律层面对社会力量办学进行明确的规定，肯定了社会力量办学的合法性。这样，办学体制改革就在政府的职责上撕开了一个口子。

　　1985 年《中共中央关于教育体制改革的决定》开启了自新中国成立以来我国高度集中的公共教育权力结构转型的航程，其中一个重要内容就是政府公共教育权力向社会的转移，提出"要动员和教育全党、全社会和全国人民关心和支持教育体制改革，发展教育事业。鼓励各民主党派、人民团体、社会组织、离休退休干部和知识分子、集体经济单位和个人，遵照党和政府的方针政策，采取多种形式和办法，积极地自愿地为发展教育贡献力量"。同时，地方要鼓励和指导国营企业、社会团体和个人办学，并在自愿的基础上，鼓励单位、集体和个人捐资助学，但不得强迫摊派。1986 年《中华人民共和国义务教育法》提出："国家鼓励企业、事业单位和其他社会力量，在当地人民政府统一管理下，按照国家规定的基本要求举办本法律规定的各类学校。"这时候虽然在政策层面允许社会力量办学，但是显然很谨慎，文件中多出现"统一管理"、"按照要求"、"本法律规定"等一些限制性的词汇。

---

① 何东昌主编：《中华人民共和国重要教育文献(1976—1990)》，海南出版社 1998 年版，第 1878 页。

二、社会力量办学是国家办学的补充

为响应和落实《中华人民共和国宪法》第十九条的规定,国家教委在 1987 年 7 月 8 日制定并实施了《关于社会力量办学的若干暂行规定》(以下简称《暂行规定》)。《暂行规定》对社会力量的对象进行了规定,主要包括具有法人资格的国家企业事业组织、民主党派、人民团体、集体经济组织、社会团体、学术团体,以及经国家批准的私人办学者;明确了社会力量办学的地位,即"是我国教育事业的组成部分,是国家办学的补充";提出社会力量办学须"坚持四项基本原则,坚持为社会主义物质文明和精神文明建设服务,遵守政府法令,执行国家有关教育的方针政策,接受地方人民政府及其教育行政部门的领导和管理";社会力量办学应结合本地区经济建设和社会发展的实际需要,"主要开展各种类型的短期职业技术教育,岗位培训,中、小学师资培训,基础教育,社会文化和生活教育,举办自学考试的辅导学校(班)和继续教育的进修班";要求社会力量办学"均须根据学校的类别、层次,按审批权限,经有关教育行政部门批准,未经批准不得办学。教育行政部门应根据本规定和当地的有关规定以及办学单位的申报材料,对拟办学校的办学方向、宗旨、条件、招生区域、教师、教材等进行审核"。①

《暂行规定》标志着社会力量办学开始被纳入国家正规教育体系,同时意味着社会力量办学成为政府之外力量的法定权利。在人们大都还在教育"姓社姓资"问题上徘徊不前的时候,《暂行规定》极具超前性地提到了接受外资的问题,这是一个极具改革意义的提法。当然,这背后的原因众多,但是客观上反映出市场经济及其观念的深入人心。随着改革开放的不断深入,人们越来越意识到市场在教育资源配置中的重要性。此后,中共十四大继续提出建立社会主义市场经济体制,使得社会力量办学获得了经济基础的合法性。针对教育领域改革,提出要优化教育结构,大力加强基础教育,积极发展职业教育、成人教育和高等教育,鼓励自学成才;增加教育投入,鼓励多渠道、多形式社会集资办学和民间办学,改变国家包办教育的做法,将社会力量办学推向了一个新的发展阶段。

---

① 何东昌主编:《中华人民共和国重要教育文献(1976—1990)》,海南出版社 1998 年版,第 2637—2638 页。

三、鼓励社会力量参与高中及以上教育改革

1992 年,社会力量办学驶入快车道,以民办教育快速发展为标志的办学体制改革,不仅在制度层面进一步完善,在实践中也获得快速发展。1993 年中共中央、国务院颁发《中国教育改革和发展纲要》,提出:"国家对社会团体和公民个人依法办学,采取积极鼓励、大力支持、正确引导、加强管理的方针。"此后,出现了一种新的办学形式——"转制学校"。转制学校主要是指从过去的公办学校的性质转变为民办学校的那类学校,其性质介于政府办学和民间办学之间,政府将公办学校按照法定程序,交由社会团体或个人承办,承办人享有办学自主权。1994 年《国务院关于〈中国教育改革和发展纲要〉的实施意见》提出,中小学主要由政府办学,同时鼓励企事业单位和其他社会力量按国家法律和政策多渠道、多形式办学。有条件的地方,也可以举办"民办公助"、"公办民助"的学校。此后国家教委《关于规范当前义务教育阶段办学行为的若干原则意见》和教育部《关于义务教育阶段办学体制改革试验工作若干意见的通知》中,都明确表示允许设立"公办民助"学校或"民办公助"学校。

我国公办中小学转制主要有以下几种形式:(1)基础相对薄弱的学校、企业分离出来的中小学校、新建小区配套学校,借助重点公办学校的资源及影响,或通过引进新的著名校长创办特色学校而改为转制学校。(2)基础较好的学校,利用学校师资、教学设施以及社会影响方面的优势直接成为转制学校。(3)重点学校配合其初、高中部脱钩的要求,将初中部改为转制学校。(4)将公办学校与民办学校合并或者交给民办学校管理,成为新的民办性质或者股份制的学校。[1] 转制学校享有所有权,也应该享有公共教育经费,享有与责任和义务相一致的权利,以及一定的风险补偿[2]。因此,转制学校希望能通过引入市场机制寻求发展动力,同时,对于薄弱学校而言,也希望通过转制重新找到学校发展的生机。

1997 年 7 月 31 日,国务院颁发《社会力量办学条例》(以下简称《条例》)。《条例》明确规定:"专门用于规范企业事业组织、社会团体及其他社会组织和公民个人利用非国家财政性教育经费,面向社会举办学校及其他教育机构的活动。"《条例》提出:"社会

---

① 朱永新:《我看学校转制》,《教育发展研究》2005 年第 8B 期。

② 李金初、藏国军:《公有转制学校建设现代产权制度的实践与探索》,《教育发展研究》2005 年第 11B 期。

力量办学事业是社会主义教育事业的组成部分,国家对社会力量办学实行积极鼓励、大力支持、正确引导、加强管理的方针,各级人民政府应当加强对社会力量办学工作的领导,将社会力量办学事业纳入国民经济和社会发展规划;国家鼓励社会力量举办实施义务教育的教育机构作为国家实施义务教育的补充重点参与职业教育、成人教育、高级中等教育和学前教育的教育机构,同时,严格控制社会力量举办高等教育机构。"对于社会组织的管理,《条例》要求:"社会力量举办的教育机构应当遵守法律、法规,坚持社会主义的办学方向,贯彻国家的教育方针,保证教育、教学质量;国务院教育行政部门负责全国社会力量办学工作的统筹规划、综合协调和宏观管理;国务院教育行政部门、劳动行政部门和其他有关部门在国务院规定的职责范围内负责有关的社会力量办学工作;县级以上地方各级人民政府有关部门根据省、自治区、直辖市人民政府规定的职责,负责有关的社会力量办学工作。"

民办高校是社会力量办学的重要组成部分。虽然在 1985 年《中共中央关于教育体制改革的决定》、1992 年中国共产党第十四次全国代表大会报告以及《社会力量办学条例》中,都不同层面、不同程度地提到了要鼓励和指导社会团体或个人办学,捐资助学,鼓励多渠道、多形式社会集资办学和民间办学,但是,社会力量举办高等教育一直被政府严格控制,并没有得到相应的发展。

1998 年 12 月 24 日,教育部制定了《面向 21 世纪教育振兴行动计划》,对社会力量办学提出了具体要求。强调深化办学体制改革,要"认真贯彻国务院对于社会力量办学实行'积极鼓励,大力支持,正确引导,加强管理'的方针,今后 3—5 年,基本形成以政府办学为主体、社会各界共同参与、公办学校和民办学校共同发展的办学体制";"要制定有利于吸纳社会资金办教育和民办学校发展的优惠政策。民办学校的教师和学生,在评定职称、业务培训、升学考试、社会活动等方面享有与公办学校教师、学生的同等待遇。国家设立社会力量办学表彰奖励基金,对有突出贡献的集体和个人给予表彰";"社会力量办学要纳入依法办学、依法管理的轨道。社会力量办学不以营利为目的,鼓励滚动发展。要完善法规建设,充实学校设置标准,健全管理体制,加强校容管理,严格财务审计,不断提高教育和管理水平,鼓励现有学校发挥规模效益。要保证社会力量举办的教育机构自主办学的法人地位,高等教育机构可面向社会自主招生,依法自行颁发非学历教育学生的结业证书,也可组织学生参加国家举办的自学考试或学历文凭考试,取得国家承认的学历证书"。

1999 年,国家顺应经济改革和教育改革的趋势,作出了扩大高等教育规模的决定。但随之而来的问题是,由于公办高校的潜力已经充分发挥,而考入大学的人数在激增,因此各高校都面临着不同程度的压力,一些高校甚至处于超负荷运转状况。面对这种状况,"大力发展民办教育是必然的选择"。时任教育部部长周济提出:"必须尽快完善和规范政府投入为主、多渠道筹措经费的高等教育投入机制,要积极鼓励社会、企业和个人投入,形成公办与民办共同发展的高等教育办学新局面。""试办独立学院正是为社会力量介入高等教育提供了更加宽阔的发展空间,是顺应高等教育发展形势,贯彻落实《民办教育促进法》,全面推进民办高等教育发展的重大举措。"①由此社会力量开始大规模介入高等教育。

四、政府办学为主体、公办学校和民办学校共同发展

1999 年 6 月 13 日,《中共中央国务院关于深化教育改革,全面推进素质教育的决定》(以下简称《决定》)颁发。《决定》提出,要进一步解放思想、转变观念,积极鼓励和支持社会力量以多种形式办学,满足人民群众日益增长的教育需求,形成以政府办学为主体、公办学校和民办学校共同发展的格局;鼓励社会力量以各种方式举办高中阶段和高等职业教育;经国家教育行政主管部门批准,可以举办民办普通高等学校;在保证适龄儿童、少年均能就近进入公办小学和初中的前提下,可允许设立少数民办小学和初中,在这个范围内提供择校机会,但不搞"一校两制";积极发展以社区为依托的、公办与民办相结合的幼儿教育;因地制宜地制定优惠政策(如土地优惠使用、免征配套费等),支持社会力量办学;各级人民政府要加强对民办教育的管理、引导和监督,国家要加快民办教育的立法,促进民办教育的健康发展;各级各类民办学校都要依法办学,不断提高办学水平。《决定》以国家战略的形式,提出要"在高中及其以上教育的办学水平评估、人力资源预测和毕业生就业指导等方面,进一步发挥非政府的行业协会组织和社会中介机构的作用"。这一规定不仅打破了《社会力量办学条例》中"严格控制社会力量举办高等教育机构"的界限,而且第一次将社会力量办学从"是国家办学的补

---

① 周济:《促进高校独立学院持续健康快速发展》,《中国高等教育》2003 年第 13—14 期。

充"发展为"公办学校和民办学校共同发展",进一步提升了社会力量办学的地位和合法性。而且,社会力量的发展也开始受到政府和教育主管部门的重视、支持和帮助,标志着我国教育体制改革在公共教育权力配置和权力转移上开始触及到政府与具有自治性质的公民社会的关系①。

2002 年 12 月 28 日,第九届全国人民代表大会常务委员会第三十一次会议通过了《中华人民共和国民办教育促进法》(以下简称《民促法》)。这是我国关于民办教育的第一部法律,也是我国民办教育发展史上的一个里程碑,它正式肯定了民办教育的合法地位,明确了民办教育对于发展中国特色社会主义教育事业的作用,并以法律的形式赋予了民办教育合法地位,确保民办教育享受合法的办学自主权,开启了民办教育发展的新阶段。《民促法》提出,民办教育事业属于公益性事业,是社会主义教育事业的组成部分,国家对民办教育实行"积极鼓励、大力支持、正确引导、依法管理"的方针,要求各级人民政府把民办教育事业纳入国民经济和社会发展规划。"民办学校与公办学校具有同等的法律地位,国家保障民办学校的办学自主权;国家依法保障民办学校举办者、校长、教职工和受教育者的合法权益;鼓励捐资助学。"《民促法》在办学收益方面的规定超越了《社会力量办学条例》,明确了民办学校可以获得合理回报,其第五十一条规定:"民办学校在扣除办学成本、预留发展基金以及按照国家有关规定提取其他的必需的费用后,出资人可以从办学结余中取得合理回报。取得合理回报的具体办法由国务院规定。"这一方面表明国家对具有公益性的民办学校的认可和奖励;另一方面,要求将经济回报限定在一定的合理范围内,引导举办者的合理办学行为,避免民办学校在其中牟取暴利②。

五、公办学校和民办学校优势互补、公平竞争、共同发展

2003 年教育部颁发《关于规范并加强普通高等学校以新的机制和模式试办独立学院管理的若干意见》,提出:"试办独立学院一律采用民办机制;试办独立学院建设、发展所需经费及其它相关支出,均由合作方承担或以民办机制筹措解决;试办独立学

---

① 顾明远主编:《改革开放 30 年中国教育纪实》,人民出版社 2008 年版,第 160 页。

② 范国睿:《民办教育发展的保障与促进——解读〈中华人民共和国民办教育促进法〉》,《教育发展研究》2003 年第 7 期。

院要一律采用新的办学模式;独立学院应具有独立的校园和基本办学设施,实施相对独立的教学组织和管理,独立进行招生,独立颁发学历证书,独立进行财务核算,应具有独立法人资格,能独立承担民事责任。"独立学院有三个特征:第一,"优"。集合了两个方面的优质教育资源,一是现有的公办高校优质的教学传统和教学资源、管理模式、教师队伍;二是社会力量的资金、资源和办学的热情,以及作为民办机构所带来民营的机制与活力。第二,"独"。独立学院在办学和管理上与校本部相对独立,要有独立的法人资格,独立颁发证书,有独立的校园,实行独立的财务核算。第三,"民"。独立学院是一个民办机制的学校,由普通高校和社会力量合作举办,不是原来意义上的公办学校;独立学院资金来源主要是合作方承担或者以民办机制共同筹措,收费也是按照国家有关民办高校招生收费政策制定;独立学院的建设和发展经费,也不是靠增加国家和地方财政性的教育经费支出来实现。①

2004年,教育部发布《2003—2007年教育振兴行动计划》(以下简称《行动计划》),提出:"民办教育是社会主义教育事业的组成部分,要遵循'积极鼓励、大力支持、正确引导、依法管理'的方针";"明确国家对于民办学校的扶持措施,落实相关优惠政策,加强政策引导;促进民办教育扩大办学规模,改善办学条件,提高办学质量,增强办学实力;营造有利于民办教育自主自律、健康发展的环境,形成公办学校和民办学校优势互补、公平竞争、共同发展的格局"。《行动计划》还强调要注重体制改革和制度创新,多种形式发展民办教育。"要按照'积极发展、规范管理、改革创新'的原则,积极探索民办教育的多种实现形式。加强民办教育的规范与管理,建立防范风险机制。鼓励社会力量与普通高等学校按民办机制合作举办独立学院,实现社会创新活力、资金资源与现有优质教育资源的有机结合,有效拓展民办高等教育的发展空间。积极推进各级各类教育的体制改革和制度创新,凡符合国家有关法律法规的办学模式,均可大胆试验,使民办教育发展迈出更大的步伐。"

2010年,《国家中长期教育改革和发展规划纲要(2010—2020年)》(以下简称《规划纲要》)将"深化办学体制改革"和"支持和管理民办教育"一起作为"办学体制改革"的内容,深刻表明了民办教育的重要性。《规划纲要》提出,要"深化公办学校办学体制

---

① 周济:《促进高校独立学院持续健康快速发展》,《中国高等教育》2003年第13—14期。

改革,积极鼓励行业、企业等社会力量参与公办学校办学,扶持薄弱学校发展,扩大优质教育资源,增强办学活力,提高办学效益。各地可从实际出发,开展公办学校联合办学、委托管理等试验,探索多种形式,提高办学水平"。"民办教育是教育事业发展的重要增长点和促进教育改革的重要力量。各级政府要把发展民办教育作为重要工作职责,鼓励出资、捐资办学,促进社会力量以独立举办、共同举办等多种形式兴办教育;完善独立学院管理和运行机制;依法落实民办学校、学生、教师与公办学校、学生、教师平等的法律地位,保障民办学校办学自主权;健全公共财政对民办教育的扶持政策,政府委托民办学校承担有关教育和培训任务,拨付相应教育经费。县级以上人民政府可以根据本行政区域的具体情况设立专项资金,用于资助民办学校。"《规划纲要》还提出,要"进一步加强依法管理民办教育,加强民办教育的统筹、规划和管理工作;积极探索营利性和非营利性民办学校分类管理;规范民办学校法人登记;完善民办学校法人治理结构;建立民办学校办学风险防范机制和信息公开制度;扩大社会参与民办学校的管理与监督;加强对民办教育的评估"。这是国家首次明确提出对民办学校进行分类管理。

六、发挥社会评价、监督作用,深化产教融合

为了落实《国家中长期教育改革和发展规划纲要(2010—2020 年)》关于社会力量办学的相关规定,国务院于 2010 年颁布《国务院关于鼓励和引导民间投资健康发展的若干意见》,提出要鼓励民间资本参与发展教育和社会培训事业。"支持民间资本兴办高等学校、中小学校、幼儿园、职业教育等各类教育和社会培训机构;修改完善《中华人民共和国民办教育促进法实施条例》,落实对民办学校的人才鼓励政策和公共财政资助政策;加快制定和完善促进民办教育发展的金融、产权和社保等政策,研究建立民办学校的退出机制。"在此基础上,教育部于 2012 年颁布《教育部关于鼓励和引导民间资金进入教育领域促进民办教育健康发展的实施意见》(以下简称《实施意见》),强调要充分发挥民间资金推动教育事业发展的作用,拓宽民间资金参与教育事业发展的渠道。《实施意见》指出,民办教育是社会主义教育事业的重要组成部分,是教育事业发展的重要增长点和促进教育改革的重要力量;要健全以政府投入为主,多渠道筹措经费;完善民办教育相关政策和制度,调动全社会参与教育的积极性,进一步激发民办教

育体制机制上的优势和活力；鼓励和引导民间资金以多种方式进入教育领域，拓宽民间资金进入教育领域、参与教育事业改革和发展的渠道；鼓励和引导民间资金进入学前教育和学历教育领域、参与培训和继续教育、允许境内外资金依法开展中外合作办学。此外，还强调从完善政策制度入手，为民办教育的发展清除障碍，包括完善民办学校办学许可制度、清理并纠正对民办学校的各类歧视政策、落实民办学校招生和办学自主权、落实民办学校教师待遇、保障民办学校学生权益、完善民办学校税费政策、支持高水平有特色民办学校建设。

2013年，《教育部关于2013年深化教育领域综合改革的意见》（以下简称《意见》）强调要进一步改善民办教育发展环境，从体制机制层面为民办教育发展提供制度支持。《意见》提出，要"出台鼓励和支持民办教育发展的意见，落实支持民办教育发展的政策措施。吸引社会资金进入教育领域。出台营利性和非营利性民办学校分类管理的指导意见。全面清理针对民办教育的歧视政策。探索公办学校多种办学形式，完善独立学院管理办法"。2014年，时任教育部部长袁贵仁在全国教育工作会议上作了《深化教育领域综合改革加快推进教育治理体系和治理能力现代化》的讲话，要求教育系统要深入学习贯彻党的十八大和十八届二中、三中全会精神，学习贯彻习近平总书记系列重要讲话精神。会议提出，加快推进教育治理体系和治理能力现代化是落实党的十八届三中全会精神、推进国家治理体系和治理能力现代化的重要部署。推进教育治理体系和治理能力现代化，"就是要适应国家治理体系和治理能力建设，根据教育发展的自身规律和教育现代化的基本要求，以构建政府、学校、社会新型关系为核心，以推进管办评分离为基本要求，以转变政府职能为突破口，建立系统完备、科学规范、运行有效的制度体系，形成政府宏观管理、学校自主办学、社会广泛参与的格局，更好地调动中央和地方两个积极性，更好地激发每个学校的活力，更好地发挥全社会的作用"。

要实现教育治理体系和治理能力现代化，社会的广泛参与至关重要。治理模式下的"社会评教育"，实质是要把评价权和监督权更多地交给社会、回归社会，在"管"与"办"的互动中，保持相对独立性，成为教育治理体系的一个重要方面。首先，要发挥行业企业的评估作用。在市场对资源配置起决定性作用的体制下，学校教育都不可避免地要接受市场和社会的检验，这就要求学校的办学理念、办学方式和培养模式作出调整，相应地，评价主体、评价方式也要变革。这样就必须要吸收行业企业参加教育质量评估,把行业企业的评价作为衡量办学质量的一项重要指标。其次,重视行业企业评价,提高学生的就业能力。再次,强化专业组织的评价功能。教育评价具有很强的专业性,因此要支持现有专业机构建设,发挥专业学会、行业协会、基金会等各类社会组织在教育公共治理中的作用;加快培育独立于教育部门的专业教育服务机构,不断提高其评估监测水平;引入竞争机制,推广政府购买服务,通过合同、委托等多种方式向专业组织购买高质量的服务。

2016年,《国务院关于鼓励社会力量兴办教育促进民办教育健康发展的若干意见》(以下简称《意见》)颁发,肯定了改革开放以来作为社会力量兴办教育主要形式的民办教育对教育改革所作出的贡献,形成了从学前教育到高等教育、从学历教育到非学历教育,层次类型多样、充满生机活力的发展局面。社会力量兴办教育有效增加了教育服务供给,为推动教育现代化、促进经济社会发展作出了积极贡献,已经成为社会主义教育事业的重要组成部分。《意见》提出要通过创新机制体制,进一步促进社会力量兴办教育:要建立分类管理制度,对民办学校(含其他民办教育机构)实行非营利性和营利性分类管理;建立差别化政策体系,对社会力量举办非营利性民办学校,在政府补贴、政府购买服务、基金奖励、捐资激励、土地划拨、税费减免等方面给予大力支持;放宽办学准入条件,政府制定准入负面清单,列出禁止和限制的办学行为;拓宽办学筹资渠道,鼓励和吸引社会资金进入教育领域举办学校或者投入项目建设;探索多元主体合作办学,推广政府和社会资本合作(PPP)模式,鼓励公办学校与民办学校相互购买管理服务、教学资源、科研成果,探索举办混合所有制职业院校;健全学校退出机制。《意见》还强调要从财政投入力度和扶持方式、同等资助政策、税费优惠等激励政策、差别化用地政策、分类收费政策、依法自主办学、保障学校师生权益等方面,进一步完善对社会力量兴办教育的扶持制度。

2017年《国务院办公厅关于深化产教融合的若干意见》(以下简称《意见》)颁发,提出要构建教育和产业统筹融合发展格局,强化企业的重要主体作用,推进产教融合人才培养改革。《意见》提出,要拓宽企业参与途径,鼓励企业以独资、合资、合作等方式依法参与举办职业教育、高等教育;深化"引企入教"改革,支持引导企业深度参与职业学校、高等学校教育教学改革,多种方式参与学校专业规划、教材开发、教学设计、课程设置、实习实训,促进企业需求融入人才培养环节;开展生产性实习实训,健全学生到企业实习实训制度；以企业为主体推进协同创新和成果转化，支持企业、学校、科研院所围绕产业关键技术、核心工艺和共性问题开展协同创新，加快基础研究成果向产业技术转化；强化企业职工在岗教育培训，落实企业职工培训制度，足额提取教育培训经费，确保教育培训经费60％以上用于一线职工；发挥骨干企业引领作用，鼓励区域、行业骨干企业联合职业学校、高等学校共同组建产教融合集团（联盟），带动中小企业参与，推进实体化运作。《意见》还提出，要把工匠精神培育融入基础教育；推进产教协同育人，坚持职业教育校企合作、工学结合的办学制度，推进职业学校和企业联盟、与行业联合、同园区联结，高等教育提高应用型人才培养比重；加强产教融合师资队伍建设，完善考试招生配套改革，加快学校治理结构改革，创新教育培训服务供给，鼓励教育培训机构、行业企业联合开发优质教育资源，大力支持"互联网＋教育培训"发展。为了确保产教供需的双向对接，要加强行业协调指导，规范发展市场服务组织，打造信息服务平台，健全社会第三方评价，强化监测评价结果运用，作为绩效考核、投入引导、试点开展、表彰激励的重要依据。

总之，通过对政府办学体制和社会力量办学这两个维度的历史分析，我们似乎可以用两个字来概括改革开放40年来我国办学体制改革的主题："放"和"松"。所谓"放"，主要表现为国家办学体制从"政府包办"转变为"以政府办学为主体"；所谓"松"，是指社会力量办学也从被"禁止""允许"转而获得政府的"提倡"、"鼓励"、"支持"和"规范"。前者反映的是政府不断地下放以往那些收得过紧的教育权力，赋予地方和学校更大的自主权，以激发教育活力；后者反映的是改革开放后社会力量不断壮大，社会力量的生长空间不断扩展。这个过程，也即人们所说的教育公共权力转移的过程，将完全由政府提供公共教育的制度，转变为以政府提供公共教育为主、市场和社会提供补充性的和选择性的教育服务。当然，就本章而言，强行地将办学体制划分为国家办学体制和社会力量办学两个维度进行研究，有一定的偏颇。办学体制改革的实践走向也并非完全按照这样两个维度展开，这里只是为了更为清晰地展现40年来各种办学力量此消彼长的过程。我们也很难说改革开放40年来我国教育事业发展所取得的成就完全归功于教育体制改革，乃至是办学体制改革。但是，无论如何我们都必须肯定教育体制和办学体制改革，尤其是1985年《中共中央关于教育体制改革的决定》颁布以来，所带来的教育事业、教育内在活力和教育公平等方面的巨大进步。

第二章

教育管理体制

中共十九大报告就深化机构和行政体制改革作出重要决策部署,提出要"转变政府职能,深化简政放权,创新监管方式,增强政府公信力和执行力,建设人民满意的服务型政府";要"赋予省级及以下政府更多自主权","推进政事分开、事企分开、管办分离"。2017 年 9 月,中共中央办公厅、国务院办公厅印发《关于深化教育体制机制改革的意见》,也提出要"深化简政放权、放管结合、优化服务改革,把该放的权力坚决放下去,把该管的事项切实管住管好,加强事中事后监管,构建政府、学校、社会之间的新型关系"。在改革开放以来的教育体制改革中,教育管理体制改革始终是"重头戏"。有鉴于此,本章主要从央地关系、府际关系和政校关系三个维度,梳理改革开放 40 年来我国教育管理体制改革的历程。

第一节　不断深化的教育管理体制改革

1978 年,中共十一届三中全会作出了把党和国家工作重点转移到社会主义现代化建设上来和实行改革开放的战略抉择,使我国的教育改革和发展焕发了生机和活力,教育事业迅速恢复和发展,教育管理体制也在不断变革中逐步走向完善,教育体制机制不断深化,依法治教管理机制不断完善,简政放权力度不断加大,服务举措不断优化;管理模式不断创新,由微观管理走向宏观管理,由直接管理走向间接管理,由办教育向管教育转变,由管理向服务转变,努力发展具有中国特色、世界水平的现代教育。

一、教育治理体系和治理能力现代化加快推进

1985 年 5 月,《中共中央关于教育体制改革的决定》(以下简称《决定》)颁布,指出必须从教育体制入手,有系统地进行改革,围绕着办学、管理、投资体制全面进行教育体制改革的探索,从而揭开了教育体制改革的序幕。自此,由具有"计划性"与"集中性"特征的教育体制,逐渐探索并建立起与市场经济体制相适应的从中央向地方分权、

从政府向社会渗透的新型教育体制。因此,《决定》的出台在我国教育体制改革中具有里程碑式的重要意义,成为我国教育体制改革的分水岭。

> 现在的主要问题是在教育事业管理权限的划分上,政府有关部门对学校主要是对高等学校统得过死,使学校缺乏应有的活力;而政府应该加以管理的事情,又没有很好地管起来……中央认为,要从根本上改变这种状况,必须从教育体制入手,有系统地进行改革。改革管理体制,在加强宏观管理的同时,坚决实行简政放权,扩大学校的办学自主权;调整教育结构,相应地改革劳动人事制度。还有改革同社会主义现代化不相适应的教育思想、教育内容、教育方法。
>
> 《中共中央关于教育体制改革的决定》

随着经济体制改革的深化,教育体制改革也逐步深入。1993 年 2 月,中共中央、国务院印发《中国教育改革和发展纲要》(以下简称《纲要》),指出教育体制改革要采取综合配套、分步推进的方针,加快步伐,改革包得过多、统得过死的体制,初步建立起与社会主义市场经济体制和政治体制、科技体制改革相适应的教育新体制,并对办学体制、中等以下教育体制、高等教育体制、高等学校的招生和毕业生就业制度、研究生培养和学位制度、高等学校的财政拨款机制、中专技校招生毕业生就业制度、学校内部管理体制、人事劳动制度等具体改革内容和改革目标进行了明确,教育体制改革进一步深化[1]。

> 党的十四大确定我国经济体制改革的目标是建立社会主义市场经济体制。在 90 年代,随着经济体制、政治体制和科技体制改革的深化,教育体制改革要采取综合配套、分步推进的方针,加快步伐,改革包得过多、统得过死的体制,初步建立起与社会主义市场经济体制和政治体制、科技体制改革相适应的教育新体制。只有这样,才能增强主动适应经济和社会发展的活力,走出教育发展的新路子,为建立具有中国特色的社会主义教育体系奠定基础。……深化中等以下教育体制

---

[1] 何东昌主编:《中华人民共和国重要教育文献(1991—1997)》,海南出版社 1998 年版,第 3469—3470 页。

改革,继续完善分级办学、分级管理的体制。……进行高等教育体制改革,主要是解决政府与高等学校、中央与地方、国家教委与中央各业务部门之间的关系,逐步建立政府宏观管理、学校面向社会自主办学的体制。

《中国教育改革和发展纲要》

1999 年 1 月,国务院批转教育部《面向 21 世纪教育振兴行动计划》,指出党的十一届三中全会以来,我国的教育事业取得了显著成就:普及九年义务教育和扫除青壮年文盲的工作取得历史性进展;职业教育和成人教育迅速发展;高等教育规模稳步扩大;教育体制和教学改革逐步深化,办学条件和教育质量有了提高;教育法规体系基本框架已初步形成,所有这些为 21 世纪教育事业的振兴奠定了坚实基础。但是,我国教育发展水平仍然偏低,教育结构和体制、教育观念和方法以及人才培养模式尚不能适应现代化建设的需要[①]。

2010 年 7 月,《国家中长期教育改革和发展规划纲要(2010—2020 年)》(以下简称《规划纲要》)提出,以转变政府职能和简政放权为重点,深化教育管理体制改革,提高公共教育服务水平;明确各级政府责任,规范学校办学行为,促进管办评分离,形成政事分开、权责明确、统筹协调、规范有序的教育管理体制,教育管理体制改革全面深化。同年 10 月,《国务院办公厅关于开展国家教育体制改革试点的通知》印发,在部分地区和学校开展国家教育体制改革试点,并从专项领域改革试点和重点领域综合改革试点以及省级政府教育统筹综合改革试点三个层面,确定了改革试点的十大任务,教育体制改革试点全面启动。同时,为加强对全国教育体制改革工作的组织领导,国务院成立了国家教育体制改革领导小组,由 20 个部门组成,主要职责是审议教育改革发展的重大方针和政策措施,研究部署、指导实施教育体制改革工作,统筹协调教育改革发展中的重大问题。

健全统筹有力、权责明确的教育管理体制。以转变政府职能和简政放权为重点,深化教育管理体制改革,提高公共教育服务水平。明确各级政府责任,规范学

---

① 何东昌主编:《中华人民共和国重要教育文献(1998—2002)》,海南出版社 2003 年版,第 217 页。

校办学行为,促进管办评分离,形成政事分开、权责明确、统筹协调、规范有序的教育管理体制。中央政府统一领导和管理国家教育事业,制定发展规划、方针政策和基本标准,优化学科专业、类型、层次结构和区域布局。整体部署教育改革试验,统筹区域协调发展。地方政府负责落实国家方针政策,开展教育改革试验,根据职责分工负责区域内教育改革、发展和稳定。

《国家中长期教育改革和发展规划纲要(2010—2020 年)》

2013 年 11 月,中共十八届三中全会召开,随后《中共中央关于全面深化改革若干重大问题的决定》发布,提出"实现政府治理体系和治理能力的现代化"的任务,教育领域要"实现政府治理体系和治理能力的现代化",核心就是要改变高度集权、政府包揽过多的教育体制。这意味着中国教育重新回到了体制改革的主题。2016 年 9 月,习近平总书记在北京八一学校考察时指出,要深化办学体制、管理体制、经费投入体制、考试招生及就业制度等方面的改革,深化学校内部管理制度、人事薪酬制度、教学管理制度等方面的改革,深化人才培养模式、教学内容及方式方法等方面的改革,使各级各类教育更加符合教育规律、更加符合人才成长规律。2017 年 8 月,中共中央办公厅、国务院办公厅印发《关于深化教育体制机制改革的意见》,聚焦教育体制机制,对立德树人系统化落实、学前教育普惠健康发展、义务教育均衡优质发展、职业教育质量提升、高等教育内涵发展、师德建设、教育投入、宏观管理等方面的体制机制改革作出了具体部署,到 2020 年,教育基础性制度体系基本建立,形成充满活力、富有效率、更加开放、有利于科学发展的教育体制机制,人民群众关心的教育热点难点问题进一步缓解,政府依法宏观管理、学校依法自主办学、社会有序参与、各方合力推进的格局更加完善,为发展具有中国特色、世界水平的现代教育提供制度支撑。

健全教育宏观管理体制。强调要完善教育标准体系,研究制定从学前教育到高等教育各学段人才培养质量标准,完善学校办学条件标准。要建立健全教育评价制度,建立贯通大中小幼的教育质量监测评估制度,建立标准健全、目标分层、多级评价、多元参与、学段完整的教育质量监测评估体系,健全第三方评价机制,增强评价的专业性、独立性和客观性。要完善教育督导体制,促进教育督导机构独立行使职能,落实督导评估、检查验收、质量监测的法定职责,完善督学管理制度,提高督学履职水平,依法加强对地方各级政府的督导,依法加强对学校规范办学的督导,强化督导结果运用。要完善教育立法和实施机制,提升教育法治化水平。要提高管理部门服务效能,建立和规范信息公开制度。

《关于深化教育体制机制改革的意见》

在改革开放 40 年的关键时间节点,随着国家治理体系和治理能力现代化的逐步推进,改革开放以来一次党和国家机构职能体系的全方位优化和重构的改革逐步拉开帷幕。2018 年 3 月,《中共中央关于深化党和国家机构改革的决定》发布,明确指出,深化党和国家机构改革是推进国家治理体系和治理能力现代化的一场深刻变革。此后,中共中央印发了《深化党和国家机构改革方案》,提出面对新时代新任务提出的新要求,党和国家机构设置与职能配置同实现国家治理体系和治理能力现代化的要求还不完全适应的问题,此次党和国家机构改革以加强党的全面领导为统领,以国家治理体系和治理能力现代化为导向,以推进党和国家机构职能优化协同高效为着力点,改革机构设置,优化职能配置,深化转职能、转方式、转作风,提高效率效能,积极构建系统完备、科学规范、运行高效的党和国家机构职能体系。在教育领域,为加强党中央对教育工作的集中统一领导,全面贯彻党的教育方针,组建了中央教育工作领导小组。作为国家治理体系与治理能力现代化的重要组成部分,在推进国家治理体系和治理能力的现代化的大背景下,教育治理体系与治理能力现代化扎实推进。

二、教育法律法规和规章制度体系逐渐健全

改革开放以来,随着教育管理体制机制改革的不断深化完善,党和国家逐渐认识到发展和管理教育事业必须依靠法律。1980 年 12 月,中共中央、国务院《关于普及小学教育若干问题的决定》强调,要搞好教育立法①。1985 年 5 月,《中共中央关于教育体制改革的决定》提出,在简政放权的同时,必须加强教育立法工作。1999 年 6 月,《中共中央国务院关于深化教育改革,全面推进素质教育的决定》就指出,全面推进素

---

① 何东昌主编:《中华人民共和国重要教育文献(1976—1990)》,海南出版社 1998 年版,第 1879 页。

质教育,根本要靠法制,靠制度保障①。在党和国家的高度重视下,教育法律建设不断完善,形成了一套较为完整的教育管理制度,教育治理体系和治理能力现代化建设全面推进,初步构建了以《宪法》为核心、以《教育法》为基本法律,纵向上分为基本法律、单行法律、行政法规、地方性法规、政府规章五个层次,横向上包含《学位条例》、《义务教育法》、《教师法》、《职业教育法》、《高等教育法》、《民办教育促进法》六个部门教育法律的法律体系。这个法律体系具有一定的整体性和系统性,五个层次、六个部门纵横交错,此外还有百余种相关的法律法规填充其中,形成一个广覆盖、多层次的立体式法律网络,结构相对完整、内容基本全面、层次较为清晰、功能相对明确②。

表 2.1　我国现行教育法律体系框架

层次	法律名称	制定部门
基本法律	《教育法》	全国人大
单行法律	《义务教育法》、《高等教育法》、《职业教育法》、《民办教育促进法》、《教师法》、《学位条例》	全国人大及常委会
行政法规	《学位条例暂行实施办法》、《幼儿园管理条例》、《教师资格条例》等	国务院
地方性法规、自治条例、单行条例	如:《江苏省幼儿教育暂行条例》、《四川省义务教育条例》等	省、直辖市、自治区人大及常委会
政府规章	《学生伤害事故处理办法》、《普通高等学校学生管理规定》等	国务院各部委,省、直辖市、自治区政府等

中共十一届三中全会后,国家修订新的《学校工作条例》,发布《中小学工作暂行条例》,恢复高考制度、高等学校学生学籍管理规定,撤销了 1971 年《全国教育工作会议纪要》③,先后全面恢复、整顿了在"文化大革命"中遭受严重破坏的教育秩序,探索和提出了新的制度性规范草案,为依法管理教育的开端奠定了基础。1980 年 2 月,第五

---

① 何东昌主编:《中华人民共和国重要教育文献(1998—2002)》,海南出版社 2003 年版,第 290 页。
② 秦惠民、谷昆鹏:《对完善我国教育法律体系的思考》,《北京师范大学学报(社会科学版)》2016 年第 2 期。
③ 何东昌主编:《中华人民共和国重要教育文献(1976—1990)》,海南出版社 1998 年版,第 1667 页。

届全国人民代表大会常务委员会第十三次会议通过了《中华人民共和国学位条例》,这是新中国成立以来由国家最高权力机关制定的第一部有关教育的法律。1982 年,《中华人民共和国宪法》颁布实施,规定了教育立法的基本指导思想和立法依据,规定了教育教学活动的基本法律规范,为教育法制建设奠定了坚实的基础和宪法依据。随后,1986 年 4 月,第六届全国人民代表大会第四次会议通过了《中华人民共和国义务教育法》,1993 年 10 月,第八届全国人民代表大会常务委员会第四次会议通过了《中华人民共和国教师法》,依法治教进程进一步加速。

　　1995 年 3 月,第八届全国人民代表大会第三次会议通过了《中华人民共和国教育法》,这标志着我国依法治教进入一个新的发展时期。此后,《职业教育法》、《高等教育法》相继颁布,教育法律体系逐步建立。《教学成果奖励条例》、《残疾人教育条例》、《教师资格条例》、《社会力量办学条例》等相继颁布。《学位条例》、《义务教育法》、《教师法》、《教育法》、《职业教育法》、《高等教育法》以及《未成年人保护法》、《预防未成年人犯罪法》等有关教育的法律,先后推出了 16 项教育行政法规,各地也制定了 100 余项地方性教育法规,初步形成了有中国特色的社会主义教育法律法规体系。但从总体上看,教育法制建设还不能适应依法治国、依法治教的要求,教育法律的配套性法规、规章尚不完善,为此要进一步明确加强教育法制建设的目标,形成与教育改革和发展需要相适应的、层次合理、内容完备的教育法律法规体系[①]。2000 年,《民办教育促进法》、《中外合作办学条例》等法律法规相继颁布,中国教育法律体系基本形成。2015年 12 月,《义务教育法》、《教育法》、《高等教育法》相继修订,2016 年,《民办教育促进法》修订,2018 年,《国务院 2018 年立法工作计划》明确将修订《民办教育促进法实施条例》,《教育部 2018 年工作要点》也明确将推动《学前教育法》、《职业教育法》、《学位条例》等法律起草修订,教育一揽子法律体系逐步完善。

　　与教育法律体系同步推进的同时,教育类政府规章也逐步建立并日益完善,《中共中央关于教育体制改革的决定》、《中国教育改革和发展纲要》、《扫除文盲工作条例》、《幼儿园管理条例》、《社会力量办学条例》、《校车安全管理条例》、《国家中长期教育改革和发展规划纲要(2010—2020 年)》、《关于基础教育改革与发展的决定》、《关于大力

---

① 何东昌主编:《中华人民共和国重要教育文献(1998—2002)》,海南出版社 2003 年版,第 434 页。

发展职业教育的决定》《关于当前发展学前教育的若干意见》《关于进一步加快特殊教育事业发展的意见》《关于深化考试招生制度改革的实施意见》《乡村教师支持计划(2015—2020年)》等涵盖各级各类教育的政府行政规章逐步建立,形成了具有中国特色的社会主义教育规章制度体系。

三、中央和地方的教育管理职能逐步理顺

不断深化的教育管理体制改革,另外一个显著的特征就是政府职能转变和简政放权力度不断加大,中央和地方的教育管理职能逐步理顺,办学活力进一步激发和释放,政事分开、权责明确、统筹协调、规范有序的教育管理体制正在逐步形成。

1985年5月,中央召开全国教育工作会议并指出,我国现行的教育管理体制,从宏观上说,主要是中央同地方的关系、政府主管部门同学校的关系没有处理好。在教育事业管理权限的划分上,中央有关部门对一些具体事务集中过多,不利于地方积极性的发挥;对学校特别是高等学校统得过死,使学校缺乏应有的主动性和活力;国家对一些学校包得过多,影响了社会各方面力量办学的积极性。另一方面,一些本来属于国家职能范围,应该由国家加以指导、调节和管理的事情,又没有很好地管起来[1]。为此,随后发布的《中共中央关于教育体制改革的决定》明确提出了基础教育的管理权属于地方;除了大政方针和宏观规划由中央决定外,具体政策、制度、计划的制定和实施以及对学校的领导、管理和检查,其权力和责任都应该交给地方。高等教育体制改革的关键就是改变政府对高等学校统得过多的管理体制,在国家统一的教育方针和计划的指导下,扩大高等学校的办学自主权[2]。1999年1月,教育部、国家计委《关于印发〈试行按新的管理模式和运行机制举办高等职业技术教育的实施意见〉的通知》指出,安排10万招生计划专门用于高职教育招生,将高职教育的招生计划、入学考试和文凭发放等职权下放给省级人民政府和学校。1999年,《中共中央国务院关于深化教育改革,全面推进素质教育的决定》确定了21世纪初教育行政体制改革的基本方向,进一步简政放权,加大省级人民政府发展和管理本地区教育的权力以及统筹力度,基本完

---

[1] 何东昌主编:《中华人民共和国重要教育文献(1976—1990)》,海南出版社1998年版,第2278页。
[2] 同上书,第2285—2288页。

成高等教育管理体制和布局结构的调整,形成中央和省级人民政府两级管理,以省级人民政府管理为主的新体制。同时经国务院授权,把发展高等职业教育和大部分高等专科教育的权力以及责任交给省级人民政府,省级人民政府依法管理职业技术学院或职业学院和高等专科学校,高等职业教育(包括高等专科学校)的招生计划改由省级人民政府制定,招生考试事宜由省级人民政府自行确定。2000 年 1 月,《国务院办公厅关于国务院授权省、自治区、直辖市人民政府审批设立高等职业学校有关问题的通知》指出,将发展高等职业教育和大部分高等专科教育的权力及责任交给省级政府,进一步扩大省级政府发展高等教育的决策权和统筹权①。

2013 年,十八届三中全会通过《关于全面深化改革若干重大问题的决定》,提出深入推进管办评分离,扩大省级政府教育统筹权和学校办学自主权,完善学校内部治理结构。2014 年,《国家教育体制改革领导小组办公室关于进一步扩大省级政府教育统筹权的意见》印发,明确了扩大省级政府教育统筹权的具体内容,由省级政府管理更方便有效的教育事项,一律下放省级政府管理。2014 年,《国家教育体制改革领导小组办公室关于进一步落实和扩大高校办学自主权完善高校内部治理结构的意见》印发,要求以构建政府、高校、社会新型关系为导向,积极简政放权,加快转变政府职能,进一步明确政府高等教育的管理职责和权限,进一步明确高校的办学权利和义务,更好地落实高校的办学主体地位,更好地发挥社会的支持和监督作用,加快完善中国特色现代大学制度,加快推进高等教育治理体系和治理能力现代化,形成政府宏观管理、学校依法自主办学、社会广泛参与支持的格局,促进高校办出特色、争创一流。同时提出了"七个进一步支持",积极简政放权,进一步落实和扩大高校办学自主权。

支持高校科学选拔学生,深化考试招生制度改革。加快推进高职院校分类考试招生改革,高职院校以"文化素质＋职业技能"成绩为基本依据,自主确定录取标准和录取方式。深化普通高校考试招生制度改革,实行综合评价、择优录取,扩大高校招生自主权。深化高校自主选拔录取改革,支持高校选拔具有特殊才能和创新潜质的人才。支持高校自主调整优化同一层次研究生类型结构,加快发展专

---

① 何东昌主编:《中华人民共和国重要教育文献(1998—2002)》,海南出版社 2003 年版,第 490 页。

业学位研究生教育。推进学术硕士和专业硕士研究生分类考试,健全优秀应届本科毕业生推荐免试录取制度,完善以导师团队为主导的复试选拔机制,支持高校选拔符合培养定位的学生。支持高校建立博士研究生选拔"申请—考核"机制,发挥专家组审核作用,更加注重对学生的专业素养、研究能力和创新潜质的综合评价。

支持高校调整优化学科专业,鼓励高校办出特色。尊重高校专业设置主体地位,高校可自主设置普通高等学校本科专业目录和高职高专教育指导性专业目录内所有专业(国家控制布点专业除外)。支持高校在博士、硕士一级学科授权内自主设置二级学科。在不增加授权学科总量、保证研究生培养质量的前提下,高校可对博士、硕士学位授权点进行动态调整。研究规范"双学位"设置和授予工作的管理办法,支持高校培养复合型人才。

支持高校自主开展教育教学活动,深化人才培养模式改革。鼓励高校推进全面学分制等教学管理制度改革。支持高校深化大学英语、计算机基础课教学改革,高校可自主确定大学英语和计算机基础课学分学时。鼓励高校间教育教学资源开放共享,通过搭建平台、对口帮扶、政策引导等方式,支持教师互聘、学生互换、课程互选、学分互认,促进合作育人、协同创新、共同发展。

支持高校自主选聘教职工,发挥各类人才的积极性创造性。高校可根据实际需要和精简、效能原则,自主确定教学、科学研究、行政职能部门等内部组织机构的设置和人员配备。根据国家法律法规和宏观政策,自主确定内部收入分配、自主管理和使用人才。全面落实公开招聘制度,高校可根据教育教学需要面向社会依法依规自主公开招聘教育教学、科学研究和行政管理等各类人员。教授、副教授评审权逐步下放到高校。支持高校建设职业化管理干部队伍,扩大实施高校职员制,逐步拓宽管理人员晋升通道。

支持高校自主开展科学研究、技术开发和社会服务,为提升创新能力创造条件。优化财政科研经费的投入结构,稳步增加中央部属高校经常性科研业务经费的投入,鼓励地方为高校设立非竞争性科研经费,支持广大教师特别是青年教师潜心研究、自由探索。按照改进加强中央财政科研项目和资金管理的有关规定,改进科研项目预算编制方法,健全预算评估评审的沟通反馈机制,进一步下放预算调整审批权限。加快推进高校科技成果使用、处置和收益管理改革,完善和落实促进科研人员成果转化的收益分配政策。

支持高校自主管理使用学校财产经费,提高经费使用效益。完善高校生均拨款制度,建立高校生均拨款标准动态调整机制。新增经费继续向基本支出倾斜,提高基本支出经费比例,降低专项经费的比例,扩大学校对专项经费使用和管理的自主权。捐赠收入财政配比资金由高校统筹安排使用。完善成本分担机制,合理确定学费标准并动态调整。

支持高校扩大国际交流合作,提高高等教育国际化水平。支持高校与外国高校之间开展教师互派、学生互换、学分互认和学位互授联授。开展高校自主确定举办中外合作办学项目试点,支持高校加大引进国外优质教育资源力度。支持高校优势学科面向世界,参与和设立国际学术合作组织、国际科学计划,与境外高水平教育、科研机构建立联合研发基地。支持具有相应实力的高校海外办学,开展国际合作和跨境教育服务。

《国家教育体制改革领导小组办公室关于进一步落实和扩大高校办学自主权完善高校内部治理结构的意见》

随着简政放权力度的不断加大,教育管理服务措施也不断优化。2010 年 7 月,《国家中长期教育改革和发展规划纲要(2010—2020 年)》明确提出,以转变政府职能和简政放权为重点,深化教育管理体制改革,提高公共教育服务水平。转变政府教育管理职能,各级政府要切实履行统筹规划、政策引导、监督管理和提供公共教育服务的职责,建立健全公共教育服务体系,逐步实现基本公共教育服务均等化,维护教育公平和教育秩序。改变直接管理学校的单一方式,综合应用立法、拨款、规划、信息服务、政策指导和必要的行政措施,减少不必要的行政干预。

2015 年 5 月,《教育部关于深入推进教育管办评分离促进政府职能转变的若干意见》印发,提出以进一步简政放权、改进管理方式为前提,加快建设法治政府和服务型政府,主动开拓为学校、教师和学生服务的新形式、新途径。2017 年 3 月,《教育部等五部门关于深化高等教育领域简政放权放管结合优化服务改革的若干意见》发布,从高校学科专业设置机制、编制及岗位管理制度、进人用人环境、教师职称评审、薪酬分配、经费使用管理、内部治理等方面的深层次问题,进一步向地方和高校放权,给高校松绑减负、简除烦苛,让学校拥有更大办学自主权。同时,要求强化监管优化服务,构建事中事后监管体系,加强协调与指导,营造良好的改革环境。各地各部门要简化优化服务流程,精简和规范办事程序,缩短办理时限,改进服务质量,让高校教学科研人员从过多过苛的要求、僵硬的考核、繁琐的表格中解放出来。依托"互联网+",积极推动高校公共服务事项网上办理,提高办事效率。抓紧修改或废止影响高校发展和教学科研人员积极性的、不合时宜的行政法规和政策文件,保持改革政策协调一致。作为重要的配套落实文件,2017年10月,教育部、人力资源社会保障部印发《高校教师职称评审监管暂行办法》,将高校教师职称评审权直接下放至高校。2018年,教育部还组建若干督察组赴全国相关地区督查高等教育领域放管服改革落实情况。

第二节　中央与地方关系的变革

中央政府与地方政府关系是国家政治生活中最基本的关系之一,它构成了一个国家国内政府间关系的中轴线,并且决定着整个国家政府间关系的基本格局。在教育领域,核心问题是中央政府与地方政府教育管理权限划分问题。

一、中央统一领导,中央和省、市、自治区两级管理

中央与地方的教育管理权责问题,一直是教育管理体制改革的重要议题。早在1958年8月,中共中央、国务院发布《关于教育事业管理权力下放问题的规定》,提出:今后对教育事业的领导,必须改变过去条条为主的管理体制,根据中央集权和地方分权相结合的原则,加强地方对教育事业的领导管理。小学、普通中学、职业中学、一般的中等专业学校和各级业余学校的设置和发展,无论公办或民办,由地方自行决定。过去国务院或教育部颁布的全国通用的教育规章、制度,地方可以结合当前工作发展情况,因地制宜、因时制宜地决定存、废、修订,或者另行制定适合于地方情况的制度(包括各项定额标准和执行办法)[①]。同年9月,中共中央、国务院发布《关于教育工作

[①] 何东昌主编:《中华人民共和国重要教育文献(1949—1975)》,海南出版社1998年版,第850—851页。

的指示》,指出:为了在教育工作中既能发挥中央人民政府各部门的积极性,又能发挥地方的积极性,全部的小学、中学和大部分的高等学校、中等专业学校、技工学校,已经下放给省、市、自治区管理;仍属中央各部的中等专业学校和技工学校,也应当由各部下放给各部所直接领导的厂矿、企业、农场管理。各大协作区应该根据自己的实际情况和需要,建立起一个完整的教育体系。各省、市、自治区也应该逐渐建立起这种比较完整的教育体系。然后,每个专区,每个县也应该这样做[1]。这一时期教育管理权限的下放,改变了中央过度集权的管理体制,调动了地方办学的积极性,促进了地方教育事业的发展。这是对以前教育管理体制的一次彻底扭转,从绝对的中央集权一次性"大跃进"到了绝对的地方自主管理。很显然,这种冒进的做法并不适合教育发展规律,因此,它也直接造成了 20 世纪 60 年代初期我国各地学校教育质量低下、教育管理混乱的局面[2]。

改革开放后,教育管理体制改革重新启动。1978 年 2 月,国务院转发《教育部关于恢复和办好全国重点高等学校的报告》,提出:根据有利于党的领导,有利于发挥中央和地方两个积极性,有利于在教学和科学研究工作中早见成效的原则,对全国重点高等学校要实行统一领导,分级管理。面向全国和面向地区的全国重点高等学校,少数院校可由国务院有关部委直接领导;多数院校由有关部委和省、市、自治区双重领导,以部委为主。面向本省、市、自治区的全国重点高等学校,原则上由本省、市、自治区领导,有关部委要给予支持[3]。同年 10 月,教育部《关于讨论和试行全国重点高等学校暂行工作条例(试行草案)的通知》再次重申,国务院各部委所属重点高等学校,行政上受各部委领导,党的工作受省、市、自治区党委领导。省、市、自治区所属重点高等学校,行政和党的工作均受省、市、自治区党委领导[4]。1979 年 9 月,中共中央又批转教育部党组《关于建议重新颁发〈关于加强高等学校统一领导、分级管理的决定〉的报告》,肯定了 1963 年 5 月中共中央、国务院《关于加强高等学校统一领导、分级管理的决定(试行草案)》试行效果是好的,除个别条文由于情况发生了变化需要略加修订以

① 何东昌主编:《中华人民共和国重要教育文献(1949—1975)》,海南出版社 1998 年版,第 860 页。
② 凡勇昆、邬志辉:《建国以来我国政府与学校变革关系历史嬗变》,《现代教育管理》2012 年第 1 期。
③ 何东昌主编:《中华人民共和国重要教育文献(1976—1990)》,海南出版社 1998 年版,第 1597 页。
④ 同上书,第 1641 页。

外,其基本精神和各项主要规定仍是适用的。即高等学校实行中央统一领导,中央和省、市、自治区两级管理的制度①。

此后,高等教育基本维持这一管理体制。1985 年 6 月,全国人大六届十一次常委会决定撤销教育部,设立国家教育委员会。1986 年 3 月,国务院发布了《高等教育管理职责暂行规定》,对国家教育委员会、国务院有关部门和省、自治区、直辖市人民政府对高等教育的管理职责作出了明确规定:国家教育委员会在国务院的领导下,主管全国高等教育工作;国务院有关部门在国家教育委员会的指导下,管理其直属高等学校;省、自治区、直辖市人民政府管理本地区内的高等学校;扩大高等学校管理权限,增强高等学校适应经济和社会发展需要的能力。②

在基础教育领域,1986 年 4 月,全国人大第四次会议通过的《中华人民共和国义务教育法》又以法律的形式规定了"义务教育事业,在国务院的领导下,实行地方负责、分级管理"原则,让地方政府管理教育的权力有了法律上的依据。《义务教育法》虽然以法律的形式明确基础教育领域中央和地方之间的管理权力划分,但在具体权限上比较强调中央级教育行政的管理,比如,义务教育的教学制度、教学内容、课程设置以及教科书的审定等均由国务院政府来确定,而对地方的职责权限相当模糊。同年 9 月,国务院办公厅转发国家教委等部门《关于实施〈义务教育法〉若干问题意见的通知》,对中央和地方政府的管理职责进行了明确。中央一级主要负责制订有关方针、政策、法令;制订基本学制、指导性教学计划的教学大纲;组织编写和审定教材;扶持经济、文化教育基础较差的地区实施义务教育。地方实行分级管理的体制。事业发展规划、校长任免、教师管理和教育业务指导等权限,一般应集中在县或县以上教育部门。省、市(地)县、乡分级管理的职责如何划分,由省、自治区、直辖市确定。③ 1987 年 6 月,《国家教育委员会、财政部关于农村基础教育管理体制改革若干问题的意见》对地方各级政府管理基础教育的职责权限进行了划分。

---

① 何东昌主编:《中华人民共和国重要教育文献(1976—1990)》,海南出版社 1998 年版,第 1725 页。
② 同上书,第 2393 页。
③ 同上书,第 2498 页。

基础教育实行地方负责以后，省、地（市）、县、乡四级都要明确各自的职责。对农村基础教育，省、地（市）必须加强领导，同时，应把县、乡两级职责权限的划分作为工作重点。

县一级政府，长期以来担负着管理农村学校的重要责任。目前，县财政拨款仍是农村基础教育经费的主要来源。县一级有比较完备的管理教育的职能部门和机构，比较熟悉农村基础教育的特点和规律，具有比较丰富的工作经验。因此，要充分发挥县在管理农村基础教育方面的重要作用。在边远和经济不发达地区，当前更应注意发挥县一级的作用。各县要根据中央的方针政策，从当地实际出发，把教育事业的发展纳入全县的总体规划；制定调动本地区各级政府和社会力量办学积极性的具体办法；抓好干部和师资队伍建设，制定有关民办教师的政策，检查贯彻落实情况，努力改善办学条件；加强对教学业务的指导，不断提高教育质量，在扎扎实实普及小学教育的基础上，有计划、有步骤地普及九年义务教育；规划和调整教育结构，使基础教育、职业技术教育、成人教育更好地结合起来，使教育与经济协调发展，着重为当地的经济和社会发展服务。

乡是我国农村的基层政权。扩大乡一级管理农村学校的职责权限，是这次改革的一个重要特点。随着建乡工作的完成，乡财政正在逐步建立，干部的"四化"程度有所提高，乡政府在管理教育方面有必要也有可能承担比过去更多的责任。但是，就全国而言，乡一级管理教育的基础还比较薄弱，需要一个逐步适应和提高的过程。因此，目前不宜把乡一级的职责权限搞得过大。为了充分发挥乡管教育的作用，乡应成立管理教育的机构。这个机构可由乡政府、企业、学校负责人及财税等有关人员兼职组成。乡管学校的机构要在乡政府直接领导和县教育行政部门的指导下，行使上级赋予自己的职权，做好职责范围之内的各项工作。如：协助县教育行政部门搞好教育规划和教师、教育行政干部队伍建设；筹措并管好、用好本乡教育经费，切实解决民办教师工资福利待遇问题；密切学校与社会的联系，逐步改善办学条件等。乡管教育要充分发挥现有学区和中心中学、小学在教学行政业务方面的作用。

村是我国农村基层的自治组织。在农村基础教育管理体制改革中，要注意发挥村在解决危房、改善办学条件、提高教师待遇、筹措解决民办教师的工资、管好学校财产、维护学校权益、动员适龄儿童入学、参与监督学校工作等方面的作用。

《国家教育委员会、财政部关于农村基础教育管理体制改革若干问题的意见》

1993 年 1 月,国务院批转《国家教委关于加快改革和积极发展普通高等教育的意见》,对中央和地方的关系作了进一步明确。同年 2 月,国家教委、国务院学位委员会印发了《关于中央部门所属普通高等学校深化领导管理体制改革的若干意见》等 6 个文件,再次对中央部门所属高等学校的办学体制和管理体制区分不同情况提出了明确要求,要求中央部门所属高等学校的管理,要把目前直接的行政管理转变为主要运用立法的、经济的和必要的行政手段,进行宏观管理①。

在中央与地方的关系上,中央管理部门要简政放权,加强地方政府的管理职能,中央主要负责大政方针、宏观规划和监督检查,对地方所属高等学校的具体政策、制度、计划的制定和实施以及对学校的领导和管理,责任和权力均交给地方,进一步加强省、自治区、直辖市对设在本地区的国务院各部门所属高等学校的协调作用。

《国家教委关于加快改革和积极发展普通高等教育的意见》

1993 年 2 月,《中国教育改革和发展纲要》在中央与地方的关系上,提出进一步确立中央与省(自治区、直辖市)分级管理、分级负责的教育管理体制。

中等及中等以下教育,由地方政府在中央大政方针的指导下,实行统筹和管理。国家颁发基本学制、课程设置和课程标准、学校人员编制标准、教师资格和教职工基本工资标准等规定,省、自治区、直辖市政府有权确定本地区的学制、年度招生规模,确定教学计划,选用教材和审定省编教材,确定教师职务限额和工资水平等。省以下各级政府的权限,由省、自治区、直辖市政府确定。

在中央与地方的关系上,进一步确立中央与省(自治区、直辖市)分级管理、分

---

① 何东昌主编:《中华人民共和国重要教育文献(1991—1997)》,海南出版社 1998 年版,第 3455—3456 页。

级负责的教育管理体制。中央直接管理一部分关系国家经济、社会发展全局并在高等教育中起示范作用的骨干学校和少数行业性强、地方不便管理的学校。在中央大政方针和宏观规划指导下，对地方举办的高等教育的领导和管理，责任和权力都交给省(自治区、直辖市)。按照这个精神中央要进一步简政放权，扩大省(自治区、直辖市)的教育决策权和包括对中央部门所属学校的统筹权。省(自治区、直辖市)在充分论证、严格审议程序，自选解决办学经费，以及统筹中央和地方所属高校毕业生就业去向的条件下，有权决定地方高等学校招生规模和专业设置。设置高等学校，由全国高等学校设置评议委员会评议，国家教委审批。

《中国教育改革和发展纲要》

1995 年 7 月，国务院办公厅转发国家教委《关于深化高等教育体制改革的若干意见》，提出要着重抓好高等教育管理体制的改革，通过深化改革，逐步把一部分中央部门所属的学校转由省、自治区、直辖市人民政府管理或由中央部门与地方政府共同建设和共同管理；倡导学校之间合作办学、企业和科研单位参与办学和管理；按照优化教育资源配置和提高办学规模效益的原则，逐步对有条件的高等学校进行合理调整和合并，特别是在同一地方规模较小、科类单一、专业设置重复的学校要打破原隶属关系的限制，积极创造条件进行适当的调整或合并。通过深化高等教育管理体制改革，扩大学校面向社会依法自主办学的权力，逐步淡化和改变学校单一的隶属关系和单纯为本部门培养人才的办学格局。加强省、自治区、直辖市人民政府对本地区所有高等学校的统筹规划、协调、调整和管理，逐步变条块分割为条块有机结合。目标是争取到 2000 年或稍长一点时间，基本形成举办者、管理者和办学者职责分明，以财政拨款为主、多渠道经费投入，中央和省、自治区、直辖市人民政府两级管理、分工负责，以省、自治区、直辖市人民政府统筹为主，条块有机结合的体制框架①。

1998 年 8 月，第九届全国人民代表大会常务委员会第四次会议通过《中华人民共和国高等教育法》，以法律的形式巩固了前一阶段高等教育体制改革的成果。其中，第十三条规定："国务院统一领导和管理全国高等教育事业。省、自治区、直辖市人民政

---

① 何东昌主编：《中华人民共和国重要教育文献(1991—1997)》，海南出版社 1998 年版，第 3852 页。

府统筹协调本行政区域内的高等教育事业,管理主要为地方培养人才和国务院授权管理的高等学校。"第十四条规定:"国务院教育行政部门主管全国高等教育工作,管理由国务院确定的主要为全国培养人才的高等学校。国务院其他有关部门在国务院规定的职责范围内,负责有关的高等教育工作。"第二十九条规定:"设立高等学校由国务院教育行政部门审批,其中设立实施专科教育的高等学校,经国务院授权,也可以由省、自治区、直辖市人民政府审批。"①

在基础教育管理体制上,2001 年 5 月,《国务院关于基础教育改革与发展的决定》印发,进一步具体地划分了中央政府、省级政府、地(市)级政府、县级政府和乡(镇)要承担的责任。

> 实行在国务院领导下,由地方政府负责、分级管理、以县为主的体制。国家确定义务教育的教学制度、课程设置、课程标准,审定教科书。中央和省级人民政府要通过转移支付,加大对贫困地区和少数民族地区义务教育的扶持力度。省级和地(市)级人民政府要加强教育统筹规划,搞好组织协调,在安排对下级转移支付资金时要保证农村义务教育发展的需要。县级人民政府对本地农村义务教育负有主要责任,要抓好中小学的规划、布局调整、建设和管理,统一发放教职工工资,负责中小学校长、教师的管理,指导学校教育教学工作。乡(镇)人民政府要承担相应的农村义务教育的办学责任,根据国家规定筹措教育经费,改善办学条件,提高教师待遇。继续发挥村民自治组织在实施义务教育中的作用。乡(镇)、村都有维护学校的治安和安全、动员适龄儿童入学等责任。
>
> 中央和省级人民政府要通过转移支付,加大对贫困地区和少数民族地区义务教育的扶持力度。……县级人民政府要强化对教师工资的管理,从 2001 年起,将农村中小学教师工资的管理上收到县,为此,原乡(镇)财政收入中用于农村中小学教职工工资发放的部分要相应划拨上交到县级财政,并按规定设立"工资资金专户"。
>
> 《国务院关于基础教育改革与发展的决定》

---

① 何东昌主编:《中华人民共和国重要教育文献(1998—2002)》,海南出版社 2003 年版,第 165—166 页。

2006 年 6 月，第十届全国人大第二十二次会议通过新修订的《中华人民共和国义务教育法》，再次以法律的形式对义务教育的管理体制和投入体制作出了新的规定，义务教育实行国务院领导，省、自治区、直辖市人民政府统筹规划实施，县级人民政府为主管理的体制。县级以上人民政府教育行政部门具体负责义务教育实施工作，县级以上人民政府其他有关部门在各自的职责范围内负责义务教育实施工作。同时还规定，义务教育经费投入实行国务院和地方各级人民政府根据职责共同负担，省、自治区、直辖市人民政府负责统筹落实的体制。农村义务教育所需经费，由各级人民政府根据国务院的规定分项目、按比例分担。

2010 年 7 月，《国家中长期教育改革和发展规划纲要（2010—2020 年）》再次对中央政府和地方政府的教育管理责任进行了明确，中央政府统一领导和管理国家教育事业，制定发展规划、方针政策和基本标准，优化学科专业、类型、层次结构和区域布局。整体部署教育改革试验，统筹区域协调发展。地方政府负责落实国家方针政策，开展教育改革试验，根据职责分工负责区域内教育改革、发展和稳定。

2018 年，新一轮党和国家机构改革正式启动，处理好中央与地方的关系是党和国家机构改革的重要内容。中华人民共和国成立以后的历次机构改革，都不同程度地涉及这个问题。但时至今日，这方面的问题依然突出，比如中央与地方权责关系的处理、财力与事权的划分等。随着党和国家机构改革的逐步推进，中央和地方职责关系会进一步理顺，更好地发挥中央和地方两个积极性。

二、中央统一领导下的分级管理体制

改革开放至 20 世纪末，是中华人民共和国成立以来我国教育改革在力度、幅度和深度上最大的时期，我国在教育管理体制改革方面经历了恢复计划管理体制、改革计划管理体制和深化管理体制三个阶段，教育管理体制从改革开放后最初的稚嫩逐渐走向了成熟①。此后，随着我国社会主义市场经济体制的建立和教育体制改革的进行，我国逐步形成了中央统一领导和地方分级管理相结合，分层决策，分级管理的体制，办学和教育管理的权力逐渐下放。

---

① 褚宏启：《政府与学校的关系重构》，《教育科学研究》2005 年第 1 期。

中华人民共和国成立后,社会主义教育体制初步确立,这一时期教育管理体制呈现出高度集中统一的特点。基础教育阶段,1952 年 3 月,《幼儿园暂行规程》(草案)、《小学暂行规程》(草案)、《中学暂行规程》(草案)明确:幼儿园由市、县人民政府统筹设置,由市、县人民政府教育行政部门统一领导①。小学由市、县人民政府统筹设置,小学不论公办或私立的,都由市、县人民政府教育行政部门统一领导。小学各科教学大纲、小学儿童生活指导标准、小学建筑和设备标准均由中央教育部另行规定,课本由中央教育部统一编辑,小学教学科目和时间表、教导基本原则等均由教育部规定②。中学由省、市文教厅、局遵照中央和大行政区的规定实行统一领导,教学计划和教学标准均由教育部规定,中学所用各种课本均须采用中央教育部审定或制定者③。

职业教育阶段,1951 年 6 月,教育部召开了第一届全国中等技术教育会议,明确关于中等技术学校的方针、政策、制度、课程原则、普通教学计划、教职员学生待遇原则、全国设置计划,以及其他教育原则,由中央教育部统一领导④。

高等教育阶段,1950 年 7 月,政务院发布了《关于高等学校领导关系的决定》,规定全国高等学校"以由中央人民政府教育部统一领导为原则"⑤。1953 年 5 月,政务院对 1952 年的《关于高等学校领导关系的决定》进行了修订,中央高等教育部对全国高等学校(军事学校除外)实行统一的领导,凡中央高等教育部颁布的有关高等教育的相关政策等,全国高等学校均应执行。同时,综合性大学由中央高等教育部直接管理,与几个业务部门有关的多科性高等工业学校由中央教育部直接管理⑥。

1978 年,中共十一届三中全会胜利召开,作出了改革开放的历史性决策,教育事业也迎来了春天,教育管理体制逐步恢复,中央统一领导下的分级管理制度逐步恢复并确立。

（一）在国务院领导下,由地方政府负责,分级管理,以县为主的基础教育管理体制

改革开放以来,我国基础教育管理体制改革从全面恢复计划管理体制到改革计划

---

① 何东昌主编:《中华人民共和国重要教育文献(1949—1975)》,海南出版社 1998 年版,第 145 页。

② 同上书,第 142—144 页。

③ 同上书,第 139 页。

④ 同上书,第 97 页。

⑤ 同上书,第 44 页。

⑥ 同上书,第 212—213 页。

管理体制，再到不断深化，不断向纵深发展①，逐步形成了在国务院领导下，由地方政府负责，分级管理，以县为主的基础教育管理体制，逐步把权力下放给地方，让地方政府能从当地的实际出发，制定适合本地区的教育措施，从而提高了各地的教育质量和办学效率。

1978 年 9 月，教育部颁发《全日制小学暂行工作条例》（试行草案）和《全日制中学暂行工作条例》（试行草案），规定全日制小学由县（市属区）教育行政部门统一领导和管理。社队办的小学，可以在县的统一领导下，由社队管理②。全日制中学原则上由县以上教育行政部门领导和管理。社队办的中学，可以是县的统一领导下由社队管理③。1985 年 5 月，《中共中央关于教育体制改革的决定》（以下简称《决定》）明确把发展基础教育的责任交给地方，实行基础教育由地方负责、分级管理的原则④。《决定》的出台对我国基础教育的管理体制作出了明确的划分，奠定了基础教育管理体制的框架，对后续基础教育事业的发展产生了深远的影响。1986 年 4 月，第六届全国人大第四次会议通过《中华人民共和国义务教育法》，首次以法律的形式明确了基础教育领域管理体制的基本原则和改革方向，规定义务教育事业，在国务院领导下，实行地方负责，分级管理⑤。同年 9 月，国务院办公厅转发国家教委等部门《关于实施〈义务教育法〉若干问题意见的通知》，再次明确了基础教育的管理体制，并对各级政府的管理职责作了明确。1987 年 6 月，《国家教育委员会、财政部关于农村基础教育管理体制改革若干问题的意见》提出，实践证明，中央把发展基础教育的责任交给地方，实行地方负责、分级管理的原则是完全正确的，并划分省、地（市）、县、乡四级地方各级政府管理基础教育的职责权限⑥。1992 年 3 月，《中华人民共和国义务教育法实施细则》更为具体地指出，实施义务教育，在国务院领导下，由地方各级人民政府负责，按省、县、乡分级管理⑦。1993 年 2 月，《中国教育改革和发展纲要》（以下简称《纲要》）明确，在现阶

---

① 褚宏启：《我国基础教育行政管理体制改革 30 年简评》，《中小学管理》2008 年第 11 期。

② 何东昌主编：《中华人民共和国重要教育文献（1976—1990）》，海南出版社 1998 年版，第 1639 页。

③ 同上书，第 1635 页。

④ 同上书，第 2286—2287 页。

⑤ 同上书，第 2415 页。

⑥ 同上书，第 2623 页。

⑦ 何东昌主编：《中华人民共和国重要教育文献（1991—1997）》，海南出版社 1998 年版，第 3290 页。

段,基础教育应以地方政府办学为主,中等及中等以下教育,由地方政府在中央大政方针的指导下,实行统筹和管理①。基础教育领域通过不断完善地方负责、分级管理的体制,扩大了地方办学的自主权,有效地调动了地方办学的积极性,同时也增强了地方办好基础教育的责任感。1995 年 3 月,第八届全国人大第三次会议通过的《中华人民共和国教育法》以法律的形式为教育管理制度提供了法律保障,其中第十四条指出:国务院和地方各级人民政府根据分级管理、分工负责的原则,领导和管理教育工作。中等及中等以下教育在国务院领导下,由地方人民政府管理②。1999 年 6 月,《中共中央国务院关于深化教育改革,全面推进素质教育的决定》提出,继续完善基础教育主要由地方负责、分级管理的体制;根据各地实际,加大县级人民政府对教育经费、教师管理和校长任免等方面的统筹权③。

此后,基础教育管理体制不断完善和深化。2001 年 5 月,《国务院关于基础教育改革与发展的决定》印发,要求进一步完善农村义务教育管理体制,实行在国务院领导下,由地方政府负责、分级管理、以县为主的体制,并明确,县级人民政府要强化对教师工资的管理,从 2001 年起,将农村中小学教师工资的管理上收到县。为此,原乡(镇)财政收入中用于农村中小学教职工工资发放的部分要相应划拨上交到县级财政,并按规定设立“工资资金专户”④。这次改革将原来的基础教育由地方负责、分级管理,省、地、县、乡四级管理的体制,改革为由地方负责、分级管理,省、地、县三级管理为主的体制。2002 年 4 月,国务院办公厅《关于完善农村义务教育管理体制的通知》进一步提出农村义务教育实行在“国务院领导下,由地方政府负责、分级管理、以县为主”的体制。县级人民政府对农村义务教育负有主要责任,省、地(市)、乡等地方各级人民政府承担相应责任,中央政府给予必要的支持。同时,明确划分了省、地(市)、县、乡(镇)的主要职责⑤。由此正式确立了“以县为主”的基础教育管理体制。

2003 年 9 月,《国务院关于进一步加强农村教育工作的决定》再次重申了,落实

---

① 何东昌主编:《中华人民共和国重要教育文献(1991—1997)》,海南出版社 1998 年版,第 3469 页。
② 同上书,第 3791 页。
③ 何东昌主编:《中华人民共和国重要教育文献(1998—2002)》,海南出版社 2003 年版,第 288 页。
④ 同上书,第 887—888 页。
⑤ 同上书,第 1181 页。

"国务院领导下,由地方政府负责、分级管理、以县为主"的农村义务教育管理体制,县级政府要切实担负起对本地教育发展规划、经费安排使用、校长和教师人事等方面进行统筹管理的责任①。此后出台的基础教育改革发展各项改革政策均以落实"在国务院领导下,由地方政府负责、分级管理、以县为主"的农村义务教育管理体制的巩固和完善为重点,为农村义务教育长远发展建立稳定的体制环境和制度保证。2006 年 6 月,第十届全国人大第二十二次会议通过新修订的《中华人民共和国义务教育法》,再次以法律的形式对义务教育的管理体制和投入体制作出了新的规定,义务教育实行国务院领导,省、自治区、直辖市人民政府统筹规划实施,县级人民政府为主管理的体制。县级以上人民政府教育行政部门具体负责义务教育实施工作;县级以上人民政府其他有关部门在各自的职责范围内负责义务教育实施工作。同时还规定,义务教育经费投入实行国务院和地方各级人民政府根据职责共同负担,省、自治区、直辖市人民政府负责统筹落实的体制。农村义务教育所需经费,由各级人民政府根据国务院的规定分项目、按比例分担。此次新修订的《义务教育法》在重申"以县为主"的义务教育管理体制之外,还强调了省级政府的统筹职能,基于此,同年 8 月,教育部《关于贯彻〈义务教育法〉进一步规范义务教育办学行为的若干意见》明确要求,各省级政府及其教育行政部门应当根据《义务教育法》有关规定,结合当地实际情况,因地制宜地制定和完善规范义务教育办学行为的有关规定,明确政策界限,把握政策尺度,指导和督促地(市)、县(区)人民政府及其教育行政部门依法规范义务教育办学行为②。

(二) 在国务院领导下,分级管理、地方为主、政府统筹、社会参与的职业教育管理体制

改革开放后,针对中等教育中的一些问题,国家开始着手改革中等教育的管理体制和结构。1985 年 5 月,《决定》明确,中等职业技术教育主要由地方负责,中央各部门办的这类学校,地方也要予以协调和配合③。1991 年 10 月,国务院颁布《关于大力

① 何东昌主编:《中华人民共和国重要教育文献(2003—2008)》,新世界出版社 2010 年版,第 170 页。
② 同上书,第 1162 页。
③ 何东昌主编:《中华人民共和国重要教育文献(1976—1990)》,海南出版社 1998 年版,第 2287 页。

发展职业技术教育的决定》,指出发展职业技术教育的主要责任在地方,关键在市、县。因此,地方政府有权对职业技术教育进行必要的统筹和决策,在中央统一的方针政策下,由地方政府统筹安排本地各类职业技术教育的布局、专业(工种)设置、招生、毕(结)业生就业安置及中、长期规划。上级各有关部门应支持地方政府的统筹和决策①。1993 年 2 月,《纲要》指出中等及中等以下教育,由地方政府在中央大政方针的指导下,实行统筹和管理②。1996 年 5 月,第八届全国人民代表大会常务委员会第十九次会议通过了《中华人民共和国职业教育法》,明确县级以上地方各级人民政府应当加强对本行政区域内职业教育工作的领导、统筹协调和督导评估。1998 年 2 月,国家教委印发《关于加快中西部地区职业教育改革与发展的意见》,指出地方各级人民政府要把职业教育纳入当地经济建设和社会发展规划,统筹制定推动职业教育发展的政策措施,统筹配置各类职业教育资源,统筹安排招生就业工作,使实施同层次职业教育的各种教育机构之间公平竞争,促进提高教育教学质量和办学效益③。同年 3 月,国家教委、国家经贸委、劳动部印发《关于实施〈职业教育法〉,加快发展职业教育的若干意见》,在管理体制上,明确县级以上地方各级政府对所辖行政区域内职业教育的发展负有主要领导责任④。

　　1998 年,国务院对其部门所属中等专业学校的管理体制进行调整,除少数部门外,其他国务院部门的所属中等专业学校都划转地方管理。事业单位举办的中等专业学校,仍由这些单位举办,但教育行政管理职能移交地方。2000 年 10 月,教育部《关于中等专业学校管理体制调整工作中防止中等职业教育资源流失问题的意见》中明确,国务院有关部门(单位)划转到地方的中等专业学校,在省级人民政府的统筹下,其隶属关系原则上划归省级教育行政部门或其他有关部门(单位),原则上不再继续下放。国务院有关部门(单位)已下放而地方尚未明确具体归属的,省级人民政府要尽快明确其具体归属。在地方机构改革过程中,部分省级业务厅局已经撤并或准备撤并,

---

① 国家教育委员会政策法规司编:《十一届三中全会以来重要教育文献选编》,教育科学出版社 1992 年版,第 518 页。
② 何东昌主编:《中华人民共和国重要教育文献(1991—1997)》,海南出版社 1998 年版,第 3469 页。
③ 何东昌主编:《中华人民共和国重要教育文献(1998—2002)》,海南出版社 2003 年版,第 23 页。
④ 同上书,第 52 页。

其举办的中等专业学校,应经省级人民政府统筹,划归省级教育行政部门或其他有关部门(单位),对少数确实需要划转到地市的,必须由省级人民政府明确其具体的归属,并办理相应的划转交接手续。各办学部门(单位)不得擅自将中等专业学校改作他用①。

2002年8月,国务院颁布《关于大力推进职业教育改革与发展的决定》,提出推进职业教育管理体制改革,建立并逐步完善在国务院领导下,分级管理、地方为主、政府统筹、社会参与的职业教育管理体制。发展职业教育的主要责任在地方,强化市(地)级人民政府在统筹职业教育发展方面的责任,省(自治区、直辖市)所属中等和高等职业学校可以由省级有关部门与职业学校所在市(地)联合共建、共管,增强其为区域经济服务的功能。同时还要求深化职业教育办学体制改革,形成政府主导、依靠企业、充分发挥行业作用、社会力量积极参与的多元办学格局②。2004年9月,教育部、国家发展改革委、财政部等七部门联合印发《关于进一步加强职业教育工作的若干意见》,再次阐述了上述管理体制,并要求各级政府进一步加强对职业教育工作的领导,切实承担起发展职业教育的责任,统筹规划,分类指导,依法推进职业教育的改革与发展③。

2005年10月,《国务院关于大力发展职业教育的决定》发布,提出要把发展职业教育作为经济社会发展的重要基础和教育工作的战略重点,积极推进体制改革与创新,继续完善"政府主导、依靠企业、充分发挥行业作用、社会力量积极参与、公办与民办共同发展"的多元办学格局和"在国务院领导下,分级管理、地方为主、政府统筹、社会参与"的管理体制④。

2014年6月,《国务院关于加快发展现代职业教育的决定》发布,提出完善分级管理、地方为主、政府统筹、社会参与的管理体制,到2020年,形成适应发展需求、产教深度融合、中职高职衔接、职业教育与普通教育相互沟通,体现终身教育理念,具有中国特色、世界水平的现代职业教育体系。此后不久,《教育部等六部门关于印发〈现代职业教育体系建设规划(2014—2020年)〉的通知》明确了完善分级管理、地方为主、政府

① 何东昌主编:《中华人民共和国重要教育文献(1998—2002)》,海南出版社2003年版,第716页。
② 同上书,第1324页。
③ 何东昌主编:《中华人民共和国重要教育文献(2003—2008)》,新世界出版社2010年版,第505页。
④ 同上书,第867页。

统筹、社会参与的管理体制,加快政府职能转变,减少部门职责交叉和分散,减少对学校教育教学具体事务的干预。赋予省级政府更大权限,扩大省级政府在现代职业教育体系建设中的统筹权。

(三) 中央和省级人民政府两级管理、以省级人民政府管理为主的高等教育管理体制

1978 年 2 月,国务院转发《教育部关于恢复和办好全国重点高等学校的报告》,指出对全国重点高等学校要实行统一领导,分级管理①。同年 10 月,教育部《关于讨论和试行全国重点高等学校暂行工作条例(试行草案)的通知》再次重申,国务院各部委所属重点高等学校,行政上受各部委领导,党的工作受省、市、自治区党委领导。省、市、自治区所属重点高等学校,行政和党的工作均受省、市、自治区党委领导②。1979 年 9 月,中共中央又批转了教育部党组《关于建议重新颁发〈关于加强高等学校统一领导、分级管理的决定〉的报告》,高等学校实行中央统一领导,中央和省、市、自治区两级管理的制度③。

1985 年 5 月,《决定》明确,高等教育实行中央、省(自治区、直辖市)、中心城市三级办学的体制④。1986 年 3 月,国务院发布了《高等教育管理职责暂行规定》,国家教育委员会在国务院的领导下,主管全国高等教育工作;国务院有关部门在国家教育委员会的指导下,管理其直属高等学校;省、自治区、直辖市人民政府管理本地区内的高等学校;扩大高等学校管理权限,增强高等学校适应经济和社会发展需要的能力⑤。1993 年 1 月,国务院批转国家教委《关于加快改革和积极发展普通高等教育的意见》,指出高等教育管理体制和改革方向是,逐步实行中央与省(自治区、直辖市)两级管理、两级负责为主的管理体制。1993 年 2 月,《纲要》指出,高等教育要逐步形成以中央、省(自治区、直辖市)两级政府办学、社会各界参与办学的新格局⑥。1995 年 3 月,第八届全国人大第三次会议通过的《中华人民共和国教育法》以法律的形式为教育管理制

---

① 何东昌主编:《中华人民共和国重要教育文献(1976—1990)》,海南出版社 1998 年版,第 1597 页。
② 同上书,第 1641 页。
③ 同上书,第 1725 页。
④ 同上书,第 2288—2289 页。
⑤ 同上书,第 2393 页。
⑥ 何东昌主编:《中华人民共和国重要教育文献(1991—1997)》,海南出版社 1998 年版,第 3469—3470 页。

度提供了法律保障,其中第十四条指出：高等教育由国务院和省、自治区、直辖市人民政府管理①。同年 7 月,国务院办公厅转发国家教委《关于深化高等教育体制改革的若干意见》,提出要着重抓好高等教育管理体制的改革,要通过深化改革,逐步把一部分中央部门所属的学校转由省、自治区、直辖市人民政府管理或由中央部门与地方政府共同建设和共同管理,争取到 2000 年或稍长一点时间,形成中央和省、自治区、直辖市人民政府两级管理、分工负责,以省、自治区、直辖市人民政府统筹为主,条块有机结合的体制框架②。

1998 年 1 月,国家教委在扬州召开了全国高教管理体制改革经验交流会,会上李岚清提出高教管理体制改革要实行"共建、调整、合作、合并"的八字方针。周远清同志作了《加速高教管理体制改革势在必行》的讲话,指出,争取到 2000 年或稍长一点时间,基本形成中央和省级人民政府两级管理、分工负责,以省级人民政府统筹为主,条块有机结合的新体制。到 21 世纪初,除少数有代表性的重要学校以及行业性强、地方政府不便管理的学校继续由中央政府有关部门直接管理外,相当数量的现属中央部门管理的学校,要转由地方管理或与地方共同管理,要在改革的实践过程中不断增大学校的办学活力,通过深化改革和立法,逐步形成国家统筹规划、宏观管理、学校面向社会依法自主办学的局面③。1998 年 8 月,第九届全国人民代表大会常务委员会第四次会议通过《中华人民共和国高等教育法》,以法律的形式巩固了前一阶段高等教育体制改革的成果。其中,第十三条规定："国务院统一领导和管理全国高等教育事业。省、自治区、直辖市人民政府统筹协调本行政区域内的高等教育事业,管理主要为地方培养人才和国务院授权管理的高等学校。"④

1999 年 1 月,国务院批转教育部《面向 21 世纪教育振兴行动计划》,指出继续实行"共建、调整、合作、合并"的方针,今后 3—5 年,基本形成中央和省级政府两级管理、分工负责,在国家宏观政策指导下,以省级政府统筹为主的条块有机结合的新体制。⑤

---

① 何东昌主编：《中华人民共和国重要教育文献(1991—1997)》,海南出版社 1998 年版,第 3791 页。
② 同上书,第 3852 页。
③ 何东昌主编：《中华人民共和国重要教育文献(1998—2002)》,海南出版社 2003 年版,第 12—13 页。
④ 同上书,第 165 页。
⑤ 同上书,第 220 页。

同年 6 月,《中共中央国务院关于深化教育改革,全面推进素质教育的决定》发布,再次重申进一步简政放权,加大省级人民政府发展和管理本地区教育的权力以及统筹力度,形成中央和省级人民政府两级管理,以省级人民政府管理为主的新体制①。该《决定》对中央和省级政府在高等教育管理中的关系作出了两大调整:一是下放高校设置权。中央授权省级人民政府按一定的程序和标准批准设置高等职业学校。二是计划管理体制改革。从 2000 年开始专科层次的招生计划由省级人民政府制定,从而进一步加大了省级人民政府在高等教育方面的决策权和统筹权②。

2010 年 7 月,《国家中长期教育改革和发展规划纲要(2010—2020 年)》(以下简称《规划纲要》)正式发布,再次明确进一步加大省级政府对区域内各级各类教育的统筹。完善以省级政府为主管理高等教育的体制,合理设置和调整高等学校及学科、专业布局,提高管理水平和办学质量。2013 年 11 月,《中共中央关于全面深化改革若干重大问题的决定》对深化教育改革作出重要部署,明确提出要扩大省级政府教育统筹权。2017 年 5 月,国务院办公厅印发《对省级人民政府履行教育职责的评价办法》,对省级人民政府贯彻执行党的教育方针情况,落实教育法律、法规、规章和政策情况,各级各类教育发展情况,统筹推进本行政区域教育工作情况,加强对教育保障情况,学校规范办学行为情况进行评价,并作为对省级人民政府及其有关部门领导班子和领导干部进行考核、奖惩的重要依据。

经过改革开放 40 年的改革,我国基本完成了高等教育管理体制和布局结构的调整,形成了中央政府统一领导、中央和省级人民政府两级管理、以省级人民政府管理为主的新体制;形成了以教育部办学为主,以外交部等少数部门和单位办学为补充的新格局,部门办学、"条块分割"的问题基本得到解决;从法律上扩大了高等学校的办学自主权,政府宏观管理、学校面向社会自主办学的新体制正在形成;初步打破了政府包办学校、包办社会的格局,初步形成了企业、企业集团、科学研究单位和社会中介组织积极参与高等学校的办学和管理的新局面③。

---

① 何东昌主编:《中华人民共和国重要教育文献(1998—2002)》,海南出版社 2003 年版,第 288 页。
② 程斯辉、王娟娟:《改革开放三十年高等教育管理关系大调整》,《清华大学教育研究》2008 年第 6 期。
③ 刘宝存:《改革开放以来我国高等教育管理体制的回顾与前瞻》,《复旦教育论坛》2009 年第 1 期。

三、加强省级政府教育统筹

加强省级政府教育统筹是教育改革发展的时代要求。把加强省级政府教育统筹作为教育管理体制改革的重点内容，是我国经济社会发展和教育发展到了一个新阶段的客观要求。随着教育管理体制改革的逐步深入，必然要求进一步理顺中央与地方的教育职责，扩大省级政府在教育布局结构调整、教师队伍建设、教育经费使用等方面的统筹权。

以义务教育为例，1985 年的《决定》提出实行九年制义务教育制度，由地方负责、分级管理，乡财政收入应主要用于教育。1994 年《国务院关于〈中国教育改革和发展纲要〉的实施意见》对地、市政府提出了统筹义务教育的要求，县级政府在经费、人事等方面负有主要责任。2001 年发布的《国务院关于基础教育改革与发展的决定》提出了进一步完善农村义务教育管理体制的要求，明确提出"省级和地（市）级人民政府要加强教育统筹规划，搞好组织协调"，反映了不断加强上一级政府发展教育责任的历史要求。截至 2009 年底，全国"两基"人口覆盖率达到 99.7%，城乡免费义务教育全面实现。但地区之间、城乡之间教育发展不平衡。《规划纲要》明确要求把均衡发展作为今后义务教育发展的重点任务，率先在县域内基本实现义务教育均衡发展的同时，不断提高省域内的均衡发展，努力做到办好每一所学校，教好每一个学生。为了缩小城乡之间、区域之间教育差距，必须建立城乡一体化义务教育发展机制，在财政拨款、学校建设、教师配置等方面向农村倾斜，向贫困地区倾斜，加大省内财政转移支付力度。这就必然要求加强省级政府统筹的责任[1]。

基础教育方面，2006 年 6 月，第十届全国人大第二十二次会议通过新修订的《中华人民共和国义务教育法》，在重申"以县为主"的义务教育管理体制之外，还强调了省政府的统筹职能[2]。职业教育方面，2000 年 10 月，教育部《关于中等专业学校管理体制调整工作中防止中等职业教育资源流失问题的意见》中明确，国务院有关部门（单位）划转到地方的中等专业学校，在省级人民政府的统筹下，其隶属关系原则上划归省级教育行政部门或其他有关部门（单位），原则上不再继续下放。国务院有关部门（单

---

① 袁振国：《加强省级政府教育统筹是历史的新要求》，http://old. moe. gov. cn//publicfiles/business/htmlfiles/moe/s4933/201012/113122. html（阅读时间：2017 年 10 月 1 日）。

② 何东昌主编：《中华人民共和国重要教育文献（2003—2008）》，新世界出版社 2010 年版，第 1162 页。

位)已下放而地方尚未明确具体归属的,省级人民政府要尽快明确其具体归属①。2014 年,教育部等六部门关于印发《现代职业教育体系建设规划(2014—2020 年)》,赋予省级政府更大权限,扩大省级政府在现代职业教育体系建设中的统筹权。

对于高等教育来说,更是如此,1995 年 7 月,国务院办公厅转发国家教委《关于深化高等教育体制改革的若干意见》,提出加强省、自治区、直辖市人民政府对本地区所有高等学校的统筹规划、协调、调整和管理,逐步变条块分割为条块有机结合。目标是争取到 2000 年或稍长一点时间,基本形成举办者、管理者和办学者职责分明,以财政拨款为主、多渠道经费投入,中央和省、自治区、直辖市人民政府两级管理、分工负责,以省、自治区、直辖市人民政府统筹为主,条块有机结合的体制框架②。1998 年 1 月,国家教委在扬州召开了全国高教管理体制改革经验交流会,周远清同志作了《加速高教管理体制改革势在必行》的讲话,明确了高等教育管理体制改革的目标是,争取到 2000 年或稍长一点时间,基本形成中央和省级人民政府两级管理、分工负责,以省级人民政府统筹为主,条块有机结合的新体制。到 21 世纪初,除少数有代表性的重要学校以及行业性强、地方政府不便管理的学校继续由中央政府有关部门直接管理外,相当数量的现属中央部门管理的学校,要转由地方管理或与地方共同管理,要在改革的实践过程中不断增大学校的办学活力,通过深化改革和立法,逐步形成国家统筹规划、宏观管理、学校面向社会依法自主办学的局面③。1999 年 6 月,《中共中央国务院关于深化教育改革,全面推进素质教育的决定》再次重申进一步简政放权,加大省级人民政府发展和管理本地区教育的权力以及统筹力度。该《决定》对中央和省级政府在高等教育管理中的关系作出了两大调整:一是下放高校设置权。中央授权省级人民政府按一定的程序和标准批准设置高等职业学校。二是计划管理体制改革。从 2000 年开始专科层次的招生计划由省级人民政府制定,从而进一步加大了省级人民政府在高等教育方面的决策权和统筹权④。

① 何东昌主编:《中华人民共和国重要教育文献(1998—2002)》,海南出版社 2003 年版,第 716 页。
② 何东昌主编:《中华人民共和国重要教育文献(1991—1997)》,海南出版社 1998 年版,第 3852 页。
③ 何东昌主编:《中华人民共和国重要教育文献(1998—2002)》,海南出版社 2003 年版,第 12—13 页。
④ 程斯辉、王娟娟:《改革开放三十年高等教育管理关系大调整》,《清华大学教育研究》2008 年第 6 期。

进一步简政放权,加大省级人民政府发展和管理本地区教育的权力以及统筹力度,促进教育与当地经济社会发展紧密结合。今后3年,继续按照"共建、调整、合作、合并"的方式,基本完成高等教育管理体制和布局结构的调整,形成中央和省级人民政府两级管理、以省级人民政府管理为主的新体制,合理配置教育资源,提高教育质量和办学效益。经国务院授权,把发展高等职业教育和大部分高等专科教育的权力以及责任交给省级人民政府,省级人民政府依法管理职业技术学院(或职业学院)和高等专科学校。高等职业教育(包括高等专科学校)的招生计划改由省级人民政府制定,其招生考试事宜由省级人民政府自行确定。

继续完善基础教育主要由地方负责、分级管理的体制。根据各地实际,加大县级人民政府对教育经费、教师管理和校长任免等方面的统筹权。地方各级人民政府要加强对职业教育和成人教育的统筹。学历教育由教育行政部门负责管理。

《中共中央国务院关于深化教育改革,全面推进素质教育的决定》

2010年7月,《规划纲要》再次明确,进一步加大省级政府对区域内各级各类教育的统筹。统筹管理义务教育,推进城乡义务教育均衡发展,依法落实发展义务教育的财政责任;促进普通高中和中等职业学校合理分布,加快普及高中阶段教育,重点扶持困难地区高中阶段教育发展;促进省域内职业教育协调发展和资源共享,支持行业、企业发展职业教育;完善以省级政府为主管理高等教育的体制,合理设置和调整高等学校及学科、专业布局,提高管理水平和办学质量;依法审批设立实施专科学历教育的高等学校,审批省级政府管理本科院校学士学位授予单位和已确定为硕士学位授予单位的学位授予点;完善省对省以下财政转移支付体制,加大对经济欠发达地区的支持力度;根据国家标准,结合本地实际,合理确定各级各类学校办学条件、教师编制等实施标准;统筹推进教育综合改革,促进教育区域协作,提高教育服务经济社会发展的水平;支持和督促市(地)、县级政府履行职责,发展管理好当地各类教育。

2013年11月,《中共中央关于全面深化改革若干重大问题的决定》对深化教育改革作出重要部署,明确提出要扩大省级政府教育统筹权。2014年7月,《国家教育体制改革领导小组办公室关于进一步扩大省级政府教育统筹权的意见》指出,由省级政府管理更方便有效的教育事项,一律下放省级政府管理。

由省级政府管理更方便有效的教育事项，一律下放省级政府管理。省级政府依法审批设立实施专科学历教育的高等学校，探索实施本科及以上教育的民办高校章程修改备案下放省级政府教育行政部门。发挥省级政府对区域内学科专业布局、质量监督的统筹规划和管理作用，探索省级学位委员会开展学位授权点动态调整工作。高等教育自学考试专科专业审批下放省级教育行政部门，探索由省级自学考试机构根据本地经济社会发展需要自主决定开考《高等教育自学考试专业目录》内本科专业。探索省级政府自主确定成人高等教育招生计划总量，探索省级政府自主确定高职（专科）招生计划总量和地方高校高职（专科）招生计划。省级教育行政部门统一组织中小学教师资格考试、资格认定。完善教育转移支付制度和增长机制，清理、整合、规范教育专项转移支付，扩大一般性教育转移支付的规模和比例。省级政府可按照国家有关规定，根据实际情况调整学校收费标准。探索地方高校赴境外设立教育机构及采取其他形式实施本科以上学历教育审批权下放省级政府。试点委托条件成熟的省级政府审批域内高校举办国际性会议。

《国家教育体制改革领导小组办公室关于进一步扩大省级政府教育统筹权的意见》

为进一步推动省级人民政府依法全面正确履行教育职责，确保国家教育方针政策的贯彻执行，2017 年 5 月，国务院办公厅印发《对省级人民政府履行教育职责的评价办法》明确了省级人民政府贯彻执行党的教育方针情况，落实国家教育法律、法规、规章和政策情况，各级各类教育发展情况，统筹推进本行政区域教育工作情况，加强教育保障情况和学校规范办学行为情况等内容。同时还明确，省级政府教育履职情况将与省级政府领导干部考核挂钩。此后，《中共教育部党组关于加强落实工作的意见》也明确提出，健全省级政府教育统筹工作机制。不断扩大省级政府教育统筹权，强化省域内政策协调配套。建立省级人民政府履行教育职责评价机制，全面部署启动对省级人民政府履行教育职责评价工作。

第三节　政府部门之间关系的变革

　　府际关系,亦称政府间关系,既指国内不同层级政府之间以及政府部门之间的权力分工关系,也指国家间各级政府之间的交往合作关系。府际关系实际上是政府之间的权力配置和利益分配的关系,它对于一国的经济发展、社会管理有着重要作用①。对于教育管理来说,自然也不例外。基于上述概念,下文讨论的府际关系主要指同级政府部门之间横向的关系。

一、国家教育委员会统一管理

　　1985 年 5 月,中央召开全国教育工作会议指出,我国现行的教育管理体制,从宏观上说,主要是中央同地方的关系、政府主管部门同学校的关系没有处理好。在教育事业管理权限的划分上,中央有关部门对一些具体事务集中过多,不利于地方积极性的发挥;对学校特别是高等学校统得过死,使学校缺乏应有的主动性和活力;国家对一些学校包得过多,影响了社会各方面力量办学的积极性。另一方面,一些本来属于国家职能范围,应该由国家加以指导、调节和管理的事情,又没有很好地管起来②。为此,1985 年 5 月,《中共中央关于教育体制改革的决定》(以下简称《决定》)明确提出,成立国家教育委员会负责掌握教育的大政方针,统筹整个教育事业的发展,协调各部门有关教育的工作,统一部署和指导教育体制的改革③。同时,发展教育事业,改革教育体制,不仅涉及基础教育、高等教育,而且涉及职业教育、成人教育;不仅要调动教育部门的积极性,而且要调动各部门、各地区、各行各业办教育的积极性。为了保证和推动教育事业的健康发展,统一部署和指导教育体制的改革,在简政放权的同时,保证党和政府对教育工作的统一领导,加强宏观指导和管理,加强与有关方面的协调。同年

---

① 颜德如、岳强:《中国府际关系的现状及发展趋向》,《学习与探索》2012 年第 4 期。
② 何东昌主编:《中华人民共和国重要教育文献(1976—1990)》,海南出版社 1998 年版,第 2278 页。
③ 同上书,第 2285—2288 页。

6月,经第六届全国人大第十一次会议通过,撤销教育部,设立国家教育委员会①。

国家教育委员会成立后,其和中央有关部门的权责划分就成为府际关系的一个很好的反映。1986年3月,国务院发布了《高等教育管理职责暂行规定》,对国家教育委员会、国务院有关部门和省、自治区、直辖市人民政府对高等教育的管理职责作出了明确规定②。1993年2月,《中国教育改革和发展纲要》(以下简称《纲要》)再次对国家教委与中央业务部门的关系作了划分。

> 国家教委负责统筹规划、政策指导、组织协调、监督检查、提供服务。中央业务部门要加强对本行业的人才预测和规划,协助国家教委指导本行业的人才培养工作,负责管理其所属学校,包括在国家宏观指导下,决定所属学校的招生规模、专业设置、经费筹措、学生就业等,随着中央业务部门职能的转变和政企分开,中央业务部门所属学校要面向社会,其办学体制和管理体制分别不同情况,采取继续由中央部门办、中央部门和地方政府联合办、交给地方政府办、企业集团参与和管理等不同办法。目前先进行改革试点,逐步到位。
>
> 《中国教育改革和发展纲要》

二、中央和省级政府两级办学、以地方管理为主

中华人民共和国成立后,我国的高等教育主要由部委和地方分别管理,通常分为教育部所属高校、中央部委所属高校和地方所属高校三种类型。在1985年颁布的《决定》中,最初提出了对我国高等教育管理体制进行改革的设想。20世纪90年代初,国家即开始了这方面工作的探索,1992年扬州工学院、扬州师范学院、江苏农学院、扬州医学院、江苏商业专科学校、江苏水利工程专科学校和国家税务局扬州培训中心等7个单位合并组建了扬州大学,作为我国高校合并的第一例,标志着我国高校管理体制改革工作的启动。1993年2月,国家教委、国务院学位委员会印发了《关于中央部门所属普通高等学校深化领导管理体制改革的若干意见》等6个文件,再次对中央部门

---

① 国家教育委员会政策法规司编:《十一届三中全会以来重要教育文献选编》,教育科学出版社1992年版,第190页。

② 何东昌主编:《中华人民共和国重要教育文献(1976—1990)》,海南出版社1998年版,第2393页。

所属高等学校的办学体制和管理体制区分不同情况提出了明确规定,要求中央部门对所属高等学校的管理,要从目前直接的行政管理,转变为主要运用立法的、经济的和必要的行政手段,进行宏观管理[①]。

1993 年 2 月,《纲要》要求深化高等教育体制改革,主要是解决政府与高等学校、中央与地方、国家教委与中央各业务部门之间的关系,逐步建立政府宏观管理、学校面向社会自主办学的新体制。随后,1994 年、1995 年、1996 年,国家教委召开了 3 次高教管理体制改革座谈会,规范地提出了在实践中形成的五种改革形式,即"共建"、"合作"、"合并"、"协作"和"划转"。1995 年 7 月,国务院办公厅转发国家教委《关于深化高等教育体制改革的若干意见》,提出要着重抓好高等教育管理体制的改革。其目标是,争取到 2000 年或稍长一点时间,基本形成举办者、管理者和办学者职责分明,以财政拨款为主、多渠道经费投入,中央和省、自治区、直辖市人民政府两级管理、分工负责,以省、自治区、直辖市人民政府统筹为主,条块有机结合的体制框架[②]。

1998 年 1 月,国家教委在扬州召开了全国高教管理体制改革经验交流会,会议指出,到 21 世纪初,除少数有代表性的重要学校以及行业性强、地方政府不便管理的学校继续由中央政府有关部门直接管理外,相当数量的现属中央部门管理的学校,要转由地方管理或与地方共同管理,要在改革的实践过程中不断增大学校的办学活力,通过深化改革和立法,逐步形成国家统筹规划、宏观管理、学校面向社会依法自主办学的局面[③]。

在中共中央、国务院的正确领导下,配合政府机构改革和职能转变,教育部、财政部、国家计委等有关部门在各地的配合下对国务院部门(单位)所属学校集中进行了三次大的调整,基本上解决了部门办学体制问题,高教管理体制改革取得了历史性的重大突破。1998 年初国务院机构改革,将原有的国务院组成部门由 40 个减少到 25 个。在撤并的国务院部委中有 9 个部委下辖着 91 所普通高等学校和 72 所成人高等学校。这些高校隶属关系的转变随着其原有管理部门的撤销成为必然。1998 年 3 月,九届

[①] 何东昌主编:《中华人民共和国重要教育文献(1991—1997)》,海南出版社 1998 年版,第 3455—3456 页。
[②] 同上书,第 3852 页。
[③] 何东昌主编:《中华人民共和国重要教育文献(1998—2002)》,海南出版社 2003 年版,第 12—13 页。

全国人大一次会议通过了国务院机构改革方案,国家教育委员会改建为教育部,其他部委作了相应的调整。同年7月,国务院颁发了《国务院关于调整撤并部门所属学校管理体制改革的决定》,对原机械部、煤炭工业部等9个国务院部门所属211所院校进行了管理体制的调整。其中,有77所高校经合并调整为31所高校,其中参与合并的成人高校44所,有161所院校实行了划转;有14所高校实行了共建,其中,由中央部委与省、直辖市共建13所,由省与省内地级市共建1所;有39所高校开展了合作办学,形成了10个合作办学体;另外撤销办学条件严重不合格的成人高校108所。到1998年底,全国已有31个省、自治区、直辖市,50多个部委参与了改革,涉及高校640余所。当年,中央部委院校管理体制改革迈出了关键性步伐①。此后不久,国务院办公厅转发教育部等部委《关于调整撤并部门所属学校管理体制的实施意见》,对原机械工业部、煤炭工业部、冶金工业部、化学工业部、国内贸易部、中国轻工总会、中国纺织总会、国家建筑材料工业局、中国有色金属工业总公司等9个部门所属的93所普通高等学校、72所成人高等学校以及中等专业学校和技工学校的管理体制进行调整。在93所普通高等学校中,除中国矿业大学、华北矿业高等专科学校暂时仍由国家煤炭工业局管理外,其余91所普通高等学校都实行中央与地方共建。其中,对东北大学等10所普通高等学校,在实施共建中与其他院校有所区别,日常管理以地方为主,重大事项以中央为主,其余81所普通高等学校,实行中央与地方共建,以地方管理为主。同时,要求当年9月份开始按新的管理体制运转②。

1999年1月,国务院批转教育部《面向21世纪教育振兴行动计划》,指出除少数关系国家发展全局以及行业性很强、需由国家有关部门直接管理的高等学校外,其他绝大多数高等学校由省级政府管理或者以地方为主与国家共建③。同年3月,国务院办公厅转发教育部、国防科工委、国家计委、财政部《关于调整五个军工总公司所属学校管理体制的实施意见》,对原中国船舶工业总公司、中国兵器工业总公司、中国航空工业总公司、中国航天工业总公司、中国核工业总公司5个军工总公司所属25所普通高

---

① 《高等教育管理体制改革》,http://www.moe.edu.cn/jyb_xwfb/xw_fbh/moe_2606/moe_2074/moe_2438/moe_2442/tnull_39569.html(阅读时间:2017年10月2日)。

② 何东昌主编:《中华人民共和国重要教育文献(1998—2002)》,海南出版社2003年版,第135页。

③ 同上书,第220页。

等学校、34 所成人高等学校、98 所中等专业学校、232 所技工学校的管理体制进行调整。25 所普通高等学校原则上都实行中央与地方共建，其中，北京航空航天大学等 7 所学校，在实施共建中与其他学校有所区别，为国防科工委所属学校，日常管理以地方为主，重大事项以国防科工委管理为主，其余 18 所学校以地方管理为主①。

　　2000 年是自 1992 年高教管理体制改革和布局结构调整工作以来改革力度最大、调整学校最多的一年。2000 年 2 月，国务院办公厅转发教育部等《关于调整国务院部门（单位）所属学校管理体制和布局结构的实施意见》，规定除教育部以及外交部、国防科工委、国家民委、公安部、安全部、海关总署、民航总局、体育总局、侨办、中科院、地震局等部门和单位继续管理其所属学校外，国务院其他部门和单位原则上不再直接管理学校，并将 22 所普通高等学校划转教育部管理，34 所普通高等学校由教育部负责调整；5 所普通高等学校停止招生，待现有在校学生毕业后即行撤销原学校建制，改为原主管部门（单位）的非学历培训机构；97 所普通高等学校实行中央与地方共建，以地方管理为主，并由地方统筹进行必要的布局结构调整，3 所普通高等学校继续由原主管部门（单位）管理②。2001 年 2 月，国务院办公厅转发教育部等《关于调整体育总局所属学校管理体制的实施意见》，规定除北京体育大学继续由体育总局直接管理外，从 2001 年起，上海体育学院、武汉体育学院、西安体育学院、成都体育学院、沈阳体育学院实行中央与地方共建、以地方管理为主的管理体制；采取地方体育部门与教育部门共管，以体育部门为主的管理方式。如需调整上述管理方式，须商体育总局③。此次调整的完成，标志着我国高教管理体制发生了历史性的深刻变化，部门办学体制基本结束，由中央和省级政府两级办学、以地方管理为主的新体制的框架基本确立。据统计，截至 2004 年 6 月，在 1 469 所公办高等学校中，教育部所属院校 73 所，占公办高校总数的 5％；其他中央部委所属院校 38 所，占总数的 2.6％；而地方政府所属院校1 358 所，占总数的 92.4％。这些数字充分说明 1950 年初所形成的"条块分割"、中央各部门办学的高等教育管理体制发生了根本性的转变，行业部门已经从办学主体转变成为指

① 何东昌主编：《中华人民共和国重要教育文献（1998—2002）》，海南出版社 2003 年版，第 240 页。
② 同上书，第 518 页。
③ 同上书，第 821 页。

导主体,其地位被逐渐弱化,极大地推动了高等教育改革的发展[1]。

通过几次调整,我国高教管理体制发生了历史性的深刻变化,部门办学体制基本结束,除少数关系国家发展全局的高校以及行业特殊性强的高校继续由国务院委托教育部和其他少数部门管理外,多数高校由地方管理或以地方管理为主,逐步建立了中央和省两级管理、以省级政府统筹管理为主的新体制,扩建形成了一批学科综合和人才汇聚的新的综合性大学和多科性大学。经过改革,基本扭转了长期形成的部门和地方条块分割、重复办学、教育资源浪费严重的局面,对大多数高校确立了中央和省级人民政府两级管理、以省级政府管理为主的新体制,并扩大了高校的办学自主权,初步实现了教育资源的优化配置,使办学的整体质量和效益明显提高[2]。

三、国家层面领导小组和相关部际联席会议制度

在教育管理体制中,府际关系的调整和完善,另外一支很重要的力量就是国家层面相关协调领导小组以及相关部际联席会议制度。

在国家层面领导小组方面,1998 年 6 月,为加强对科技、教育工作的宏观指导和对科技重大事项的协调,实施科教兴国战略,推进科技、教育体制改革,提高我国科技、教育水平,促进经济与社会事业的发展,国务院决定成立国家科技教育领导小组。历任组长为国务院总理,副组长为分管科教工作的副总理或国务委员,成员包括国家发改委主任、教育部部长、科技部部长、财政部部长、农业部部长、中科院院长、工程院院长、自然科学基金会主任等。

2010 年 10 月,为加强对教育体制改革的领导,国务院成立国家教育体制改革领导小组,审议教育改革发展的重大方针和政策措施,研究部署、指导实施教育体制改革工作,统筹协调教育改革发展中的重大问题。成员单位包括中央组织部、中央宣传部、中央编办、发展改革委、教育部、科技部、工业和信息化部、公安部、财政部、人力资源社会保障部、农业部、法制办、国研室、中科院、社科院、工程院、发展研究中心、自然科学基金会、共青团中央、中国科协等 20 个部门。按照国家的部署,此后全国各省、市、自

---

① 程斯辉、王娟娟:《改革开放三十年高等教育管理关系大调整》,《清华大学教育研究》2008 年第 6 期。
② 刘宝存:《改革开放以来我国高等教育管理体制的回顾与前瞻》,《复旦教育论坛》2009 年第 1 期。

治区均成立了教育体制改革领导小组,统筹协调各政府部门之间的关系,推进和深化教育体制改革。比如上海市委于 2015 年 1 月印发通知,成立上海市教育综合改革领导小组,组长由上海市委副书记和分管副市长共同担任,成员单位由原市教育体制改革领导小组的 22 个部门扩增至 32 个,议事范围由原来的教育体制机制拓展至整个教育综合改革重大事项。

2017 年 7 月,国务院决定成立国家教材委员会,指导和统筹全国教材工作,贯彻党和国家关于教材工作的重大方针政策,研究审议教材建设规划和年度工作计划,研究解决教材建设中的重大问题,指导、组织、协调各地区各部门有关教材工作,审查国家课程设置和课程标准制定,审查意识形态属性较强的国家规划教材。成员包括教育部、中宣部、外交部、国家发展改革委、科技部、国家民委、公安部、财政部、人力资源社会保障部、国土资源部、环境保护部、文化部、工商总局、国家新闻出版广电总局、国家海洋局、国家测绘地信局、中央党校、中央文献研究室、中央党史研究室、中央编译局、中科院、社科院、工程院、中国科协等。

2018 年 3 月,中共中央印发了《深化党和国家机构改革方案》,提出为加强党中央对教育工作的集中统一领导,全面贯彻党的教育方针,加强教育领域党的建设,做好学校思想政治工作,落实立德树人根本任务,深化教育改革,加快教育现代化,办好人民满意的教育,组建中央教育工作领导小组,作为党中央决策议事协调机构。主要职责是,研究提出并组织实施在教育领域坚持党的领导、加强党的建设方针政策,研究部署教育领域思想政治、意识形态工作,审议国家教育发展战略、中长期规划、教育重大政策和体制改革方案,协调解决教育工作重大问题等。中央教育工作领导小组秘书组设在教育部。

部际联席会议,是为了协商办理涉及国务院多个部门职责的事项,由国务院批准建立,各成员单位按照共同商定的工作制度,及时沟通情况,协调不同意见,以推动某项任务顺利落实的工作机制。以职业教育为例,2002 年 8 月,国务院颁布《关于大力推进职业教育改革与发展的决定》,在国务院领导下,建立职业教育工作部际联席会议制度,研究解决职业教育工作中的重大问题。国务院教育行政部门负责职业教育工作的统筹规划、综合协调、宏观管理,劳动保障部门和其他有关部门在各自职责范围内,负责职业教育的有关工作。2004 年 6 月,国务院同意建立由教育部牵头的职业教育工作部际联席会议制度,统筹协调全国职业教育工作,及时研究解决职业教育工作中的有关问题。联席会议按照加强业务指导、协调各方力量、交流情况经验、研究发展措施、督促政策落实的要求,由各成员单位负责督促、检查、指导本部门职责范围内的有关职业教育工作政策措施的落实。联席会议由教育部、发展改革委、财政部、人事部、劳动保障部、农业部、扶贫办共 7 个部门和单位组成,教育部为牵头单位。再比如,2017 年 8 月,国务院同意建立由教育部牵头的民办教育工作部际联席会议制度,在国务院领导下,统筹协调推进民办教育改革发展相关工作,健全社会力量兴办教育的政策制度。提出鼓励社会力量兴办教育、促进民办教育健康发展的工作思路,落实国家鼓励扶持民办教育发展的政策措施,协调解决重点难点问题;强化对民办教育的监督指导,协调相关部门共同纠正违法违规行为,规范办学秩序,推动形成健康有序的发展环境;加强各地区、各部门信息沟通和相互协作,及时总结各地区、各部门工作成效,推广先进做法和经验;完成国务院交办的其他事项。联席会议由教育部、中央编办、发展改革委、公安部、民政部、财政部、人力资源社会保障部、国土资源部、住房城乡建设部、人民银行、税务总局、工商总局、银监会、证监会等部门组成,教育部为牵头单位。

第四节　政府与学校关系的变革

政府和学校的关系是建设现代学校制度的核心命题之一。在宏观教育管理体制基本建立健全的背景下,管理体制的改革必然向微观层面深化。解决了"谁来管"的问题,必然就要涉及"管什么"和"怎么管"的问题,也就是学校的管理体制问题。随着政府改革的不断推进,政府开始了由"划桨者"、"掌舵者"向"服务者"的转变。随之转变的是政校关系,学校开始了由被动到主动,由依附到自主的转变。

一、政府和学校关系的变迁

中华人民共和国成立以来我国政府与学校变革关系历史嬗变共分为四个阶段:1949—1965 年,政府与学校变革关系的萌发阶段;1966—1976 年,政府与学校变革关系的混乱阶段;1978—2001 年,政府与学校变革关系的恢复和改革阶段;2002—2010

年：政府与学校变革关系的深化和反思阶段。政府和学校的关系涉及两个方面：一是政府间的教育管理体制变革，它主要是政府间关系的调整。其二，各级政府与处于教育变革中学校的关系，其实质上是学校自身变革自主权的问题，即学校在进行教育变革时是否具有以及在多大程度上具有办学自主权[①]。

在教育管理体制改革方面，政府和学校的关系也在不断探索完善中：从 1985 年《中共中央关于教育体制改革的决定》(以下简称《决定》)中"扩大学校的办学自主权"，1993年《中国教育改革和发展纲要》(以下简称《纲要》)中"政事分开"，到 1998 年《面向 21 世纪教育振兴行动计划》中"依法自主办学，实行民主管理"，2004 年《2003—2007 年教育振兴行动计划》中"深化学校内部管理体制改革，探索建立现代学校制度，继续深化学校内部管理体制改革，完善学校法人制度"，再到 2010 年《国家中长期教育改革和发展规划纲要(2010—2020 年)》(以下简称《规划纲要》)提出"政校分开、管办分离"，2016 年《国家创新驱动发展战略纲要》中再次强调深入推进管、办、评分离，扩大学校办学自主权，完善学校内部治理结构。

二、政府放权：从"划桨者"、"掌舵者"到"服务者"

改革开放后，政府意识到了学校自主权的缺乏，开始了政府与学校关系的调整，逐步实现从大包大揽的"全能型"，向分工精细的"服务型"转变，真正实现由"划桨"到"掌舵"的转变。

1985 年 5 月，《决定》就认识到：政府有关部门对学校主要是对高等学校统得过死，使学校缺乏应有的活力；而政府应该加以管理的事情，又没有很好地管起来。1993年 2 月，《纲要》指出，在政府与学校的关系上，要按照政事分开的原则，通过立法，进一步扩大高等学校的办学自主权……政府要转变职能，由对学校的直接行政管理，转变为运用立法、拨款、规划、信息服务、政策指导和必要的行政手段，进行宏观管理[②]。2010 年 7 月，《规划纲要》再次明确提出要转变政府教育管理职能：各级政府要切实履行统筹规划、政策引导、监督管理和提供公共教育服务的职责，建立健全公共教育服务

---

① 凡勇昆、邬志辉：《建国以来我国政府与学校变革关系历史嬗变》，《现代教育管理》2012 年第 1 期。
② 何东昌主编：《中华人民共和国重要教育文献(1991—1997)》，海南出版社 1998 年版，第 3470 页。

体系,逐步实现基本公共教育服务均等化,维护教育公平和教育秩序;改变直接管理学校的单一方式,综合应用立法、拨款、规划、信息服务、政策指导和必要的行政措施,减少不必要的行政干预。

此后,随着政府简政放权和放管服改革力度的不断加大,2013 年以来,教育部共取消下放了 14 项教育行政审批事项,包括高等学校部分特殊专业及特殊需要的应届毕业生就业计划审批、民办学校聘任校长核准、国家重点学科审批、高等教育自学考试专科专业审批、高等学校博士学科点专项科研基金审批、教育部科技查新机构认定等。在做好取消下放行政审批事项的同时,教育部还明确要求做好教育行政审批制度改革有关后续工作,做到放管结合,完善事中事后监管机制。优化服务,更好满足人民群众的教育需求。在把该放的权放掉、该管的事管好的同时,要把该服务的服务到位①。

与此同时,各地也不断加大简政放权力度,激发改革发展动力。比如,上海积极推进教育管理体制改革,不断加大简政放权力度,市级教育行政审批项目由 2003 年的 57 项缩减至 18 项,取消中小学课程教材编写(保留课程教材审定职责)、国际教育展览举办、留学中介服务机构设立等审批项目。实施教育行政审批项目"六位一体"标准化管理,通过发布审批目录、公布办事指南、优化业务流程、实施网上审批、实现数据共享、开展电子监察等环节,优化审批流程,缩短审批周期。同时,给予高校更大办学自主权。实施高等教育投入机制改革,高校经常性经费与专项经费投入比例由此前的 3∶7 调整为近 7∶3;允许市属高校在核定的比例范围内,自主选聘高级专业技术职务岗位;支持全市所有高校在国家专业目录范围内自主调整专业,在不增加授权学科总量前提下,自主开展学位授权学科动态调整②。

此后,教育部再次提出,要综合运用法律、政策、规划、财政拨款、标准、信息服务和必要的行政措施,引导和督促学校规范办学,并提出要推行清单管理,加快国家教育基本标准建设,健全依法、科学、民主决策机制,建立健全教育行政执法机制,加强和完善

---

① 《教育部关于做好教育行政审批制度改革有关后续工作的通知》,http://www. moe. edu. cn/srcsite/A02/s5911/moe_621/201507/t20150702_192186. html(阅读时间:2017 年 10 月 11 日)。

② 《上海积极推进教育管理体制改革》,http://www. moe. edu. cn/jyb_xwfb/s6192/s222/moe_1740/201507/t20150709_193124. html(阅读时间:2017 年 10 月 11 日)。

政府服务机制,加大行政监督和问责力度①。

2017 年 9 月,中共中央办公厅、国务院办公厅印发《关于深化教育体制机制改革的意见》,提出要健全教育宏观管理体制,强调要完善教育标准体系,建立健全教育评价制度,完善教育督导体制。政府的教育管理职责进一步明确,从直接管理转向间接管理,从过程管理为主转向目标管理,从短期管理为主转向中、长期管理,实现政府职能从“划桨者”到“掌舵者”、从“运动员”到“裁判员”、从“全能政府”到“有限政府”的转变,实现政府从微观管理到宏观治理的转变。

三、学校制度:从他治到自治,从依附到自主

随着政府教育管理职能的转变,政府与学校间的权利、责任和义务必然面临着重新调整和分配,学校是教育系统的主体,要通过现代学校制度的建设,促进学校依法办学,使学校实现由他治到自治,从依附到自主,为教师的专业化发展和学生的成长成才提供良好的平台,这是政府能够有效放权、学校能够更好使用权限的关键。

2001 年,教育部印发了《全国教育事业第十个五年计划》,要求“进一步理顺学校和政府的关系,依法落实和规范学校的办学自主权。加快校内管理体制改革步伐”。2004 年《2003—2007 年教育振兴行动计划》首次提出了“现代学校制度”的议题。2010 年颁布《规划纲要》,提出继续深化建立现代学校制度的探索,在中小学校管理方面“推进政校分开,管办分离”、“建设依法办学、自主管理、民主监督、社会参与的现代学校制度,构建政府、学校、社会之间新型关系”、“落实和扩大学校办学自主权”,等等。《规划纲要》不仅是对以往教育政策的深化和传承,而且也是今后相当一段时间内我国教育发展和学校变革的指导性纲领。至此,以建立现代学校制度为中心的学校变革和政府的关系已经基本成熟②。

2012 年教育部发布《全面推进依法治校实施纲要》,提出到 2015 年全面形成一校一章程的格局。2015 年 5 月,《教育部关于深入推进教育管办评分离 促进政府职能转变的若干意见》发布,明确提出:推进依法行政,形成政事分开、权责明确、统筹

---

① 《教育部关于深入推进教育管办评分离促进政府职能转变的若干意见》,http://old. moe. gov. cn// publicfiles/business/htmlfiles/moe/s7049/201505/186927. html(阅读时间:2017 年 10 月 11 日)。
② 凡勇昆、邬志辉:《建国以来我国政府与学校变革关系历史嬗变》,《现代教育管理》2012 年第 1 期。

协调、规范有序的教育管理体制；推进政校分开，建设依法办学、自主管理、民主监督、社会参与的现代学校制度；推进依法评价，建立科学、规范、公正的教育评价制度。

　　推进依法行政，形成政事分开、权责明确、统筹协调、规范有序的教育管理体制。

　　加大政府简政放权力度。推行清单管理方式。加快国家教育基本标准建设。健全依法、科学、民主决策机制。建立健全教育行政执法机制。加强和完善政府服务机制。

　　加大行政监督和问责力度。推进政校分开，建设依法办学、自主管理、民主监督、社会参与的现代学校制度。依法明确和保障各级各类学校办学自主权。加强学校章程和配套制度建设。完善学校内部治理结构。健全面向社会开放办学机制。完善校务公开制度。推进依法评价，建立科学、规范、公正的教育评价制度。推动学校积极开展自我评价。提高教育督导实效。支持专业机构和社会组织规范开展教育评价。切实保证教育评价质量。切实发挥教育评价结果的激励与约束作用。

《教育部关于深入推进教育管办评分离促进政府职能转变的若干意见》

　　围绕建设现代学校制度，各级政府作了不少有益的探索。2014 年，青岛市政府出台了《进一步推进现代学校制度建设的意见》，将包括副校长聘任等 14 项管理权限落实下放给学校，减少对学校办学和内部管理的直接干预。2017 年，青岛市颁布实施以中小学为主体的政府规章《青岛市中小学校管理办法》，要求学校建立多方参与的校务委员会民主决策机制，以及家长委员会、学术委员会等机构，完善学校内部治理结构，以法治形式对政府、学校和社会的权责进行科学界定和优化，为学校依法自主办学提供了法治保障[①]。再比如成都市在全市新建公办中小学校、公办幼儿园中推行"两自一包"（管理自主、教师自聘、经费包干）改革试点：保障学校管理自主，建立新型的政

---

① 《教育现代化推动青岛向国际高端城市发展》，http://edu. gmw. cn/2017-12/08/content_27046365. htm（阅读时间：2017 年 10 月 11 日）。

府与学校关系；健全法人治理架构，促进学校民主管理；鼓励试点学校建立校务委员会或理事会，负责学校重大事项决策；探索实行校务委员会或理事会领导下的校长负责制，健全学校内部治理机制；促进学校依法管理；各试点学校加快章程制定步伐，明确政府、学校、社会各方权利边界，明确学校内部治理机制①。

① 《四川省成都市扩大"两自一包"改革试点加快现代学校制度建设》，http://www.moe.edu.cn/jyb_xwfb/s6192/s222/moe_1755/201610/t20161009_283301.html(阅读时间：2017年10月11日)。

第三章

学校领导与管理制度

"党政军民学,东西南北中,党是领导一切的。"这是中共十九大报告中对"坚持党对一切工作的领导"的最新表达,也是对党领导学校教育工作作出的根本性论断。全面加强党对教育工作的领导,就是要坚持党管办学方向、党管改革,充分发挥党委总揽全局、协调各方的领导核心作用,健全党委统一领导、党政齐抓共管、部门各负其责的教育领导体制。改革开放以来我国学校教育发展的最大优势就是坚持党的领导,从拨乱反正、建章立制,到现在的开放、民主、多元,这些变化都是在党的领导下完成的。学校领导与管理制度也在不断更迭的过程中趋于稳定和完善。本章主要对改革开放以来,学校领导制度、校长职级制和现代学校制度的演进与变化进行回顾与分析,以优化学校内部治理结构,提升学校自主办学水平。

第一节 学校领导与管理体制的发展历程

改革开放以来,我国学校领导和管理体制经历了多次变革,经历了改革酝酿阶段、政策解释阶段、波动与实践调整阶段、平缓延续和逐步完善四个阶段。

中共十一届三中全会闭会不久,以萧宗六为代表的教育理论人士对中小学学校领导体制改革进行了讨论,指出 1978 年 9 月原教育部颁布的《全日制小学暂行工作条例》(试行草案)和《全日制中学暂行工作条例》(试行草案)所提出的中小学实行"党支部领导下的校长分工负责制"存在的弊端。高等教育领域,1978 年新修订的"高教六十条"规定的党委领导下的校长分工负责制已经不能适应改革开放以来社会发展的需要,为使高等教育更好地担负起培养高级专门人才和发展科技文化的重要任务,中央领导同志的报告也多次提出了高校领导体制改革的问题。1980 年 8 月,邓小平同志在中央政治局扩大会议上作了《党和国家领导制度的改革》的报告,要求"党领导下的校长、院长、所长负责制等等,也考虑有准备有步骤地加以改革"。①

　　1985 年《中共中央关于教育体制改革的决定》提出,我国学校管理体制"逐步实行校长负责制"。但是面对基层一线对制度的不理解,这一时期教育理论界和实践界主要是对政策进行解释。同时,基础教育和高等教育界都对校长负责制进行了由点到面的试行与推广。到 1988 年底,校长负责制基本在全国大部分地区获得认可并初步实施。

　　1989 年因为政治方面的原因,我国教育面临新的紧迫形势,以校长负责制为核心的学校领导和管理体制遭受质疑,一些地区实行校长负责制的决心开始动摇。最终,中小学校长负责制还是保存了下来,但高等学校的校长负责制未能继续实行,党委领导下的校长负责制开始走上历史舞台。此后几年,高等学校的领导和管理体制一直处在调整阶段,而中小学领导和管理体制则进入深入实践阶段。

　　1993 年《中国教育改革和发展纲要》颁布以后,中等及中等以下各类学校实行校长负责制、高等学校实行党委领导下的校长负责制获得进一步的确定。接下来的政策文件主要是对既有领导与管理体制的继续强调,体制机制改革进入平缓延续和逐步完善阶段。比如,实施校长负责制后,如何加强校长队伍建设提上日程,对校长职业化的呼唤导致了校长职级制改革的发生。进入新世纪以来,确立了以现代学校制度为核心的教育制度创新目标,2010 年颁布的《国家中长期教育改革和发展规划纲要(2010—2020 年)》进一步推动了中国特色现代大学制度、中小学校管理制度的发展,学校章程建设、民主参与制度建设在发展中不断获得完善,依法治校、科学决策、民主参与的学校内部治理结构逐步建立起来。2017 年 2 月,山东青岛颁布《青岛市中小学校管理办法》,对中小学的章程与职责、学校内部治理结构、督导和评价等方面作了较为详细的规定。该《办法》在社会上引起强烈反响,甚至被称为地方版的"学校法"。2017 年 12 月,在总结各地实施《义务教育学校管理标准(试行)》实践经验的基础上,教育部正式印发《义务教育学校管理标准》,从保障学生平等权益、促进学生全面发展、引领教师专业进步、提升教育教学水平、营造和谐美丽的环境、建设现代学校制度六大方面设立了义务教育学校的管理标准。中国基础教育进入了依法治教、标准办学、管理育人的教

---

① 中共中央文献编辑委员会编辑:《邓小平文选(第二卷)》,人民出版社 1994 年版,第 340 页。

育新时代。

第二节　渐趋稳定的学校领导体制

学校领导体制是管理与领导学校的根本制度,关系到学校能否办好。① 它必须随国家形势、任务的改变而有相应的变化,否则难以满足时代发展对学校的要求。改革开放以来,我国学校领导体制紧随时代变迁发生了系列演进,可以说,学校领导体制的演进史是中小学校长负责制和高校党委领导下的校长负责制的完善史。本节主要对改革开放以来我国基础教育与高等教育领导体制变革进行分析。

一、基础教育:从党支部领导下的校长负责制到校长负责制

中华人民共和国成立以来,我国中小学实行过多种学校领导体制。解放初期实行校务委员会制;第一个五年计划期间实行校长负责制;1957 年整风运动后实行党支部领导下的校长负责制;60 年代全日制中小学《暂行工作条例》(草案)规定实行当地党委和主管教育行政部门领导下的校长负责制;1978 年全国教育工作会议后,教育部重新颁发《全日制小学暂行工作条例》(试行草案)和《全日制中学暂行工作条例》(试行草案),规定实行党支部领导下的校长分工负责制。可见,学校权力一直在群众、行政和党委之间进行转换,试图在民主和管制之间寻求平衡,并寻求克服党政不分、以党代政的良方。总之,校长负责制之前,我国中小学的领导体制一直在摆动中寻求出路。

(一) 校长负责制的提出与发展

在 1985 年《中共中央关于教育体制改革的决定》(以下简称《决定》)要求实行校长负责制之前,党支部领导下的校长分工负责制是实行最长的中小学领导体制。这一体制在当时形势下,对于克服"十年动乱"带来的混乱局面,使我国教育事业走向正轨是有益的。但是伴随十一届三中全会后党的工作重点的转移,其弊端日益显现,主要表现在:"领导"与"负责"分离,校长有职有责但无权,导致中小学校书记和校长间的关系

---

① 萧宗六:《对中小学领导体制质疑》,《中小学管理》2002 年第 9 期。

冲突;学校一切重大问题必经党支部的讨论决定,党政不分、以党代政。① 综合看来这一领导体制越来越不利于调动学校各方面、各主体的积极性,不利于学校管理的科学化和民主化。② 为此,1985 年《决定》要求"学校逐步实行校长负责制,有条件的学校要设立由校长主持、人数不多的、有威信的校务委员会,作为审议机构"。这一规定不仅对校长负责制的推行提出要求,也对其完善作了进一步的指导,校务委员会可以在一定程度上弥补校长个人智慧的不足。

《决定》出台后,各地中小学校领导体制改革逐渐开始由点到面的推进。但当时仍有不少教育者并不十分清晰地了解校长负责制和党政关系。1987 年北京市教育委员会、教育局、教育工会发表《"校长负责制"势在必行——答校长问》,对实行校长负责制的原因、是否会削弱或取消党的领导、是否会影响教职工的主人翁地位等问题进行了详细的阐述。③ 但这并未起到实质性的作用,1989 年政治风波后,校长负责制还一度受到怀疑,一些教育行政部门甚至下令中小学校恢复原来的领导体制。1989 年,萧宗六撰文《中小学应继续实行校长负责制——建国后中小学管理体制改革的回顾与思考》④,指出:"1957 年整风反右否定校长负责制,文化大革命否定校长负责制……我们不能因为 50 天的政治风波而停止进行学校内部管理体制改革,甚至第三次否定校长负责制。"作者辩证看待校长负责制,对其合理性和局限性作了中肯的分析。10 月 24日,时任教育部部长何东昌发表讲话,指出中小学可以继续实行校长负责制,这意味着校长负责制脱离了险境。⑤

1993 年中共中央、国务院印发《中国教育改革和发展纲要》(以下简称《纲要》),要求"中等及中等以下各类学校实行校长负责制"。与《决定》相比,《纲要》取消"逐步"二字,这也意味着校长负责制将要在全国范围内推行开来。萧宗六再次撰文《中小学应

---

① 萧宗六:《为什么要"逐步实行校长负责制"?》,《人民教育》1985 年第 10 期。
② 北京市教育委员会、北京市教育局、北京市教育工会:《"校长负责制"势在必行——答校长问》,《中小学管理》1987 年第 2 期。
③ 同上注。
④ 萧宗六:《中小学应继续实行校长负责制——建国后中小学管理体制改革的回顾与思考》,《中国教育报》1989 年 10 月 17 日。
⑤ 萧宗六:《校长负责制的提出及内涵》,《中小学管理》2000 年第 11 期。

普遍推行校长负责制》①，指出："领导体制的转换，不是一件轻而易举的事。首先，上级主管部门要简政放权，要保证校长有办学自主权，特别是人事管理权和经费使用权；其次，对校长负责制这一新的领导体制要立法，如校长权限、职责、学校党组织的具体任务和职责，上级教育行政部门应根据《纲要》有关规定制定相应的条例予以明确；第三，要排除似是而非的校长负责制……"华中师大"学校领导体制改革研究"课题组1993年底对湖北、湖南、河南、江西和广东等省189所农村中小学进行过问卷调研，结果显示有59.8%的学校实行了校长负责制，大中城市则普遍实行了校长负责制。课题组认为，校长负责制的推行提高了学校管理效率，促进了学校管理的法制化，促使学校内部进行管理体制的改革，也使教育管理研究获得重视。但是从整体上看，学校领导体制改革的速度太慢；校长的办学权力不到位，尤其是人事权和财权（当时的情况是经费短缺带来的校长财权有限）；学校党政关系没有完全理顺；教职工民主管理和民主监督权力普遍未得到落实；学校与上级教育主管部门之间的关系未理顺；学校领导体制改革的理论研究与理论宣传相对滞后。② 尽管存有以上局限，但此后国家推行校长负责制的决心并未动摇。

（二）校长负责制的发展走向

进入21世纪，教育部一直强调坚持和完善校长负责制。2006年《中华人民共和国义务教育法》第二十六条规定学校实行校长负责制，《国家中长期教育改革和发展规划纲要（2010—2020年）》要求完善中小学和中等职业学校校长负责制；2011年，教育部印发《全国教育人才发展中长期规划（2010—2020年）》，要求"制定实施普通中小学校长、中等职业学校校长负责制实施细则，制定中小学校长、中等职业学校校长专业基本标准，建立健全中小学校长任职资格准入制度，促进校长专业化，提高校长管理水平"。2013年，《义务教育学校校长专业标准》从规划学校发展、营造育人文化、领导课程教学、引领教师成长、优化内部管理和调适外部环境六个方面规定了校长的职责标准；2015年，《教育部关于深入推进教育管办评分离　促进政府职能转变的若干意见》

---

① 萧宗六：《中小学应普遍推行校长负责制》，《中国教育报》1993年3月30日。转引自萧宗六：《校长负责制的提出及内涵》，《中小学管理》2000年第11期。

② 华中师大"学校领导体制改革研究"课题组：《学校领导体制改革研究报告》，《江西教育科研》1996年第5期。

要求坚持和完善普通中小学和中等职业学校校长负责制。但是到目前为止,校长负责制的操作性规程并不完善。同时,伴随教育改革的不断深入,其弊端也逐渐明显。比如,校长在学校内部的管理决策中"一言堂",但是在政校关系上,教育行政部门直接干预学校管理事务,截留校长的人事权和财务权等。总之,校长受到太多的外控束缚,但在学校内部却受约束较少,学校的民主管理机制尚未健全。因此,2012年《全面推进依法治校实施纲要》开始要求,"中小学要健全校长负责制,建立有教师、学生及家长代表参加的校务委员会,完善民主决策程序"。而2015年,《教育部关于深入推进教育管办评分离 促进政府职能转变的若干意见》对政校关系的调整、对校务委员会建设的规定,为校长负责制的推行提供了环境支持。2017年12月教育部印发《义务教育学校管理标准》,要求"建立问题协商机制,听取学生、教职工和家长相关意见和建议,有效化解相关矛盾;坚持民主集中制,定期召开校务会议,健全学校教职工代表大会制度等"。可以说,管办评分离以及学校内部治理结构的改革,为更好地实行校长负责制铺平了道路。

二、高等教育:从校长负责制到党委领导下的校长负责制

中华人民共和国成立以来,我国高等学校领导制度实行过校长负责制(见1950年《高等学校暂行章程》)、学校党委领导下的校务委员会负责制(见1958年中共中央、国务院《关于教育工作的指示》)、党委领导下的以校长为首的校务委员会负责制(见1961年《教育部直属高等学校暂行工作条例(草案)》即"高教六十条")、党委领导下的校长分工负责制(见1978年修订后的"高教六十条")。[1] 进入20世纪80年代,开始探索校长负责制[2]。

(一)校长负责制的探索与终止

1984年,中宣部和教育部在成都召开九省市高校校长负责制试点工作座谈会,确定北京师大、同济大学、辽宁大学、西北工业大学等15所院校试行校长负责制。[3] 1985年,《中共中央关于教育体制改革的决定》提出"学校逐步实行校长负责制","学校中的党组织要从过去那种包揽一切的状态中解脱出来,把自己的精力集中到加强党的建设

① 李国钧、王炳照总主编:《中国教育制度通史(第八卷)》,山东教育出版社2000年版,第230—242页。
② 龚发云、汪本聪:《我国高等学校领导制度探析》,《国家教育行政学院学报》2011年第1期。
③ 冯治益:《中宣部、教育部召开部分省市高校校长负责制试点工作座谈会》,《中国高等教育》1985年第1期。

和加强思想政治工作上来"。1987年10月,党的第十三次全国代表大会报告要求,"事业单位中的党组织,也要随着行政首长负责制的推行,逐步转变为起保证监督作用"①。1988年,国家教委颁布《关于高等学校逐步实行校长负责制的意见》,提出"高等学校必须按照党政分开的原则,逐步实行校长负责制",要求已经实行的认真总结经验,尚未完成的进一步理顺党政关系,条件成熟时,改行校长负责制。全国部分高等学校开始试点推进校长负责制,确定进行校长负责试点的学校共103所。②

1989年国家教委召开全国高等教育工作会议,特别要求加强党在高等学校中的领导作用。同年8月28日,中共中央政治局讨论通过《中共中央关于加强党的建设的通知》,明确提出"高等学校实行党委领导下的校长负责制。试行校长负责制的范围不再扩大。已经试点而收效较好的,可以继续试验。无论实行何种领导体制,党委都是学校的政治核心,全面领导思想政治工作,管理干部,同时支持行政领导独立负责地工作,力戒包揽行政事务"。就此,校长负责制在高等教育领域止步不前甚至退停。

(二)党委领导下校长负责制的发展

为强化党在高等学校的功能,1990年,中共中央《关于加强高等学校党的建设的通知》要求,明确高等学校的领导体制,坚持党委的领导地位。1993年中共中央、国务院印发《中国教育改革和发展纲要》,要求"实行党委领导下的校长负责制的高等学校,党委对重大问题进行讨论并做出决定,同时保证行政领导充分行使自己的职权"。1996年3月18日印发的《中国共产党普通高等学校基层组织工作条例》对党组织的设置、职责,党员教育、管理和发展,干部工作,思想政治工作等作了较为详细的描述,明确了党委在高校的具体职责,可以说是对"党委领导下的校长负责制"中的"党委领导"在高校落实的具体规定。该《条例》在2010年得到修订,它是高等学校党的建设面临新形势、新任务,以及高等教育管理体制、高等学校教学科研组织方式、内部管理模式面临变革,党的建设与时俱进的产物。其中,增加"党的纪律检查工作"项目,第一次要求高等学校设立党的基层纪律检查委员会。

---

① 《赵紫阳在中国共产党第十三次全国代表大会上的报告》,http://www.gov.cn/test/2008-07/01/
content_1032279.htm(阅读时间:2017年10月11日)。
② 李国钧、王炳照总主编:《中国教育制度通史(第八卷)》,山东教育出版社2000年版,第230—242页。

1999 年 1 月 1 日起实施的《中华人民共和国高等教育法》以法律形式明确规定，"国家举办的高等学校实行中国共产党高等学校基层委员会领导下的校长负责制"。同时，也对党委和校长的职责在法律上作了要求，其中第三十九条规定，"中国共产党高等学校基层委员会按照中国共产党章程和有关规定，统一领导学校工作，支持校长独立负责地行使职权，其领导职责主要是：执行中国共产党的路线、方针、政策，坚持社会主义办学方向，领导学校的思想政治工作和德育工作，讨论决定学校内部组织机构的设置和内部组织机构负责人的人选，讨论决定学校的改革、发展和基本管理制度等重大事项，保证以培养人才为中心的各项任务的完成"。第四十一条规定，高等学校的校长全面负责学校的教学、科学研究和其他行政管理工作，行使下列职权：拟订发展规划，制定具体规章制度和年度工作计划并组织实施；组织教学活动、科学研究和思想品德教育；拟订内部组织机构的设置方案，推荐副校长人选，任免内部组织机构的负责人；聘任与解聘教师以及内部其他工作人员，对学生进行学籍管理并实施奖励或者处分；拟订和执行年度经费预算方案，保护和管理校产，维护学校的合法权益；章程规定的其他职权。从中可以看出，党委主要负责思想政治、人事和学校发展的重大事项，校长主要负责学校行政事务。

接下来，不少政策文件都对巩固和完善高校党委领导下的校长负责制发挥了作用。2004 年教育部颁布的《2003—2007 年教育振兴行动计划》要求高校要坚持和完善党委领导下的校长负责制，推进依法办学、民主治校、科学决策，健全学校的领导管理体制和民主监督机制。2007 年，《中共教育部党组关于加强普通高等学校基层党组织建设的意见》要求"充分认识新形势下加强高校基层党组织建设的重要性和紧迫性"，对高校基层党组织建设的总体要求、主要原则和目标任务作了详细阐述，并要求健全高校基层党组织的工作体制和运行机制。《国家中长期教育改革和发展规划纲要（2010—2020 年）》指出："公办学校要坚持和完善党委领导下的校长负责制。健全议事规则与决策程序，依法落实党委、校长职权，完善大学校长的选拔任用办法。充分发挥学术委员会在学科建设、学术评价、学术发展中的重要作用。"2011 年，教育部印发《全国教育人才发展中长期规划（2010—2020 年）》，指出："制订实施高等学校党委领导下的校长负责制实施意见，坚持和完善公办高等学校党委领导下的校长负责制，探索建立高等学校理事会或董事会、学术委员会发挥积极作用的机制。"为落实其要求，2014

年《中共中央办公厅关于坚持和完善普通高等学校党委领导下的校长负责制的实施意见》颁布,要求党委统一领导学校工作,校长主持学校行政工作,健全党委与行政议事决策制度。总之,民主化、分权化以及法治化是我国高校领导制度发展的主要趋势。

第三节　全面推进中的校长职级制改革

校长职级制是指取消学校和校长的行政级别,设置独立的校长职级序列、晋升通道、薪酬体系和职级评定标准,并进行分级聘任的校长管理制度。[①] 它打破校长任职的终身制,代之以聘任制,其本质是为了促进校长的专业化。它的变迁经历了前期地方探索,后期国家试点与推进的历程,体现了政府去学校行政化的决心。

一、从行政级别制到校长职级制

在实行校长职级制之前,全国绝大部分学校校长是通过任命制上任的,校长具有行政级别。这种制度是为提高中小学地位,在 20 世纪 80 年代工资改革时将中小学校长的职务级别和工资待遇与学校行政级别挂钩而形成的。市重点中学、区县重点中学、初级中学和中心小学的校长分别挂靠行政机关的正处级、副处级、科级和副科级。随着社会发展,这套制度逐渐表露出以下问题:一是难以做到人岗相宜,为解决个别人的级别或待遇问题,组织部或人事部会调不懂教学的干部到学校做校长;二是校长的专业发展受到限制,在行政体制的管理下,校长忙于各种会议、检查以及一些任务,"政务"和"外务"压于一身,在级别晋升面前不少校长荒废了专业提升;三是校长之间无法合理流动,校长的行政级别与学校相挂钩,因此校长不愿去行政级别较低的学校任职,这在一定程度上影响了薄弱、农村学校的管理水平提升,教育资源配置及办学水平在校际间的差距越来越大;四是人权和事权不统一,校长的人权在组织人事部门,事权则在教育行政部门,有些校长的行政级别甚至比教育行政部门主管领导的行政级别要高,造成教育行政部门难以指导、管理学校的现实。[②] 正是在这样的背景下,面对以

[①] 李孔珍:《校长职级制改革:从行政化走向专业化》,《教育发展研究》2016 年第 20 期。
[②] 教育部基础教育课程教材发展中心编:《走在专家办学路上——校长职级制改革解读》,教育科学出版社 2015 年版,第 4—5 页。

上一些问题,不少地区开始探索校长职级制改革。

二、校长职级制从"试行"到"全面推进"

1993 年,上海率先提出实行中小学校长职级制的想法,次年在静安、卢湾两区进行试点,1997 年继续扩大试点并顺利完成静安区、卢湾区和扩大试点区县校长职级制认定的并轨工作。北京市西城区,广州市天河区、荔湾区、海珠区,广东省中山市,山东省潍坊市等地也随后跟进试点。[①] 在国家层面,1999 年《中共中央国务院关于深化教育改革,全面推进素质教育的决定》首次提出"要继续巩固和完善中小学校长岗位培训和持证上岗制度,试行校长职级制,逐步完善校长选拔和任用制度";2000 年《国务院关于基础教育改革与发展的决定》(以下简称《决定》)要求"改革中小学校长的选拔任用和管理制度……推行中小学校长聘任制,明确校长的任职资格,逐步建立校长公开招聘,竞争上岗的机制,实行校长任期制,可以连聘连任。积极推进校长职级制"。从"试行"到"积极推进",校长职级制在国家层面得到了肯定并将获得长足发展。

在国家政策的推动下,上海市委组织部、上海市教育工作委员会和上海市教委于2000 年颁发《关于印发〈关于上海市推行中小学校长职级制度的实施意见〉》的通知,在全市范围内推行中小学校长职级制。规定中小学校长职级分五级十二等,即:特级校长;一级一等、一级二等校长;二级一等、二级二等、二级三等、二级四等校长;三级一等、三级二等、三级三等、三级四等校长;四级一等、四级二等校长。各职级列的评价指标体系包括 3 个一级指标(包括个人素养、专业修养和办学成效)、8 个二级指标(包括思想素质、道德品质、办学思想、学校管理、教育教学、师资建设、办学绩效和社会影响),每个二级指标都有明确的评审标准。[②] 上海市中等职业学校校长和书记的职级评价指标体系较普通中小学更为复杂,包括 6 个一级指标、12 个二级指标和 24 个三级指标。各级评审委员会由 11—17 人组成,党政领导、名校长和专家各占三分之一。校长职级工资由级等工资、基础工资和能绩工资三部分组成,一级、二级、三级、四级各级内的等差分别为 60 元、40 元、30 元和 20 元。上海中小学校长的任命权限仍然按照原

---

① 郝保伟:《中小学校长职级制改革的现状特征和效果分析》,《中国教师》2016 年第 23 期。
② 同上注。

有学校层级分别交由组织部门、人事部门及教育部门,但一旦后备人才被任命为校长,管理权限均由教育部门负责。

上海开始的校长职级制探索实施,在实行职级制的同时,保留校长行政级别,呈"双轨"制特点;潍坊市则一次性地取消校长的行政级别,在某种程度上可以说更具开创意义。[1] 潍坊市从 1999 年开始在高密市试点校长职级制,2001 年在潍坊市市属学校进行试点,2004 年 9 月潍坊市委、市政府印发《关于推行中小学校长职级制度的实施意见》,2011 年 8 月印发《关于深化和完善中小学校长职级制改革的实施意见》,从制度层面建立起促进校长专业发展、保障教育家办学的管理制度。[2] 潍坊的校长职级分小学、初中和高等/中等职业学校三个系列,每个系列分四级八档,即特级校长、高级校长(分一、二、三档)、中级校长(分一、二、三档)和初级校长(分一、二档);特级校长的数量控制在全市中小学校长总数的 2% 以内;实行评级晋档、动态管理制度;校长职级评定是根据办学满意度、办学业绩、专家办学能力等维度的标准,通过教育专家团队进行评价,评价指标见下表。

表 3.1 潍坊市校长职级评价指标体系[3]

一级指标	权重	二级指标	权重	三级指标	权重
个人素质	30	权重评议	20		
		个人能力	10		
工作业绩	70	学校教育质量	50	优秀生培养	20
				大面积提高	10
				艺体生培养	10
				个性特色	10
		学校管理水平	20		

---

[1] 教育部基础教育课程教材发展中心编:《走在专家办学路上——校长职级制改革解读》,教育科学出版社 2015 年版,第 23—58 页。

[2] 《山东潍坊完善校长职级制度保障教育家办学》,http://old. moe. gov. cn//publicfiles/business/htmlfiles/moe/s6635/201301/146612. html(阅读时间:2017 年 10 月 11 日)。

[3] 刘传沛、褚宏启等著:《校长职级制改革的政策与实践——广东省中山市的探索》,北京师范大学出版社 2014 年版,第 26 页。

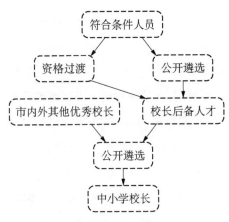

图 3.1 潍坊市中小学校长选聘环节

资料来源：教育部基础教育课程教材发展中心编《走在专家办学路上——校长职级制改革解读》，教育科学出版社 2015 年版，第 23—58 页。

潍坊市的教育专家团队来自全市统一的专家评委资源库，由知名校长、教育专家和优秀教师代表组成，每两年更新一次。校长评聘的专家团队从专家库中随机抽取，一般由 7—11 人组成。同时，需要选聘校长的学校的教师和家长代表列席，通过问卷测评、认可度调查等形式参与评价。[1]在具体的校长选聘中，主要通过如图所示环节公开遴选合适的人才（见图 3.1）。

伴随校长职级制的推行，潍坊也设置了一系列的配套措施，保障校长职级制的有效落地。比如校长职级晋升需要优质学校和城区学校的校长交流到农村学校、薄弱学校，而职级制在制度上为校长交流取消了顾虑。校长的绩效工资包括基础工资、岗位工资、津贴和等级工资四部分，按照校长职级、任职学校规模和办学条件确定，由财政部门按照校长职级确定校长工资。同时，教育行政部门放权于校长，一是扩大校长的人事权，试点校长组阁，自主公开选举中层行政干部；二是下放学校职称岗位聘任权；三是进行中考招生和课程改革；四是下放教师评优表彰权。在放权的同时，运用绩效考核制度、民主管理制度、群众满意度测评制度，辅以党的领导与监督制度，做好对校长的监管。此外，校长培训制度、教育行政主管部门领导班子专业化制度、教育行政主管部门主要负责人任职资格制度、督查落实机制、第三方评价制度、人事改革和管理制度等相关配套制度，也一一建立起来，确保潍坊校长职级制的顺利实施。到 2004 年底，潍坊市全面推行校长职级制。

从国家层面看，2000 年《决定》虽然要求积极推进校长职级制，但并未对试点实施区域作出明确规定。2003 年人事部和教育部联合印发《关于深化中小学人事制度改

---

① 教育部基础教育课程教材发展中心编：《走在专家办学路上——校长职级制改革解读》，教育科学出版社2015 年版，第 23—58 页。

革的实施意见》,提出:"改进和完善中小学校长选拔任用制度。积极推行中小学校长聘任制。中小学校长实行任期制。""逐步取消中小学学校的行政级别,要按照先行试点、稳步推开的原则,积极开展中小学校长管理改革的试点工作。"2010 年《国家中长期教育改革和发展规划纲要(2010—2020 年)》要求"推行校长职级制",紧接着《国务院办公厅关于开展国家教育体制改革试点的通知》将"探索中小学校长职级制,深化中小学教师职称制度改革"作为一项重要任务,吉林省松原市、上海市、山东省潍坊市、广东省中山市、陕西省宝鸡市成为试点单位。2011 年,教育部印发《全国教育人才发展中长期规划(2010—2020 年)》,要求推行校长职级制。2013 年颁布的《义务教育学校校长专业标准》要求:"严格义务教育学校校长任职资格标准,完善义务教育学校校长选拔任用制度,推行校长职级制……"2015 年《教育部关于深入推进教育管办评分离促进政府职能转变的若干意见》要求:"全面推进中小学校长职级制改革,实现校长的专业化、职业化。"可见,经过二十多年的发展,校长职级制已经具备在全国范围内推广的条件。

山东潍坊、青岛、威海和日照等地已经先后试点开展校长职级制改革。2016 年,山东以推进基础教育综合改革为主线,全面推行中小学校长职级制和去行政化改革,"十三五"期间将全面取消中小学校长行政级别。[①] 为调动学校管理班子积极性,威海、日照、淄博等市在对校长实行职级制改革的同时,将党组书记和副校长、党组织副书记等纳入职级制改革范围。[②] 山东省校长职级制包含的校长职级层次和数量不一,青岛、烟台、济宁、菏泽等市为四级十档,其他地市为四级九档。2016 年 2 月,深圳市人力资源和社会保障局、深圳市教育局颁布《深圳市中小学校长职级制管理办法》,规定校长职级制包括正校长、副校长两个职务序列,正校长职务自上而下分别为特级、一级、二级、三级和四级共 5 个等级,副校长职务自上而下分别为一级、二级、三级和四级共 4 个等级。安徽省从 2016 年起在全省范围内推行校长职级制改革,其中马鞍山市在中部地区第一个进行中小学校长职级制改革,预计到 2020 年安徽全省将取消校长行政级别。此外,其他省市也在不断推进校长职级制的落地,比如贵州福泉市出台《中

---

① 魏海政:《山东中小学校长行政级别将取消》,《中国教育报》2016 年 3 月 23 日。
② 吴学安:《让职级制改革助推"教育家"校长成长》,《南方教育时报》2017 年 1 月 6 日。

小学人事制度改革实施意见》。总之,在促进校长职业化、专业化的过程中,校长职级制正在发挥越来越重要的作用。

第四节　方兴未艾的现代学校制度建设

《2003—2007年教育振兴行动计划》要求:"深化学校内部管理体制改革,探索建立现代学校制度。"从2004年12月在大连召开第一届现代学校制度实验研究经验交流会开始,每年都在不同地区举办了关于现代学校制度建设的经验交流会。直到2010年《国家中长期教育改革和发展规划纲要(2010—2020年)》以一章(第十三章)的篇幅讲述现代学校制度建设,从"推进政校分开、管办分离"、"落实和扩大学校办学自主权"、"完善中国特色现代大学制度"、"完善中小学学校管理制度"四大方面对现代学校制度建设作出规定和要求,基本定下了现代学校制度建设的基调,要求"建设依法办学、自主管理、民主监督、社会参与的现代学校制度,构建政府、学校、社会之间新型关系"。具体而言,学校章程建设是依法办学的前提,教师、学生、家长及社会的民主参与是学校自主管理、民主监督的重要保证。2017年12月颁布《义务教育学校管理标准》,其中一条标准即为建立现代学校制度,包括提升依法科学管理能力,建立健全民主管理制度,构建和谐的家庭、学校、社区合作关系。

一、逐步形成"一校一章程"的格局

1995年,《教育法》明确提出要制定学校章程。2003年,教育部颁布《关于加强依法治校工作的若干意见》,提出"学校要依据法律法规制定和完善学校章程,经教育行政部门审核后,作为学校办学活动的重要依据",但这年并未引起各学校对章程建设的重视。2010年,《国家中长期教育改革和发展规划纲要(2010—2020年)》认为学校章程建设是中国特色现代大学制度、依法治校的内在要求,并将其作为现代大学制度改革试点的重要内容,要求"各类高校应依法制定章程,依照章程规定管理学校","学校要建立完善符合法律规定、体现自身特色的学校章程和制度,依法办学、从严治校"……紧接着,在《国务院办公厅关于开展国家教育体制改革试点的通知》中,"北京大学等26所部属高校试点推动建立健全大学章程,完善高校内部治理结构"。

2012 年,教育部印发《全面推进依法治校实施纲要》,要求"依法制定具有自身特色的学校章程",并希望通过章程建设,促进学校自主权的提高,规范学校内部权力结构和权力运行规则。同时,学校章程建设日程表也再次提出,要求"到 2015 年,全面形成一校一章程的格局"。2015 年,《教育部关于深入推进教育管办评分离　促进政府职能转变的若干意见》再次提出:"各级各类学校要依法制定具有各自特色的学校章程,形成一校一章程的格局,同一学区内的小学可以制定联合章程,学校要以章程为统领,理顺和完善规章制度、制定并完善教学、科研、学生、人事……等方面的管理制度,建立健全各种办事程序、内部机构组织规则、议事规则等,形成健全、规范、统一的制度体系。"至此,学校章程建设在全国范围内的大中小学铺展开来。2017 年 12 月,《教育部关于印发〈义务教育学校管理标准〉的通知》要求:"依法制定和修订学校章程,健全完善章程制定和监督机制,规范办学行为,提升学校治理水平。"学校章程建设情况成为评价学校管理的重要标准。经过二十余年的发展,尤其是近年来的积极推进,学校章程建设获得长足进步。

二、提倡多元民主参与制度

参与是学校民主管理的重要标志。1999 年,《中共中央国务院关于深化教育改革,全面推进素质教育的决定》要求"鼓励社会各界、家长和学生以适当方式参与对学校工作的评价"。《2003—2007 年教育振兴行动计划》强调深化学校内部管理体制改革,要求"积极推动社区、学生及家长对学校管理的参与和监督"。2012 年,《全面推进依法治校实施纲要》要求"扩大有序参与,加强议事协商,充分发挥教职工代表大会、共青团、学生会等群众组织在民主决策机制中的作用,积极探索师生代表参与学校决策机构的机制",并对教师参与学校事务的机构、方式、具体内容等都有了制度上的规定。可见,提倡多元主体参与一直是国家教育政策文件的重要内容。2017 年《义务教育学校管理标准》更是将"建立问题协商机制,听取学生、教职工和家长的意见和建议,有效化解相关矛盾","构建和谐的家庭、学校、社区合作关系"作为义务教育学校重要的管理标准。本部分就学校内部机构和各主体在学校民主管理中的重要作用进行梳理。

(一) 参与学校治理的内部机构

校务委员会。1985 年,《中共中央关于教育体制改革的决定》提出:"有条件的学校要设立由校长主持的、人数不多的、有威信的校务委员会,作为审议机构。"之后,校务委员会较少在政策文件中有所提及。直到 2012 年,《全面推进依法治校实施纲要》要求:"中小学要健全校长负责制,建立有教师、学生及家长代表参加的校务委员会,完善民主决策程序。"2015 年,《教育部关于深入推进教育管办评分离 促进政府职能转变的若干意见》对校务委员会的功能作了进一步的阐释,要求:"完善学校内部治理结构……坚持和完善普通中小学和中等职业学校校长负责制,中小学建立由学校负责人、教师、学生及家长代表、社区代表等参加的校务委员会,对学校章程、发展规划及年度工作报告,对重大教育教学改革及涉及学生、家长、社区工作重要事项的决策等提出意见建议,完善民主决策程序。"由以上政策文件可知,随着社会发展,现今的校务委员会较 1985 年《中共中央关于教育体制改革的决定》规定所设立的校务委员会已有了很大改变,最起码在委员会的人员构成中,后来的文件有了更加主体多元的规定。近年来,我国很多市县依据有关校务委员会的政策规定,制定了自身的校务委员会或现代学校制度建设的文件。比如,深圳市教育局印发《深圳市中小学全面推进现代学校制度建设指导意见》,宁波市教育局印发《关于推进建立中小学校务委员会制度的意见》,此外,江苏、山东等省份也都在积极探索校务委员会的建设。这些省市大多将校务委员会的性质定位为议事监督机构,但是也有部分城市将其定义为决策和监督机构。校务委员会的构成人员有教师代表、家长代表、学生代表、社区代表、教育行政部门代表、学校领导等,学校根据需要还可以邀请专业人士参与。

董事会。除校务委员会外,董事会/理事会也在不同类别的学校中发挥或被要求发挥作用。2003 年,《教育部关于加强依法治校工作的若干意见》指出:"民办学校和中外合作举办的教育机构要按照《民办教育促进法》和《中外合作办学条例》和国家有关规定规范办学行为,建立健全校董会、理事会或者其他决策机构的议事规则,规范决策程序。"2010 年,《国家中长期教育改革和发展规划纲要(2010—2020 年)》(以下简称《规划纲要》)继续强调"民办学校依法设立理事会或董事会,保障校长依法行使职权,逐步推进监事制度",同时也要求"探索建立高等学校理事会或董事会,健全社会支持和监督学校发展的长效机制","制定和完善学校章程,探索学校理事会或董事会、学术委员会发挥积极作用的机制"。其实,大学董事会制度发源于美国,解放前的民国政府和国民政府曾实行董事会制度,但解放后被取消。改革开放后,经济体制改革使得董事会制度进入大学制度视野,1987 年汕头大学首先成立董事会并带动其他学校也相继成立,但中国公立大学的董事会并未撼动大学的原有体制,直到 2010 年的《规划纲要》才对该制度加以强调,希望探索长效机制。2012 年,《全面推进依法治校实施纲要》依然对职业学校和民办学校董事会作出强调:"职业学校要建立有行业企业人员参加的学校理事会或董事会,形成校企合作决策机制;民办学校和中外合作办学机构要健全学校董事会或者理事会的议事规则,依法按期开会履行法定职责。健全决策程序。"同时要求,依法明确高等学校董事会在决策中的作用,"依法明确高等学校党委会、校长办公会的职权范围和决策规则,发挥学术委员会、学校理事会(董事会)等组织在决策中的作用"……2015 年,《教育部关于深入推进教育管办评分离 促进政府职能转变的若干意见》要求普通高等学校也要建立学校理事会,发挥好理事会在决策咨询和社会合作中的积极作用。

教师申诉或调解委员会。申诉或调解委员会是落实依法治校精神的结晶。2012年,《全面推进依法治校实施纲要》要求:"依法健全校内纠纷解决机制。要把法治作为解决校内矛盾和冲突的基本方式,建立并综合运用信访、调解、申诉、仲裁等各种争议解决机制,依法妥善、便捷地处理学校内部各种利益纠纷。""完善教师学生权利救济制度。学校要设立教师申诉或者调解委员会,就教师因职责权利、职务评聘、年度考核、待遇及奖惩等,与学校及有关职能部门之间发生的纠纷,或者对学校管理制度、规范性文件提出意见,及时进行调处,作出深度结论或者调解意见。教师申诉或者调解委员会应当有广泛的代表性和权威性,成员应当经教职工代表大会认可。完善学生申诉机制。学校应当建立相对独立的学生申诉处理机构,其人员组成、受理及处理规则,应当符合正当程序原则的要求,并允许学生聘请代理人参加申诉。学校处理教师、学生申诉或纠纷,应当建立并积极运用听证方式,保证处理程序的公开、公正。"此外,中小学校教师职称评审等事务也有职称评审委员会或其他专门工作小组在发挥重要作用。2017 年,《义务教育学校管理标准》要求:"指定专人负责学校法制事务,建立学校法律顾问制度,充分运用法律手段维护学校合法权益。"

(二)参与学校治理的各主体

教职工代表大会及教师参与。1985 年,《中共中央关于教育体制改革的决定》要求:"建立和健全以教师为主体的教职工代表大会制度,加强民主管理和民主监督。"

2003 年,《国务院关于进一步加强农村教育工作的决定》要求:"切实扩大民主,保障教职工对校长选拔任用工作的参与和监督,并努力提高社区和学生家长的参与程度。"同年,《教育部关于加强依法治校工作的若干意见》指出:"推进民主建设,完善民主监督。要进一步完善教职工代表大会制度,切实保障教职工参与学校民主管理和民主监督的权利,保证教职工对学校重大事项决策的知情权和民主参与权。"这些规定只是对利用教职工代表大会促进教师参与民主管理和监督作出了方向性指导,并未对如何参与作出细致的规定。2011 年 12 月 8 日,时任教育部部长袁贵仁颁布第 32 号《中华人民共和国教育部令》,发布《学校教职工代表大会规定》,指出,"学校教职工代表大会是教职工依法参与学校民主管理和监督的基本形式",对其职权、代表的选举、任期、权利、义务及组织规则、工作机构(即工会)等方面的问题作了详细规定,教师通过教职工代表大会参与学校事务有了操作性的参考。2012 年,《全面推进依法治校实施纲要》提出:"要落实《学校教职工代表大会规定》,充分发挥教职工代表大会作为教职工参与学校民主管理和监督主渠道的作用。学校专业技术职务评聘办法、收入分配方案等与教职工切身利益相关的制度、事务,要经教职工代表大会审议通过;涉及学校发展的重大事项要提交教职工代表大会讨论。要扩大教职工对学校领导和管理部门的评议权、考核权。"2017 年,《义务教育学校管理标准》将"健全学校教职工(代表)大会制度,涉及教职工切身利益及学校发展的重要事项,提交教职工(代表)大会讨论通过"作为评价学校管理的重要标准。

学生自治组织及学生参与。2012 年,《全面推进依法治校实施纲要》明确指出:"要积极拓展学生参与学校民主管理的渠道,进一步改革完善高等、中等学校的学生代表大会制度,推进学生自主管理。制定涉及学生利益的管理规定,要充分征求学生及其家长意见……"可见,政策比较关注中等和高等学校的学生参与。2015 年,《教育部关于深入推进教育管办评分离 促进政府职能转变的若干意见》要求中小学要建立有学生参与的校务委员会,"进一步完善和落实学生代表大会制度,依法保障广大教职工和学生参与学校民主管理和监督"。2017 年 12 月,《义务教育学校管理标准》要求:"发挥少先队、共青团、学生会、学生社团的作用,引导学生自我管理或参与学校治理。"总体而言,目前高等学校治理中的学生参与已经引起了学界和政策话语的关注,但中小学阶段的学生参与并未引起足够重视。但有学者认为,虽然学生在某种程度上参与到了大学内部"共同治理"中,但总体而言学生参与仍处于理念呼吁阶段。

家长委员会及家长参与。1999年,《中共中央国务院关于深化教育改革,全面推进素质教育的决定》指出:"鼓励社会各界、家长和学生以适当方式参与对学校工作的评价。"《2003—2007年教育振兴行动计划》指出:"积极推动社区、学生及家长对学校管理的参与和监督。"2003年,《教育部关于加强依法治校工作的若干意见》指出:"中小学要积极推动社区参与学校管理与监督,推进家长委员会的建立,明确家长委员会的职责,学校决策涉及学生权益的重要事项,要充分听取家长委员会的意见,接受家长委员会的监督,为家长、社区支持、参与学校管理提供制度保障。"但家长委员会的建设一直没有引起学校的足够关注。山东是较早重视家长委员会建设的省份,2009年教育厅颁布了《山东省普通中小学家长委员会设置与管理办法(试行)》,要求定期召开家长委员会,建立家委会与学校定期沟通议事机制;为学校发展创设有利环境,帮助开展家庭教育,选派代表列席学校校务和教务会议,支持并帮助学生校外实践,发挥宣传作用。后来,在多个政策文件中,家长委员会一直被视作学校内部治理的重要机构,是学校办学不可忽视的重要力量。《国家中长期教育改革和发展规划纲要(2010—2020年)》要求,"完善中小学学校管理制度……建立中小学家长委员会","开展由政府、学校、家长及社会各方面参与的教育质量评价活动"。2012年,教育部《全面推进依法治校实施纲要》要求:"中小学、幼儿园应逐步建立健全家长委员会制度。家长委员会承担支持教育教学工作、参与和监督学校管理、促进学校与家庭沟通、合作等职责,其成员应当由全体家长民主选举产生。学校应当提供必要条件,保障家长委员会对学校、教师的教育教学、管理活动实施监督,提出意见、建议;应当定期与家长委员会成员进行沟通,听取意见。学校实施直接涉及学生个体利益的活动,一般应由学校或者教师提出建议和选择方案,并做出相应说明,提交家长委员会讨论,由家长自主选择、做出决定。要积极探索完善家长委员会的组织形式和运行规则,不断扩大家长对学校办学活动和管理行为的知情权、参与权和监督权。"为贯彻《纲要》精神,2012年《教育部关于建立中小学幼儿园家长委员会的指导意见》对家长委员会的意义、职责、组建等方面作了规定,其中家长委员会的基本职责包括:参与学校管理,参与教育工作,沟通学校与家庭。此后,2015年10月,教育部首次以"家庭教育"为主题颁布《关于加强家庭教育工作的指导意见》,提出要充分发挥学校在家庭教育中的作用,将家长委员会纳入学校的日常管理,发挥好家长委员会的作用,家长委员会成为联结学校教育与家庭教育的重要桥梁。2017年12月,《义务教育学校管理标准》更是将"健全和完善家长委员会制度,建立家长学校,设立学校开放日,提高家长在学校治理中的参与度,形成育人合力"作为评价学校管理的重要指标。

社会参与。教育政策文件中对社会参与的强调始于2010年的《国家中长期教育改革和发展规划纲要(2010—2020年)》(以下简称《规划纲要》),它将社会参与作为构建现代学校制度的重要内容,同时要求"建立健全政府主导,社会参与的农村留守儿童关爱服务体系和动态监测机制","开展由政府、学校、家长及社会各方面参与的教育质量评价活动"。为落实《规划纲要》精神,2012年,《全面推进依法治校实施纲要》要求:"依法健全社会参与机制。要积极探索扩大社会参与学校办学与管理的渠道与方式。中小学要加强与所在社区的合作,积极开展社区服务,创造条件开放教育资源和公共设施,参与社区建设,完善与社区、有关企事业组织合作共建的体制、机制。健全兼职法制副校长的聘任办法和任职要求,探索借助社会资源和力量,加强学校安全管理、开展法制和其他有针对性的教育教学活动,改善学校周边环境。职业学校、高等学校要积极扩大社会合作,在决策咨询、教学科研、安全管理、学生实习实践等方面更多引入社会资源,健全制度,扩大社会参与的广度与深度。"2010年《规划纲要》虽对社会参与教育质量评价有所提及,但并未展开论述。2012年《全面推进依法治校实施纲要》强调利用社会资源为学校的安全、决策、教科研、安全、学生实践等提供帮助和便利,社会参与的范围更加广泛。而接下来的政策文件似乎更加强调社会参与教育评价。在教育管办评分离的背景下,社会参与教育评估成为近年来国家赋予社会参与的重要内容。

2014年,《深化教育督导改革 转变教育管理方式的意见》指出,"建立教育督导部门归口管理、专业机构提供服务、社会组织多方参与的专业化教育质量评估检测体系","培育和扶持一批专业评估机构,引导社会力量参与教育质量评估监测"。2015年,《教育部关于深入推进教育管办评分离 促进政府职能转变的若干意见》对社会参与教育评价作了更为详细的描述和要求:"以推进科学、规范的教育评价为突破口,建立健全政府、学校、专业机构和社会组织等多元参与的教育评价体系。到2020年,基本形成政府依法管理、学校依法自主办学、社会各界依法参与和监督的教育公共治理新格局,为基本实现教育现代化提供重要制度保障。"具体而言,支持专业机构和社会组织规范开展教育评价的举措包括以下几个方面:"大力培育专业教育服务机构,整合教育质量监测评估机构,完善监测评估体系,定期发布监测评估报告。扩大行业协会、专业学会、基金会等各类社会组织参与教育评价。制定专业机构和社会组织参与教育评价的资质认证标准。引入市场机制,将委托专业机构和社会组织开展教育评价纳入政府购买服务范围,按照公开、公平、公正原则,建立健全招投标制度和绩效管理制度,保证教育评价服务的质量和效益。重视扩大科技、文化等部门和新闻媒体对教育评价的参与。重视学生会等学生组织在教育评价中的作用。鼓励有条件的地区和学校积极参与国际组织实施的教育质量评估项目。"为了更好地促进社会组织参与学校治理,山东省于 2016 年 9 月印发《山东省第三方教育评价办法(试行)》的通知。毋庸置疑,社会参与已成为现代教育治理中的重要组成部分,2017 年《义务教育学校管理标准》也将"主动争取社会资源和社会力量支持学校改革发展"作为评价学校管理的重要指标。

综上,现代学校制度建设十年有余,其在发展过程中取得了不少成绩,但也存在些许不足。就成绩而言,它完善了学校领导机制,加强了以章程为核心的制度建设,优化了学校组织结构,并深化了学校内部管理体制改革,保障了学校民主管理,扩大了社会合作。但在宏观层面,仍然面临诸如政策制度供给不足、办学自主权有待提升、第三方机构不健全、章程公信力不足、综合性和系统性不够等问题。在学校微观层面,面临各主体的参与意识不强、对试点项目的认识和理解不足、以学生为中心的办学理念不够深化、利益相关者的协调平衡并非易事等问题。[①]《教育部关于深入推进教育管办评分离 促进政府职能转变的若干意见》提出的 2020 年教育治理战略目标为"基本形成政府依法管理、学校依法自主办学、社会各界依法参与和监督的教育公共治理新格局",虽然任重道远,但已在路上,《青岛市中小学管理办法》即是有力的证明。

---

① 许杰:《建设中国特色现代大学制度:成效、问题与对策——基于试点院校的探索实践》,《教育研究》2014年第 10 期。

第四章

课程与教材制度

改革开放 40 年来,课程与教材改革一直是基础教育改革的主旋律。40 年间基本实现了由教学话语体系到课程话语体系的转变,教材建设则从规范化走向多样化,对于学生而言则更加保障其课程学习的选择性。新时代以来,课程与教材制度的变革始终围绕着"立德树人"的根本任务,走向科学化、制度化和精细化。课程教材改革,既关乎"什么知识最有价值",更关乎"谁的知识最有价值",关乎培养什么样的人、为谁培养人的重大问题。2016 年 12 月,中共中央办公厅、国务院办公厅印发《关于加强和改进新形势下大中小学教材建设的意见》,次年,成立国家教材委员会,指导和统筹全国教材工作,贯彻党和国家关于教材工作的重大方针政策,研究审议教材建设规划和年度工作计划,研究解决教材建设中的重大问题,指导、组织、协调各地区各部门有关教材工作,审查国家课程设置和课程标准制定,审查意识形态属性较强的国家规划教材。本章在梳理我国基础教育课程改革与教材建设的历史进程的基础上,重点探讨课程管理中权力变迁,教材编写的多样化趋势,教材审查的科学化、规范化,以及课程选修制度所彰显的自主性与丰富性。

第一节 课程与教材改革脉络

改革开放使得国家发生了深刻变化,社会的政治、经济、文化都有了巨大的进步。教育领域,尤其是课程与教材制度,亟待重新规划与变革。改革开放之初的制度设计,旨在恢复在动乱年代里遭受破坏的教材制度,让学校中的教育教学步入正常轨道;在纠正应试教育,倡导素质教育的 90 年代,改革则深入到课程结构与课程内容层面;新世纪以来,则进一步深入到课程管理、课程实施与课程评价领域。

一、"文革"后课程与教材秩序的恢复

"文革"期间,中小学学制混乱,教学大纲、教学计划参差不一,教材更是五花八门。

1978 年秋的课程改革其实着眼于处理"文革"遗留的教育问题,采取了诸如统一学制与教学大纲、规范教材编写等举措,这为后期课程改革奠定了基础。到 1981 年,经过两年的拨乱反正,课程发展趋向正常化。

1985 年 5 月 27 日,中共中央颁布《中共中央关于教育体制改革的决定》,指出:"教育体制改革的根本目的是提高民族素质,多出人才、出好人才。""把发展基础教育的责任交给地方,有步骤地实行九年制义务教育。""实行基础教育由地方负责、分级管理的原则。"针对当时教育体制管理方面"统得过死"的问题,提出了"简政放权"、"分级管理"的改革措施。

在这样的时代背景下,国家教育委员会于 1988 年委托上海市先进行中小学课程改革,并且提出明确的要求,给予特殊的政策,包括编制适合经济发达地区使用的九年义务教育教材,中小学统一系统的整体设计;可以自己制订课程计划,可以自己制订教学大纲(上海改为课程标准),可以自己编写教材。[①] 由此,上海启动了"一期课改",课改确定了"两个改变"、"三个突破"的目标:改变以升学为中心的"应试教育"课程教材体系;改变以必修课为主体的课程教学模式。实现"三大突破",即减轻负担,提高质量;加强基础,培养能力;提高素质,发展个性。为达成这一目标,上海一期课改计划经过五年的努力完成三项任务:制订一套中小学课程设置方案和教学计划,编写一套中小学教材、练习册和教材说明书,编制一套录音、录像、幻灯、电影、计算机等辅助教学的软件。

二、素质教育背景下的课程教材变革

1992 年,中共十四大确立了邓小平建设有中国特色社会主义理论在全党的指导地位,同时强调了教育优先发展的战略地位。1993 年 2 月,中共中央印发《中国教育改革和发展纲要》,提出中小学教育要由"应试教育"向素质教育转轨。其后,国家教委于 1996 年颁布了同义务教育课程计划相衔接的《全日制普通高中课程计划(试验稿)》。这次课程改革是一个大动作,它诞生于我国改革开放的大背景之下,充分吸收和总结了新中国成立以来的课程改革经验及教训,不但在文本层面制定了新的课程计

---

① 孙元清等著:《上海课程改革 25 年(1988—2013)》,上海教育出版社 2016 年版,第 25 页。

划,而且要求在课程实践上改变以往"应试教育"的做法,提倡素质教育,注重对学生能力的培养。这是一次真正意义上的课程改革。[1]

1992年颁布的《九年义务教育全日制小学、初级中学课程计划》首次将"教学计划"更名为"课程计划",此课程计划将课程表分为"六三制"和"五四制"两种,把全部课程分为学科类和活动类两大类,基础教育课程开始改变"小学—中学"的传统分段设计,而代之以"义务教育—高中"两阶段统一设计。其次,优化了课程结构。各地可以根据本地实际情况和需要设置地方课程,改变了课程结构。如小学开设综合课,初中开设选修课,活动也正式纳入初中的教学计划。另外,更新了课程内容,降低了难度。由人民教育出版社负责全新编写和修订的第七套全国通用中小学教材,于1988年秋开始使用。

在一期课改实践与认识的基础上,上海于1998年10月启动了以提高公民基本素质为宗旨,以德育为核心,以培养学生创新精神和实践能力为重点的"二期课改"。二期课改的主题是深入实施素质教育,重点解决三大问题:如何重点培养学生的创新精神和实践能力;如何更有力地加强德育;如何以信息化带动课程教学的现代化。为了解决这三大问题,二期课改的工作任务主要包括:整体研究课程结构;制订各学科改革的《行动纲领》及《课程标准》;启动幼儿教育的课程教材改革;特殊教育的课程教材改革;建立课改研究基地。[2]

三、新世纪以来基础教育课程改革

面向21世纪的基础教育课程改革,一些发达国家如美国、日本等在20世纪80年代就开始了。我国于1997年才开始着手基础教育课程教材改革。

为适应科技发展和社会进步对国民素质提出的要求,落实第三次全国教育工作会议精神,《中共中央国务院关于深化教育改革,全面推进素质教育的决定》提出"实施素质教育,就是全面贯彻党的教育方针,以提高国民素质为根本宗旨,以培养学生的创新精神和实践能力为重点",明确了基础课程和教材问题改革的基本思路,即"调整和改

---

[1] 谢翌、马云鹏、张治平:《新中国真的发生了八次课程改革吗?》,《教育研究》2013年第2期。
[2] 王月芬:《课程改革:让上海教育从量变到质变》,《人民教育》2016年第8期。

革课程体系、结构、内容,建立新的基础教育课程体系,试行国家课程、地方课程和学校课程;改革课程过分强调学科体系、脱离时代和社会发展以及学生实际的状况;建立更新教学内容的机制,加强课程的综合性和实践性,重视实验课教学,培养学生实际操作能力;要增强农村特别是贫困地区义务教育的课程、教材与当地经济社会发展的适应性;促进教材的多样化,进一步完善国家对基础教育教材的评审制度"。第三次"全教会"的决定明确了新一轮课程改革的政策走向。此后,教育部自1999年1月正式启动了国家基础教育课程教材改革工作,确立了"积极进取、稳妥推进、先立后破、先实验后推广"的工作方针。2001年6月,经国务院同意,在全国基础教育工作会上,正式印发了《基础教育课程改革纲要(试行)》(以下简称《纲要》)。

《纲要》提出本次基础教育课程改革的六项具体目标:改变课程过于注重知识传授的倾向,强调形成积极主动的学习态度,使获得基础知识与基本技能的过程同时成为学会学习和形成正确价值观的过程;改变课程结构过于强调学科本位、科目过多和缺乏整合的现状,整体设置九年一贯的课程门类和课时比例,设置综合课程,以适应不同地区和学生发展的需求,体现课程结构的均衡性、综合性和选择性;改变课程内容繁、难、偏、旧和过于注重书本知识的现状,加强课程内容与学生生活以及现代社会科技发展的联系,关注学生的学习兴趣和经验,精选终身学习必备的基础知识和技能;改变课程实施过于强调接受学习、死记硬背、机械训练的现状,倡导学生主动参与、乐于探究、勤于动手,培养学生搜集和处理信息的能力、获取新知识的能力、分析和解决问题的能力以及交流与合作的能力;改变课程评价过分强调甄别与选拔的功能,发挥评价促进学生发展,教师提高和改进教学实践的功能;改变课程管理过于集中的状况,实行国家、地方、学校三级课程管理,增强课程对地方、学校及学生的适应性。

此次改革还包括基础教育新课程结构、课程标准、教学过程、教材开发与管理、课程评价、课程管理、教师的培养和培训以及课程改革的组织与实施等方面的要求。

第二节　课程管理权力的集中与下放

改革开放40年来,我国课程管理制度的重心不断下移,逐步实现了由集中统一的课程管理向国家、地方、学校三级课程管理模式的转型,课程决策机制由集中决策到分散决策的过渡。作为分散决策机制之一,校本课程制度就是典型代表。可以说,课程管理从传统的注重权力约束和外部推动,转向"赋权增能"和内驱力的激发;课程领导方式也由交易式领导转向革新式领导。[①]

一、集中统一的课程管理

新中国成立以来,在中小学课程教材政策方面,尽管中间出现过下放课程设置和教材编写选用权的事实,但基本上是国家统一制定教学计划、大纲,统一编写教材,全国使用统编教材。即"四个统一":"统一课程政策、统一课程设置、统一课程标准、统一教材。"[②]这就是通常所谓的课程的中央管理和教材国定制。

在中华人民共和国成立初期,集中的课程管理制度对于提升学校教育教学质量是尤为必要的,在一定程度上促进了学校课程与教学制度的规范与完善。一般而言,集权制能够保证政令畅通、标准统一,有助于实现国家的整体利益,有利于保持各地区教育的平衡发展,消除教育机会不平等现象,也容易达到国家对课程实施预期的效果。[③]

二、三级课程管理模式

20世纪末,以往过于集中的课程管理制度的倾向有所改善。1996年,国家教委颁布《全日制普通高级中学课程计划(试行)》,首次将"课程管理"部分单列,明确提出"普通高中课程由中央、地方、学校三级管理",并规定了各级的管理权限。建立课程教材三级管理模式,是为了保障和促进课程对不同地区、学校和学生的适应性,实行有指导的逐步放权。[④]

1999年6月,第三次全国教育工作会议提出要调整和改革课程体系、结构、内容,

[①] 杨九俊主编:《学校课程能力建设:基于普通高中课程文化转型的研究》,江苏教育出版社2013年版,第51页。

[②] 李思明:《三级课程管理体制的再认识》,《现代教育科学》2010年第6期。

[③] 同上注。

[④]《我国基础教育课程教材政策发展50年》,见全国课程专业委员会秘书处编《21世纪中国课程研究与改革》,人民教育出版社2001年版,第90页。

建立新的基础教育课程体系,试行国家课程、地方课程和学校课程。[1] 2001 年,《基础教育课程改革纲要(试行)》明确提出:"改变课程管理过于集中的状况,实行国家、地方、学校三级课程管理,增强课程对地方、学校及学生的适应性。"

> 教育部整体规划基础教育课程,制定基础教育课程管理政策,确定国家课程门类和课时。制定国家课程标准,积极试行新的课程评价制度。
>
> 省级教育行政部门依据国家课程管理政策和本地实际情况,制定本省(自治区、直辖市)实施国家课程计划,规划地方课程,报教育部备案并组织实施。经教育部批准,省级教育行政部门可单独制定本省(自治区、直辖市)范围内使用的课程计划和课程标准。
>
> 学校在执行国家课程和地方课程的同时,应视当地社会、经济发展的具体情况,结合本校的传统和优势、学生的兴趣和需要,开发或选用适合本校的课程。各级教育行政部门要对课程的实施和开发进行指导和监督,学校有权力和责任反映在实施国家课程和地方课程中所遇到的问题。
>
> 《基础教育课程改革纲要(试行)》

三级课程管理体制,就是把原先在中央水平上过于集中的课程决策权力分配一部分给地方和学校,使地方和学校参与课程开发,从而出现国家课程、地方课程和学校课程并行存在的局面,使课程更加适合地方和学校的具体教育教学情境。当前课程管理制度的这种改革折射出中国现行课程政策从集权走向有限度的分权的趋势。[2] 这背后其实是权力分享与责任分担课程管理理念。[3]

其实,三级课程设置并不仅仅是课程层次的划分那么简单。真正落实三级课程制度,需要课程行政主体局部地从教育行政部门向学校行政转移;教育行政对课程的管

---

[1] 《中共中央国务院关于深化教育改革,全面推进素质教育的决定》,1999 年 6 月 13 日。中华人民共和国教育部:《深化教育改革 全面推进素质教育 第三次全国教育工作会议文件汇编》,高等教育出版社1999 年版。

[2] 钟启泉、杨明全:《中国的课程政策与实践》,见钟启泉、罗厚辉主编《课程范式的转换——上海与香港的课程改革》,上海科技教育出版社 2003 年版,第 341 页。

[3] 吴刚平著:《校本课程开发》,四川教育出版社 2002 年版,第 69 页。

理将逐步从对课程实施过程的控制转变为以宏观调节与课程评价为主;建立恰当的课程决策程序与学校内部课程监督机制;建立课程中介机构,对学校设计课程予以指导,包括课程理论与技术的指导和对学校课程的具体指导。①

当然,三级课程管理并非完美无缺。这一制度终究仅仅具有行政权力这单独的一"极",其实质问题尚未改变,也就是课程权力仅仅在行政权力内分配,具有行政权力的单极性。而建立权力多极化的课程管理框架,与政府机构改革中的转换职能的思路是一致的。克服课程权力的单极性的一项基础性工作就是要进行课程权力细分,通过细分,建立与单极课程权力结构不同的多"极"课程权力结构。其实质是在中央与地方之间进行分权的基础上,在国家、社会与个人之间进行分权。② 对此,有论者提议尝试引入民间公益组织。在实践中,上海地区就出现了由真爱梦想基金会开发的"梦想课程"。

三、校本课程建设制度的探索

分散决策在教育领域的表现是给学校以足够的自主权,表现在课程领域就是校本课程制度。《学校课程管理指南(讨论稿)》指出,三级课程管理是我国基础教育课程权力的一次再分配。通过改革,学校拥有了一部分课程权力,同时也承担着相应的责任。所以,学校及其相关人员要形成权力分享、责任分担的观念,明确在课程管理中的相应角色,履行所承担的课程职责,确保国家课程/地方课程的有效实施,合理地进行校本课程开发。

关于校本课程的课时比例,该《指南》也指出,在学校课程的管理中,不能用国家课程挤占地方课程或校本课程的课时,不能随意提高国家/地方规定的课程标准,也不能将校本课程变为国家规定的文化课程的延伸和补充,而应根据有关的课程文件,正确处理好这三类课程的关系,保证各类课程的合理比例,充分发挥它们对学生发展的不同价值。

三级课程管理制度落实到学校层面,赋予了学校"开发或选用适合本校的课程"的

---

① 陈桂生著:《课程实话》,华东师范大学出版社 2010 年版,第 83 页。
② 蒋建华:《权力多极化的课程权力定位——超越中央与地方的思维框架》,《教育学报》2005 年第 2 期。

权力,由此掀起了校本课程建设的热潮。学术讨论中,出现了校本课程、学校课程、校定课程等术语。而与此相关的则是"校本课程开发"这一过程,在概念上也同样地含混不清,引发诸多解读。可以说校本课程开发既包括"校本课程"的开发,也涵盖了"校本的"课程开发。① 起初,崔允漷等学者从我国的教育传统和学校现实出发,选择的路径只能是校本课程的开发。因为校本的课程开发要求具有丰富而共享的课程资源,以及较高的教师课程开发技能。②

我国校本课程开发的政策定位在"非学术性、兴趣性"方面。之所以选取这样的政策定位,就在于它是比较稳妥而且可行的。说它稳妥,是因为非学术性课程权力的下放不会影响到基础教育的学术质量;说它可行,是因为学术性课程由专家主持开发,非学术性课程由教师主持开发,教师在利用课程决策机会、行使课程权力、开发校本课程过程中逐步养成课程意识,提高课程能力。③

在实践领域,被誉为"校本课程的发源地"④的江苏省锡山高级中学于20世纪末开展了校本课程的开发实验。⑤ 20世纪初,华东师范大学第二附属中学也开始了校本课程开发的探索与实践。目前,已形成由校本改造后的国家基础型课程、大文化类课程、STS系列课程、社团活动课程、德育课程、荣誉课程等六大板块构成,涉及基础课程、拓展课程、研修课程三大层面的学校课程体系。截至2015年,该校已建设并开设过的拓展型校本课程门类达500多门,每学期开放的任选课程约80门。⑥ 比如在数学学科,华东师大二附中就开展了学科拓展类校本课程,如风险决策与博弈论入门、四面

① 林一钢:《校本课程就是"选修课、活动课"?》,《上海教育科研》2002年第9期;徐玉珍:《是校本的课程开发,还是校本课程的开发——校本课程开发概念再解读》,《课程·教材·教法》2005年第11期。

② 崔允漷:《从"选修课和活动课"走向"校本课程"》,《教育发展研究》2000年第2期。

③ 崔允漷:《探索具有中国特色的校本课程开发》,见崔允漷、夏雪梅、王中男主编《校本课程开发:上海经验》,华东师范大学出版社2011年版,第1—6页。

④ 黄树生:《普通高中校本课程开发的学校案例评析——以江苏省锡山高级中学为例》,《新课程研究》2014年第1期;唐江澎:《回望与思考:如何建设高品位的校本课程》,《基础教育课程》2010年第Z1期。

⑤ 唐江澎等:《江苏省锡山高级中学校本课程调查报告》,见崔允漷著《校本课程开发:理论与实践》,教育科学出版社2000年版,第104—119页。

⑥ 《华东师范大学第二附属中学校本课程》,http://www.hsefz.cn/school-of-excellence/elective-courses/(阅读时间:2017年10月12日);何晓文主编:《华东师大二附中学校课程》,华东师范大学出版社2003年版,第1—10页;何晓文、戚业国编著:《基于提升国际竞争力的高中校本课程建设》,华东师范大学出版社2008年版,第125—157页。

体中的数学问题、数学中的联想、数学问题解决、数学与社会、中学数学探索中的合情推理、数学美之旅、数学的推广与创造。

育才中学确立了六类校本课程,分别是身心健康类课程、学科拓展类课程、综合类课程、社会实践类课程、学生社团活动课程和生活职业技能类课程。[①]

表 4.1　育才中学特色课程的分类及目标定位

课程群	目 标 定 位	课程列举
身心修炼	养成健全人格和健康体魄,积极向上的生活态度; 学会悦纳自己的身份和社会地位; 善于控制自己的情绪,学会自我认识与评价; 塑造健康的个人形象; 学会规划自己的人生; 勇于面对挫折和困难。	超越 IQ 个人生涯规划 预备心理师 演讲辩论与口才 社交与礼仪
人文研究	树立正确的世界观、人生观和价值观,确立正确的道德认知与政治立场; 养成良好的伦理道德、社会责任、公民素养和民主素养; 学会协调、沟通和合作,积极主动地参与集体和公共事务; 增强对国家、民族的认同感、归属感; 培养同情心、责任感、人文素养和忧患意识,懂得关怀弱势和人类自身命运。	人文社会研究 西方哲学史 中国古代神话研究 历史文化之谜 汉字探秘 企业管理入门
科学探索	培养科学素养和信息素养; 掌握科学实验的方法,培养信息搜集、筛选、整理和概括的能力; 培养清晰的逻辑思维和准确的书面、口头表达能力; 善于发现问题、分析问题和解决问题; 培养敢于质疑,独立思考、探究的能力,形成健康的怀疑批判态度。	植物组织培养 机器人实验 化学与环境 天文观测 城市轨道交通概论

[①] 《"以学生发展为本"的校本课程体系——上海市育才中学校本课程介绍》,见邹尚智编著《校本课程开发与管理》,科学普及出版社 2007 年版,第 232—242 页。

续　表

课程群	目　标　定　位	课程列举
国际理解	具有良好的国民心态和涵养,具备全球视野和世界眼光; 主动关注国际社会和世界事务,关注全球社会未来的发展前途和状况; 能公正客观地对待和尊重世界各国、各地区、各民族的文化传统,主动汲取人类创造的优秀文明成果; 积极、平和、理性参与国际活动和国际竞争,懂得尊重、理解与宽容。	跨文化交流 英语国家文化 文化的冲突与融合 韩国语基础 日语基础 法语与法国文化
技术应用	掌握终身受用的学习和生活技能; 学会多种计算机应用软件,熟练运用各类网络资源; 养成良好的网络道德。	数字影视制作 网络实用技术与故障排除实验

30 位同学分成 4 个小组,每组各持一张英文版复旦大学地图和一张英文任务单,在复旦大学寻找固定目标,完成既定任务,唱英文歌、绘画或英语对话等等,6 名教师分别在各自目标点等候,检查任务完成情况,活动全程均用英语交流。这不是一堂体育活动课上的"定向越野"比赛,而是记者近日在复旦大学校园观摩到的一节育才中学"跨文化交流"课。

"跨文化交流"是育才中学与复旦大学合作开发的一门国际理解类特色校本课程。

在每个学程都会开设,每次学习周期为五周,每周两学时。上课地点四周在育才,一周在复旦。教师团队由来自复旦大学的留学生、国际交流生和育才中学英语教师组成。中西合璧式的集体授课让同学们耳目一新,育才中学英语教师张继龙是授课团队的一员,他告诉记者:"每节课上,5 名复旦留学生和 1 名英语教师同时出现,与学生交流探讨社会热点话题、共同关注的事件。比如在谈论餐桌礼仪的中西差异时,我们将全班 30 名学生分为 5 组进行讨论,每个教师分管一组,确保每个学生都能动起来。"

每次上课前,张继龙都要和复旦留学生们一起集体备课,集思广益使得每节课都上出创意,上出活力。在教室里分组讨论,在图书馆、小型会客室里一对一交流,甚至搬到户外草坪上做游戏、复旦校园里定向越野,灵活的上课地点总能给学生带来新鲜感,激发求知欲。课上,张继龙还随时扮演着协调者的角色,帮助学生与外教进行交流,从而避免了外教直接教学中的阻塞现象。

　　徐倩、罗阳佳:《打开通往世界的大门——育才中学开设特色校本课程"跨文化交流"》,《上海教育》2012 年第 21 期。

　　可以看出,相对于校本课程开发的实践而言,理论界的争议尤为突出。其中,争论的焦点在于校本课程究竟是改进现存课程还是开发新课程。[①] 这其实是我国经历基础教育课程改革,实现了由教学到课程的话语体系的转变过程之后,必然会遭遇并有待解决的新课题。从更深层次来看,校本课程开发还关涉到扩大学校课程自主权与落实国家课程方案二者之间的关系,它给课程专家、教育行政、学校领导、教师与学生乃至家长与社会提出了新的挑战。

　　校本课程开发对教师而言,无疑可以帮助其重新恢复课程研发的"武功"(reskill)[②]。因为长期以来,我国的学校不用考虑"教什么"(课程权)的问题,而只要考虑"怎么教"(教学权)[③]。

　　此外,虽然"学校"本位课程并不完全等同于以"地方"为本的课程,校本课程不一定完全教导地方概念与区域特色(乡土课程)[④],但是在校本课程开发与实施的过程中,相对而言可以更加关注本土,重视当地的、地方的(local)及社区的(community)知识。比如,毗邻葡萄生产基地的上海育才中学,就开设了"葡萄研究"这一校本课程。而这无疑可以帮助学生克服对本土知识的偏见,进而实现地方文化与国家课程、本土知识与普遍知识的良性互动。

---

① 李子建:《学校本位课程发展:理论与取向》,《课程与教学》2003 年第 3 期。
② 钟启泉编著:《现代课程论》,上海教育出版社 2006 年版,第 367 页。
③ 崔允漷:《探索具有中国特色的校本课程开发》,见崔允漷、夏雪梅、王中男主编《校本课程开发:上海经验》,华东师范大学出版社 2011 年版,第 1—6 页。
④ 洪如玉:《地方教育学探究:Sobel、Theobald 与 Smith 的观点评析》,《课程与教学》2013 年第 1 期。

事实上,无论是学校自主开发课程还是国家课程的校本化实施,都是课程的"地方化的艺术",秉持"现场本位"(site-based)立场,因为"一般化的公式没有,也不可能将粗糙的一般理解翻译为成功的、细腻的应用所需要的地方知识。如果要取得在当地的成功,那么越是一般适用的规则,就越需要通过翻译"。[①] 从这个角度来看,其实校本课程的开发与实施就是课程的翻译过程。事实上,国家课程的权威性、指导意义和强制要求,并没有排除课程应具有的因地制宜的可选择、可创造的空间。

第三节　教材建设的制度化与多样化

课程与教材有千丝万缕的联系,正如有学者提出,课程的下一步就在教科书的下一页。[②] 教材制度的变革,其中包括教材编写制度、教材审查制度、教材管理机构的设置。这其中涉及教材由谁来编写,由谁来审查,审查的程序如何。透过对改革开放 40 年的教材制度建设梳理,不难发现我国教材制度变革大体经历了统编时代、教材多样化时代、教材体制机制的建设时代。新时代,教材建设进一步围绕着立德树人这一根本任务而展开。

一、统编时代的教材建设

"文革"中,我国的教育事业遭受了巨大的打击,中小学学制混乱,教学大纲、教学计划参差不一,教材更是五花八门。这严重影响了我国教育事业的发展与教学质量的提升。

对此,邓小平于 1977 年恢复工作之后,就召开了全国科学教育工作会议,亲自抓教育和教材建设,并就中小学课程教材建设作出了重要指示:中小学教育,关键是教材,教材非从中小学抓起不可,要编印通用教材。[③] 自此教育部开始着手组织起草全

①　[美]詹姆斯·C·斯科特著,王晓毅译:《国家的视角:那些试图改善人类状况的项目是如何失败的》,社会科学文献出版社 2004 年版,第 436 页。

②　D. L. Elliott, A. Woodward & K. J. Rehage. Textbooks and schooling in the United States. Chicago: National Society for the Study of Education, 1990.

③　石鸥:《我国基础教育课程教材政策发展 50 年》,见全国课程专业委员会秘书处编《21 世纪中国课程研究与改革》,人民教育出版社 2001 年版,第 85 页。

国统一的教学计划、编写统一的教学大纲和全国通用教材的工作。

教育部根据邓小平的指示，制定了中小学课程教材工作的有关政策和措施：成立"教材编审领导小组"，时任教育部副部长浦通修为组长，领导教材编写工作；重建人民教育出版社，组织"中小学教材编写工作会议"，编写中小学各科教材；确定中小学十年制为基本学制，制定颁布统一的教学大纲，编写全日制十年制中小学教材。这套教材包括教学大纲 15 种 15 册（初、高中政治课 4 种教学大纲试行草案为 1982 年颁发，并未计入）。自 1978 年秋季起，统编教材的全国投入使用，扭转了各地使用的教材谬误，程度参差不齐的混乱局面，对中小学逐步恢复正常的教学秩序、提高教育质量起到了重要的作用。

中小学教材基本上实行国家统一编写、统一供应制度，即由国家指定人民教育出版社按照统一的教学大纲编写出版、由新华书店统一发行，全国中小学学生使用同样的"国定统编教材"。"一纲一本、编审合一、高度统一"，是此阶段教材制度的突出特点。[①]

二、教材多样化建设

1985 年 1 月，教育部颁布了《全国中小学教材审定委员会工作条例（试行）》，指出：今后中小学教材的建设，把编写和审查分开，人民教育出版社负责编写，各省、直辖市、自治区教育部门，学校、教师和专家负责编写；全国中小学教材审定委员会负责审定，审定后的教材由教育部推荐，供各地选用。[②]

1985 年，《中共中央关于教育体制改革的决定》提出"简政放权"、"分级管理"的改革措施。对于教材建设，同样是一个发展契机，一定程度上缓解了教材体制管理方面"统得过死"的问题。

1986 年 9 月，全国中小学教材审定委员会、各学科教材审查委员会正式成立，这是中华人民共和国成立后首次建立的审定中小学教材的权威机构。它标志着我国中小学教材由"国定制"变为"审定制"，由"一纲一本"变为"一纲多本"，并且制定了中小

① 杨德军著：《四论基础教育：权力、对象、工具与载体》，北京出版社 2013 年版，第 189 页。
② 石鸥著：《我国基础教育课程教材政策发展 50 年》，见全国课程专业委员会秘书处编《21 世纪中国课程研究与改革》，人民教育出版社 2001 年版，第 85 页。

学课程教材改革的方针："在统一教学要求和统一审定的前提下，有领导有计划地试行课程教材的多样化，以适应我国不同地区各类学校的需要。"我国中小学教材多样化由此开始。[1]

具体落实方面，1988年，国家教委开始组织编写适合于"五四制"、"六三制"学校使用的三种不同层次的教材，史称"八套半"。由人民教育出版社编写面向全国适用于"六三"和"五四"两个学制的教科书各一套；北京师范大学编写一套适应"五四"学制的教科书；广东省编写面向沿海地区的一套教科书；四川省则编写一套面向内地和西部地区的教科书；八家师范院校（北京师大、东北师大、西南师大、华中师大、陕西师大、广西师大、北京师院、华东师大）联合编写一套要求较高的"六三制"教科书（未完成而中止）；上海和浙江各编写一套适合本地区课程改革的教科书；河北省编写一套农村小学复式班的教科书，因为这套教材缺少初中部分，因此被称为"半套"。

此后，在教材编写、审定制度方面，又陆续出台了一系列文件。1987年10月，国家教委又发布《全国中小学教材审定委员会工作章程》、《中小学教材审定标准》、《中小学教材送审办法》。1996年，修订发布了新的《全国中小学教材审定委员会工作章程》。

总的来说，由"一纲一本"到"一纲多本"、"多纲多本"的转变，其实体现了教育民主的诉求。教材制度的变革，可以推进教育民主化、提升教科书质量、促进教师角色的转型以及推动升学考试制度的改革，但也存在一些问题，比如教科书克隆现象严重、教科书评价制度缺失、教科书市场机制混乱、不少学校的学生学习负担加重。[2]

改革现行的教材编审制度，把编、审分开，在统一基本要求，统一审定的前提下，逐步实现教材的多种风格。鼓励各个地方、高等学校、科研单位、专家、学者、教师个人按照党和国家的教育方针和统一的基本要求参加编写教材，允许在教材的内容选择和体系的安排上有不同的风格。

课程教材研究所编：《教材制度沿革篇（上册）》，人民教育出版社2004年版，第261页。

---

[1] 课程教材研究所编：《教材制度沿革篇（上册）》，人民教育出版社2004年版，第194页。
[2] 钟启泉：《一纲多本：教育民主的诉求——我国教科书政策述评》，《教育发展研究》2009年第4期。

三、新世纪初教材体制机制的建设

新世纪以来,国家对现行教材的编写、审定、出版、发行、选用体制等方面作出改革,其中包括教材立项核准制度(2001—2012)、教材两级审定制度以及专业的教材机构的设立。

在这一阶段,中小学教材建设实行在国家基本要求指导下的教材多样化方针。国家鼓励和支持有条件的单位、团体和个人依据国家课程标准组织编写高质量、有特色的教材,特别鼓励编写适合农村地区和少数民族地区使用的教材。

基于这样的方针,教科书编写的管理由原来的审批制改为立项核准制。所谓审批制,就是指编写中小学教材要得到教育行政部门的批准,更多强调行政意志,而立项核准制是把教材的编写作为一个项目来管理,强调在专家论证基础上的行政管理。核准的管理仍采取国家和省级教育行政部门两级管理。但两级管理的内容有所改变。原来两级管理是以编写单位所属级别来区分的。如编写单位是中央所属单位,其编写教材由国家教育行政部门审批;如编写单位是地方所属单位,其编写教材由省级教育行政部门审批。改革后的教材核准权限是以编写教材的所属性确定的。如编写的教材是国家课程教材,则由国家教育行政部门核准;如编写的教材是地方课程教材,则由省级教育行政部门核准。

此外,改革前对国家公务员、行政部门等参与教材的编写没有限制,引起较大负面影响。改革后为建立健康的、有利于公平竞争的教材市场,杜绝利用行政权力垄断教材市场,滋生腐败等,明确了以下单位和个人不能参与中小学教材的编写:(1)国家公务员不得以任何形式参与教材的编写;(2)教育行政部门不得以任何形式参与教材的编写;(3)教材审查人员在被聘期内不得参与教材的编写。[①]

第五章　教材的审定

第十八条　国务院教育行政部门成立全国中小学教材审定委员会,负责国家课程教材的初审、审定,及跨省(自治区、直辖市)使用的地方课程教材的审定。

---

① 《中国教育年鉴 2002 年》,http://www.moe.edu.cn/jyb_sjzl/moe_364/moe_302/moe_368/tnull_4408.html(阅读时间:2017 年 10 月 12 日)。

第十九条　各省、自治区、直辖市教育行政部门成立省级中小学教材审定委员会，负责地方课程教材的初审和审定；经国务院教育行政部门授权或委托，承担有关国家课程教材的初审工作。

第二十条　全国中小学教材审定委员会和省级中小学教材审定委员会下设各学科教材审查委员会（或学科审查组），由该学科专家、中小学教学研究人员及中小学教师组成，负责本学科教材的审查，向审定委员会提出审定报告。

《中小学教材编写审定管理暂行办法》（中华人民共和国教育部令第 11 号）

编写教材事先须经有关教材管理部门核准；完成编写的教材须经教材审定机构审定后才能在中小学使用。中小学教材编写、审查属于国家事权，根据《义务教育法》和相关规定，中小学教材实施两级管理制度，国家课程教材由国务院教育行政部门负责管理，地方课程教材由省级教育行政部门负责管理。

"为简化行政审批，2012 年 9 月 23 日《国务院关于第六批取消和调整行政审批项目的决定》发布，'中小学国家课程教材编写核准'作为行政审批项目已经取消。目前，教育部正在修订 2001 年印发的《中小学教材编写审定管理暂行办法》，将对取消编写核准制度后的教科书编写者、出版者的资质进行严格规定，同时进一步完善教材审查程序。"[①]

将《中小学教材编写审定管理暂行办法》第四条修改为"完成编写的教材须经教材审定机构审定后才能在中小学使用"，删除第三章"教材编写的立项和核准"。[②] 2012年 12 月 23 日，教育部明确规定，中小学国家课程教材取消编写核准后仍需送国家审定。

2010 年 2 月，专门成立了国家基础教育课程教材工作领导小组、国家基础教育课程教材专家咨询委员会和国家基础教育课程教材专家工作委员会。其中新成立的国家基础教育课程教材工作领导小组是专门负责基础教育课程教材建设的领导决策机构，由教育部有关司局，以及中宣部、中央党史研究室、外交部、文化部、新闻出版总署、

---

① 《教育部对十二届全国人大四次会议第 3214 号建议的答复》（教建议〔2016〕第 172 号）。
② 《教育部关于废止和修改部分规章的决定》（中华人民共和国教育部令第 38 号），2015 年 11 月 10 日。

中科院、社科院、工程院和中国科协等有关部门负责同志组成。主要职责是研究确定基础教育课程教材建设规划和重大政策;研究确定基础教育课程教材重大事项,协调解决有关问题;审核基础教育课程方案、各学科课程标准审议结果和教材审查结果;指导国家基础教育课程教材专家工作委员会的工作。①

基础教育课程教材专家咨询委员会是为基础教育课程教材重大决策提供咨询的高层次专家咨询机构,由学术造诣精深、在本领域有较高学术地位或具有较高社会知名度的资深专家学者 41 人组成。主要职责是接受教育部、国家基础教育课程教材专家工作委员会关于基础教育课程教材建设工作的咨询,研究提出国家基础教育课程教材建设的意见和建议。

基础教育课程教材专家工作委员会是组织专家配合、协助教育行政部门围绕国家基础教育课程教材建设开展专业工作的机构,由基础教育相关学科以及教育、课程、心理等领域的专家和教育教学一线专家 116 人组成。主要职责是组织研究制定基础教育国家课程方案和各学科课程标准,组织审议并提出审议意见;组织审核教材编写人员资格并提出审核意见,组织审查教材,协调处理教材审查中的重大问题;组织开展对课程教材重大问题的研究和监测评价;对地方和中小学课程改革工作进行专业指导和服务;接受教育部和国家基础教育课程教材工作领导小组交办的专题研究工作。由此,由决策、咨询、工作三机构组成的教材规划建设体制初具雏形,专业化、制度化的教材建设制度逐渐成形。

2014 年 10 月,"国家基础教育课程教材工作领导小组"更名为"教育部课程教材工作领导小组"②。教育部课程教材工作领导小组主要负责基础教育、职业教育和高等教育课程教材建设的领导决策。具体职责为:

1. 研究确定基础教育、职业教育和高等教育课程教材建设规划和重大政策;

2. 研究确定基础教育、职业教育和高等教育课程教材重大事项,统筹协调解决有关问题;

① 《教育部关于成立国家基础教育课程教材工作领导小组的通知》(教人函〔2010〕2 号),2010 年 2 月 21 日。
② 《教育部办公厅关于调整国家基础教育课程教材工作领导小组的通知》(教人厅函〔2014〕21 号),2014 年 10 月 27 日。

3. 审定基础教育课程方案、各学科课程标准审议结果和教材审查结果；

4. 审议普通高等教育本科国家级规划教材遴选方案，指导国家级规划教材遴选和推荐工作，对普通高等教育本科教材质量监管和普通高等学校教材选用提出指导性意见；

5. 研究规划高等学校思想政治理论课课程设置和教材建设，审定教育部负责的马克思主义理论研究和建设工程重点教材，指导推进工程教材统一使用；

6. 指导教育部基础教育课程教材专家工作委员会、行业职业教育教学指导委员会和高等学校教学指导委员会的工作。

可以看出，由于课程教材研究的深化，以及对教材重要性的认识，国家在这一阶段致力于加强课程教材制度建设，确立了基础教育课程教材工作领导小组、专家工作委员会和专家咨询委员会三位一体、分工明确、权威性高、专业性强的课程教材建设制度框架，会集了专家学者研究制定课程方案和标准、组织审查教材。

四、新时代教材审查的科学化与规范化

伴随着网络、自媒体时代的到来，大众对中小学教科书更为关注，对中小学教材的指责时有发生。指责的条目林林总总：教育部门把毛泽东、鲁迅、雷锋、黄继光等革命领袖和英雄人物的课文从中小学教材中全部删除了[1]；鲁迅文章退出教材[2]；某版小学语文教材外国题材偏多，教材存在着"贬低中国人"、严重西化[3]等问题；某中学语文教材把《上帝创造宇宙》这篇基督教圣经内容定为神话故事列入教材。总而言之，教材领域问题频繁出现，以至于有学者提出媒体"过于关切"语文教材事件。[4] 事实上，尽管媒体报道、网络言论或片面或失实，但教科书的编写与审定制度仍然引起国家教育部门的重视。

2014 年，教育部颁布《教育部关于全面深化课程改革，落实立德树人根本任务的

---

[1] 《关于中小学教材革命传统教育有关情况的声明》，http://www.moe.gov.cn/jyb_xxgk/s5743/s5746/201512/t20151217_225311.html（阅读时间：2017 年 10 月 12 日）。

[2] 《人民教育出版社对人教版〈语文〉七年级上册撤换鲁迅作品一事的正式答复》，http://www.pep.com.cn/rjdt/jqgg/201309/t20130906_1164895.shtml（阅读时间：2017 年 10 月 12 日）。

[3] 《关于人教版小学语文教材外国题材选文有关情况的声明》，http://weibo.com/2173867535/DsWeqhDkF?type=comment#_rnd1520843839388（阅读时间：2017 年 10 月 12 日）。

[4] 温儒敏：《静下来讨论语文》，《山东商报》2013 年 12 月 19 日。

意见》，启动第九次课程改革。① 该《意见》决定："教育部将组织编写、修订中小学德育、语文、历史等学科教材。"从 2012 年开始，教育部统一组织编写义务教育道德与法治、语文和历史三科教材。2017 年，提出："统一组织编写普通高中三科教材，进一步加强中华优秀传统文化、革命传统、法治意识和国家安全、民族团结教育等内容，研制教材编写审定管理办法。"②

从 2012 年开始，教育部统一组织编写义务教育道德与法治、语文和历史三科教材。这项工作从 2012 年开始，到 2017 年上半年，经国家教材委员会审查通过，历时五年，完成了全部的编审工作。根据工作的安排，从 2017 年 9 月 1 日秋季学期开始，在全国所有地区初始年级开始投入使用。由此，标志着道德与法治、语文、历史教材正式进入国家统编、统审、统用轨道。

不仅仅是在教材编写方面，在审查制度方面，同样开始了新的尝试。义务教育三科教材审查首次实行学科审查、综合审查、专题审查和终审制度，全面把好三科教材政治关、理念关和科学关。其中的"四审"，学科审查重在教材内容的科学性、系统性、准确性和适宜性；综合审查重在跨学科横向配合和各学段纵向有机衔接情况；专题审查重在涉及我国主权、边疆海域、重大事件、著名人物等内容；终审重在全面审查落实立德树人根本任务、有机融入社会主义核心价值观、加强中华优秀传统文化和革命传统等方面的情况，确保教材整体质量和水平。③ 据称，教育部门下一步将总结经验，进一步完善推广"四审"制，推动形成更具中国特色的课程教材审查制度。④

对于教材工作的重视，还体现在教材管理机构的成立。2017 年 3 月，教育部教材局成立，原来基础教育一司、基础教育二司的建制取消。同时按照统筹为主、统分结合的原则，将部内相关司局承担的教材管理有关职责划转到教材局。⑤ 教材局成立后，下辖课程教材规划处、中小学教材编写处、马工程教材编写处、教材审查管理处、综合

---

① 王文博：《课堂教学改革：搭上信息化的高速列车》，《中国教育报》2016 年 1 月 13 日。
②《教育部关于印发〈教育部 2017 年工作要点〉的通知》（教政法〔2017〕4 号）。
③《坚持正确导向　全面从严把关——教育部基础教育课程教材专家工作委员会主任委员王湛就三科教材审查工作答记者问》，http://www.moe.gov.cn/jyb_xwfb/s271/201609/t20160901_277382.html（阅读时间：2017 年 10 月 12 日）。
④ 郑富芝：《牢牢把握基础教育课程教材的正确政治方向》，《中国教育报》2016 年 1 月 15 日。
⑤ 同上注。

协调处。①

在职能上,教材局承担国家教材委员会办公室工作,拟订全国教材建设规划和年度工作计划,负责组织专家研制课程设置方案和课程标准,制定完善教材建设基本制度规范,指导管理教材建设,加强教材管理信息化建设。总而言之,就是负责课程教材规划、建设与管理。

2017 年 7 月,国家教材委员会成立,主要职责是指导和统筹全国教材工作,贯彻党和国家关于教材工作的重大方针政策,研究审议教材建设规划和年度工作计划,研究解决教材建设中的重大问题,指导、组织、协调各地区各部门有关教材工作,审查国家课程设置和课程标准制定,审查意识形态属性较强的国家规划教材。②

教育部教材局、国家教材委员会的相继成立,确立了以统筹为主、统分结合、分类指导、职责明晰的教材管理机制。此举无疑可以进一步促进国家统筹规划、建设与管理教材事务,进一步厘清教材建设与国家意志的内在关联——从治国理政高度来看,建设什么样的教材和教材体系,实质上是国家意志的体现,是国家事权。国家教材委员会的成立是教材统一性与多样性的体现。一方面,对于义务教育阶段的道德与法治、语文、历史三科以及高校马工程重点教材实行统一编写、统一审查,目前这些工作已取得阶段性成果,将在 2019 年实现全覆盖;另一方面,其他教材多是一纲多本,各地可以组织相关专家学者进行编写。③

对于部分学科教材更加注重统一性,主要是意识形态属性较强的教材由一纲多本回归一纲一本,应该理性地加以看待。毕竟不同学科的教材,如何实现多样化,应从本学科性质、特点出发,不宜一刀切。关于这一话题的讨论,由来已久。此前就有学者提出,政治思想品德、历史、地理这三门学科,政治性、敏感性较强,共同性较多,是提倡各地都投入大量人力、物力、财力编写五花八门的教材好,还是采取"全国统编教材 + 地方补充教材(或乡土教材)"的模式更为适宜,④这值得进一步总结经验,探索正确有效

---

① 《教育部办公厅关于成立教材局、基础教育司等机构及相关职责调整的通知》(教人厅〔2017〕2 号)。
② 《国务院办公厅关于成立国家教材委员会的通知》(国办发〔2017〕61 号),2017 年 7 月 3 日。
③ 靳晓燕:《教材建设是国家事权——对话国家教材委员会委员》,《光明日报》2017 年 7 月 14 日。
④ 吕达:《关于我国基础教育课程教材改革的思考》,见全国课程专业委员会秘书处编《21 世纪中国课程研究与改革》,人民教育出版社 2001 年版,第 65、66 页。

的途径。

可以看出,改革开放之后,在教材编写制度方面,实现了由统编("一纲一本")到"一纲多本"、"多纲多本",再到意识形态属性较强的科目恢复教材统编的转变;审查制度则经历由编审合一到编审分离,再到四审制这样不断完善的过程;机构建设上,由改革开放之初"教材编审领导小组"到 20 世纪 80 年代全国中小学教材审定委员会、各学科教材审查委员会,再到 2010 年基础教育课程教材工作领导小组、专家工作委员会和专家咨询委员会,以及 2017 年国家教材委员会、教育部教材局的建立,可见课程教材建设的决策咨询机构专业性逐步加强,分工愈发明确。

第四节　课程选修的自主性与丰富性

如果说课程与教材着眼于解决"教什么"、"学什么"的问题,那么选修制度可以看作从学生视角出发,来解决"我要学什么"。近年来,课程选修制度还增添了"怎么学"的内涵,如"什么时间学"、"在哪里学"、"学到什么程度"等议题。事实上,课程的选择性历来都是高中阶段不可避免的话题。比如,2000 年我国高中数学课程标准研制之初,面临了一系列难题。其中,首当其冲的就是高中数学的选择性的问题。①

总的来说,选修制度是以扩大学生的选择性为宗旨,进行课程选择的探索设计。20 世纪 80 年代初期,当时的选修制度是以文理分科为基础展开的。到 2000 年课程改革之后,已经超越简单的文理分科,赋予学生更多科目组合的机会。再到新时代,选修制度超越科目,兼顾学生学习时间、空间以及程度的选择。由此可以看出,课程选修制度一直都是围绕着赋予学生更加丰富的选择进行制度的设计。

一、以文理分科为导向的选修制度

1981 年,教育部颁发《全日制六年制重点中学教学计划(试行草案)》,指出针对重点中学或条件比较好的学校,为了适应学生的爱好和需要,发展他们的特长,更好地打好基础,高中二、三年级设选修课(见表 4.2)。其中,方案一为单课性选修,即对某些

---

① 张奠宙:《国家高中数学课程标准正在研究的 15 个课题》,《数学教学》2000 年第 6 期。

课程的选修。周课时除高中二年级、三年级各为 26 节必修课外,各安排 4 节选修课。开设什么选修课,根据学生的要求、社会的需要和学校的条件而定,可以另设新课程(包括职业技术课),也可以就必修课的某一门或几门开设加深加宽的选修课,供学生选修,使学校办出特色。学生可以选一门或两门,也可以不选。

表 4.2 《全日制六年制重点中学教学计划(试行草案)》高中部分

科目	方案一 (单课性的选修)			方案二 (分科性的选修)						
	一	二	三	一	二		三			
					(一)	(二)	(一)	(二)	(一)	(二)
政治	2	2	2	2	2	2	2	2		
语文	5	4	4	5	7	4	8	4	1 208	1 000
数学	5	5	5	5	3	6	3	6	906	1 086
外语	5	5	4	5	5	5	5	4	960	932
物理	4	3	4	4		4		5	292	560
化学	3	3	3	3	3	4		4	288	432
历史	3				3		3		350	266
地理		2			2	2	3		318	234
生物			2		2			2	200	192
生理卫生	(略)									
体育	2	2	2	2	2	2	2	2		
音乐	(略)									
美术	(略)									
每周必修课	29	26	26	29	26	29	26	29		
选修课		4	4							

注:(一)为侧重文科的选修;(二)为侧重理科的选修。

方案二为分科性的选修,即在文科或理科方面有所侧重的选修。侧重文科的学生,应是文科基础好而且对文科有兴趣的学生;语文、历史、地理等学科适当提高程度,数学、物理、化学等学科在程度上要求浅一些,计算和实验等方面要求低一些。侧重理科的学生,应是理科基础较好而且对理科有兴趣的学生;数学适当加强基本技能的训练和能力的培养,物理、化学适当加强实验;语文、历史、地理的基础知识,不削弱。①

以上选修课的两种安排,由各地选择。这两种安排都有一个准备过程。分科性的选修,各省、市、自治区可先在部分重点中学进行试验。至此,我国中学课程结构的封闭、僵化、萎缩的状态终于有所改观。但是,经得起推敲的可供推广的经验仍然极为鲜见。② 毕竟,1981 年选修制度仅仅从课时长短上加以保障。

由于 1981 年的计划并未编写与分科选修教学相配套的有关学科的教学大纲和教材,加之高校招生分科考试的影响,在执行教学计划过程中缺乏督导检查,管理不够严格,因此许多学校侧重文科的班级少开或不开理科课程,侧重理科的班级少开或不开文科课程,使学生知识结构不完整,不利于全面提高学生素质。

为了解决文不学理、理不学文的问题,国家教委于 1990 年颁发《现行普通高中教学计划的调整意见》,作为新的普通高中教学计划颁布前的过渡性教学计划(见表4.3)。该计划指出选修课分两类(种),一种是单课性选修,主要安排在高一、高二年级。高一、高二年级单课性选修课的开设可根据学校的条件、学生的要求和社会的需要而定,可以另设新课程,也可以就必修课的某一门或几门开设加深加宽的选修课,还可以开设职业技术选修课,供学生自由选择。另一种是分科性选修,即在文科、理科、外语、艺术、体育、职业技术等 6 个方面有所侧重的选修,主要安排在高三年级。③

表4.3　调整后的普通高中教学计划

科　　目	高一	高二	高三	授课总课时
政治	2	2	2	184
语文	4	4	5	392
数学	5	4	5	426
外语	5	4		306

---

① 《教育部颁发〈全日制六年制重点中学教学计划(试行草案)〉、〈全日制五年制中学教学计划(试行草案)的修订意见〉的通知》,1981 年 4 月 17 日。
② 钟启泉:《选修制度与个性发展——兼评上海市中学选修课程标准》,《比较教育研究》1999 年第 4 期。
③ 《国家教育委员会关于印发〈现行普通高中教学计划的调整意见〉的通知》(教基〔1990〕004 号),1990 年 3 月 8 日。

续　表

科　　目	高一	高二	高三	授课总课时
物理	3	3		204
化学	3	3		204
生物		3		102
历史	2	2		136
地理	3			102
体育	2	2	2	184
劳动技术	每学年 4 周	每学年 4 周	每学年 4 周	432
社会实践活动	（略）			
每周必修课总课时数	29	27	14	2 240
选修课	3	4	16	
课外活动	（略）			
每周活动总量	（略）			

　　稍加比较,可以发现 1990 年的做法实则是将 1981 年两种选修方法整合而成。也就是在高一、高二选用上述方案一,在高三年级选用方案二。这种"二合一"的策略避免了过早分科现象的出现,同时也在一定程度上缓解了高中课程的选择性与高考中的文理分科之间的矛盾。

　　单课性选修课高一年级每周 3 课时,高二年级每周 4 课时;分科性选修课在高三年级开设。各类选修课的课时数可控制在以下范围内：物理 4—6;化学 3—5;生物 2—4;历史 4—6;地理 4—6;外语 3—5;体育 2—3;职业技术 4—6;艺术 2—3。学校可根据情况自行安排。学校可根据条件选择开设若干类型的选修课。某些类型的选修课,如音乐、美术、体育等,可采取几所学校联合开设的办法。职业技术选修课各学校都要积极创造条件开设。

　　当然,对于选修课程的实施,国家还通过会考制度予以督促。1991 年,国家教育委员会印发《关于实施〈现行普通高中教学计划的调整意见〉和普通高中毕业会考制度的意见》等两个文件的通知,指出,在普通高中同时实施《调整意见》和"会考制度"的目的是全面贯彻教育方针,切实加强德育,纠正文理分科和学生知识结构不合理的现象;

使学生在全面打好基础的前提下,发展兴趣和特长。

1991 年,《关于在普通高中开设选修课的意见》明确了开设选修课的目的、原则,选修课的内容和开设方式,选修课的师资、教材和设备、场所。从课程要素的角度讲,规定了课程内容、课程资源等。指出在普通高中可以有两种形式的选修课。高中一、二年级开设的选修课(单课性选修课),从当前的需要和可能出发,可以分成以下三种类型:一、与必修课相关的选修课(拓深类)。这类选修课的内容是相对应的必修课内容的拓宽和加深,但不能是高中三年级选修课的下放。这类选修课适合于对必修课学有余力的学生。二、与必修课不直接相关的知识类选修课。这类选修课的内容可以是介绍新的科学理论,扩大学生的眼界,提高政治理论水平,丰富学生的知识;也可以是适应学生兴趣、爱好、特长的需要,培养学生文化艺术修养,陶冶情操等。三、技术类选修课。这类选修课根据学生的爱好和社会的需要而开设,是综合技术性的基础课程,其中有的带有初步职业培训的特点。当然对上述三种选修课,各地、各校要统筹安排,不能只开设其中的一种。

高中三年开设的选修课,主要分成两种类型:一种是分科性选修课,包括文科类(历史、地理)、理科类(物理、化学、生物)、外语类(英、俄、日语)、艺术类和体育类;另一种为技术与职业类选修课。

当前普通高中的选修课,对学生有两种形式的要求。一种选修课对于某部分学生是必须选择学习的,称为"指定选修课"(即必选课)。例如高中三年级为分流而开设的各类选修课,对某些学生来说具有必修课的性质。以历史学科为例,自 1993 年秋季起,普通高中三年级增设中国古代史选修课(有 7 个省市于 1992 年设置中国古代史选修课),并作为文科班"指定选修课"(必选课)。[①] 另一种选修课,学生可在教师指导下,按照自己的兴趣、爱好决定选择与否,可称为"任意选修课"(即任选课)。这一轮高中课程计划,在选修课中增设技术与职业类选修课,从而将就业预备纳入进来。还有一点值得注意的是,条文中出现了"指定选修课"(即必选课)这一提法,可以看出调和制度层面上"必"须文理分科与按照兴趣、爱好、特长来"选"之间的两难。

① 陈辉:《我国普通高中历史课程改革 20 年回顾与评析》,《西南师范大学学报(哲学社会科学版)》1999 年第 5 期。

1996 年,《全日制普通高级中学课程计划(试验)》将普通高中课程划分为学科类课程和活动类课程,其中普通高中学科类课程又分为必修、限定选修和任意选修三种方式,以优化必修课、规范选修课、加强限定选修课的原则构建课程体系①。必修学科是每个高中学生必须修习的课程,设有思想政治、语文、数学、外语(英语、俄语、日语等语种)、物理、化学、生物、历史、地理、体育、艺术和劳动技术 12 门学科。限定选修学科是学生在学习必修学科的基础上,侧重接受升学预备教育或接受就业预备教育所必须进一步学习的课程,设有语文、数学、外语、物理、化学、生物、历史、地理、劳动技术等学科,学生可根据自己的志向、爱好和需要,在教师的指导下选择修习。任意选修学科是为发展学生兴趣爱好、拓宽和加深知识、培养特长、提高某方面能力而设置的,学生可根据个人的兴趣和志向,在教师的指导下,从学校可能提供的任意选修学科科目中自主选择修习。②

表4.4 普通高中学科类课程

学科		高一	高二			高三			必、限选周课时累计	必、限选授课总时数
			Ⅰ	Ⅱ	Ⅲ	Ⅰ	Ⅱ	Ⅲ		
必修和限选	思想政治	2	2	2	2	2	2	2	6	192
	语文 必修	4	4	4	4				8	280
	语文 限选					2	4	2	2—4	52—104
	数学 必修	4	4	4	4				8	280
	数学 限选					2	2	4	2—4	52—104
	外语 必修	4	3	3	3				7	245
	外语 限选				2	4	4	2—4	52—104	
	物理 必修	2	3/2	3/2	3/2				4.5	158
	物理 限选				2			3	5	148
	化学 必修	2	2	2	2				4	140
	化学 限选				1			3	4	113

---

① 金学方:《关于〈全日制普通高级中学课程计划(试验)〉的介绍》,《人民教育》1997 年第 9 期。
②《全日制普通高级中学课程计划(试验)》(教基司〔1996〕13 号)。

续　表

学科			高一	高二			高三			必、限选周课时累计	必、限选授课总时数
				Ⅰ	Ⅱ	Ⅲ	Ⅰ	Ⅱ	Ⅲ		
生物		必修		3	3	3				3	105
		限选							3	3	78
历史		必修	3							3	105
		限选			2			3		5	148
地理		必修	3							3	105
		限选			1			2		3	87
体育			2	2	2	2	2	2	2	6	192
艺术		音乐美术	1	1	1	1				2	70
劳动技术		必修	每周一节 *					2		4	122
		限选					9			9	234
任意选修学科与活动类课程			5	8.5	5.5	5.5	12	12	8		
周活动总量			33	33			33				

注：Ⅰ为侧重就业预备教育。Ⅱ、Ⅲ分别为侧重升学预备教育的文、理科。

　　* 劳动技术必修课时的分散安排为：高一、高二年级可隔周两节连排；劳动技术必修。

　　2000 年，《全日制普通高级中学课程计划（试验修订稿）》颁布，其中规定普通高中必修课是为学生打好共同基础开设的，每位学生必须修习。选修课是在必修课基础上，为拓宽和增强学生有关学科领域的知识和能力开设的，除按照国家规定开设选修课外，地方和学校为满足学生多样发展的需要也应创造条件开设灵活多样的选修课，学生可以根据个人志向、兴趣和需要自主选择修习。

　　基于上述分析，我们可以看出 1981 年计划基本是文理分科框架下，略微估计课程的选择性。之后 1990、1996、2000 年颁布的课程计划将学科课程分为必修和选修两部分，但没有改变文理分科的基本格局，僵硬的文理分科极大限制了课程的选择性和多样性。① 可以说,破除文理分科,对于增加学生课程的选择性至关重要。

二、超越文理分科的选修制度

2001 年 6 月,教育部《基础教育课程改革纲要(试行)》规定:"高中以分科课程为主。在开设必修课的同时,设置丰富多样的选修课程,开设技术类课程。积极试行学分制管理。""普通高中课程标准应在坚持使学生普遍达到基本要求的前提下,有一定的层次性和选择性,并开设选修课程,以利于学生获得更多的选择和发展的机会。"随后,教育部于 2003 年颁布《普通高中课程方案(实验)》,其中列出如表 4.5 的课程设置。

表 4.5 《普通高中课程方案(实验)》中的课程设置

学习领域	科目	必修学分 (共计 116 学分)	选修学分Ⅰ	选修学分Ⅱ
语言与文学	语文	10	根据社会对人才多样化的需求,适应学生不同潜能和发展的需要,在共同必修的基础上,各科课程标准分类别、分层次设置若干选修模块,供学生选择。	学校根据当地社会、经济、科技、文化发展的需要和学生的兴趣,开设若干选修模块,供学生选择。
语言与文学	外语	10		
数学	数学	10		
人文与社会	思想政治	8		
人文与社会	历史	6		
人文与社会	地理	6		
科学	物理	6		
科学	化学	6		
科学	生物	6		
技术	技术(含信息技术 和通用技术)	8		
体育与健康	体育与健康	11		
艺术	艺术或音乐、美术	6		

---

① 钟启泉、崔允漷、吴刚平主编:《普通高中新课程方案导读》,华东师范大学出版社 2003 年版,第 37 页。

续　表

学习领域	科目	必修学分 （共计 116 学分）	选修学分 I	选修学分 II
综合实践活动	研究性学习活动	15		
	社区服务	2		
	社区实践	6		

表 4.6　新课程必修、选修课程比例

	必修课程	选修课程 I	选修课程 II
学分数（144）	116	22	6
百分比	80.5%	15.3%	4.2%
课程功能	确保所有高中学生所达到的共同要求。	满足学生在共同基础上发展的差异性。	进一步满足学生个人生活的差异性，同时满足学校发展的差异性。

如表 4.6 所示，选修 I 部分是根据社会对人才多样化的需求，适应学生不同潜能和发展的需要，在共同必修的基础上，各科课程标准分类别、分层次设置若干选修模块，供学生选择。选修 II 部分是学校根据当地社会、经济、科技、文化发展的需要和学生的兴趣，开设若干选修模块，供学生选择。

与选课制度相配套，新课程要求学校建立行之有效的校内选课指导制度，避免学生选课的盲目性。学校应提供课程设置说明和选课指导手册，并在选课前及时提供给学生。班主任及其他教师有指导学生选课的责任，并与学生建立相对固定而长久的联系，为学生形成符合个人特点的、合理的课程修习计划提供指导和帮助。可以看出，相比前一阶段，学校鼓励学生在感兴趣、有潜能的方面选修更多的模块，使学生实现有个性的发展。①

三、更富选择性的选修制度尝试

如果说以往选修的范围停留于文理之间，随后选择的空间拓展至升学预备（包括

---

① 《教育部关于印发〈普通高中课程方案（实验）〉和语文等十五个学科课程标准（实验）的通知》（教基〔2003〕6 号），2003 年 3 月 3 日。

文理分科)与就业预备并存,那么,学生自主选择选修的科目、掌握的程度以及修习的时间和空间,这些无疑都进一步拓展了学生选修的空间。

(一)减必修,增选修与走班制

2012 年,浙江省开始深化普通高中课程改革,这一轮课程改革秉承"选择性教育"理念,采取"减必修、增选修"的策略,以此来增加普通高中教育的选择性,鼓励在共同基础上学生自主选择学习,是为每个学生提供适合教育,推进普通高中多样化和特色化发展的必然要求。与此相配套,浙江省还开启了走班这一教学组织形式,并于 2015 年在全省推行。

三、深化普通高中课程改革的主要内容

(六)调结构

——调整优化课程结构。减少必修学分,必修学分从 116 学分减少到 96 学分,选修学分从 28 学分提高到 48 学分。综合实践活动列入选修课程,研究性学习渗透于各学科必修课程教学与选修课程教学中。专题教育列入必修课程。

——增加选修课程。选修课程分为知识拓展、职业技能、兴趣特长、社会实践等四类。(1)知识拓展类选修课程包括必修拓展课程、大学初级课程、学科发展前沿课程、学科研究性学习等,旨在让学生形成更为厚实的知识基础。(2)职业技能类选修课程包括生活技能、职业技术、地方经济技术等课程,旨在提高学生的动手能力,掌握一定的生活技能、职业技术,培养学生的专业倾向。(3)兴趣特长类选修课程包括体育、艺术、健康教育、休闲生活、知识应用等课程,旨在发展学生潜能,提高综合素质。(4)社会实践类选修课程包括调查探究活动、社会实践活动、校园文化活动等课程,旨在引导学生关注社会,培养学生的实践能力、科学人文素养和社会责任感。

学校要根据本校、本地区实际,充分利用各类社会资源,开设四类选修课程,其中知识拓展类选修课程比例不超过 60%;职业技能类选修课程比例不少于 10%。每学期选修课程课时比例不少于总课时的 20%。

(七)减总量

——梳理与整合学科知识体系。明确必修课程基本、基础性知识要求,删减重复、非主干和过繁过难的内容,适当减少面向全体学生的必学内容及学习总量;原"选修IA"和"选修IB"课程模块列入知识拓展类选修课程。形成必修课程与选修课程结构合理、层次递进的课程格局。

(八)优方法

——构建开放型选修课程体系。学校应根据本校、本地区实际,制订选修课程建设规划。学校要充分利用社会资源,加强与高校、中等职业学校、科研机构、社会机构及行业企业的合作,积极开发选修课程,引进国内外精品课程;充分利用现代教育技术,开发网络选修课程,建立开放型选修课程体系。

——扩大学校课程自主权。学校应根据本校实际和办学特色,遵循教育规律,自主制定课程开设计划,科学安排课时与教学进度,构建满足学生个性发展、体现鲜明特色的课程体系。

学校每学期必须按规定要求开设思想政治、体育与健康、艺术等必修课程。每周课堂教学时间不得超过26小时。控制各学科必修课程教学的课时总量,课时总量应与该学科学分相对应。

——鼓励学生个性化学习。学校要建立和实施普通高中学生发展指导制度,加强人生规划教育,鼓励学生根据兴趣特长和人生规划,制定个人修习计划。学校要建立选课指导制度,加强选课走班管理,允许学生跨班级、跨年级选课,允许学生到高校、中等职业学校、科研机构、社会机构及行业企业修习选修课程。

有条件的学校,可以探索必修课程的选课走班,让学生选教师、选课程进度、选修习年级。

——改进教学方式。(略)

——实行学分制和弹性学制。学生应在3年内完成普通高中学习,允许学生提前毕业。学生修习必修课程满96学分,修习选修课程满48学分(其中职业技能类选修课程学分不少于6学分,社会实践类选修课程学分不超过8学分),总学分达到144学分,同时学业水平考试和综合素质评价达到规定要求,即可毕业。

《浙江省深化普通高中课程改革方案》,2012年6月20日

可以看出,在深化高中课程改革之路上,浙江努力优化课程结构。在量上,减少必修

学分、增加选修学分,规定各类选修课程的下限;在质上,统筹规划设计学校选修课程体系。其实,这些举措背后隐含的逻辑就是将共同的基础放低,从而放大高中学生的选择空间。

(二) 学程制度

除了减必修、增选修之外,高中生还可以自主选择课程学习的时间、地点乃至学习进程,此举进一步拓展了学习的时间与空间。比如,上海市育才中学根据学生学习规律、学科内在结构的特点,将每学期灵活划分成若干个学习阶段,称之为"学程"。每学年 6 个学程,每学期 3 个学程,高一、高二两个学年,共计 12 个学程(如表 4.7)。一个学程的教学时间基本为 5 周,其操作的基本要点是:一个学程完成若干门学科各一个模块学习;不同的学科设计不同的学程数;若干不同的学科在同一学程中的课时数相同。学校根据上海市教委统一颁布的课程设置及课时安排,对高一、高二年级的各类课程重新进行了设置。

表 4.7　育才中学选修课程示意

第一学程		第二学程		……
第 1—5 周	第 6 周	第 7—11 周	第 12 周	……
学习 模块 A - 1 考核 模块 A - 1	学习 模块 A - 2 查漏补缺 + 基础检测 模块 A - 1	学习 模块 B - 1 考核 模块 B - 1	学习 模块 B - 2 查漏补缺 + 基础检测 模块 B - 1	……

其中,语文、数学、英语、物理、化学、体育与健身、艺术、心理等 8 门学科在每个学程都开设。思想政治、历史、地理、生物和信息科技等学科,学生可以自主选择学习的时间和进程,同一学程内,学生可以选择两门不同的学科,每门学科每周均为 4 课时。对于体育与健身(专项)课程,学校提供网球、羽毛球、乒乓球、篮球、瑜伽、健美操、游泳等。艺术(专项)课程则包括街舞、版画、油画、素描、合唱、音乐剧、话剧、打击乐、管乐和弦乐等。

每个学期在 3 个学程的学习结束后,有一个整合阶段,针对该学期教学的实际状况和学生的学习水平,语文、数学、英语、物理、化学、生物、信息科技、政治、历史、地理等学科均可采用分类或分层教学,以确保学习的针对性和有效性。

　　总的来看,改革开放 40 年间,中学课程选修制度逐步得以细化、完备。20 世纪 80 年代初,选课制度无非是配合文理分科的举措,服务于分流,选修制度的弹性体现在课时的差异上,但是缺乏相配套的教学大纲或课程标准。之后的选课制度进一步兼顾升学预备与就业预备。新世纪以来,学生选择的范围继续扩展。在学校指导的基础上,学生自主选择科目、选择层次、选择教学班级、选择学习时间。更富选择性的制度的基础,则是选修课程的内在结构、逻辑体系的梳理,教学组织形式的转变,选课指导与生涯规划的开展。如以学习领域、科目、模块为基本框架的课程结构,分层走班制度。

　　从更深层次看,选修制度不得不处理共同基础与多元选择之间的关系。一方面,不存在"人人都能学好的数学",但却存在"人人都要学习的基础数学",而且这样的基础数学(核心部分)应该也可以按照绝大多数学生能够达到的标度来确定。对于达不到这个标度的学生,可以少学一些。总之,这个标度应该是中华民族对于中学生所期望达到的标度。[1] 另一方面,共同基础的无限拔高,既不可能(在客观条件尚无较大改观的情况下)也没有必要。

　　总的来看,中学选修制度给学生提供更富选择性的课程设置[2],可以满足学生多样性的需求,但同时也考验着学生的规划与选择的能力。也就是说,除了"选择",别无选择。[3] 学什么(选课),什么时间学(学程),在哪里学(走班),学到什么程度,都需要由学生作出抉择。

　　不仅仅是学生,选课带来的学生选课指导、不同层次课程的开设,对教师的专业素养与专业能力构成了巨大的挑战。分层走班、个性化的、高选择性的课程组织形式产生了每个学程近千张的个性化课表,这让课程组织的复杂性大大增加,课程管理的难度超乎想象。

---

① 蔡上鹤:《试谈中学数学课程改革中应该处理好的十个关系》,《中学数学》2005 年第 5 期。
② 陈青云:《上海育才中学:基于学程化的课程样态与组织模式》,《人民教育》2016 年第 14 期;罗阳佳:《重构"学程":课程改革的育才模式》,《上海教育》2011 年第 24 期;陈青云:《以高度选择性激发学生学习自主性》,《上海教育》2011 年第 24 期;金锐、郭瑞:《人人一张私人订制课程表——上海市育才中学"学程选课走班"探析》,《中国教师报》2015 年 11 月 11 日。
③ 刘丽群:《除了"选择",别无选择——关于加强我国普通高中课程结构选择性的思考》,湖南师范大学硕士学位论文,2001 年。

然而在实施过程中，选修课程却出现"必修化"的倾向①，有论者以浙江《论语选读》为例，指出高中课程中存在着"必修的选修课"，即在全省统一高考，但全省选修教材不一的前提下，为了节省成本，由教育行政部门统一指定"选修"一门。② 本来以增加学生的选择性，以找到自己特长为目标的选修制度，最终沦落到把选修变成强制必修，变相必修去加重学生的负担的地步。③

在课改实践中，语文选修课程开发还处于试验探索阶段，许多学校还不具备开发具有校本特点的语文选修课程实力。学校要开设语文选修课程，就只能围绕高考可能考的、教育主管部门规定的科目开设，所开设的选修课程突出共性特征，缺少个性特征。教育行政部门基于当地高考实际，又确立了相应的选修教材，这就导致选修教材开发权上移。教师也只好把选修课程当作必修课程来教，选修课程的校本特征也就被淡化了。选修课程实践与目标的错位成了课改的新问题。④

高中选修与选考之间存在着密切关联。在理念上，这二者都取决于学生的兴趣与专长。选修、选考乃至专业填报理应取决于学生的自我特长与人生规划。然而，在高选择性的制度环境下，学生愈发屈从于对选考科目的风险评估（当然这也是一种选择）。换句话说，兴趣特长让位于胜算概率，学科内在价值让位于投入产出效益。在实践中，这样的状况已然出现。由上海、浙江试点的新高考中，就已经出现了选修、选考"理科萎缩"的现象。⑤ 如果说之前的困境是"不考不学"、"考什么教什么"，那么在更富选择性的制度面前，可能就是"不赢不学"、"什么划算学什么"。

改革开放40年间，教育界完成了由教学话语体系到课程话语体系的切换。课程的作用越发为人们所重视，也被人为地加以夸大，甚至在某种程度上课程约等于教育。不仅如此，课程教材制度还关涉诸多教育角色：教育行政部门、校长、教师与学生乃至

---

① 徐萌蔚：《普通高中选修课程"必修化"现象研究》，陕西师范大学硕士学位论文，2016年。

② 蔡朝阳著：《阅读抵抗荒诞：蔡朝阳中国教育观察》，台北秀威信息科技股份有限公司2009年版，第61—64页。

③ 沈伟、曲琳：《我国普通高中课程改革的反思与展望——杭州师范大学张华教授访谈》，《全球教育展望》2012年第12期。

④ 魏本亚：《高中语文选修课程：变革、困惑与反思》，《课程·教材·教法》2006年第4期。

⑤ 潘昆峰、刘佳辰、何章立：《新高考改革下高中生选考的"理科萎缩"现象探究》，《中国教育学刊》2017年第8期。

家长。透过历史性分析,教材建设的专业化取向愈发浓厚,可以说某种程度上摆脱了行政性思维的束缚;教材的统一与多元之间的博弈仍将继续。国家、地方、学校的课程权力与责任重新分配,完成了课程由"单级"管理到"三级管理"的转变。因此,从宏观角度来审视课程变革,它的使命便是在课程领域如何处理中央、地方与学校之间的权责分配,如何对待专业与行政之间的角力。从微观视角来看,校本课程开发重新赋予了教师课程开发的权利,解决了"教什么"的问题,而选修制度的演变则渐进地赋予了学生"学什么"、"怎么学"的自由。可以看出,在教育去集权化的时代里,课程变革逐步将学校系统中最重要的一对角色——教师与学生——推向了前台。

当然,课程变革越是向纵深推进,人们愈发明白课程变革乃是一个系统工程。如果提不出高考方案就别改课程。① 只有课程教学、考试评价、招生录取(教—考—招)三者一体联动,才能驱动基础教育综合改革。

---

① 沈伟,曲琳:《我国普通高中课程改革的反思与展望——杭州师范大学张华教授访谈》,《全球教育展望》2012 年第 12 期。

第五章

教师制度

教师制度是教育体制机制改革的重要内容。2017 年 9 月，中共中央办公厅、国务院办公厅印发《关于深化教育体制机制改革的意见》，专门就教师制度改革作出详细部署，强调要创新教师管理制度，包括要健全师德建设长效机制，改进各级各类教师管理机制，切实提高教师待遇，加快落实艰苦边远地区津贴、乡镇工作补贴，以及集中连片特困地区和艰苦边远地区乡村教师生活补助政策，完善老少边穷岛等贫困艰苦地区教师待遇政策等。中共十九大报告重点强调，要"加强师德师风建设，培养高素质教师队伍，倡导全社会尊师重教"。培养高素质教师队伍，关键要靠制度支撑。改革开放 40 年来，我国在教师培养、教师人事制度、教师培训与发展等的制度建设和改革方面取得了很大成绩。本章主要从教育体制机制改革的宏观背景出发，梳理改革开放 40 年我国教师制度变革的历史，从中提炼我国教师制度变革所关切的重大问题，为新时代我国教师制度的改革和优化提供历史借鉴与理智资源。

第一节　教师培养制度

从师范教育到教师培养、培训话语的多元性共存，是改革开放以来我国教师培养制度的发展轨迹。[1] 尽管在教师教育是否能够直接取代师范教育这一问题上，理论界还存在争议[2]，但是从师范教育走向教师教育似乎已经成为当代中国教师制度变革的一个共识[3]。

---

[1] 朱旭东：《论我国后师范教育时代的教师教育制度重建》，《教育学报》2005 年第 2 期；钟启泉、王艳玲：《从"师范教育"走向"教师教育"》，《全球教育展望》2012 年第 6 期。
[2] 栗洪武：《"教师教育"不能取代"师范教育"》，《教育研究》2009 年第 5 期。
[3] 郝文武：《师范教育向教师教育转变的必然性和科学性》，《教育研究》2014 年第 3 期。

一、建立"四级师范教育体系"

早在中华人民共和国成立之初,我国就借鉴苏联教育经验,在改造"旧教育"的基础上,建立了社会主义师范教育制度。它主要包括初级师范学校、中等师范学校、师范专科学校和高等师范学校四个层次,因此又被称为"四级师范教育体系"。1951年8月10日,政务院通过的《关于改革学制的决定》是中华人民共和国成立之后我国颁布的第一个学制,对我国幼儿教育、初等教育、中等教育和高等教育改革进行了系统设计。其中,中等教育的形式最为多样,包括中学(初中和高中)、工农速成中学、业余中学、中等专业学校。师范学校的修业年限为三年,招收初级中学毕业生或具有同等学力者;初级师范学校修业年限为三至四年,招收小学毕业生或具有同等学力者;幼儿师范学校修业年限和招生条件相当于师范学校;师范学校和初级师范学校均得附设幼儿师范科;初级师范学校、师范学校和幼儿师范学校的毕业生应在小学或幼儿园服务,期满后经过考试分别升入师范学校、高级中学、师范学院或其他高等学校①。这里的师范学校就是日后的"中师"的雏形。1951年8月26日,马叙伦在《第一次全国初等教育与师范教育会议上的开幕词》中指出:"要确定各级各类师范学校的方针和任务……我们应当明确规定中等师范学校的任务,是培养小学和幼儿园的师资和部分的工农业余学校的师资。高等师范学校的任务是培养普通中学、工农速成中学、师范学校的师资以及其他中等专业学校普通课的师资。""关于高等师范学校的设置,每一大行政区必须设一由大行政区教育部直接领导的师范学院;每一省应设一师范学院或师范专科学校;原有大学教育科系,以调整改造为原则,目前暂不增设。各类中等师范学校应力求发展,并注意纠正过去发展不平衡的现象,特别应多设短期师资训练班和速成科,以适应逐步普及初等教育的需要。"②

1951年9月11日,钱俊瑞在《用革命办法办好人民教育》中进一步提出:"培养初等教育师资的学校是师范学校和初级师范学校,培养幼儿园教养员的是幼儿师范学校,培养中等学校师资的除大学担负一部分任务外,主要是师范学院和师范专科学校。

---

① 政务院:《关于改革学制的决定》,见瞿葆奎主编,雷尧珠、余光、黄荣昌选编《教育学文集·中国教育改革》,人民教育出版社1991年版,第53页。

② 何东昌主编:《中华人民共和国重要教育文献(1949—1975)》,海南出版社1998年版,第109页。

高等学校的师资主要由各高等学校的研究部来培养……""关于高等师范学校的调整和设置,每一大行政区至少建立一所健全的师范学校,由大行政区教育部(或文教部)直接领导,以培养高级中等学校师资为主要任务。各省和大城市原则上应设立一所健全的师范专科学校,由各省(或市)教育厅、局直接领导,以培养初级中等学校师资为任务;如有条件,亦得设立师范学院。""关于师范学校和初级师范学校的调整和设置,争取各省每一专署区及省辖市设立师范学校一所,条件不够时,可设初级师范学校。较大的县争取设初级师范学校一所,较小的县应联合设立初级师范学校或师范学校一所。"①这样,我国三级师范教育体系雏形就基本成型。

1952年7月16日,教育部颁发《师范学校暂行规程(草案)》和《关于高等师范学校的规定(草案)》两个草案,正式确立了我国的师范教育体系,《师范学校暂行规程(草案)》规定:"师范学校修业年限为三年,招收初级中学毕业生或具有同等学力者,入学年龄暂定为15足岁至30岁;培养幼儿园师资的师范学校称幼儿师范学校;师范学校得附设师范速成班,招收初中毕业生或具有同等学力者,修业年限定为一年。"②《关于高等师范学校的规定(草案)》提出:"高等师范学校分师范学院及师范专科学校两类。高等师范学校招收高级中学及师范学校(须服务期满)毕业生或具有同等学力者;师范学院修业年限限定为四年,师范专科学校修业年限定为两年。"③这样,在中华人民共和国成立之初,我国师范教育就建立起了相对健全的制度体系。但是"文革"十年,由于林彪、"四人帮"的严重干扰和破坏,广大教师遭到不公正待遇,师范教育和在职教师培训均受到严重破坏,导致我国师资培养体系的断裂和社会主义教育事业的严重倒退。

二、恢复"三级师范教育体系"

改革开放初期,教育领域改革千头万绪。为了尽快恢复教学秩序,解决教师身份

---

① 何东昌主编:《中华人民共和国重要教育文献(1949—1975)》,海南出版社1998年版,第115页。

② 教育部:《师范学校暂行规程(草案)》,见瞿葆奎主编,雷尧珠、余光、黄荣昌选编《教育学文集·中国教育改革》,人民教育出版社1991年版,第94页。

③ 教育部:《关于高等师范学校的规定(草案)》,见瞿葆奎主编,雷尧珠、余光、黄荣昌选编《教育学文集·中国教育改革》,人民教育出版社1991年版,第112页。

低下和数量严重不足的问题,国家首先为教师恢复了名誉,肯定了"知识分子是工人阶级的一部分"的阶级属性,提出要"尊重知识、尊重人才",提高教师社会地位①。其次,恢复和重建师范学校以培养中小学教师。20世纪60年代之后,初级师范学校逐渐被中师替代,层次结构重心上移,形成中师、师专和本科三个层次。1978年10月12日,教育部颁发《关于加强和发展师范教育的意见》,提出要"统筹规划,建立师范教育网"。主要内容包括:一是一般地区依托现有条件较好的中等师范学校,建立一所师范专科学校,在培养初中教师的同时,担负一部分在职初中教师的培训任务,学制为三年。二是努力办好中等师范学校。中师的任务是培养小学教师,同时担负一部分在职小学教师的培训任务。中师的学制分二年制师范和三年制师范两种形式。三是教育部主管的六所高等师范院校应担负为各地师院、师专、中师和重点中学培养师资的任务。②这是改革开放之后较早的明确提出三级师范院校具体职责和任务的规定,也是相对全面的规划和布置。

1980年6月15日,国家召开全国师范教育工作会议。时任教育部副部长高沂《在全国师范教育工作会议上的报告》提出要建立一个健全的师范教育体系:一是教育部应当办好直属的师范大学和师范学院,每个省、市、自治区都应有一所或几所高等师范学校;二是有关业务部门有计划地逐步恢复和创办某些必需的专业师范学校,或在某些学院增设师范系;三是有关省、自治区应注意适当发展和大力办好民族师范学校;四是省、地(市)应分别设置一所教育学院(教师进修学院),县应设置一所教师进修学校,分工培训中小学的在职教师和学校行政管理干部。③此次会议纠正了"十年动乱"中师范教育的混乱局面,比较全面地总结了三十年来我国教师教育的历史经验和教训,制定了一系列文件,明确了今后的方针、任务,指明了各级师范院校的培养目标④。

在中等师范教育方面,1980年8月22日,全国师范教育工作会议讨论通过了《教育部关于进一步加强中小学在职教师培训工作的意见》、《教育部关于办好中等师范教

---

① 中共中央文献编辑委员会编辑:《邓小平文选(第二卷)》,人民出版社1994年版,第41、108页。
② 何东昌主编:《中华人民共和国重要教育文献(1976—1990)》,海南出版社1998年版,第1649页。
③ 国家教育委员会师范教育司编:《全国师范教育工作会议文件汇编(1—5次)》,东北师范大学出版社1997年版,第136—137页。
④ 王立科:《我国教师教育政策发展三十年回顾与展望》,《国家教育行政学院学报》2009年第1期。

育的意见》和《中等师范学校规程(试行草案)》三个文件。其中,《教育部关于办好中等师范教育的意见》(以下简称《意见》)在肯定中等师范教育重要作用和意义的基础上,对中等师范教育的任务、学制和招生、教学计划和教材问题,办好幼儿师范、民族师范,盲聋哑师资培养以及中等师范教育的领导和管理等问题进行了规定。《意见》进一步明确了中等师范教育的任务:为小学培养合格的师资。中等师范学校的学制为 3 年和 4 年两种,均招收初中毕业生及具有同等学力的社会青年;中师也可以招收民办(或代课)教师;中师学校招生指标必须用于培养小学师资;培养中师学生,必须注意学生的思想政治教育和共产主义道德品质培养,加强基础知识和基本技能训练,坚持教学为主,提高教育学、心理学、小学语文教材教法和小学数学教材教法等专科课的教学质量。[1] 随后,陆续颁发了《中等师范学校规程》、《中等师范学校教学计划(试行草案)》,对中等师范教育的恢复和重建做了基础性工作。

在高等师范教育方面,1980 年 9 月 29 日,教育部发布《关于师范教育的几个问题的请示报告》,强调师范教育是教育事业中的"工作母机",是造就培养人才的人才基地,要建立健全师范教育体系,使之成为培养各类中等、初等学校和幼儿园合格师资的基地。其中,"师范教育的基本任务是培养师资。高等师范院校本科主要是培养中等学校师资;师范专科学校培养初级中等学校师资;中等师范学校和幼儿园师范学校培养小学师资和幼儿园师资"。[2] 1980 年 10 月 27 日,教育部发布《关于大力办好高等师范专科学校的意见》,对高等师范专科学校的管理体制、学制、专业设置和教学工作等进行了规范,认为高等师范专科学校是我国高等师范教育体系中的重要组成部分,它的主要任务"是为本地区初级中学培养合格师资"[3]。师专的管理体制主要有两种形式:一种是省、专区双重领导,以省为主;一种是省、专区双重领导,以专区为主。师专的学习年限分二年制和三年制两种。这样,我国在 1980 年左右就恢复和初步建成了以师范大学、师范专科、中等师范为主的师资培养体系和教师在职培训体系并立的格局。

---

① 何东昌主编:《中华人民共和国重要教育文献(1976—1990)》,海南出版社 1998 年版,第 1834—1869 页。
② 国家教育委员会师范教育司编:《全国师范教育工作会议文件汇编(1—5 次)》,东北师范大学出版社 1997 年版,第 131—132 页。
③ 苏林、张贵新主编:《中国师范教育十五年》,东北师范大学出版社 1996 年版,第 41 页。

1985 年 5 月,《中共中央关于教育体制改革的决定》充分肯定了已经建立的师范教育体制,要求把发展师范教育和培训在职教师作为发展教育事业的战略措施。为贯彻教育体制改革,更好地发展基础教育,国家教委于 1986 年 3 月 26 日印发《〈关于加强和发展师范教育的意见〉的通知》(以下简称《通知》),强调指出,办好师范教育是解决师资问题的根本途径,要真正把师范教育提到发展教育事业的战略地位上。《通知》明确提出,要坚持为中小学服务的办学思想,明确各级师范学校的培养任务,也要承担一部分在职教师的培训任务。中等师范学校培养小学和幼儿师资;师范专科学校培养初级中等学校师资;高师本科学校培养中等学校师资;部分较好的师范大学要承担一部分高层次师资的培养任务。《通知》强调,要加强薄弱环节,不断提高师范教育质量,坚持面向现代化,面向世界,面向未来;加强师范生的思想政治教育和专业思想教育;合理调整专业设置和教学计划;加强教育课程和教育实践的改革;重视教育科学的研究;抓紧教材建设。[1] 总之,经过改革开放后十余年的恢复和发展,到 20 世纪 80 年代中后期我国进一步完善了"三级师范教育体系",形成结构较为完整、秩序较为良好的系统的制度规范。

三、构建开放性教师教育体系

传统的"三级师范教育体系"强调的是"师范"院校在培养教师中的完全地位。但是随着经济社会发展和教育事业的不断进步,尤其是 20 世纪 80 年代后期我国教育体制改革逐步推开,师范教育体系开始面临一些新情况:一方面,基础教育在教育改革的春风中不断壮大,社会对优质教育的需求越来越高,优质的教育需要优质的教师,因而调整和改革教师培养制度势在必行;另一方面,师范院校尤其是国家重点师范大学开始积极拓展办学途径,为提高师范院校与综合院校的竞争力,开始大规模设立非师范专业,主张师范院校与综合性大学"打通、融合,跳出师范的老框框"。为此,国家教育委员会于 1986 年 3 月 10 日印发《关于基础教育师资和师范教育规划的意见》(以下简称《意见》),除进一步明确我国师范院校现有的中师、师专、大学本科三级学制外,强调中等师范学校要担负小学教师在职培训和进修任务,幼儿师范学校要为幼儿教育培

---

① 何东昌主编:《中华人民共和国重要教育文献(1976—1990)》,海南出版社 1998 年版,第 2403—2404 页。

养和培训师资,师范专科学校担负一部分初中教师在职培训的任务,师范本科院校为基础教育培养具有大学本科水平的合格教师。《意见》创造性地提出,中学教师的来源要多样化,要对师范院校、普通综合院校统筹考虑,满足教育发展的需要。非师范院校按计划办师范班的招生、分配、待遇应与师范院校一视同仁;非师范班的毕业生也可按需要分配教中学,政策上要采取鼓励措施。① 这样,在师资培养问题上,就开始考虑综合性大学和其他非师范院校在师资培养上的重要作用,开启了师资培养的新途径。

也是在这一时期,在我国学术领域产生了"大师范教育"的争论,其间先后出现了"发展职业技术师范教育"、"开放型的大师范教育体系"、"培养师资与培训师资并举"、"实施通才教育"等一系列关键词。"大师范教育"争论的主要内容包括:师范教育的职前培养和职后培训两大部分应该是相互联系、相互促进的有机整体;终身教育思想的确立,在纵深上扩大了人们对师范教育的理解,师范教育的任务应该兼顾培养培训师资和教师整个职业生涯中的不断提高和进步;主张开放性,强调高等师范教育向世界开放,向社会开放,向中等教育开放,高师系统内部互相开放,以增强高师的活力和动力;强调人才培养的学术性和师范性的统一,师范教育的目的不仅仅停留于师资教育,也强调培养直接参与市场竞争的各类人才。② 这些讨论虽然在学术领域有过争鸣,但实际上并未形成实质性的官方政策文件。

在此背景下,师范学校发展和定位地位问题就成为摆在师范教育发展面前的一个大问题。为了进一步巩固和培养师资,提高教师队伍素质,时任国务院副总理李岚清在 1996 年全国师范教育工作会议部分代表座谈的讲话中提到:"未来二三十年或更长一段时期,将是我国师范教育的黄金时期,我们要坚定不移地把我国的师范教育努力办好。"③1999 年 3 月 16 日,教育部印发《关于师范院校布局结构调整的几点意见》,认为我国师范教育的发展趋势是:以师范院校为主体,其他高等学校积极参与,中小学教师来源多样化;师范教育层次结构重心逐步升高;职前职后教育贯通,继续教育走上法制化轨道,以现代教育技术和信息传播技术为依托,开放型的中小学教师继续教育

---

① 苏林、张贵新主编:《中国师范教育十五年》,东北师范大学出版社 1996 年版,第 19—20 页。

② 杨跃著:《"教师教育"的诞生》,广西师范大学出版社 2011 年版,第 39—46 页。

③ 国家教育委员会师范教育司编:《全国师范教育工作会议文件汇编(1—5 次)》,东北师范大学出版社 1997 年版,第 178 页。

网络初步建立。层次结构调整目标由城市向农村、由沿海向内地逐步推进,由三级师范(高师本科、高师专科、中等师范)向二级师范(高师本科、高师专科)过渡。到 2010 年左右,新补充的小学、初中教师分别基本达到专科和本科学历。1999 年 6 月 13 日,《中共中央国务院关于深化教育改革,全面推进素质教育的决定》指出,加强和改革师范教育,大力提高师资培养质量;调整师范学校的层次和布局,鼓励综合性高等学校和非师范类高等学校参与培养、培训中小学教师的工作,探索在有条件的综合性高等学校中试办师范学院。

1996 年 9 月 9 日,朱开轩在《大力办好师范教育,加强教师队伍建设,为实现跨世纪教育发展目标而奋斗》的报告中进一步强调:"必须继续保持独立的师范教育体系,使庞大的中小学教育新师资的培养和在职教师的培训有稳定的基地。要坚持以独立设置的各级各类师范院校为主体,充分发挥非师范院校培养培训师资的协同作用。职业教育的专业师资培养培训要充分发挥理工农医等院校的优势,积极发挥高等师范院校特别是职业技术师范院校的作用。非师范院校参与中小学教师培养培训工作,这是社会经济、文化、教育发展的必然要求。""师范教育的层次结构仍应稳定中师、师专、本科三个层次。适度发展本科,按需发展专科,调整加强中师。""逐步改变单纯由教师进修院校培训师资和职前职后分离办学的局面,进一步完善省、市(地)、县、乡四级培训网络。在充分发挥教育学院、教师进修学院(培训中心)主干作用的同时,应充分发挥普通师范院校和教师任职学校在师资培训工作中的积极作用,并通过联合、合作办学等多种形式加强职前职后教育的联系,有条件的地方逐步实现培养培训一体化。"①

1996 年 12 月 5 日,国家教育委员会颁发《关于师范教育改革和发展的若干意见》(以下简称《意见》)。《意见》指出:"健全和完善以独立设置的各级各类师范院校为主体,非师范类院校共同参与,培养和培训相沟通的师范教育体系。基础教育教师、中等职业教育文化课和专业基础课教师主要由各级师范院校培养,其他高等学校参与。中等职业教育专业课教师主要由高等职业技术师范学校和理、工、农、林、医等高等院校培养,其他高等师范学校参与。国家对师范专业毕业生颁发相应的教师资格证书,并

---

① 国家教育委员会师范教育司编:《全国师范教育工作会议文件汇编(1—5 次)》,东北师范大学出版社 1997 年版,第 187—188 页。

通过实施教师资格制度,吸收非师范专业学生和社会优秀人才从教。""基础教育教师培训主要由各级教师进修院校(培训机构)承担,中等职业教育教师培训由高等职业技术师范学校和其他高等学校承担;各级师范院校和教师所在学校要在教师培训工作中发挥积极作用。""师范教育基本稳定为中等师范教育、高等师范专科教育、高等师范本科教育三个层次。适度发展本科,按需发展专科,调整、加强中师。已经实现'普九'且教师学历合格率已基本达到现行规定标准要求的经济发达地区,根据需要与可能,由省级教育行政部门申报并经国家教委审批后,可以适度扩大培养专科学历小学教师的试验规模;逐步增加培养本科学历初中教师和研究生学历高中骨干教师的比重。"①

20 世纪 90 年代中后期,特别是 21 世纪之初,全国出现了师范学校与非师范学校合并,或升格成为综合性大学的局面。不少师范学校尤其是师范专科学校与非师范院校合并升格为综合性大学或学院,一些专科层次的师范学校或教育学院与师范院校合并升格成为师范大学。在此背景下,为确保师范教育在教育事业中优先发展的战略地位,时任国家教委副主任柳斌《在全国师范教育工作会议上的总结报告》提出:"各级各类师范院校必须坚定不移地为中小学服务,这是我们评价师范院校办学质量的一条重要标准。师范院校要进'211',首先要看这一条,看办学指导思想是否正确。"②

至此,经过十几年的发展,到 20 世纪末我国已经形成了以各级各类师范院校为主体的培养与培训相结合的网络结构。职前培养以各级普通师范院校为主要渠道,包括本科层次的师范大学(师范学院)、职业技术师范学院,专科层次的师范高等专科学校、职业技术师范专科学校,中等层次的普通中等师范学校、幼儿师范学校、特殊教育师范学校;以普通高校师资班、教育系、电视大学师资班为辅助渠道。职后培训则是以各级各类教育学院和教师进修学校为主要渠道,包括省教育学院、地(市)教育学院、县教师进修学校;以函授教育、夜大学、电视大学、自学考试为辅助渠道,承担在职教师的学历补偿和继续教育工作。这一网络体系的建立和完善,使得全国中小学教师的培养与培

---

① 国家教育委员会师范教育司编:《全国师范教育工作会议文件汇编(1—5 次)》,东北师范大学出版社
1997 年版,第 209—210 页。
② 同上书,第 200 页。

训有了稳定的基地。①

　　进入 21 世纪之后,国家从政策层面开始引导建立开放的教师教育体系,实现从师范教育到教师教育的转型,这是改革开放以来我国教师制度发展的一次重大转型。1998 年 12 月 24 日,教育部颁布《面向 21 世纪教育振兴行动计划》,提出要实施"跨世纪园丁工程",同时强调要加强和改革师范教育,提高新师资的培养质量。实力较强的高等学校要在新师资培养以及教师培训中作出贡献。1999 年 3 月 16 日,教育部颁发《关于师范院校布局结构调整的几点意见》,提出:"从我国国情出发,坚持独立设置师范院校主体作用,同时进一步拓宽中小学教师来源渠道,鼓励一批高水平综合大学参与培养中小学教师;在师范资源相对比较集中的大中城市积极推动师范教育资源重组,全国形成一批层次高、规模大、综合实力强的师范大学;教育部与地方共建办好若干所师范大学,省、自治区、直辖市重点办好 1 所师范大学,以本科教育为基础,同时承担研究生教育,建成服务于中小学教育的教学中心、科研中心,并为师范教育发展起主导、骨干、示范作用;以省、自治区、直辖市统筹为主,在有条件的市(地)推进师范专科学校、教育学院和中等师范学校合并,建设一批师范学院或师范专科学校承担中小学教师培养培训任务;积极稳妥地进行中等师范学校调整工作。继续办好一批中师,为经济和教育欠发达地区培养小学教师。"②

　　1999 年 6 月 13 日,《中共中央国务院关于深化教育改革,全面推进素质教育的决定》提出:"加强和改革师范教育,大力提高师资培养质量。调整师范学校的层次和布局,鼓励综合性高等学校和非师范类高等学校参与培养、培训中小学教师的工作,探索在有条件的综合性高等学校中试办师范学院。到 2010 年前后,具备条件的地区力争使小学和初中阶段教育的专任教师的学历分别提升到专科和本科层次,经济发达地区高中阶段教育的专任教师和校长中获硕士学位者应达到一定比例。提高高等学校教师中具有博士学位教师的比例。"这是国家最高决策层发布的关于教育改革的重大文件,提出要鼓励综合性高等学校和非师范类高等学校参与中小学教师培养,并试办师

---

① 华东师范大学师范教育研究所:《中国师范教育:1981—1996》,《华东师范大学学报(教育科学版)》1996 年第 3 期。
② 何东昌主编:《中华人民共和国重要教育文献(1998—2002)》,海南出版社 2003 年版,第 241 页。

范学院,标志着我国在构建开放的教师教育体系上迈进了重要一步。

2001年5月29日,国务院颁发《国务院关于基础教育改革与发展的决定》,提出要完善教师教育体系,加强中小学教师队伍建设。"完善以现有师范院校为主体、其他高等学校共同参与、培养培训相衔接的开放的教师教育体系;加强师范院校的学科建设,鼓励综合性大学和其他非师范类高等学校举办教育院系或开设获得教师资格所需课程。""以有条件的师范大学和综合性大学为依托建设一批开放式教师教育网络学院;推进师范教育结构调整,逐步实现三级师范向二级师范的过渡;有条件的地区要培养具有专科学历的小学教师和本科学历初中教师,逐步提高高中教师的学历,扩大教育硕士的培养规模和招生范围;增强师范毕业生的教育教学与终身发展能力。"①这是首次在国家层面使用"教师教育"这一概念,同时提出了我国师范教育逐步实现由三级师范向二级师范的过渡。

2002年,教育部出台《关于"十五"期间教师教育改革与发展的意见》,提出:"教师教育是在终身教育思想指导下,按照教师专业发展的不同阶段,对教师的职前培养、入职教育和在职培训的统称。"加快教师教育发展,是新形势下师范教育改革和发展的必然趋势,要"初步形成以现有师范院校为主体,其它高等学校共同参与,培养培训相衔接,体现终身教育思想的开放的教师教育体系"。"中小学新教师培养要有计划、有步骤、多渠道地纳入高等教育体系,逐步形成专科、本科、研究生三个层次的教师教育。到2005年,大中城市和经济发达地区要确保新补充的小学教师中具有专科学历者、新补充的初中教师中具有本科学历者均力争达到80%以上;高中教师中研究生学历达到一定比例。已实现'两基'的农村地区,新补充的小学教师具有专科以上学历者、新补充的初中教师具有本科以上学历者均力争达到50%左右。""要求促使教师教育机构的办学层次适时地由'三级'向'二级'过渡。"②

2003年,教育部提出要"加快建立开放灵活的教育体系,提高办学层次,推进师范院校改革,鼓励综合性大学开展教师教育"③。从这个角度讲,由师范专科学校转型升

---

① 何东昌主编:《中华人民共和国重要教育文献(1998—2002)》,海南出版社2003年版,第890页。
② 同上书,第1146—1148页。
③ 《教育部2003年工作要点》,http://www.moe.edu.cn/jyb_xwfb/moe_164/201002/t20100220_1517.html(阅读时间:2017年10月12日)。

级为综合性大学或师范大学,以及由专科性质的师范学校或中师转型升级为师范学院或师范大学,这本身已经使我国师范院校办学层次获得提升。这样就打破了原来只有师范学校培养中学教师的局面,一些综合性大学、师范大学或地方师范院校也开始培养小学教师或中学教师;一些中师和师范专科学校升格之后依然在培养小学教师,只不过是以初等教育学院或者是以小学教育专业的方式来培养小学教师。2004 年,《2003—2007 年教育振兴行动计划》提出:"改革教师教育模式,将教师教育逐步纳入高等教育体系,构建以师范大学和其他举办教师教育的高水平大学为先导,专科、本科、研究生三个层次协调发展,职前职后教育相互沟通,学历与非学历教育并举,促进教师专业发展和终身学习的现代教师教育体系。"

为了进一步提升教师培养质量,国家决定从 2007 年开始,在教育部直属六所师范大学实行师范生免费教育,目的就是要形成尊师重教的氛围,吸引优秀学生从事教育,让教育成为全社会最受尊重的事业。2007 年 3 月 5 日,时任国务院总理温家宝在十届全国人大五次会议《政府工作报告》中宣布,要在教育部直属师范大学实行师范生免费教育,鼓励优秀青年从事教育工作,让教育成为全社会最受尊重的事业。2007 年 5 月,国务院办公厅转发《教育部等部门关于〈教育部直属师范大学师范生免费教育实施办法(试行)〉的通知》,决定从 2007 年秋季起在教育部直属的北京师范大学、华东师范大学、东北师范大学、华中师范大学、陕西师范大学和西南大学实行师范生免费教育,学生在校期间免缴学费、住宿费,还将获得生活费补助。

在努力调整师范院校办学层次和办学模式的同时,国家还积极鼓励非师范院校参与教师教育和促使师范院校综合化。为了提升自身的办学质量,各个学校开始建构与我国经济社会发展和教育事业发展相适应的教师教育体系,如北京师范大学实施的"大学+师范"的教师教育模式、华东师范大学实施的书院制模式、陕西师范大学实施的"2+2"模式(即前两年按大类进行通识培养,后两年再到院系进行专业培养)。无论如何,随着高等教育大众化时代的到来,我国的师范教育体系也开始发生变化,师范生从事教学的学校也不再局限于所毕业学校的层次,发达地区很多综合性大学或研究型师范大学毕业生也都到小学从事教育工作,甚至是硕士和博士到中小学工作。学校不仅限于培养本科或专科层次的中小学教师,而且越来越多地培养硕士或博士层次的中小学教师。

2010 年,《国家中长期教育改革和发展规划纲要(2010—2020 年)》提出:"加强教师教育,构建以师范院校为主体、综合大学参与、开放灵活的教师教育体系。深化教师教育改革,创新培养模式,增强实习实践环节,强化师德修养和教学能力训练,提高教师培养质量。"2012 年,教育部、国家发展改革委和财政部联合发布《关于深化教师教育改革的意见》,就教师教育改革和教师教育体系建设制度设计,提出要进一步完善开放灵活的教师教育体系:"发挥师范院校在教师教育中的主体作用,重点建设好师范大学和师范学院;鼓励综合大学发挥学科综合优势,参与教师教育;地方综合性院校、师范高等专科学校、中等师范学校要根据教师培养要求,积极调整专业结构,加强小学和幼儿园教师培养。教育部与各省级人民政府共同建设一批师范大学和职业技术师范院校。支持部属师范大学与地方师范院校合作建立区域性教师教育联盟。"

2014 年 8 月 19 日,教育部发布《关于实施卓越教师培养计划的意见》(以下简称《意见》),提出要深化教师培养模式改革,建立高校与地方政府、中小学(幼儿园、中等职业学校、特殊教育学校,下同)协同培养新机制,培养一大批师德高尚、专业基础扎实、教育教学能力和自我发展能力突出的高素质专业化中小学教师。《意见》主张分类推进卓越教师培养模式改革,包括卓越中学、小学、幼儿园、中等职业学校、特殊教育教师的培养。通过高校与地方政府、中小学协同,建立合作共赢长效机制,共同制定培养目标、设计课程体系、建设课程资源、组织教学团队、建设实践基地、开展教学研究、评价培养质量。推动教育教学改革创新,构建公共基础课程、学科专业课程、教师教育课程比重适当、结构合理、理论与实践深度融合的模块化的教师教育课程体系;紧密结合中小学教育教学实践,在教师教育课程中充分融入优秀中小学教育教学案例等实践导向的课程内容;推进以"自主、合作、探究"为主要特征的研究型教学改革,着力提升师范生的学习能力、实践能力和创新能力;开展规范化的实践教学,将实践教学贯穿培养全过程,分段设定目标,确保实践成效;探索建立社会评价机制。

总之,在 2003 年之后,教师教育的政策话语逐渐占据主导地位,实践话语全面推进,封闭、定向的师范教育体系逐渐被打破,逐步确立了多样化、开放性和综合化的教师教育体系。

第二节 教师管理制度

教师管理,主要指教师人事管理,包含教师资格、教师职务、教师编制、教师薪酬等方面的综合型事务。教师管理制度的巩固和完善,是中小学改革和发展的重要保障。教师管理制度在改革开放40年来也经历了重大变革和发展。

一、专业取向的教师资格制度

对于教师从业资质的要求,从20世纪80年代开始实施的教师资格证书制度,到新世纪以来的教师专业标准,经历了一个不断专业化的过程。

(一)教师资格制度

中华人民共和国成立后,我国一直没有从制度和法律层面建立教师资格制度。因为我国长期以来实行独立的、封闭的师范教育体系,即所谓"三定一保"的教师培养政策,定向招生、定向培养、定向分配和生活津贴保障制度。在这种制度安排下,师范生毕业之后就被认为是合格的,全部包分配到中小学从事教育教学活动。因此,没有与教师资格之间建立某种必然联系。改革开放之后,尤其是20世纪80年代后期,随着非师范学校和非师范专业参与师范生培养以及教育教学活动,也受国外教师资格制度的影响,国家才开始酝酿建立教师资格制度。1985年5月,中共中央办公厅颁布《中共中央关于教育体制改革的决定》(以下简称《决定》),提出:"只有具备合格学历或有考核合格证书的,才能担任教师。从幼儿师范到高等师范的各级师范教育,都必须大力发展和加强。师范院校要坚持为初等和中等教育服务的办学思想,毕业生都要分配到学校任教,其他高等学校毕业生也应有一部分分配到学校任教。"在《决定》精神的指引下,我国开启了教师资格制度的建设。

1986年4月12日,第六届全国人民代表大会第四次会议通过《中华人民共和国义务教育法》,其中第十三条规定:"国家采取措施加强和发展师范教育,加速培养、培训师资,有计划地实现小学教师具有中等师范学校毕业以上水平,初级中等学校的教师具有高等师范专科学校毕业以上水平。国家建立教师资格考核制度,对合格教师颁发资格证书。"①同年9月6日,国家教委《关于印发〈中小学教师考核合格证书试行办法〉的通知》(以下简称《试行办法》)提出,实行考核合格证书制度不是一项临时性的措施,而是一项长期办法。《试行办法》规定,考核合格证书适用于不具备国家规定合格学历的中小学教师,考核合格证书暂设《教材教法考试合格证书》和《专业合格证书》两种。《教材教法考试合格证书》标志着教师初步学习并掌握了所教学科的教学大纲、教材及基本的教学方法;《专业合格证书》标志着教师具有担任某一学科教学所必须具备的文化专业知识和能力,并能基本胜任所教学科的教学工作。凡不具备国家规定合格学历的中小学教师,工作满一年以上者,可申请参加《教材教法考试合格证书》的考试;工作满两年以上并已取得《教材教法考试合格证书》者,可申请参加《专业合格证书》的文化专业知识考试。②

1993年2月13日,中共中央、国务院印发的《中国教育改革和发展纲要》提出:"到本世纪末,通过师资补充和在职培训,绝大多数中小学教师要达到国家规定的合格学历标准,小学和初中教师中具有专科和本科学历者的比重逐年提高。"1994年1月1日施行的《中华人民共和国教师法》规定,国家实行教师资格制度,"中国公民凡遵守宪法和法律,热爱教育事业,具有良好的思想品德,具备本法规定的学历或者经国家教师资格考试合格,有教育教学能力,经认定合格的可以取得教师资格"。1995年12月12日,国务院发布《教师资格条例》(以下简称《条例》),对我国教师资格的性质、资格分类、资格条件、教师资格考试和资格认定的基本办法进行了明确规定。《条例》规定:"教师资格分为幼儿园教师资格,小学教师资格,初级中学教师和初级职业学校文化课、专业课教师资格,高级中学教师资格,中等专业学校、技工学校、职业高级中学文化课、专业课教师资格,中等专业学校、技工学校、职业高级中学实习指导教师资格,高等学校教师资格。""教师资格考试科目、标准和考试大纲由国务院教育行政部门审定;教师资格考试试卷的编制、考务工作和考试成绩证明的发放,属于幼儿园、小学、初级中学、高级中学、中等职业学校教师资格考试和中等职业学校实习指导教师资格考试的,由县级以上人民政府教育行政部门组织实施;属于高等学校教师资格考试的,由国务

---

① 何东昌主编:《中华人民共和国重要教育文献(1976—1990)》,海南出版社1998年版,第2415页。
② 同上书,第2492页。

院教育行政部门或者省、自治区、直辖市人民政府教育行政部门委托的高等学校组织实施。"

1995 年的《教师资格条例》颁布之后,教育部于 2000 年 9 月 23 日发布《〈教师资格条例〉实施办法》(以下简称《实施办法》),规定:国务院教育行政部门负责全国教师资格制度的组织实施和协调监督工作;县级(包括县级)以上地方人民政府教育行政部门根据《教师资格条例》规定权限负责本地教师资格认定和管理的组织、指导、监督和实施工作;依法受理教师资格认定申请的县级以上地方人民政府教育行政部门,为教师资格认定机构。申请认定教师资格的条件是:"遵守宪法和法律,热爱教育事业,履行《教师法》规定的义务,遵守教师职业道德;中国公民依照本办法申请认定教师资格应当具备《教师法》规定的相应学历;具备承担教育教学工作所必须的基本素质和能力,具体测试办法和标准由省级教育行政部门制定;普通话水平应当达到国家语言文字工作委员会颁布的《普通话水平测试等级标准》二级乙等以上标准……"《实施办法》的颁布与实施,标志着我国教师资格制度的法制规范体系初步得以确立。

2001 年 5 月 14 日,教育部印发《关于首次认定教师资格工作若干问题的意见》(以下简称《意见》),提出:要坚持依法治教、依法管理,促进教师管理走上法制化轨道;严格把住教师队伍入口关,形成高质量的教师队伍;形成多渠道的教师培养体系,拓展吸引优秀人才从事教育教学工作的途径;促进教师队伍整体素质的提高,为全面实施素质教育提供法律保障,创造师资条件。《意见》强调:"教师资格是国家对专门从事教育教学工作人员的基本要求。教师资格制度全面实施后,只有依法取得教师资格者,方能被教育行政部门依法批准举办的各级各类学校和其他教育机构聘任为教师。教师资格一经取得,非依法律规定不得丧失和撤销。具有教师资格的人员依照法定聘任程序被学校或者其他教育机构正式聘任后,方为教师,具有教师的义务和权利。"《意见》还就当时实施工作中的十五个方面的具体问题,如教师资格的性质、首次认定教师资格的范围、教师资格认定程序等提出了具体指导。2001 年 8 月 8 日印发了《教师资格证书管理规定》,对教师资格证书的用途、管理机构、认定机构、主要内容、证书规格、收回证书的条件及编号方法等作了详细规定。以此为标志,我国的教师资格制度在全国正式实施。

2010 年,《国家中长期教育改革和发展规划纲要(2010—2020 年)》(以下简称《规划纲要》）提出："完善并严格实施教师准入制度，严把教师入口关。国家制定教师资格标准，提高教师任职学历标准和品行要求。建立教师资格证书定期登记制度。省级教育行政部门统一组织中小学教师资格考试和资格认定，县级教育行政部门按规定履行中小学教师的招聘录用、职务（职称）评聘、培养培训和考核等管理职能。"

　　根据《规划纲要》精神，我国从 2011 年开始实施试行教师资格国家统一考试制度。2013 年，教育部发布《关于印发〈中小学教师资格考试暂行办法〉〈中小学教师资格定期注册暂行办法〉的通知》。《中小学教师资格考试暂行办法》规定："参加教师资格考试合格是教师职业准入的前提条件。申请幼儿园、小学、初级中学、普通高级中学、中等职业学校教师和中等职业学校实习指导教师资格的人员须分别参加相应类别的教师资格考试。"教师资格考试包括笔试和面试两部分。笔试主要考查申请人从事教师职业所应具备的教育理念、职业道德、法律法规知识、科学文化素养、阅读理解、语言表达、逻辑推理和信息处理等基本能力；教育教学、学生指导和班级管理的基本知识；拟任教学科领域的基本知识，教学设计实施评价的知识和方法，运用所学知识分析和解决教育教学实际问题的能力。幼儿园教师资格考试笔试科目为《综合素质》、《保教知识与能力》两科；小学教师资格考试笔试科目为《综合素质》、《教育教学知识与能力》两科；初级中学、普通高级中学教师和中等职业学校文化课教师资格考试笔试科目为《综合素质》、《教育知识与能力》、《学科知识与教学能力》三科；中等职业学校专业课教师和实习指导教师资格考试笔试科目为《综合素质》、《教育知识与能力》、《专业知识与教学能力》三科。面试主要考查申请人的职业认知、心理素质、仪表仪态、言语表达、思维品质等教师基本素养和教学设计、教学实施、教学评价等教学基本技能。《中小学教师资格定期注册暂行办法》对中小学教师资格注册条件和注册程序进行了说明："中小学教师资格实行 5 年一周期的定期注册。定期注册不合格或逾期不注册的人员，不得从事教育教学工作。"这就打破了教师资格证"永久有效"的制度，强调通过定期注册，加强对教师资格的管理和认定，以确保师资队伍质量的提升。

（二）教师专业标准

　　教师专业标准的建立与完善，源于应对信息技术发展对教师教育技术能力的要求，具体包括以下几个方面。

　　教育技术能力标准。为提高中小学教师教育技术能力水平，促进教师专业能力发展,根据《中华人民共和国教师法》和《中小学教师继续教育规定》有关精神,教育部教师工作司于 2004 年 12 月 15 日颁发《中小学教师教育技术能力标准(试行)》,从意识与态度、知识与技能、应用与创新和社会责任四个维度,对中小学教学人员、中小学管理人员、中小学技术支持人员教育技术能力的培训与考核作出了具体规定。

教师教育课程标准。教育部于 2011 年 10 月 8 日颁布了《教师教育课程标准(试行)》(以下简称《标准》)。《标准》要求要坚持育人为本、实践取向、终身学习的理念,通过创新教师培养模式,强化实践环节,加强师德修养和教育教学能力训练,培养师范生的社会责任感、创新精神和实践能力。要求以"三个面向"为指导,适应基础教育改革发展,遵循教师成长规律,科学设置师范教育类专业公共基础课程、学科专业课程和教师教育课程,构建开放兼容的教师教育课程体系。《标准》设置了幼儿园、小学和中学职前教师教育课程,其中,课程目标领域包括教育信念与责任、教育知识与能力、教育实践与体验三块;课程设置强调要把社会主义核心价值体系有机融入课程教材中,精选对培养优秀教师有重要价值的课程内容,将学科前沿知识、教育改革和教育研究最新成果充实到教学内容中,特别应及时吸收儿童研究、学习科学、心理科学、信息技术的新成果;更加强调利用模拟课堂、现场教学、情境教学、案例分析等多样化的教学方式和手段,强化师范生的教育实践环节。

教师专业标准。2012 年 9 月 13 日,教育部研究制定了《幼儿园教师专业标准(试行)》、《小学教师专业标准(试行)》和《中学教师专业标准(试行)》,从专业理念与师德、专业知识、专业能力三个方面对教师专业能力进行了规定。同时强调,这三个《标准》是教师实施教育教学行为的基本规范,引领教师专业发展的基本准则,教师培养、准入、培训、考核等工作的重要依据。2013 年 9 月 20 日,教育部印发《中等职业学校教师专业标准(试行)》(以下简称《专业标准》),提出要将《专业标准》作为国家对合格中等职业学校教师专业素质的基本要求,中等职业学校教师开展教育教学活动的基本规范,引领中等职业学校教师专业发展的基本准则,以及中等职业学校教师培养、准入、培训、考核等工作的基本依据。《专业标准》与幼儿园、小学和中学教师《标准》的维度基本一致,强调师德,关注能力。2015 年 8 月 26 日,教育部进一步制定了《特殊教育教师专业标准(试行)》,强调要坚持师德为先、学生为本、能力并重、终身学习的理念,加强教师师德修养,提高特殊教育教师专业能力。

二、规范取向的职务聘任制度

我国自 1986 年开始实施中小学专业技术职务制度，在教师职业岗位入职方式上，经历了从任命制到聘任制并不断完善的过程。

（一）以"任命制"为主的教师职务聘任

在中小学实行教师职务聘任制，是我国中小学教师队伍建设的一项重大措施，有利于做好教师的培养、使用、考核和晋升，有利于教师队伍的稳定。改革开放初期，我国教师入职实行的是师范院校毕业生的分配就业制度。1978 年 10 月 12 日，教育部颁发《关于加强和发展师范教育的意见》，提出："为了办好师范教育，巩固和提高中小学师资队伍，应切实保证各级师范院校招收新生的质量；高师、中师学生，全部享受人民助学金待遇；高师、中师毕业生属于国家分配，应全部分配到教育战线工作。"

1986 年，国家开始对中小学教师实行教师职务聘任工作试点。1986 年 5 月 19 日，《中央职称改革工作领导小组关于转发国家教委中小学教师职务试行条例等文件的通知》提出，原则上同意国家教育委员会《中学教师职务试行条例》、《小学教师职务试行条例》和《关于中小学教师职务试行条例的实施意见》等文件，对中小学教师的职务等级、职务责任、任职条件、考核评审等问题进行了规定。其中，《中学教师职务试行条例》提出："中学教师职务是根据学校的教育教学工作需要设置的工作岗位。中学教师职务设中学高级教师、中学一级教师、中学二级教师、中学三级教师。中学教师职务实行聘任或任命制。聘任或任命教师职务，必须经过教师职务评审委员会从政治思想、文化专业知识水平、教育教学能力、工作成绩和履行职责等方面进行评审，认定具备担任相应职务的条件，由学校或县以上教育行政部门领导进行聘任或任命。聘任或任命教师担任职务应有一定的任期，每一任期一般为三至五年。可以续聘或连任。"[①]《小学教师职务试行条例》指出："小学教师职务是根据学校的教育教学工作需要设置的工作岗位。小学教师职务设小学高级教师、小学一级教师、小学二级教师、小学三级教师。小学教师职务实行聘任或任命制。聘任或任命教师职务，必须经过教师职务评审委员会从政治思想、文化专业知识水平、教育教学能力、工作成绩和履行职责等方面进行评审，认定具备担任相应职务的条件，由学校或县以上教育行政部门领导进行聘

---

① 何东昌主编：《中华人民共和国重要教育文献（1976—1990）》，海南出版社 1998 年版，第 2403—2440 页。

任或任命。聘任或任命教师担任职务应有一定的任期,每一任期一般为三至五年,可以续聘或连任。"①

《关于中小学教师职务试行条例的实施意见》对中小学教师职务聘任进行了详细解读和规定,指出中小学各级教师职务的定额应根据学校事业发展和教育教学工作的需要、教师队伍结构及编制来确定。"根据中小学教师队伍的现实情况,目前中小学教师职务一般宜实行任命制。有条件的地区或学校可以实行聘任制。""凡是目前尚不具备国家规定学历的中小学教师,一般应通过考核,取得专业合格证书或者取得教材教法考试合格证书,并具备相应的教师职务任职条件,才能聘任或任命其担任相应的教师职务。取得教材教法考试合格证书的教师,只能聘任或任命为三级教师职务,取得专业合格证书之后,才可以聘任或任命为二级及以上职务。"②1986 年 10 月 22 日,国家教委下发《关于开展中小学和中等专业学校教师职称改革试点工作的通知》,开展中小学教师职务试点工作。

(二) 以"聘任制"为主的教师职务制度

1991 年 7 月 16 日,国家教委、人事部印发《关于当前做好中小学教师职务聘任工作的几点意见》的通知,提出继续做好中小学教师职务聘任工作,要坚持正确的政治方向;聘任或任命教师职务,应按照中、小学教师职务试行条例第八条的要求,对教师的政治表现和师德修养等方面进行考核,严格掌握思想政治条件,坚持德才兼备、择优聘任或任命;要结合本地基础教育发展的需要和教师队伍的结构、编制和教师成长等因素,在做好高教、科研等系列职务聘任工作的同时,注意做好中小学教师职务聘任工作;教育行政部门和学校要积极为优秀中青年骨干教师的成长创造条件。③

2003 年 9 月,人事部、教育部联合发布《人事部教育部关于深化中小学人事制度改革的实施意见》,提出深化中小学人事制度改革的总体目标是:以实行聘用(聘任)制和岗位管理为重点,以合理配置人才资源,优化中小学教职工结构,全面提高教育质量和管理水平为核心,加快用人制度和分配制度改革,建立符合中小学特点的人事管

---

① 何东昌主编:《中华人民共和国重要教育文献(1976—1990)》,海南出版社 1998 年版,第 2441 页。

② 同上书,第 2442—2443 页。

③ 何东昌主编:《中华人民共和国重要教育文献(1991—1997)》,海南出版社 1998 年版,第 3180 页。

理运行机制,建设一支高素质专业化的中小学教师队伍和管理人员队伍。主要任务是:加强编制管理,调整优化中小学教职工队伍结构;进一步完善校长负责制,改进和完善校长选拔任用制度;实行教职工聘用(聘任)制;完善中小学教职工工资保障机制,建立健全分配激励机制;促进人才合理流动。

2004年3月3日,《国务院转批教育部〈2003—2007年教育振兴行动计划〉的通知》提出,要积极推进全员聘任制度。加强学校编制管理,按照"精干、高效"的要求,科学设置学校机构和岗位;实施教师资格制度。依照按需设岗、公开招聘、平等竞争、择优聘任、严格考核、合同管理的原则,推行中小学和中等职业学校教职工聘任制度,实行"资格准入、竞争上岗、全员聘任"。大力推进高等学校教师聘任制改革,提高新聘教师学历学位层次。深化学校内部分配制度改革,完善激励和约束机制。加强教师职业道德建设,将教师职业道德修养和教学实绩作为选聘教师、评定专业技术职务资格和确定待遇的主要依据,实行优秀教师和优秀教学成果奖励制度。普通中小学和中等职业技术学校全面推行校长聘任制和校长负责制,建立公开选拔、竞争上岗、择优聘任的校长选拔任用机制,健全校长考核、培训、激励、监督、流动等相关制度。在高等学校积极推进职员制度改革,建立管理人员职务职级系列,促进管理人员专业化。

2015年8月28日,人力资源社会保障部、教育部印发《关于深化中小学教师职称制度改革的指导意见》(以下简称《意见》),要求切实做好改革的组织实施工作。《意见》指出,改革的基本精神是按照深化职称制度改革的方向和总体要求,建立与事业单位聘用制度和岗位管理制度相衔接、符合教师职业特点、统一的中小学教师职称(职务)制度,充分调动广大中小学教师的积极性,为中小学聘用教师提供基础和依据,为全面实施素质教育提供制度保障和人才支持。改革的内容之一是健全制度体系。改革原中学和小学教师相互独立的职称(职务)制度体系,建立统一的中小学教师职务制度,教师职务分为初级职务、中级职务和高级职务;统一职称(职务)等级和名称,初级设员级和助理级,高级设副高级和正高级,员级、助理级、中级、副高级和正高级职称(职务)名称依次为三级教师、二级教师、一级教师、高级教师和正高级教师。统一后的中小学教师职称(职务),与原中小学教师专业技术职务的对应关系是:原中学高级教师(含在小学中聘任的中学高级教师)对应高级教师,原中学一级教师和小学高级教师对应一级教师,原中学二级教师和小学一级教师对应二级教师,原中学三级教师和小学二级、三级教师对应三级教师。统一后的中小学教师职称（职务）分别与事业单位专业技术岗位等级相对应：正高级教师对应专业技术岗位一至四级，高级教师对应专业技术岗位五至七级，一级教师对应专业技术岗位八至十级，二级教师对应专业技术岗位十一至十二级，三级教师对应专业技术岗位十三级。

此外，要加强和完善评价标准。中小学教师专业技术水平评价标准是中小学教师职称评审的重要基础和主要依据，充分体现中小学教师职业特点。要加强和完善创新评价体制，建立以同行专家评审为基础的业内评价机制，认真总结推广同行专家评审在中小学教师专业技术水平评价中的成功经验，继续探索社会和业内认可的实现形式，采取说课讲课、面试答辩、专家评议等多种评价方式。进一步实现与事业单位岗位聘用制度的有效衔接。其中最重要的是坚持中小学教师岗位聘用制度。按照深化事业单位人事制度改革以及中小学人事制度改革的要求，全面实行中小学教师聘用制度和岗位管理制度，发挥学校在用人上的主体作用，实现中小学教师职务聘任和岗位聘用的统一。要建立健全考核制度，加强聘后管理，在岗位聘用中实现人员能上能下。在核定的岗位结构比例内进行，健全完善评聘监督机制，充分发挥有关纪检监察部门和广大教师的监督作用，确保评聘程序公正规范，评聘过程公开透明。

2017年6月7日，人力资源社会保障部办公厅、教育部办公厅联合发布的《关于做好2017年度中小学教师职称评审工作的通知》强调，各地要根据本地区中小学校教育教学工作实际，充分考虑不同地域、不同学段、不同学科的特点和要求，进一步改进完善职称评价标准；坚持以同行专家评审为基础的业内评价机制，注重参考工作单位考核推荐意见，探索学校、学生、家长共同参与的多方评价形式；做好中小学正高级教师职称评审工作，高标准严要求，树立中小学教师发展的标杆和楷模；部属高校附属中小学按照国家深化中小学教师职称制度改革的要求开展教师职称评审。

三、公平取向的教师编制制度

为加强教师管理，为推进和发展素质教育提供优秀的教师资源保障，国家实施和不断完善教师编制制度，在这一过程中，民办教师转岗是改革开放初期教师编制管理逐步正规化的过渡性事件。

（一）民办教师转岗

"文革"后,随着我国中小学教师队伍的不断壮大和学历水平的不断提升,国家开始强调教师队伍正规化建设,逐步取消了民办教师,同时加强教师职务聘任制度和教师资格制度建设,提升教师队伍质量,促进教育改革和发展。1979年10月31日,教育部、财政部、粮食部、国家民委、国家劳动总局联合发布《关于边境县（旗）、市中小学民办教师转为公办教师问题的几项规定》（以下简称《规定》）,从1979年起,边境136个县（旗）、市的中小学民办教师（含职工）,经考核后合格的全部转为公办教师。这些教师必须是"1978年底以前任教的在职民办教师,政治历史清楚,思想作风正派,道德品质优良,拥护中国共产党。热爱社会主义祖国,忠诚党的教育事业,胜任教学工作,身体健康的"。审核办法包括政治审查、业务考察、文化考试、业务能力考察和健康检查。《规定》掀开了国家应对和解决民办教师问题的序幕。

1992年8月6日,《国家教委、国家计委、人事部、财政部关于进一步改善和加强民办教师工作若干问题的意见》（以下简称《意见》）颁发,提出其后一定时间内民办教师工作的指导思想,即适应教育事业发展的需要,减少数量,提高质量,改善待遇,加强管理,统筹解决民办教师问题,进一步调动广大民办教师教书育人的积极性,促进我国农村基础教育事业的发展。同时,《意见》提出要进一步搞好民办教师队伍的调整整顿,逐步减少数量,提高总体素质;进一步完善民办教师的资格认定和考核制度、任用制度和档案管理制度;大力加强民办教师培训,不断提高民办教师的政治思想和业务素质;进一步提高民办教师的地位和待遇,逐步实现与公办教师同工同酬;从优秀民办教师中选招公办教师。

1997年,《国务院办公厅关于解决民办教师问题的通知》下发,提出了解决民办教师问题的十条意见,包括:统筹解决民办教师问题实行地方责任制,各有关总产部门积极配合;全面贯彻实施"关、转、招、辞、退"的方针,分区规划,分步实施,逐年减少民办教师数量;坚决关住新增民办教师的口子;有计划地将合格民办教师转为公办教师;进一步扩大师范学校定向招收民办教师的数量;辞退不合格民办教师;建立民办教师保险福利基金,改进民办教师离岗退养办法,使年老病残民办教师的生活得到保障;民办教师与公办教师同工同酬;确保民办教师转为公办教师后安心本职工作;在政府的统一领导和统筹协调下,教育、人事、计划、财政、公安等部门要分工协作。通过这些措

施和政策的推进,到 20 世纪末,民办教师基本上都转为公办教师,民办教师退出历史
舞台。

(二) 城乡差异的教师编制制度

1984 年 12 月 27 日,教育部颁布《关于中等师范学校和全日制中小学教职工编制
标准的意见》,明确了教职工编制标准:"中等师范学校和全日制中小学教职工编制,以
校为单位按班计算(包括单设和合设),其编制标准参看《中等师范学校和全日制中小
学教职工编制标准参考表》;实验中、小学可根据实验项目适当增加;有条件的地区按
学校规模等,规定不同职能教职工的定员标准;每班学生人数按照学校业务半径内的
学生来源确定,牧区、山区、湖区和海岛等人口稀少地区的每班学生数,可按实际情况
适当减少或举办复式班。"①

2001 年 10 月 11 日,《国务院办公厅转发中央编办、教育部、财政部关于制定中小
学教职工编制标准意见的通知》提出,中小学教职工编制是我国事业编制的重要组成
部分。要制定科学的中小学教职工编制标准和实施办法,合理核定中小学教职工编
制。中小学教职工包括教师、职员、教学辅助人员和工勤人员,其中教师是指学校中直
接从事教育、教学工作的专业人员,职员是指从事学校管理工作的人员,教学辅助人员
是指学校中主要从事教学实验、图书、电化教育以及卫生保健等教学辅助工作的人员,
工勤人员是指学校后勤服务人员;中小学教职工编制根据高中、初中、小学等不同教育
层次和城市、县镇、农村等不同地域,按照学生数的一定比例核定。中小学校的管理工
作尽可能由教师兼职,后勤服务工作应逐步实行社会化。确实需要配备职员、教学辅
助人员和工勤人员的,其占教职工的比例,高中一般不超过 16%、初中一般不超过
15%、小学一般不超过 9%。完全中学教职工编制分别按高中、初中编制标准核定。
九年制学校分别按初中、小学编制标准核定。农村教学点的编制计算在乡镇中心小学
内。特殊教育学校、职业中学、小学附设幼儿班和工读学校教职工编制标准可参照中
小学教职工编制标准,由各地根据实际情况具体确定。成人初、中等学校的编制由各
地根据实际情况具体确定。由于我国地区差异较大,各地经济发展水平不平衡,各
省、自治区、直辖市在制定中小学教职工编制标准的实施办法时,可根据本地生源状

---

① 何东昌主编:《中华人民共和国重要教育文献(1976—1990)》,海南出版社 1998 年版,第 2403—2248 页。

况、经济和财政状况、交通状况、人口密度等,对附表中提出的标准进行上下调节。特定情况下,按照从严从紧的原则适当增加编制,如内地民族班中小学,城镇普通中学举办民族班的学校和开设双语教学课程的班级,寄宿制中小学,乡镇中心小学,安排教师脱产进修,现代化教学设备达到一定规模的学校,承担示范和实验任务的学校,山区、湖区、海岛、牧区和教学点较多的地区。承担学生勤工俭学和实习任务的校办工厂(农场)按照企业管理,特殊情况的可核定少量后勤服务事业编制。

2002 年,《教育部关于贯彻〈国务院办公厅转发中央编办、教育部、财政部关于制定中小学教职工编制标准意见的通知〉的实施意见》(以下简称《实施意见》)指出,由县级教育行政部门会同编制、财政部门,根据本省、自治区、直辖市编制实施办法和教育事业发展规划,提出本地区中小学人员编制方案。《实施意见》规定,中小学根据学校类别、规模和任务设置管理机构,重点中学和 24 个班以上的学校可增设 1—2 个机构。完全小学职能机构设教导处(室)、总务处(室)。其中 12 个班以下的小学只设管理岗位不设职能机构,可配备教导主任和总务主任各 1 人。要严格控制中小学领导职数。普通中学规模在 12 个班以下的配备校级领导 1—2 人;13—23 个班的配备校级领导2—3 人;24—36 个班的配备校级领导 3 人。完全小学规模在 12 个班以下的,配备校级领导 1—2 人;13—23 个班的配备校级领导 2—3 人;24—36 个班的配备校级领导 3人。普通中学和完全小学规模在 36 个班以上的,可酌情增加校级领导 1—2 人。农村初级小学(1—3 年级)或分校、教学点指定 1 名教师负责学校工作。中小学根据教育教学规律和教学要求安排班额,并根据班额组织教学班级。原则上普通中学每班学生45—50 人,城市小学 40—45 人,农村小学酌减,具体标准由各省(区、市)根据实际情况确定。采取有力措施解决班额超过 55 人的现象。普通高中每班可配备教师 3.0人;普通初中每班可配备教师 2.7 人;城市小学和县镇小学每班可配备教师 1.8 人;农村小学每班可配备教职工数由各省(区、市)根据实际情况确定。教师数确定后,职员、教学辅助人员、工勤人员编制按教职工总数的一定比例计算,由县级以上教育行政部门统一核定到校。在具体核定中小学教职工编制时,内地民族班中小学,城镇普通中学举办民族班的学校和开设双语教学课程的班级,寄宿制中小学,乡镇中心小学,安排教师脱产进修,现代化教学设备达到一定规模的学校,承担示范和实验任务的学校,山区、湖区、海岛、牧区和教学点较多的地区,在按照学生比例计算编制的基础上,按照从严从紧的原则适当增加编制。安排教师脱产进修所增编制以及承担学生勤工俭学和实习任务的校办工厂(农场)核定的少量后勤服务事业编制,按隶属关系由县级以上教育行政部门统一安排使用。

(三) 城乡一体的教师编制制度

2003 年 9 月 17 日,《关于深化中小学人事制度改革的实施意见》(以下简称《实施意见》)中提出要全面推行中小学教职工聘用(聘任)制度,这是在原有以任命制为重心的教师编制制度基础上的重大突破。《实施意见》提出,深化中小学人事制度改革的总体目标是:以实行聘用(聘任)制和岗位管理为重点,以合理配置人才资源,优化中小学教职工结构,全面提高教育质量和管理水平为核心,加快用人制度和分配制度改革,建立符合中小学特点的人事管理运行机制,建设一支高素质专业化的中小学教师队伍和管理人员队伍。主要任务是:加强编制管理,调整优化中小学教职工队伍结构;进一步完善校长负责制,改进和完善校长选拔任用制度;实行教职工聘用(聘任)制;完善中小学教职工工资保障机制,建立健全分配激励机制,促进人才合理流动。教师职务要按需设岗、公开招聘、平等竞争、择优聘用,在平等自愿、协商一致的基础上,由学校与教职工签订聘用(聘任)合同,明确聘期内的岗位职责、工作目标、任务以及相应待遇。中小学校在核定的教师职务结构比例内科学合理地设置教师职务岗位,经批准可适当提高农村中小学教师中、高级职务的比例;按照一岗一聘的原则,进一步强化教师职务聘任,严格聘任程序。

2009 年 3 月 12 日,中央编办印发的《关于进一步落实〈国务院办公厅转发中央编办、教育部、财政部关于制定中小学教职工编制标准意见的通知〉有关问题的通知》指出:要切实加强中小学教职工编制的总量调控与统筹使用;进一步改进农村中小学教职工编制核定工作,贯彻落实"以县为主"管理体制,解决部分农村地区中小学教职工编制偏紧的问题;认真落实国办发〔2001〕74 号文件规定的增编因素,不断完善中小学教职工编制动态管理机制,及时调整接收流动人口子女较多学校的编制,严格规范中小学教职工编制管理。

2014 年 11 月 13 日,《中央编办、教育部、财政部关于统一城乡中小学教职工编制标准的通知》指出,要统一城乡中小学教职工编制标准,在遵循《国务院办公厅转发中央编办、教育部、财政部关于制定中小学教职工编制标准意见的通知》和《关于进一步落实《国务院办公厅转发中央编办、教育部、财政部关于制定中小学教职工编制标准意见的通知〉有关问题的通知》关于核定中小学教职工编制原则和有关工作要求的基础上,将县镇、农村中小学教职工编制标准统一到城市标准,即高中教职工与学生比为1∶12.5、初中为1∶13.5、小学为1∶19。实行城乡统一的中小学教职工编制标准工作,要坚决贯彻中央严格控制机构编制和本届政府财政供养人员只减不增有关精神,按照严控总量、盘活存量、优化结构、增减平衡的要求,由省级政府负总责,实行总量控制,确保核定后的中小学教职工编制不突破现有编制总量。同时,强调要考虑实际需求,对农村边远地区适当倾斜;深化后勤改革,加大政府购买服务力度,继续深化中小学校后勤服务社会化改革,逐步压缩非教学人员编制。

四、激励取向的教师薪酬制度

科学合理的薪酬分配制度,是激励员工工作积极性和创造性的重要保障。改革开放以来,我国不断探索和改进教师薪酬制度,逐步由结构工资制度转向体现优劳优酬的绩效工资制度。

（一）结构工资制

提高教师地位待遇是我国中央和各省级行政区的基本政策问题和方向。如何合理确定中小学教师薪酬,提高教师社会地位,吸引优秀人才进入教师队伍,进一步增强教师的职业认同,让教师能够真正享受到职业带给自己的幸福感和成就感,一直是教育变革中的一项紧迫任务。[1] 在我国,工资制度是"社会主义国家为实现按劳分配而制定的劳动分配制度,它包括各行各业、各种工作和职务的工资等级、工资标准、工资形式以及其他有关工资的规定"。工资制度的形成是一个国家社会政治经济制度的重要组成部分,也是一个国家国民收入再分配政策的具体体现。教师工资制度是国家工资制度的一个重要组成部分,它是指国家实施的关于教师工资等级、工资标准、工资形式以及其他有关工资的规定和办法。教师的工资水平和结构不仅是影响中小学教师供给的重要因素,而且对吸引、培养和保留高素质的教师十分关键,并由此影响学校整

---

[1] 周国华、吴海江:《中小学教师薪酬研究:问题与方向——基于近 15 年的文献分析》,《教师教育研究》2016 年第 6 期;薛二勇:《提高我国教师待遇的政策分析》,《北京师范大学学报(社会科学版)》2014 年第4 期。

体的教育教学质量和效率。合理的工资结构有助于增强教师的工作动力,吸引优秀人才终身从教,形成良好的激励机制,从而提升学校整体的教育教学质量和效率。[1]

改革开放后,随着国家政治、经济体制改革的全面推进,教师的工资待遇有所改善。中共中央、国务院于 1985 年 6 月下达《关于国家机关和事业单位工作人员工资制度改革问题的通知》,决定普通中小学从 1985 年 1 月 1 日起执行新工资制度,即以职务工资为主要内容的结构工资制。这次工资制度改革,最重要的变化是废除了等级工资制,逐步实行由基础工资、职务工资、工龄津贴和奖励工资四部分组成的结构工资制。基础工资是以维持教师的基本生活需要为标准,不论职务高低都规定一个相等的工资额;职务工资主要根据职务的技术、业务要求和责任大小来确定,并划分若干等级;工龄津贴是以工作时间长短确定的工资;奖励工资主要结合考勤、考绩确定。这既强调了职务工资,使工作人员劳动报酬与其职务紧密联系,又便于发挥工资各个组成部分的不同职能作用,体现"公平效率二者兼顾"的按劳分配原则,同时克服了平均主义分配方式的某些弊端。此后,国家多次下发相关文件提高教师工资待遇,如:1987年 11 月 28 日,国务院下发了《关于提高中小学教师工资待遇的通知》;1988 年 1 月,劳动人事部、国家教委制定《提高中小学教师工资标准的实施办法》,提出从 1987 年 10月起将中学教师现行的各级工资标准(基础工资、职务工资之和)提高 10%。[2]

(二) 职务等级工资制

工资制度需与国民经济体制改革和教育发展一致。随着国家在收入分配领域的改革逐步深入,原来的工资制度也需要进一步变革。1993 年 11 月,中共中央、国务院制定实施《事业单位工作人员工资制度改革实施办法》和《机关、事业单位艰苦边远地区津贴实施办法》,根据事业单位工作特点,教育行业实行专业技术职务等级工资制。工资主要分为专业技术职务工资和津贴两部分,分别与工作职务高低和实际工作量大小挂钩。1994 年 2 月 5 日,人事部、国家教委联合下发的《中小学贯彻〈事业单位工作人员工资制度改革方案〉的实施意见》指出,新的中小学工资制度总称为中小学职务(技术)等级工资制。工作人员工资由职务(技术)等级工资和津贴两部分构成。职务

---

① 安雪慧:《我国中小学教师工资水平变化及差异特征研究》,《教育研究》2014 年第 12 期。
② 田正平、杨云兰:《建国以来中学教师工资制度的改革》,《教育评论》2008 年第 6 期。

(技术)等级工资为工资固定的部分,主要体现工作能力、贡献、劳动繁重复杂程度;津贴主要体现各类人员的岗位工作特点、劳动的数量和质量。在各单位工资总量构成中,职务(技术)等级工资部分占70%,津贴部分占30%,中小学教师实行国家统一的职务等级工资标准。这次工资改革以科学分类为基础,按劳分配为原则,主要根据单位不同类型、不同行业特点,建立一个与国家机关的工资制度脱钩的新型工资制度。制度中要引入竞争、激励机制,以增加员工的积极性,并且根据不同行业、不同类型引入不同的津贴奖励制度。[①] 然而,这次教师工资改革也带来了新的不公平,譬如,因各地经济发展水平的差距导致地区间工资水平差异大,教师待遇偏低的问题仍没有解决,平均主义并没有完全打破,等等。

(三) 绩效工资制

2006年,《中小学贯彻〈事业单位工作人员收入分配制度改革方案〉的实施意见》规定:中小学实行岗位绩效工资制度;义务教育学校教师的平均工资水平应当不低于当地公务员的平均工资水平;实施义务教育经费保障机制改革的地区,应将当地出台的、教师应享受的津补贴项目纳入绩效工资核定范围。岗位绩效工资由岗位工资、薪级工资、绩效工资和津贴补贴四部分组成,其中岗位工资和薪级工资为基本工资,岗位工资主要体现教师所聘岗位的职责和要求,教师按所聘岗位执行相应的岗位工资标准。薪级工资主要体现工作人员的工作表现和资历,对中小学教师设置65个薪级,每个薪级对应一个工资标准,对不同岗位规定不同的起点薪级。中小学工作人员按照本人任职年限和所聘岗位,结合工作表现,对应相应的薪级工资。绩效工资主要体现工作人员的实绩和贡献,国家对事业单位绩效工资分配进行总量调控和指导。事业单位在核定的绩效工资总量内,按照规范的程序和要求,自主分配。这部分工资将"试行限高、稳中、补低的政策,以使过大的校际差距得到限制",于2009年1月1日率先在义务教育学校进入实施阶段。中小学津贴补贴,分为艰苦边远地区津贴和特殊岗位津贴补贴。艰苦边远地区津贴主要是根据自然地理环境、社会发展等方面的差异,对在艰苦边远地区工作生活的工作人员给予适当补偿。中小学工作人员艰苦边远地区津贴按国家统一规定执行。特殊岗位津贴补贴主要体现对事业单位苦、脏、累、险及其他特

---

① 田正平、杨云兰:《建国以来中学教师工资制度的改革》,《教育评论》2008年第6期。

殊岗位工作人员的政策倾斜。国家对特殊岗位津贴补贴实行统一管理。新的工资体系由基本工资和绩效工资两部分构成,而绩效工资又分为基础性绩效工资和奖励性绩效工资。2006 年就已经完成的基本工资改革重点体现的是"以岗定薪,岗变薪变"的原则,而 2009 年 1 月 1 日开始实施的绩效工资改革则重点体现"多劳多得,优绩优酬"的原则。基础性绩效工资突出体现工资的"保健"作用;奖励性绩效工资则着重发挥绩效的"激励"功能,促进学校搞活内部分配,鼓励教师创实绩,向优秀人才倾斜、向关键岗位倾斜,拉开合理、适当的收入差距。①

尽管中小学教师工资水平稳定增长,但与其他行业间的差距对中小学教师队伍的稳定和质量起到了重要影响。总的来说,中小学教师的工资改革涉及很多问题,需要从多方面多层次入手。虽然工资水平提升后的效果在短期内很难凸显,但从长期看,这不仅可以吸引优秀人才到中小学教师队伍中,而且可以保留教师队伍中的优秀人才;可以解决教师队伍的数量供给,也可以有效缓解教师的结构性短缺;可以有效提升教师队伍质量,还是未来一定时期内促进义务教育均衡发展的有效途径。②

第三节　教师发展制度

教师在职培训是教师教育体系的重要内容,我国历来重视教师的培训工作。改革开放后,师范教育改革的首要重点就是加强中小学教师的在职培训。随着师范教育向教师教育的转型,教师培训也由"补偿式"、"普及提高式"的培训走向教师"培养培训一体化"的进程。当代教师培训已经超越了对教师知识、技能的培训,更加注重教师专业发展和教师实践智慧。

一、"补偿式"教师在职培训制度

1977 年 12 月 10 日,教育部颁发《关于加强中小学在职教师培训工作的意见》,提出要揭批"四人帮",正确执行党的知识分子政策,调动广大教师的社会主义积极性;力

---

① 田丹:《我国中小学教师绩效工资制度改革研究》,河南师范大学硕士学位论文,2012 年;田正平、杨云兰:《建国以来中学教师工资制度的改革》,《教育评论》2008 年第 6 期。
② 安雪慧:《我国中小学教师工资水平变化及差异特征研究》,《教育研究》2014 年第 12 期。

争在三五年内,使现有文化业务水平较低的小学教师大多数达到中师毕业程度,初中教师在所教学科方面大多数达到师专毕业程度,高中教师在所教学科方面大多数达到师院毕业程度;提出所有教师都要不断加强作为教师所应有的基本功的学习和锻炼;要学会普通话、板书、批语要正确工整①。这是改革开放以来较早的对中小学教师硬性条件提出规定的政策,目的是让教师能够胜任基本的教学工作。接着,为了能让教师参加培训,经国务院批准,教育部于 1978 年 4 月发出《关于恢复或建立教育学院或教师进修学院报批手续的通知》,全国各地陆续恢复或建立了教师培训机构②。

1980 年 8 月 23 日,《教育部关于进一步加强中小学在职教师培训工作的意见》(以下简称《意见》)提出,力争到 1985 年,使现有文化业务水平较低的小学教师大多数达到中师毕业程度,初中教师在所教学科方面达到师专毕业程度,高中教师在所教学科方面多数达到师范学院毕业程度。《意见》强调要充分发挥各级教师进修院校、师范院校和各级教学研究室(部)的作用,省、地(市)教育学院、教师进修学院的主要任务是培训中学的在职教师和行政干部,县级进修学校主要培训小学在职教师和行政干部,公社培训站做好本公社在职教师的培训工作;重点办好省、市、自治区以及规模较大的教育学院和教师进修学院,使它们在培训中小学在职教师中起到骨干作用和示范作用;各级师范院校要为培养又红又专的合格中小学教师作出更大贡献;各级师范院校要扎实做好函授进修工作或面授辅导工作。《意见》还强调,要逐步实行全国统一的教学计划,搞好进修教材建设;建立和健全在职教师进修考核机制,任何参加进修的学员都要进行严格的入学文化、专业知识考核;考核期间修完规定课程且经过考核全部合格者,由进修单位发给毕业证书,承认其学历。③

随后,1982 年 6 月 7 日,教育部发布《关于试行中学教师进修高等师范专科、本科教学计划的通知》,要求教师通过高等师范专科的系统进修,掌握所学专业的基础理论、基本知识和基本技能,提高分析问题和解决问题的能力,达到两年制高等师范专科毕业生水平;参加进修的教师要具有高中毕业文化程度或同等学力;培训主要有离职

---

① 刘英杰主编:《中国教育大事典(1949—1990)(上)》,浙江教育出版社 1993 年版,第 1049 页。
② 何东昌主编:《中华人民共和国重要教育文献(1976—1990)》,海南出版社 1998 年版,第 1606 页。
③ 同上书,第 1832—1833 页。

进修、业余进修和函授三种形式①。1982 年 8 月 20 日,教育部印发《小学教师进修中等师范教学计划》,培养目标明确提出要促进学员在教育理论、文化知识和教学能力几方面都得到提高,其主要学科达到中等师范毕业程度,胜任小学教学工作。招收的对象主要是在职的小学教师。② 1983 年 1 月 20 日,教育部颁发《关于加强小学在职教师进修工作的意见》(以下简称《意见》),提出要修订小学在职教师培训计划,力争到 1985 年,实现小学教师的多数实际文化水平达到中师毕业程度,大多数能胜任和基本胜任教学工作,并有计划地培养一批骨干教师;再用 3—5 年时间,使小学教师的绝大多数达到中师毕业生程度,并完全胜任教学工作。《意见》还提出要坚持分类指导的原则,根据教师实际文化知识和不同地区师资水平,有针对性地开展教育培训,切实提高培训工作的质量③。1984 年 4 月,教育部、国家纪委、财政部出台的《关于在普通高等学校举办中等学校教师本科班和专科班的通知》等政策文件,也都显示出对教师基本教育教学能力或学历进行补偿性培训的目标④。

1985 年 5 月,中共中央办公厅颁布《中共中央关于教育体制改革的决定》(以下简称《决定》),提出要建立一支有足够数量的、合格而稳定的师资队伍,这是实行义务教育、提高基础教育水平的根本大计。为此,必须对现有的教师进行认真的培训和考核,把发展师范教育和培训在职教师作为发展教育事业的战略措施。要大力提倡和鼓励教师密切结合教学进行自学和互教;要为在职教师举办函授和广播电视讲座;要切实办好教师进修院校,并且利用现有设施,分期分批轮训教师;还要有计划地动员、挑选和组织高等学校的一部分教员和高年级学生、研究机构的一部分研究人员和党政机关的一部分具备条件的干部,参加帮助培训中小学教师的工作。总之,要争取在五年或者更长一点的时间内使绝大多数教师能够胜任教学工作。《决定》对教师培训的重要性、培训方式、培训对象、培训的组织以及教师的来源等都作了明确的规定,并重点提出教师标准的问题,要求具备合格学历或有考核合格证书,才有从教资格。同年 11 月

---

① 何东昌主编:《中华人民共和国重要教育文献(1976—1990)》,海南出版社 1998 年版,第 2016 页。
② 同上书,第 2036 页。
③ 同上书,第 2068 页。
④ 同上书,第 2172 页。

12 日,何东昌在全国中小学师资工作会议上的讲话提出,要建设一支数量足够、质量合格的中小学师资队伍。强调中小学师资队伍建设要分"三个步骤":一是通过对教师进行培训和调整,使绝大多数在职教师能基本胜任所担负的教育、教学工作;二是在此基础上,再经过进一步的补充和培训,使各科教师的配备基本齐全,绝大多数教师能胜任教育教学工作;三是在基本实现九年制义务教育以后,小学、初中、高中教师的政治业务素质或学历应普遍向更高要求过渡。[1]

1986 年 12 月 21 日,国家教委《关于加强在职中、小学教师培训工作的意见》指出,在 802 万中小学和农职业中学教师中,不具备国家规定学历的约占半数,不胜任教育、教学工作的教师所占比例较大,有相当数量的教师亟需培训提高。为此,在之后五年或更长一段时间内,师资培训工作的重点是,通过认真的培训,使现有不具备合格学历或不胜任教学的教师,绝大多数能够胜任教学工作,并取得考核合格证书或合格学历。对于少数不具备最基本的文化基础知识和初步教学能力的教师,应组织他们参加教材、教法进修,使他们熟悉所教学科的教学大纲和教材,掌握基本的教学原则和方法,具有初步的教学能力。为了适应"三个面向"的要求和进一步提高我国基础教育的水平,对于已经具有合格学历和胜任教学的教师,要组织他们学习新知识,学习和掌握新的教育理论和教学方法,总结教育、教学的经验,不断提高政治、文化和业务水平,并培养一批各学科的带头人和教育、教学的专家。教师培训主要通过教师进修院校、高等学校、中等专业学校以及广播、电视、电化教育机构和社会多方面力量,广开渠道,举办多层次、多种形式的培训。[2] 总的来说,从改革开放后到 20 世纪 80 年代中后期,国家对中小学进行的主要是一种补偿式的培训,强调对教师基础知识和基本能力的培养,目的就是使他们能够胜任基本的教育教学工作,从而保证中小学教育质量。

二、"普及提高式"教师培训制度

20 世纪 90 年代,随着我国基础教育改革与发展的不断推进,中小学教师培训制度建设开始走向规范化,进入"政府主导、系统规划、整体推进"的阶段。1990 年 10

① 刘英杰主编:《中国教育大事典(1949—1990)(上)》,浙江教育出版社 1993 年版,第 1050 页。
② 何东昌主编:《中华人民共和国重要教育文献(1976—1990)》,海南出版社 1998 年版,第 2732—2733 页。

月,国家教委在四川省自贡市召开"全国中小学教师继续教育工作座谈会",并于同年12月下发《全国中小学教师继续教育工作座谈会会议纪要》,提出我国已经"建立了以教师进修学院为主体的师训基地和培训网络,建设了一支从事实训工作的师资队伍,积极开展了多层次、多渠道、多形式的教师培训,提高了广大中小学教师的素质"。[①]会议强调,必须将中小学教师培训工作的重点有步骤地转移到开展继续教育上来。继续教育是指对已经达到国家规定学历的教师进行以提高政治思想素质和教育教学能力为主要目标的培训,它标志着我国教师培训政策开始发生转向,开始有重点、有针对性地从学历补偿培训转向教师的继续教育。

1991年12月3日,国家教育委员会颁发的《关于开展小学教师继续教育的意见》指出,小学教师的继续教育,是对取得教师资格的在职教师进行以提高政治思想、师德修养、教育理论、教育教学能力为主要目标的培训。继续教育的任务是,通过教育教学实践与培训,使每个教师的政治业务素质不断得到提高,从中成长出一批教育教学骨干,有的逐步成为小学教育教学专家。"要加强各级培训机构的建设,完善小学教师继续教育的网络,逐步形成省、县、乡、校四级培训网,发挥教师任职学校在继续教育中的作用;建立和完善乡(镇)师资培训辅导站(组),与教研机构密切结合,提倡能者为师,就地就近开展继续教育活动;教师进修学校和中等师范学校师资培训部是开展教师继续教育的重要基地;省、自治区、直辖市或地(市)的小学教师培训中心,要在制定继续教育的计划和规划、指导和实施继续教育的具体工作中发挥作用。"[②]这里提到了要把小学教师培养成为小学教育教学专家,显然已经超越了改革开放之初对教师的基本的要求。1993年7月26日,国家教委颁发的《关于加强小学骨干教师培训工作的意见》也提出:"骨干教师培训的总目标,是对有培养前途的中青年教师按教育教学骨干的要求和对现有骨干教师按更高标准进行的培训。"[③]

1993年2月13日,中共中央、国务院颁布《中国教育改革和发展纲要》(以下简称《纲要》),从教育发展规划的高度提出:"振兴民族的希望在教育,振兴教育的希望在教

① 何东昌主编:《中华人民共和国重要教育文献(1976—1990)》,海南出版社1998年版,第3060页。
② 何东昌主编:《中华人民共和国重要教育文献(1991—1997)》,海南出版社1998年版,第3060页。
③ 同上书,第3537—3538页。

师。建设一支具有良好政治业务素质、结构合理、相对稳定的教师队伍，是教育改革和发展的根本大计……进一步加强师资培养培训工作。师范教育是培养中小学师资的工作母机，各级政府要努力增加投入，大力办好师范教育，鼓励优秀中学毕业生报考师范院校。要制定教师培训计划，促进教师特别是中青年教师不断进修提高，使绝大多数中小学教师更好地胜任教育教学工作。到本世纪末，通过师资补充和在职培训，绝大多数中小学教师要达到国家规定的合格学历标准，小学和初中教师中具有专科和本科学历者的比重逐年提高。"中小学教师资格制度建设从此开始明确。为了贯彻落实《纲要》中对教师培训的规定，国务院于 1994 年 1 月 1 日正式实施《中华人民共和国教师法》，确立了教师的资格、聘任、培养、培训、考核等一系列法律制度，明确规定："参加进修或者其他方式的培训是教师享有的权利；各级教师进修学校承担培训中小学教师的任务；各级人民政府教育行政部门、学校主管部门和学校应当制定教师培训规划，对教师进行多种形式的思想政治、业务培训。"1995 年和 1996 年分别颁布并实施了《中华人民共和国教育法》和《教师资格条例》，促使中小学教师培训步入科学化、规范化、法制化的轨道。

面对教育发展的新形势，教育部于 1998 年 12 月 24 日颁布《面向 21 世纪教育振兴行动计划》，提出要实施"跨世纪园丁工程"，强调要在三年内以不同方式对现有中小学校长和专任教师进行全员培训和继续教育；中小学专任教师及师范学校在校生都要接受计算机基础知识培训；尤其提出要重点加强中小学骨干教师队伍建设，在全国选拔培训 10 万名中小学及职业学校骨干教师，其中 1 万名由教育部组织重点培训，通过开展集中培训、巡回讲学、教学研究和实地观摩研修等活动，发挥骨干教师在当地教学改革中的带动和辐射作用。从中可以看出，教师培训更加注重师德建设，培训对象扩展至中小学校长和专任教师，教师培训的教材建设也被提上日程，注重教师使用先进技术的能力，更加注重职前教师培养，对骨干教师的培训又体现出"普及提高"的意味，与此前教师培养的"补偿救急"形成了鲜明对比。以"跨世纪园丁工程"为契机，1999 年 6 月教育部在上海召开了"全国中小学教师继续教育和校长培训工作会议"，决定在全国范围内实施"中小学教师继续教育工程"，明确提出了"五年内对 1 000 万中小学教师基本轮训一遍，提高教师队伍的整体素质，基本适应实施素质教育的需要"的任务。会后教育部颁布了《中小学教师继续教育规定》，并将思想政治教育和师德修养纳入了中小学教师继续教育的内容①。自此,形成了我国中小学教师继续教育的专项政策法规,也逐渐形成了中小学教师培训的制度性框架。

三、教师培养培训一体化制度

进入 21 世纪,教师专业发展和教师专业化成为教师制度改革的主旋律。2001 年 5 月 29 日,国务院颁发《国务院关于基础教育改革与发展的决定》,提出要完善教师教育体系,加强中小学教师队伍建设,"以转变教育观念,提高职业道德和教育教学水平为重点,紧密结合基础教育课程改革,加强中小学教师继续教育工作,健全教师培训制度,加强培训基地建设。加大信息技术、外语、艺术类和综合类课程师资的培训力度,应用优秀的教学软件,开展多媒体辅助教学。加强中青年教师的培训工作。在教师培训中,要充分利用远程教育的方式,就地就近进行,以节省开支。对贫困地区教师应实行免费培训"。此外,还要实施"跨世纪园丁工程"等教师培训计划,培养一大批在教育教学工作中起骨干、示范作用的优秀教师和一批教育名师。在教育对口支援工作中,援助地区的学校要为受援地区的学校培养、培训骨干教师。

2002 年 2 月,教育部颁发《关于"十五"期间教师教育改革与发展的意见》,将教师培训的目标进一步调整为发展教师的创新精神和实践能力。2004 年 2 月 10 日,教育部颁布《2003—2007 年教育振兴行动计划》,又进一步提出以"新理念、新课程、新技术和师德培训"为内容的中小学教师培训新要求,并于 2005 年颁布了《中小学教师教育技术能力标准》,其宗旨是提高中小学教师教育技术应用能力和水平,建立中小学教师教育技术培训和考试认证制度,组织开展以信息技术与学科教学有效整合为主要内容的教育技术培训,进而提高广大教师实施素质教育的能力水平。2010 年《国家中长期教育改革和发展规划纲要(2010—2020 年)》特别强调要"提高教师业务水平,完善培养培训体系,做好培养培训规划,优化教师队伍结构,提高教师专业水平和教学能力"。同时,中央财政支持启动了"中小学教师国家级培训计划"(简称"国培计划"),实施优秀骨干教师示范性培训、中西部农村教师培训、紧缺薄弱学科教师培训、班主任教师培训、学前教师培训、特殊教育教师培训等重要项目,为各地推进教育改革发展和开展教

---

① 何东昌主编:《中华人民共和国重要教育文献(1998—2002)》,海南出版社 2003 年版,第 371 页。

师培训输送一批"种子"教师，并探索创新教师培训模式，开发教师培训优质资源，建设教师培训重点基地，为中小学教师特别是中西部农村教师创造更多更好的培训机会，提供优质培训服务。

2004年，《教育部关于加快推进全国教师教育网络联盟计划组织实施新一轮中小学教师全员培训的意见》（以下简称《意见》）提出要加快推进教师网联计划，构建开放高效的教师终身学习体系。按照"三步走"的发展方针，争取用五年左右时间，构建以师范院校、其他举办教师教育的高校和教育机构为主体，以高水平大学为先导和核心，区域教师学习与资源中心为支撑，中小学校本研修为基础，职前职后教育一体化，学历教育非学历教育相沟通，覆盖全国城乡、开放高效的教师教育网络体系，共享优质教育资源，提高教师培训的质量水平。《意见》提出全国教师网联计划未来五年的主要任务是按照"面向全员、突出骨干、倾斜农村"的方针，组织实施以新理念、新课程、新技术和师德教育为重点的新一轮中小学教师全员培训，组织优秀教师高层次研修和骨干教师培训，不断提高广大中小学教师的学历、学位层次和实施素质教育的能力水平，促进教师队伍整体素质显著提高，包括实施1 000万中小学教师新一轮全员培训，显著提高广大教师的师德修养和业务水平；实施200万中小学教师学历学位提高培训，促进全国教师学历学位水平整体提升；实施100万骨干教师培训，形成中小学骨干教师梯队。

2011年1月，教育部颁布《关于大力加强中小学教师培训工作的意见》（以下简称《意见》），提出新时期中小学教师培训的总体要求是贯彻落实教育规划纲要，围绕教育改革发展的中心任务，紧扣培养造就高素质专业化教师队伍的战略目标，以提高教师师德素养和业务水平为核心，以提升培训质量为主线，以农村教师为重点，开展中小学教师全员培训，努力构建开放灵活的教师终身学习体系，加大教师培训支持力度，全面提高教师素质，为基本实现教育现代化，建设人力资源强国提供师资保障。《意见》进一步提出，当前和之后一段时间，我国中小学教师培训工作的总体目标是：以实施"国培计划"为抓手，推动各地通过多种有效途径，有目的、有计划地对全体中小学教师进行分类、分层、分岗培训。之后五年，对全国1 000多万教师进行每人不少于360学时的全员培训；支持100万名骨干教师进行国家级培训；选派1万名优秀骨干教师海外研修培训；组织200万名教师进行学历提升；采取研修培训、学术交流、项目资助等方式，促进中小学名师和教育家的培养，全面提升中小学教师队伍的整体素质和专业化水平。同时，还就培训内容优化、培训方法应用、培训制度建立、培训结果评估等方面内容进行了规定。

2011年10月8日，教育部颁发《大力推进教师教育课程改革的意见》和《教师教育课程标准（试行）》（以下简称《课程标准》）。《课程标准》以"育人为本、实践取向、终身学习"为理念，从教育信念与责任、教育知识与能力、教育实践与体验三个维度规范教师培养过程，并对在职教师教育课程设置提出了框架性建议，要求非学历教师教育课程方案的制定，要针对教师在不同发展阶段的特殊需求，提供灵活多样、新颖实用、针对性强的课程，满足教师专业发展的多样化需求，这是在中国教师队伍建设上具有里程碑意义的政策。2011年11月，教育部办公厅同时颁布了《关于开展示范性县级教师培训机构评估认定工作的通知》和《示范性县级教师培训机构评估认定标准》，对县级教师培训机构提出了多方面的标准要求。2012年2月，教育部在广泛征求全社会意见和建议的基础上，又颁布了《幼儿园教师专业标准（试行）》、《小学教师专业标准（试行）》和《中学教师专业标准（试行）》，提出以"学生为本"、"师德为先"、"能力为重"、"终身学习"四个基本理念作为教师在专业实践和专业发展中应当秉持的价值导向。

2012年，《教育部、国家发展改革委、财政部关于深化教师教育改革的意见》提出，建立以师范院校为主体、教师培训机构为支撑、现代远程教育为支持、立足校本的教师培训体系。各地要推进县级教师培训机构与教研、科研、电教等部门的整合与联合，规范建设县（区）域教师发展平台，统筹县域内教师全员培训工作。依托现有资源，加强中小学幼儿园教师、职业学校教师、特殊教育教师和民族地区双语教师培养培训基地建设。

2016年12月15日，《教育部关于大力推行中小学教师培训学分管理的指导意见》提出，要在中小学校包括普通中小学、幼儿园、特殊教育学校、中等职业学校等实施教师培训学分管理制度。省级教育行政部门要依据国家制定的教师专业标准、教师教育课程标准和教师培训课程标准等相关规定，结合本地中小学教育教学实际需要和教师专业发展需求，分层、分类、分科建立教师培训课程体系，合理设置必修课程与选修课程，对不同层次与类型的培训课程赋予相应学分；地方各级教育行政部门要依据教师培训学分标准，分层制订教师培训规划，明确培训核心课程，为培训机构针对不同层次的教师开发系列化、周期性的培训课程提供依据；省级教育行政部门要科学确定教师培训学分结构体系,明确学分总量,提出国家、省、市、县、校等不同级别培训以及教师自主研修的学分比例要求,规范引导地方教育行政部门和中小学校为教师提供多样化、个性化的培训服务,合理制订培训学时与培训学分转换办法;省级教育行政部门要探索建立教师培训学分银行,记录和存储教师参加培训与自主研修的成果,支持培训学分的查询、累积和转换,为高等学校认可培训学分、纳入学历教育提供服务;支持高等学校和教师培训机构通过课程衔接、学分互认等方式,建立非学历培训与学历教育的衔接机制,搭建教师专业成长的"立交桥",拓宽教师终身学习通道,推进学习型社会建设。

总之,40年的改革,我们看到教师培养已经从一个相对封闭的培养机制走向一个更具开放性、灵活性的教师教育体系;教师培养机构的层次不断上移,从原有的中师、师专和师院到现在的师院、师范大学;教师资格考试更为严格和完善,更加全面地考查教师的综合能力;教师职务聘任更加规范,注重教师和学校的双重选择;教师编制制度更加公平,促使教育事业更有效率地发展;教师薪酬更加注重调动教师的积极性,教师的培训也走向了一个更高的层次,从一个"基准线"提高到教师"终身学习"的层次。本章只是以师范生培养、教师人事和教师培训这三个方面政策制度为主,大致梳理和呈现了改革开放40年来我国教师制度的发展脉络和主要改革内容,力求反映教师制度建设上的重大进展和重要成就。实际上,教师制度所包含的内容绝不仅仅止于此。我们很难说教师制度在某一个具体方面取得了显著进展而在另一些方面进展缓慢,也不是说某些方面重要而其他方面不重要。事实也并非如此,教师制度的变革是一个整体性的、不断推进和加强的系统性实践。譬如,教师的培养总是与教师培训相结合,教师培训又与教师职务、教师资格紧密相连,教师资格很大程度上又是由教师培养决定的。也就是说,制度变革是一个系统性的、牵一发而动全身的变革。未来的教师制度改革也应该更加注重从整体上推进,培养更优质的师资力量,为推动公平而又有质量的教育发展提供动力和保障。

第六章

教育评价制度

2017 年 9 月,中共中央办公厅、国务院办公厅印发《关于深化教育体制机制改革的意见》,提出:"要建立健全教育评价制度,建立贯通大中小幼的教育质量监测评估制度,建立标准健全、目标分层、多级评价、多元参与、学段完整的教育质量监测评估体系,健全第三方评价机制,增强评价的专业性、独立性和客观性。"改革开放以来,我国教育评价理论研究和制度体系建设取得了诸多进展,多元化教育评价的理念得到广泛的认同,教育评价的育人价值得到重视,多主体多方式参与教育评价日益得到肯定,教育评价指标体系和评价程序日益规范化和科学化,现代技术在教育评价中的应用受到关注。本章着重回顾和梳理改革开放之后,我国发展性学生评价制度、教育质量监测制度以及第三方教育评价制度的变革历程,反映 40 年来我国教育评价制度发展的基本路径和基本方略。

第一节　教育评价制度的发展历程

自 20 世纪 60 年代起,教育评价就已引起了广大教育工作者的关注和重视,研究成果颇丰,尤其是改革开放以来,有关教育评价的研究更是取得了快速进步,但教育评价制度的建立却要稍晚一点。改革开放以来我国教育评价制度的发展大致经历了三个阶段:教育评价制度的重建阶段,形成了以选拔甄别为目的的考试评价制度,应试教育评价氛围浓厚;教育评价制度的调适阶段,反思应试教育评价的弊端,积极探索建立符合素质教育发展需求、促进全体学生全面发展的教育评价制度;教育评价制度的多元化发展阶段,宏观、中观、微观教育评价制度逐渐丰富起来,教育评价的发展性和育人性功能得到广泛的肯定,多主体多方式参与的综合教育评价机制逐步完善。

一、教育评价制度的重建

1977 年 10 月 12 日,国务院批转了教育部《关于 1977 年高等学校招生工作的意见》,指出:"高等学校招生工作,直接关系大学培养高级专门人才的质量,影响中小学教育,涉及各行各业和千家万户,是一件大事。"①教育部《关于 1977 年高等学校招生工作的意见》规定:"今年招生推迟到第四季度进行,1977 年的新生于明年 2 月底以前入学。从 1978 年起,普通高等学校 6 月份开始招生,9 月上旬开学。"②相关文件的颁布标志着高考制度的恢复,也意味着教育评价制度的重建。

高考制度的恢复,使中国高等教育由混乱走向有序,有效带动了中国教育体制的整体发展。在"文革"中遭到严重破坏的中小学教育也因此迅速扩充,一个有序和谐的教育体系快速形成。高考搭建了基础教育与高等教育之间的桥梁,对整个基础教育的理念、教学方式,甚至课程设置都产生了重要影响。③ 在恢复高考制度的背景下,我国的教育事业开始蓬勃发展,各项工作逐步开展,有关教育评价的理论研究和实践探究也开始起步。

"目前,我国已经初步建立了一些以达标或选拔为目的的学习水平考试制度(如各省中学会考、全国高校招生统一考试、国家大学外语分级考试等)。"④改革开放以后,在相当长的一段时间内,我国的教育评价制度以考试评价制度为主,应试教育评价的色彩浓厚。考试评价制度的重要功能在于选拔和甄别学生,以学科学习质量为重要评价对象,通过考试成绩区分和筛选学生,实现不同学段之间的衔接。在此背景下,学校教育的重要职责在于服务于学生升学的需求,提升学生的考试成绩,升学率成为学校特别关注的教育指标。过于偏重学生的学业成绩和学校的升学率是教育评价最为明显的特征。"现在社会上流行的是以升学率高低作为评价学校的唯一标准,随之而来的各种升学考试特别是高考,便成了办学的指挥棒。"⑤"特别是恢复高考制度以后,在片面追求升学率的影响下,社会和学校无形中都把升学率作为衡量学校办学水平和教育质量的唯一标准,学校按升学率分等,学生按考试分数排队,其结果是领导只重视那

---

① 杨学为编:《高考文献(下)》,高等教育出版社 2003 年版,第 69 页。
② 同上书,第 74 页。
③ 魏国东:《1977 年以来中国高考制度改革研究》,河北大学博士学位论文,2008 年。
④ 张力、郭戈:《建立和完善国家教育评价制度——"国家教育评价制度国际研讨会"综述》,《教育研究》1994 年第 2 期。
⑤ 刘本固:《教育评价的管理》,《教育理论与实践》1989 年第 1 期。

些升学率高的学校,教师只重视那些考分高的学生,学生只重视那些要应考的课程。"①

在这个时期,我国的教育评价制度处于起步阶段。教育评价独有的价值和功能得到了广泛认可,赵紫阳在《关于第七个五年计划的报告》中曾明确提出:"要加强教育事业管理,逐步建立系统的教育评价和监督制度。"但教育评价制度的建立和发展却相对缓慢,诸如:"1985 年,国家教委曾提出在 1987—1988 年间实现教育评价制度立法化,但至今我国教育评价制度的地位、规程、准则等都未在法律中予以明确规定。"②国家教育委员会也未对教育评价制度的发展作出相应的规定和指导。除此之外,教育评价活动大多在微观层面上开展,缺乏中观和宏观的教育评价。"一般认为,目前我们在宏观领域的教育评价还没有开始,仅仅就学校论教育是远远不够的。"③

在实践层面,教育评价的形式相对单一,大多自上而下进行,教育评价主体多为政府相关职能部门。教育评价的主要功能在于选拔和筛选,以学生的成绩为甄别依据,将不同的学生进行区分和划类。教育评价的选拔性价值明显高于其发展性和育人价值。教育评价的内容较为狭窄,大多只关注学生的学业表现,对学生的生理及心理素质、情感、道德品质、个性品质等方面缺乏关注。教育评价方法较为单调,大多通过纸笔测验对学生的学习效果进行测验和评价,教育评价的结果通常以量化排名的形式呈现出来,评价对象鲜能从评价活动中获得详细的促进发展的反馈信息。

二、教育评价制度的调适

"1990 年之前,我国教育评价工作仅是处于初步的、探索性的研究阶段,尚未形成正规的、有序化、制度化的教育评价制度。"④随着教育事业的发展,人们越来越意识到以学业成绩和升学率为核心指标的应试教育评价所带来的诸多弊端,改变既有教育评价制度,发挥教育评价的育人价值,使评价能够促进教育的积极发展和个体的健康成长,逐渐得到更多人的认同。20 世纪 90 年代是我国教育评价制度的探索阶段,广大

---

① 游心超、侯晓明:《普通教育评价研讨会综述》,《教育研究与实验》1986 年第 3 期。
② 陈如:《略论我国教育评价制度系统的构建》,《教育探索》1999 年第 6 期。
③ 汪仁:《国内普通教育评价研究综述》,《江西教育科研》1988 年第 1 期。
④ 张祥明:《教育评价制度的意义、类型和特征》,《福建教育学院学报》2001 年第 3 期。

教育工作者在反思应试教育评价弊端的基础上,为建立适应素质教育发展需要的教育评价制度作出了相关探索。

1990 年 10 月,国家教委正式颁布了《普通高等学校教育评估暂行规定》。这是我国高等教育评价方面的法规性文件,是我国高等教育评估工作开始走向规范化的标志,确立了我国高等教育评价制度的基本框架,标志着我国教育评价进入了一个新的阶段。[①] 这一文件的产生,意味着我国在教育评价制度方面已作出了重要探索,促使教育评价工作朝着规范化、科学化发展,为今后的进步提供了良好的基础。1994 年 6 月,第二次全国教育工作会议上颁发了《中国教育改革和发展纲要》实施意见,其中明确提出:"中小学要从应试教育转向全面提高国民素质的轨道,面向全体学生,全面提高学生的思想道德、文化科学、劳动技能和身体心理素质,促进学生生动活泼地发展。"[②]同年 7 月,国务院颁发了《关于〈中国教育改革和发展纲要〉的实施意见》,明确指出:"按照邓小平同志提出的'教育要面向现代化、面向世界、面向未来'的要求和教育方针,研究制定各级各类学校的基本办学条件标准和质量标准,建立和完善教育监测评估和督导制度,使受教育者的素质有明显提高,更好地适应经济建设和社会发展的需要。"从应试教育转向素质教育,是教育发展的必然结果,应试教育评价转向素质教育评价是发展的必然趋势。在素质教育发展的过程中,有关教育评价的研究和实践也在发生着积极的转向。1995 年 3 月,第八届全国人民代表大会通过颁发了《中华人民共和国教育法》,该法在基本制度一章中规定:"国家实行教育督导制度和学校及其他教育机构教育评估制度。"1999 年 6 月,《中共中央国务院关于深化教育改革,全面推进素质教育的决定》明确指出:"建立符合素质教育要求的对学校、教师和学生的评价机制。地方各级人民政府不得下达升学指标,不得以升学率作为评价学校工作的标准。鼓励社会各界、家长和学生以适当方式参与对学校工作的评价。"一系列文件的颁布,促使人们不断反思既有教育评价制度,积极探索适应时代发展需要的新的教育评价制度。教育观念的积极转变为新的教育评价制度产生提供了生存的土壤和发展的空间。诸多法规性文件的产生,为教育评价制度的建设提供了强有力的基本保障,在

---

① 陈如:《略论我国教育评价制度系统的构建》,《教育探索》1999 年第 6 期。
② 张祥明:《教育评价制度的意义、类型和特征》,《福建教育学院学报》2001 年第 3 期。

相关方面的探索为教育评价制度的发展提供了必要的动力,实践层面的教育评价活动也发生了积极的变化,作出了新的探索。狭窄的应试教育评价内容体系逐渐被打破,教育评价愈加注重学生多方面的发展。诸如,北京市结合本市中、小学的实际和学生的年龄特点,从学生全面发展的整体出发,探索并制定出中小学教育质量综合评价方案。学生(教育)质量综合评价标准体系分为思想政治水平、知识能力水平、体质健康水平、审美意识水平等在内的6项一级指标,13项二级指标,中学评价要素23项,小学22项。[①]浙江省在探索义务教育改革的过程中,积极建立义务教育评价制度,将评价内容分为多个方面(表6.1)。[②]教育评价的方法也逐渐多样化,打破了以往以纸笔测验为主的评价方法。自我评价在教育评价中的作用得到肯定,并逐渐开始应用。教育评价的发展性功能得到加强,甄别性功能有所减弱。

表6.1　义务教育各个领域的评价内容与方式

评价领域		评价内容	评价方式
思想品德		思想品德与行为习惯	评语加操行等级、奖惩
学科知识	公民思想品德	公民意识、政治常识、道德认识及思想行为表现	知识点达成度测试;书面考试与行为考查相结合,评分加等级
	体育与保健	基本活动能力、体育保健知识、出勤率、学习态度和技能水平	知识点达成度测试;评分,等级,比赛名次
	语文	听话、说话、阅读、写字、写作;高尚的思想情操、审美情趣和语言交际能力	知识点达成度测试;笔试与口试相结合;开卷与闭卷相结合;知识与作文相结合;评分加评语;竞赛名次
	数学	数量关系、几何图形的基础知识、基本技能和基本能力以及个性品质和学习习惯	知识点达成度测试;笔试、口试、实际操作;评分;竞赛名次

---

① 梅克、张秀妞、李吉会等:《北京市中小学教育质量综合评价方案(上)》,《教育科学研究》1992年第6期。
② 戴莲康:《建立义务教育评价制度——浙江义务教育课程改革探索之二》,《课程·教材·教法》1992年第6期。

续　表

评价领域		评价内容	评价方式
	外语	掌握音标、拼读和记忆单词、查单词、书写习惯、听说简单的日常用语	知识点达成度测试;笔试、口试、实际操作;评分;竞赛名次
	常识	生活、自然常识与社会常识以及参与实践活动的能力	知识点达成度测试;笔试、口试、实际操作考察及评分、评语或评等级
	自然科学	认识自然现象和自然规律以及用所学知识解决简单问题的能力	知识点达成度测试;笔试、操作实验、实习;评分或评等级;竞赛名次
	社会	了解社会现象和社会发展规律以及参与社会活动、适应社会生活的能力	知识点达成度测试;笔试、社会实践考查、调查报告、小论文、辩论会;开卷与闭卷相结合;评分、评等级或评语
	音乐	欣赏、技能、乐理	知识点达成度测试;个别演唱（奏）表演、笔试、口试、观察;评等级加评语;竞赛名次
	美术	欣赏、技艺、美术原理	知识点达成度测试;作画、口试、笔试、展览、评等级加评语;竞赛名次
	农业技术基础	生产知识、劳动实践与调查研究	知识点达成度测试;口试、笔试、调查报告、操作技能考查;评语、评等级
	生活、劳动技术	基础知识、操作技能水平、劳动态度	操作技能考查、口试、笔试;评等级附加评语
	家庭生活	知识应用、操作技能与日常行为表现	评等级附加评语
	职业指导	当地城乡各行各业概括、学生自身能力与性向以及正确对待就业与升学的态度	评语

续　表

评价领域	评价内容	评价方式
身心状况	身高、体重、视力等常规体检以及心理状况的观察	列表记录并加等级和评语
劳动与出勤情况	劳动天数、劳动态度、纪律情况、有无旷课迟到	列表记录、评语、表扬与奖励
课外活动与社会实践	次数、内容、态度、表现、特长	列表记录、评语

三、教育评价制度的多元化发展

在推进素质教育的进程中,教育评价的育人价值日益得到肯定和发展,教育评价制度在不断探索的过程中逐渐丰富起来。2001 年,教育部出台《基础教育课程改革纲要(试行)》,指出:"改变课程评价过分强调甄别与选拔的功能,发挥评价促进学生发展、教师提高和改进教学实践的功能。""建立促进学生全面发展的评价体系。评价不仅要关注学生的学业成绩,而且要发现和发展学生多方面的潜能,了解学生发展中的需求,帮助学生认识自我,建立自信。发挥评价的教育功能,促进学生在原有水平上的发展。建立促进教师不断提高的评价体系。强调教师对自己教学行为的分析与反思,建立以教师自评为主,校长、教师、学生、家长共同参与的评价制度,使教师从多种渠道获得信息,不断提高教学水平。建立促进课程不断发展的评价体系。"这一文件的颁布,明确了新时期教育评价与既有教育评价制度的重要区别,凸显了评价的发展性价值,为教育评价的变革指明了方向和路径,发展性教育评价制度逐渐构建起来。2004年,教育部颁布《2003—2007 年教育振兴行动计划》,指出:"以全面推进素质教育为目标,加快考试评价制度改革。积极探索以初中毕业生学业考试为基础、综合评价相结合的高中阶段招生办法改革。""建立行政、专家和社会中介机构相结合的项目评价系统。"教育评价的方式得到了发展,除由行政部门自上而下开展评价活动外,第三方评价和自我评价受到了重视。《国家中长期教育改革和发展规划纲要(2010—2020 年)》是 21 世纪我国第一个中长期教育规划纲要,也明确提出:"开展由政府、学校、家长及社会各方面参与的教育质量评价活动。做好学生成长记录,完善综合素质评价。探索促进学生发展的多种评价方式,激励学生乐观向上、自主自立、努力成才。"

　　从颁布的系列文件中,我们可以窥探出新时期我国教育评价制度具有发展性功能、多元化发展等特征。经过多年的积累,新世纪以来,以成绩和升学率为核心内容的教育评价体系逐渐被打破,多主体多方式参与的综合教育评价机制逐步完善。发展性学生评价制度的形成,提升了教育评价制度的育人价值,增强了教育评价活动的活力。教育质量监测制度、县域教育评价制度、农村基础教育评价制度等逐渐发展起来,使得教育评价制度变得更为丰富。行政部门、教育专家、社会中介机构等多方参与教育评价活动,评价主体呈现多元化特点。第三方教育评价制度的形成以及校本评价的发展,促使教育评价的效力大大增强。

第二节　发展性学生评价制度

　　发展性学生评价制度以发展性价值观为核心,旨在通过动态化、多元化的评价促进学生的全面发展,蕴含着"以学生为中心"这一重要教育理念,体现了适切的教育价值观念。对传统学生评价制度的批判反思,以及教育实践呼吁诞生新的学生评价制度,是发展性学生评价制度产生的必然基础。学生评价从注重甄别选拔转变为促进发展,是传统学生评价制度转向发展性学生评价制度的必要前提。20世纪八九十年代以来,在构建和完善发展性学生评价制度的过程中,相关的政策保障逐渐从理念倡导过渡到积极引领,为发展性学生评价的教育实践提供了稳固的动力。发展性学生评价制度在走向实践的过程中,日益呈现多元化的特征。

一、传统学生评价制度转向发展性学生评价制度

　　1985年5月,《中共中央关于教育体制改革的决定》明确指出:"经过指导思想的拨乱反正,党中央对教育工作做出了一系列新的论断和决策,我国教育事业得到了恢复,开始走上了蓬勃发展的道路。但是,轻视教育、轻视知识、轻视人才的错误思想仍然存在,教育工作方面的'左'的思想影响还没有完全克服,教育工作不适应社会主义现代化建设需要的局面还没有根本扭转。"改革开放以后,教育事业得到了恢复,各项教育工作稳步推进,但仍存在较大的进步空间。20世纪八九十年代,教育的重心主要

是提高民族素质,多出人才、出好人才,从整体上改变原有的教育面貌。受到特定时期内宏观教育变革重心的影响,当时国内对学生评价的认识和研究具有一定的局限性,加之受到西方教育评价理念的影响,导致在一定的历史时期内,以考试评价制度为主的传统学生评价制度占据重要位置。而甄别性评价作为考试评价制度的重要实践取向,通常使用单一的评价手段,通过对学生学业成绩的测评,利用定量化的评价结果对学生加以甄别和选拔。它满足了选拔人才的需求,但却忽略了评价的发展性功能。

传统学生评价制度忽略了学生的个体差异性和发展的多种可能性,在一定程度上与教育的发展规律和人的发展规律相悖,不利于学生的全面发展和健康成长。消除甄别性评价的消极影响需要诞生富有生命力的新的学生评价制度,在批判反思传统学生评价制度的基础上,发展性学生评价制度呼之欲出。从传统学生评价制度转向发展性学生评价制度,是学生评价制度变革的重要创新,评价的重心从注重甄别选拔转向促进发展。这一变革主要体现在学生观、价值观、过程观和方法观等方面的积极转变。

(一) 学生观:破除抽象个体,视学生为发展的个体

传统的甄别性学生评价视学生为抽象的个体,个性特征往往被忽略掉,用统一的标准化手段去衡量所有学生学业成绩的长进。除此之外,传统的学生评价预设了基本假设,即学生之间存在优劣、高低之分,也就意味着在评价之前就假定了一部分学生将会是优秀学生,而绝大部分的学生都不是优秀学生,通过考试测验将学生加以区分开来。实际的评价活动过后,注定有部分学生成为淘汰者。在传统学生观的影响下,学生的能动性和个性受到束缚,个体创造性难以展现,由于学生评价内容和主体的封闭性和有限性,个体发展的空间受到了极大的限制。

发展性学生评价蕴含的学生观包含面向一切学生,视学生为鲜活的具有独特个性的个体,每一个学生都有着发展的潜力等重要观念。每一个学生都是平等的主体,都享有被公平评价的权利,不会因学生外在属性的不同而被区别对待。学生是鲜活的个体,他们有着自我的内心世界和丰富的情感体验,具有多方面的发展需求。知识的收获只是个体发展需求中的一部分,学生评价的内容不能仅关注于易于测量的外在的学业成绩,更应该注意到学生各种能力的变化、情感的体验、进步的空间等方面。与此同时,学生被视为具有发展潜力和创造性的个体。每一个学生都是具有发展性的,通过适当的方式加以引导和鼓励,学生能够实现自我的进步和创造。善于从赏识的角度去发现学生所表现出来的独特个性,尊重个体差异,肯定学生自身的兴趣、爱好、特长和理想等。从学生的角度出发,体验和理解学生的真实感受和内心世界,了解学生的所思所想、所作所为,进而发现和挖掘学生进一步发展的空间。

(二)价值观:弱化选拔性价值,突出激励性和发展性价值

促进每个学生的全面发展是发展性学生评价的根本价值追求,发展性学生评价淡化了传统学生评价的选拔性价值,而凸显出激励性和发展性的价值属性。

首先,发展性学生评价侧重于学习者个人的纵向比较,打破了以往学生间的横向比较模式。它肯定了每一个学习者学习的价值,而不是把部分学生当成佼佼者的参照群体,忽略其学习的意义。发展性学生评价通过持续的个体前后学习状态比较,为学生提供客观的评价信息,以及下一阶段学习的着力点和用力点。鼓励学生依据评价得来的反馈信息,合理地安排自身的学习进程,选择适合自己的学习方法。

其次,发展性学生评价旨在促进学生的发展,而非将评价作为选拔的手段对学生加以筛选。它认识到学生发展的多元性,学业上暂时的不理想并不能代表学生发展状态的落后,评价应该从多个角度去认识和分析学生的发展状况。学生通过发展性评价获得反馈信息和改进建议,从中可以发现已有发展状态中的进步、优势和积淀,以及存在的不足和可改进的空间,既为下一阶段的发展奠定基础,又提供了攀升的方向和台阶。

最后,发展性学生评价具有激励性价值,为学生的发展提供动力。学生是未成熟的个体,成长的过程中,学生总会经历失败或者犯错误,但也总会取得令人欣喜的进步。发展性学生评价能够及时给予学生激励,真诚地肯定学生所取得的进步和成就,增强学生的自信心和满足感,使其在成长的过程中保持积极饱满的进取态度。当学生遭遇到困境或者暂时的失败时,及时的鼓励能够促进学生进行合理的归因,引导学生正确认识挫折并积极应对,将失败的经历转化为成长的垫脚石,从经验教训中吸取有价值的营养成分,并给予其前进的信心和动力。

(三)过程观:打破静态性结果评价藩篱,视为动态连续的过程

传统的学生评价侧重于在某一个学习阶段过后对学生的学习状况进行测量评价,学生评价活动几乎不会出现在学生学习的过程之中,发展性学生评价与之截然不同,它将学生成长视为一个持续的动态的过程,因而,学生评价也存在于系统的过程之中。

首先,发展性学生评价持续存在于整个学习过程中。它不再仅仅关注某个静态时间节点上学生的发展状况,而是将学生评价延伸至成长过程中和起始的发展状态。传统学生评价的时间取样是一个又一个彼此断裂的时间点(图6.1),发展性学生评价取样是一个时间区间(如图6.2),致力于收集和分析整个过程中的发展信息。发展性学生评价关注学生在每一个具体发展阶段的发展状态而促进其发展,过程性的评价信息可以提供给学生更为全面的数据资料,以便个体了解自身在整个过程中的变化和某一阶段内的具体状况。

图6.1 传统学生评价时间取样

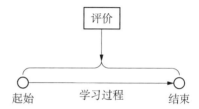

图6.2 发展性学生评价时间取样

其次,发展性学生评价活动具有一定的连续性,前后的学生评价活动相互关联,某一阶段的发展建议既参照前一阶段的综合发展状况,又为下一阶段的进步指出明确的方向和可能的行动方案,彼此相互衔接。发展性学生评价能够形成反映学生多方面发展状态的数据库,对不同时间段内学生重要发展信息和关键问题进行比较和分析,连续的相互关联的数据分析可以清晰地指出学生的进步和发展的空间,可以有针对性地为学生的成长提供帮助。

最后,发展性学生评价的过程具有系统性特征。主要体现在学生评价的对象或者主题是综合性的,不同的评价内容相互关联,形成一个系统的评价内容体系,从学生的学习到生活,从知识与能力到态度、情感、价值观等,评价活动覆盖了学生成长的方方面面,评价过程贯穿于学生生活的全部主题之内,改变了以往评价活动的单调性和评价过程的重复性。

(四) 方法观:改变以往评价的单调性,注重多元评价

独特性理念和开放性特征使得发展性学生评价在有关评价方法的认识和实践上都具有鲜明的特色。首先,评价能够使不同层面的主体都参与到实际的发展性评价活动中。学生总是处在一个动态的变化环境之中,不同场域下学生的实际表现和愿望诉求是不尽相同的,单纯从某一方面获得的关于学生发展的信息是不够精准的,由于特定情境的特殊性,甚至会导致评价结果的片面性,可能对学生产生消极的影响。以往学生评价的主体大多是教师或者学校的领导者,发展性学生评价能够将学生本人、同伴、教师、学校管理者、家长、社区等都吸纳到个体的评价活动当中来,多渠道获得丰富的发展信息,多方面地分析和理解学生发展状态中的各种行为和事件,发挥多种评价资源的优势和作用。其次,采取多元化的评价手段对学生活动进行观察或者调查、资料收集、数据分析,以及信息反馈和建议引导,凡是有利于学生进步和符合个体身心规律的方法都可以用来进行学生评价。传统的学生评价侧重于以考试测验作为学生评价的重要手段,而发展性学生评价采取多元的评价方法,不同评价方法相互平衡,相互补充,通过合力作用,增强评价活动的积极作用,促进学生的成长。

二、发展性学生评价制度的建构

面对加快改革开放和现代化建设的形势,为促进综合国力的增强和民族素质的提升,发展教育成为最为重要的途径。除此之外,传统教育在发展过程中所产生的诸多弊端也日益凸显,学校活力不足,课堂教学枯燥,教学方法单调,学生学习动力不足,缺乏兴趣,意志力薄弱,能力片面,等等。在诸多因素的相互影响和作用下,改变传统教育面貌,变革传统教育教学成为重要的事情。素质教育成为教育改革的重心,各级各类教育为推进素质教育的实施展开了深入研究,在这个过程中,构建发展性学生评价制度的重要性得到彰显,相关的探索逐渐丰富起来。

20世纪90年代以后,相关教育文件的出台,为构建和完善发展性学生评价制度提供了强有力的政策保障。诸如,1999年6月,《中共中央国务院关于深化教育改革,全面推进素质教育的决定》明确指出:"加快改革招生考试和评价制度,改变'一次考试定终身'的状况。建立符合素质教育要求的对学校、教师和学生的评价机制。地方各级人民政府不得下达升学指标,不得以升学率作为评价学校工作的标准。鼓励社会各界、家长和学生以适当方式参与对学校工作的评价。"淡化或者消除学生评价的甄别功能,促进学生的全面发展成为学生评价新的价值取向,为构建发展性学生评价制度提供了基本动力。与此同时,在不同的发展阶段,文件中相关的指导性意见和表述有所不同(表6.2)。

表 6.2　20 世纪 90 年代以来相关教育文件中有关发展性学生评价的规定

发布时间	教育文件	相关内容提要
1993 年	《中国教育改革和发展纲要》	中小学要由"应试教育"转向全面提高国民素质的轨道,面向全体学生,全面提高学生的思想道德、文化科学、劳动技能和身体心理素质,促进学生生动活泼地发展。
1999 年	《中共中央国务院关于深化教育改革,全面推进素质教育的决定》	加快改革招生考试和评价制度,改变"一次考试定终身"的状况。建立符合素质教育要求的对学校、教师和学生的评价机制。
2001 年	《基础教育课程改革纲要(试行)》	改变课程评价过分强调甄别与选拔的功能,发挥评价促进学生发展、教师提高和改进教学实践的功能。
2002 年	《教育部关于积极推进中小学评价与考试制度改革的通知》	对学生评价的内容要多元,既要重视学生的学习成绩,也要重视学生的思想品德以及多方面潜能的发展,注重学生的创新能力和实践能力;探索有利于引导学生、教师和学校进行积极的自评与他评的评价方法;要把形成性评价与终结性评价结合起来,使发展变化的过程成为评价的组成部分。
2010 年	《国家中长期教育改革和发展规划纲要(2010—2020 年)》	开展由政府、学校、家长及社会各方面参与的教育质量评价活动。做好学生成长记录,完善综合素质评价。探索促进学生发展的多种评价方式,激励学生乐观向上、自主自立、努力成才。
2013 年	《教育部关于推进中小学教育质量综合评价改革的意见》	把学生的品德发展水平、学业发展水平、身心发展水平、兴趣特长养成、学业负担状况等方面作为评价学校教育质量的主要内容,着力构建中小学教育质量综合评价指标体系;将形成性评价与终结性评价相结合,注重考查学生进步的程度和学校的努力程度;将定量评价与定性评价相结合,将内部评价与外部评价相结合。
2017 年	《国家教育事业发展"十三五"规划》	建立学生志愿服务记录档案,把志愿服务纳入学生综合素质评价内容;全面改进各级各类教育评价体系,注重考查学生适应社会发展和终身发展的能力,防止单纯以分数评价学生。探索实行利益攸关方共同参与的开放式评价,完善评价结果公开机制;推进基础教育质量综合评价改革。面向未来,明确各学段学生发展核心素养,实施基于核心素养的教学评价,促进学生全面发展和可持续发展。

尽管在不同历史阶段,人们对发展性学生评价的理解程度以及相关教育文件的表述方式有所不同,但从整体上看,发展性学生评价制度的政策保障具有连续性,并且政策之于构建发展性学生评价制度的引领性逐渐凸显。从理念倡导到积极引领,是其政策保障的主要走向。

(一)政策保障具有连续性

发展性学生评价制度的形成与促进学生全面发展的现代教育理念密切相关,随着人们对教育活动认识的不断深入,发展性学生评价的内涵、实现方式等也逐渐丰富起来。在较早的教育文件中,明确强调了教育要促进学生多方面发展这一重要指导思想,诸如,《中国教育改革和发展纲要》中指出:"中小学要由'应试教育'转向全面提高国民素质的轨道,面向全体学生,全面提高学生的思想道德、文化科学、劳动技能和身体心理素质,促进学生生动活泼地发展。"其中虽未出现发展性学生评价甚至教育评价等词汇,但在一定程度上,促进学生全面发展的教育理念已暗含了学生评价要从多方面进行、具有发展性的实践期望。随后,《中共中央国务院关于深化教育改革,全面推进素质教育的决定》中清晰指出:"建立符合素质教育要求的对学校、教师和学生的评价机制。"倡导在推进素质教育的过程中变革传统学生评价制度,积极构建以促进学生发展为核心的新学生评价制度。新世纪以来,"发展性学生评价"、"形成性评价"、"综合素质评价"等概念在相关文件中被明确提出来,发展性学生评价制度的理念、价值取向逐步取得了共识。发展性学生评价以不同的方式呈现在一系列的教育文件中,但其重要的思想是一脉相承的。系列文件的出台为构建发展性学生评价制度提供了连续性的政策保障。以学生为中心,以促进学生发展为根本宗旨,采取多元化的动态化的评价手段等,逐渐构成了发展性学生评价制度的基本要义。

(二)政策的引领性逐渐凸显

任何一项制度的完善都离不开相关政策的引领,发展性学生评价制度也不例外。在推动发展性学生评价制度积极构建的过程中,政策的引领性作用日益凸显,它主要表现在以下几个方面。第一,随着政策的推进,"发展性学生评价"清晰地出现在相关教育文件中。在较早的文件中,发展性学生评价的理念是内隐在相应的教育指导思想中的,并未明确提出。新世纪以来,相关的概念清楚地呈现在文件之中。诸如,从"建立符合素质教育要求的对学校、教师和学生的评价机制"到"发挥评价促进学生发展、教师提高和改进教学实践的功能"，关于发展性学生评价的表述愈加清晰。第二，有关发展性学生评价的相关规定日益丰富。从倡导要构建与素质教育理念相符合的学生评价制度，到提出学生评价制度要注重发展性功能，再到从学生评价内容、评价主体、评价方式等方面对发展性学生评价作出指导，文件中有关发展性学生评价的指导性意见逐渐增多，发展性学生评价体系愈加系统化。第三，发展性学生评价制度的可操作性逐渐增强。具体的可操作的相关规定，为发展性学生评价的理念转化为教育实践提供了实现路径，政策引领实践的作用明显增强。诸如，《教育部关于积极推进中小学评价与考试制度改革的通知》中明确指出："对学生评价的内容要多元，既要重视学生的学习成绩，也要重视学生的思想品德以及多方面潜能的发展，注重学生的创新能力和实践能力。""探索有利于引导学生、教师和学校进行积极的自评与他评的评价方法。""要把形成性评价与终结性评价结合起来，使发展变化的过程成为评价的组成部分。"这一文件从评价方式、评价内容等诸多方面对推进发展性学生评价作出了系统的指导，使实践具有了可靠的着力点和切入路径。

三、发展性学生评价制度实践变革取向

经过数十年的探索，发展性学生评价制度逐步构建起来，并实现了从理念层面向实践操作层面的转化。在走向实践的过程中，发展性学生评价呈现多元化的特征。

首先，学生评价的内容呈现多样性的特点。教师在进行学生评价时，除关注学业方面的指标外，也关心学生非学业方面的变化。学生评价体系愈加完善，学生的道德品质、学业水平、身心健康、艺术素养、生活本领等都是构成综合评价体系的要素，评价指标从多个方面反映学生发展状态。某项调查显示，广大的一线教师在教学评价中除了对学业成绩评价外，开始逐渐对学生的学习爱好、兴趣、能力、动力、思维过程、学习方法以及实践动手操作能力等方面进行评价。[1]

其次，学生评价的主体不断增多。有关评价主体的详细调查数据显示，有一半多的教师选择的是多主体参与到评价过程中，在评价学生时，希望教师、家长、学生三者

---

[1] 尹红菊：《新课程背景下农村高中发展性学生评价研究》，陕西师范大学硕士学位论文，2011年。

都能够积极参与到评价活动中来。[①] 随着实践的发展,除了教师、家长、学生之外,教育行政人员、学校管理人员、社会第三方等都逐渐参与到学生评价活动中来,增强了评价结果的全面性、有效性和发展性。诸如,在由天津市和平区教育局研发的新型中小学素质评价系统中,学生本人、家长、教师、校医、图书馆管理员、教育行政部门等都可以成为记录主体,从多个方面获取学生发展信息。

再次,学生评价的方式灵活多样,不同评价方式相互配合,共同发挥作用,有力保障评价活动的效力。发展性学生评价在探索的过程中,逐渐关注评价对象自身的感受和意见,将他人评价与自我评价紧密地配合起来。量化评价和质性评价具有各自独特的价值,单一的某种评价方式也具有一定的局限性。量化评价在早期的发展性学生评价中占有相当的比重,但随着探究的深入,通常将量化研究和质性研究结合起来使用。将形成性评价与终结性评价结合起来,既关注结果的状态,又注重学生在过程中的各种变化。

最后,在具体的教育情境中,形成了丰富的发展性学生评价方法体系。除传统的考试测验法外,情境测验法、自我报告法、活动表现法、对话法、档案袋评价法等都成为学生评价的重要方法。根据教育内容和教育情境的特殊性,以及教育对象的身心特征,灵活选择适宜的学生评价方法,以促进学生的发展。教育工作者结合具体教育阶段特定学科的特点,经过长时间的实践积累,使得评价方法在具体运用的过程中具有丰富性的特点。诸如在中学物理学科中开展基于物理课题任务的表现性评价,在中学思想品德学科中进行基于情境测验的活动表现评价,在中学化学学科中开展基于实验探究的活动表现评价,在初中美术学科中进行基于学生作品展示的表现性评价,等等。

第三节 教育质量监测制度

随着知识经济时代的到来,知识和人才对社会发展的作用愈加重要。诸多国家意识到教育质量的提升对于增强综合国力具有重要意义,纷纷出台了一些教育发展战略。2001 年,美国颁布了以提高中小学教育质量为重心的教育改革计划——《不让一

---

① 尹红菊:《新课程背景下农村高中发展性学生评价研究》,陕西师范大学硕士学位论文,2011 年。

个孩子落后》,致力于通过课程改革等方式促进教育质量的提升。2002 年 8 月,墨西哥联邦政府与各州政府、高等教育机构、民间团体、企业界的代表共同签署了《提高教育质量社会契约》,强调了教育质量对国家发展的决定性意义。[①] 2003 年,法国组建了以教育部原评估与预测司司长克劳德·德洛为主席的"学校未来全国讨论委员会",并于 2004 年 10 月向教育部提交了《为了全体学生成功》的政策建议报告,提出未来教育要使全体学生在义务教育完成之后,能够掌握就业所必需的知识、能力和行为准则,并为终身学习奠定基础。[②]

　　各国在重视教育质量问题的同时,教育质量监测制度的独特价值和功能开始得到关注。美国国家教育进展评估(National Assessment of Education Progress,NAEP)于 1969 年作为自愿参与的合作性计划出台并开始进行评估[③],致力于建立一个全国性的学生成绩评估体制,把握全国学生整体性学业水平,进而通过针对性的措施促进教育的进步。澳大利亚的教育质量监测和评估由教育部或地区教育部门采用项目制,委托澳大利亚教育研究委员会(The Australian Council for Educational Research,ACER)进行,ACER 提供学校水平报告,向教师和家长提供反馈,并将有关结果提供给教育政策制定者。[④] 巴西的教育质量监测开展较早,巴西全国教育研究中心(National Institute for Educational Studies and Research,NIESR)从 1995 年就开始进行两年一次的全国基础教育考核,通过学生成绩和行为表现检测小学的教学质量。[⑤] 日本自 1989 年颁布新的学习指导要领,提出面向 21 世纪新的学习能力观以后,几乎每年都要进行全国规模的学习能力调查,主要由文部科学省下辖的国立教育政策研究所负责实施。[⑥]

　　我国改革开放以来,人们也逐渐意识到构建教育质量监测制度的必要性,认识到

---

① 辛涛、李峰、李凌艳:《基础教育质量监测的国际比较》,《北京师范大学学报(社会科学版)》2007 年第 6 期。

② 王晓辉:《法国:民主社会需要什么样的教育》,《中国教育报》2005 年 11 月 18 日。

③ 周红:《美国国家教育进展评估(NAEP)体系的产生与发展》,《外国教育研究》2005 年第 2 期。

④ 辛涛、李峰、李凌艳:《基础教育质量监测的国际比较》,《北京师范大学学报(社会科学版)》2007 年第 6 期。

⑤ 贾玉梅:《巴西教育改革策略:建立全国评价系统》,《基础教育参考》2004 年第 12 期。

⑥ 辛涛、李峰、李凌艳:《基础教育质量监测的国际比较》,《北京师范大学学报(社会科学版)》2007 年第 6 期。

教育质量监测制度对于推动教育事业积极发展的现实意义。早在20世纪90年代,教育部就出台了《中国教育监测与评价统计指标体系(试行)》,为科学监测和评估教育事业发展提供了良好的依据,同时也有学者提出了建立我国教育质量监测评估制度的系统设想。在推进的过程中,我国教育质量监测制度实现了从初步探索到逐步实施的跨越,完成了从构想到实践的转化。随着实践的发展,教育质量监测制度逐渐从基础教育领域延伸至学前教育、高等教育、职业教育等诸多领域,正在实现从稳固成果到积极完善的第二次跨越。

一、构建教育质量监测制度的必要性

改革开放以来,教育质量问题日益成为关键性话题,提升教育质量,培养高素质人才成为发展教育事业的重要目标。教育质量监测制度有着自身独特的属性和价值,与中考制度、高考制度以及传统的学校评价制度有着较大的差别,对于教育质量的提升发挥着重要作用。构建教育质量监测制度具有相当的必要性,它对促进学生全面发展、提升学校教育质量、保障社会公正、增强国家综合实力都具有重大的意义。

首先,构建教育质量监测制度,能够为学生搭建进步的台阶,营造积极健康的成长环境,促进学生的全面发展。学生是教育质量监测的核心群体,监测的主要内容都是围绕学生发展而展开的。个体可以通过具体的测验或者调查,了解到自身发展的状态,获悉各个方面现有水平,发现自身的优势、不足以及改进空间。促使学生挖掘诸多方面的进步空间,并通过环境的保障以及外在的推力,为其成长增添积极因素。

其次,构建教育质量监测制度,能够提供学校发展动力,增强学校教育活力,促进学校教育质量的提升。学校管理者和广大教师具有丰富的教育教学实践经验,但在面对某些教育教学专业性问题,以及应对学校变革和发展问题上,相对于专家学者而言,缺乏学理性分析和战略性考量,甚至有时会有"心有余而力不足"之感。学校的发展需要外部力量的支撑,而教育质量监测体系恰好提供了学术智慧和智力团队,实施监测的团队都是由具有专业背景的人员组成的。专业化的教育质量评估能够提供详细的学校发展报告,使学校广大教育工作者了解到自身发展的资源、学科优势以及存在的问题等,在明晰问题的基础上,有针对性地研究出实质性的发展规划和改进途径,助推学校教育质量的提升。

　　再次,构建教育质量监测制度,有利于教育资源的均衡,缩小教育质量区域间差异,促进教育公平,保障社会公正。教育是社会系统的子系统,与其他子系统相互联系,共同推动社会的运行。教育的质量和状态影响着社会的发展,在一定程度上,教育公平能够促进社会的公正。我国地域广阔,区域间经济发展水平不同,地域间差异较大,教育的发展也存在着不平衡的状况。近些年来,教育的难点、热点问题错综复杂,引起社会各界颇多议论。教育质量监测制度的建立,意味着多元反馈沟通机制的形成,它能够及时地将真实的教育发展信息反馈给各方主体,集合多种社会力量解决存在的问题。同时,政府部门可以根据各学校真实的发展状态,通过一系列的途径促进教育资源的均衡化配置,动态化的教育监测和政策调整能够在宏观上缩小区域间学校教育质量的差异,从而推动教育公平。

　　最后,构建教育质量监测制度是建设人力资源强国,增强国家综合实力,提升国际竞争力的重要保障。民族综合素质的提高,创新型国家的形成,从根本上讲,依赖于人才的培育和产生,从某种程度上讲,教育质量又决定了人才的质量。教育质量监测制度的建立,通过科学的实证分析,诊断教育发展过程中存在的问题,把握教育问题中的各种矛盾关系,深化对教育发展规律的认识,有利于促使政府与学校作出真切的改变,遵循教育发展和培养人才的规律,发挥教育的育人价值,培养出满足社会进步需求的人才,夯实人力资源强国的建设基础。

二、教育质量监测制度的发展历程

　　教育观念的变化和教育实践的积极变革是制度发展的必要基础。重视教育质量的提升是教育质量监测制度形成的理念前提。20 世纪 80 年代是我国教育事业发展的重要阶段,各项工作稳步推进,为今后教育制度的构建和完善奠定了实践的基础,但这一时期有关教育质量监测的设想和探究鲜有出现。在以后的发展过程中,如何衡量和评价教育发展状态,如何通过督导、评价、监测等手段保障教育质量的提升等诸多问题成为人们日益关注的话题。自 20 世纪 90 年代起,教育质量监测制度逐渐构建起来,在实践历程中,实现了从初步探索到逐步实施的跨越。

（一）教育质量监测制度的初步探索

　　20 世纪 90 年代是我国教育事业发展的关键时期,推进九年义务教育的有序实现,促进教育结构的优化调整,变革传统教育,实施素质教育以满足新时期社会进步对于人才的需求等,这些任务是这一阶段教育发展的重要目标。伴随着教育事业的蓬勃发展,教育质量问题也成为社会各界最为关注的事情,有关教育质量监测制度的初步构想在这一时期开始酝酿产生。

1991 年,教育部发布《中国教育监测与评价统计指标体系(试行)》,为各级教育行政部门和学校科学开展教育事业发展监测与评价工作提供了必要前提,也为教育质量监测制度的发展奠定了基础。1993 年 2 月,中共中央、国务院印发了《中国教育改革和发展纲要》,指出:"建立各级各类教育的质量标准和评估指标体系。各地教育部门要把检查评估学校教育质量作为一项经常性的任务。"视学校教育质量的评估工作为经常性事件,初步体现了教育质量监测的常态性思想。1994 年,《国务院关于〈中国教育改革和发展纲要〉的实施意见》提出,按照邓小平同志提出的"教育要面向现代化、面向世界、面向未来"的要求和教育方针,研究制定各级各类学校的基本办学条件标准和质量标准,建立和完善教育监测评估和督导制度,使受教育者的素质明显提高,更好地适应经济建设和社会发展的需要。"建立教育监测评估制度"被明确提出来,教育质量监测的思想逐渐发展起来,相关的探索逐渐展开。诸如,有研究开始提出关于建立义务教育质量监测系统的设想,其中探讨了教育质量监测系统的功能、价值准则、质量指标及质量标准、信息的收集方法、数据的处理等多方面的内容,还明确指出建立义务教育质量监测系统是一个复杂的过程,相关的质量监测方案设计工作才刚刚起步。[①]

20 世纪 90 年代,教育质量监测制度处于初步探索阶段,构建教育质量监测制度的理念以及相关的构想开始产生。在初步探索阶段,主要呈现以下几个方面的特征。首先,国家出台的系列教育政策文件,体现了国家高度重视教育质量的评估和发展问题,启蒙和引导了教育质量监测思想的发展。透过政策文本,可以看出一些与教育质量监测相关的理念,诸如教育质量监测的常态性、通过社会监督机制实施教育质量监测等内容。其次,教育质量监测制度尚未真正建立起来,更多的是在理念和设想层面上进行初步探索。教育质量的检查和评估职责主要隶属于教育督导部门,各级各类的教育督导部门负责对学校教育质量进行评估,但由于尚未形成相对统一的质量评估标

---

① 蔡婉:《关于建立义务教育质量监测系统的构想》,《教育导刊》1997 年第 4 期。

准和程序,各地的实际操作存在较大差异,评估的质量也参差不齐。最后,相关研究提出的关于构建教育质量监测系统的构想,对切实推进教育质量监测工作具有一定的促进作用。部分地区在相关方面作出的初步探索,为教育质量监测制度的发展积累了一定的实践经验。

(二)教育质量监测制度的逐步实施

新世纪以来,教育质量监测思想得到了进一步的发展,相关教育文件均对构建教育质量监测制度作出了相应的规定和引导(表6.3),大力促进了教育质量监测制度从构想走向实践,在实践中逐渐完善起来。

表6.3 2000—2010年相关教育文件中关于教育质量监测制度的规定

发布时间	教育文件	相关内容提要
2004 年	《2003—2007 年教育振兴行动计划》	建立国家和省两级新课程的跟踪、监测、评估、反馈机制,加强对基础教育质量的监测。
2005 年	《教育部关于进一步推进义务教育均衡发展的若干意见》	各级教育行政部门要逐步建立规范化、科学化、制度化的义务教育教学质量监测评估体系和教学指导体系。
2006 年	《教育部 2006 年工作要点》	研究建立国家教育督导报告制度,建立国家教育质量监测和评估体系。加强对普通中小学评估工作,引导学校全面实施素质教育。
2007 年	《教育部 2007 年工作要点》	建立国家教育质量监测中心,开展中小学生学业情况监测试点。
2008 年	《教育部 2008 年工作要点》	制订中小学实施素质教育督导工作方案,进行义务教育均衡发展督导评估试点,开展基础教育质量监测,抓好开展阳光体育运动等专项督导检查工作,做好全国中小学生数学学习质量和心理健康状况专项监测工作。
2009 年	《教育部 2009 年工作要点》	建立健全基础教育质量监测制度,完善学生数学学习、心理状况监测标准与指标体系,开展义务教育阶段学生语文、科学学习质量测试。

发布时间	教育文件	相关内容提要
2010 年	《国家中长期教育改革和发展规划纲要（2010—2020 年）》	提高义务教育质量。建立国家义务教育质量基本标准和监测制度；建立和完善国家教育基本标准。整合国家教育质量监测评估机构及资源，完善监测评估体系，定期发布监测评估报告。

2015 年，教育部重新修订了 1991 年发布的《中国教育监测与评价统计指标体系（试行）》。新的指标体系分为五类 102 项，与修订前的指标体系相比，保留原指标 9 项，修订原指标 18 项，新增指标 75 项，使得教育监测和评价统计指标体系更为完善，为新时期内教育监测与评估工作的有序开展提供了可靠的依据。同年，《国家义务教育质量监测方案》出台，其中从监测的目的、原则、学科、对象、周期、内容等诸多方面对实施义务教育质量监测制度作出了详细的规定。在颁布的系列教育文件中，教育质量监测制度的价值和重要性都被充分肯定，并且有关实施教育质量监测制度的指导性意见愈加丰富。在政策的有力保障下，教育质量监测制度逐步实施起来，它主要体现在以下几个方面。

首先，教育质量监测工作在教育领域逐渐开展起来，制度具有了实践层面上的意义。实践之中，不同地区围绕教育质量监测进行了积极的探索。诸如，北京市顺义区出台《顺义区小学教育质量监控与评价方案》，对全区小学生学业成就发展水平、身体和体能发展状况、道德认知与行为习惯发展状况、个性特长发展状况四个方面进行监控与评价。河南省郑州市出台基础教育教学质量监控与评价方案，质量监控与评价内容有学生成长、教师进步、学校发展三个方面。学生成长的主要监控评价点分为学生综合素质和学生学业成绩。教师进步的主要监控评价点分为综合素质、履行职责、教学绩效。学校发展的主要监控评价点分为学校教学日常管理、课堂教学、校本教研和质量管理。①

其次，国家层面和地方层面的教育质量监测机构逐步建立起来，为教育质量监测制度的实施提供了专业性帮助。诸如，2005 年教育部依托上海教科院成立了教育部

---

① 曾祥春：《普通高中教育质量监测"教师成长监测指标"研究》，福建师范大学硕士学位论文，2007 年。

基础教育监测中心,它侧重于教育宏观发展方面的监测,主要是通过大量数据的处理来监测各地教育发展的状况。[1] 2007 年,教育部基础教育质量监测中心正式成立。该中心是在教育部的领导下,依托北京师范大学建立起来的专业机构,主要对基础教育阶段学生的学习质量和身心健康状况以及影响学生发展的相关因素进行监测,向国家报告基础教育质量现状,为教育决策提供信息、依据和建议。通过监测数据和结果的发布,引导家长、学校和社会树立正确的教育质量观,促进青少年的健康成长[2]。

最后,教育质量监测制度实现了从试点探索到逐步推开的转变。从"开展中小学生学业情况监测试点"到"建立国家义务教育质量基本标准和监测制度",教育质量监测制度在更多的地区逐步实施起来,并在实践之中逐渐具有地方特色。诸如,重庆市自 2009 年首次实施基础教育质量监测以来,致力于教育数据分析研究,研发基础教育质量监测工具,建构了分析平台与系统,形成了一套较完整的教育数据采集、处理模型或方法,基于大数据分析结果,为学校发展、区域教育发展进行过程性诊断与评估,制定了多个教育行政文件。[3]

三、教育质量监测制度的未来走向

经过数十年的探索和逐步推进,我国教育质量监测制度初步形成。在发展的历程中,取得了一定成果,诸如教育质量监测标准的研制技术愈加成熟,教育质量监测的实施程序日益规范,教育质量监测的方法多元化等,尤其是在义务教育领域积累了诸多有益经验。《国家义务教育质量监测方案》既是对已有教育质量监测经验的总结和升华,也成为今后开展义务教育质量监测工作的重要行动指南,为进一步稳固既有成果提供了坚实的基础。

随着制度的深入推进,人们对教育质量监测活动的理解愈加深入,相关的有益经验持续增加,教育质量监测制度逐渐完善起来。在最新出台的相关教育文件中,有关指示表明了教育质量监测制度将进入大力推进、积极完善的阶段,相关指导性意见为下一阶段教育质量监测工作的开展提供了清晰的思路。2017 年,《国家教育事业发展

---

① 陈小娅:《建立具有中国特色的基础教育质量监测系统》,《科学咨询(教育科研)》2008 年第 1 期。
② 刘群:《教育部基础教育质量监测中心在京成立》,《人民教育》2007 年第 24 期。
③ 龚春燕等:《重庆模式:大数据评估促进教育决策科学化》,《中小学管理》2015 年第 8 期。

"十三五"规划》明确指出:"完善教育质量监测制度。健全国家教育质量评估监测机构,继续实施国家义务教育质量监测。探索建立学前教育、特殊教育质量监测评价体系。鼓励行业企业根据职业技能标准开展职业教育质量监测,分行业定期对职业教育质量进行监测评估,建立健全职业教育质量保障体系。""将体质改善情况作为教育质量监测和教育评价的重要内容,开展健康学校创建工作,完善青少年体质健康监测体系,健全大中小学生健康体检制度。"教育质量监测的领域范围得到进一步扩展,监测体系逐步完善。同年,中共中央办公厅、国务院办公厅印发《关于深化教育体制机制改革的意见》,其中清晰指明:"要建立健全教育评价制度,建立贯通大中小幼的教育质量监测评估制度,建立标准健全、目标分层、多级评价、多元参与、学段完整的教育质量监测评估体系。"

制度的完善是一个渐进的过程,教育质量监测制度也是如此。从初步形成到大力推进,从稳固成果到积极完善,是今后我国教育质量监测制度的发展方向。教育质量监测将从基础教育领域延伸到学前教育、高等教育,以及职业教育、特殊教育等诸多领域,构建起贯通大中小幼的教育质量监测制度成为下一阶段工作的重要目标。各级各类教育根据自身的特点及实际情况,开展具有领域特色的教育质量监测工作,丰富和完善整个教育质量监测体系。教育质量监测的标准更加科学化、客观化,教育质量监测的程序将愈加规范化。教育质量监测机构将得到进一步的健全,为制度的实施提供更强健的保障。教育质量监测的主体将更加多元化,国家层面的相关教育职能部门、地方教育行政部门、教育质量监测中心、高校教育研究机构,社会行业、第三方机构等将参与到教育质量监测工作中,多种力量共同促进教育质量监测水平的提升。教育质量监测的方法将更加多样化,现代信息技术在教育质量监测工作中的作用将更加突出。

第四节　第三方教育评价制度

第三方机构参与教育评价具有其他评价主体无法替代的价值,积极吸纳第三方社会力量参与教育评价也已经成为诸多国家的共识。英国建立了高等教育质量保证署(QAA)评价机构,对高等教育进行非官方的第三方的教育评估。"芬兰已经连续多年开展第三方的教育评估。在《2012—2015 年教育评估计划》中，芬兰还把参与国际性的第三方评估项目作为计划的一个重要部分。"①此外，"日本从 1991 年教育法规部发动两次改革以来，其教育评价也已经实现了从自我评价向第三方评价的转换"②。

第三方教育评价活动有利于提升教育评价的有效性，为学校发展增添活力。构建第三方教育评价制度具有很强的必要性，它能够在一定程度上促进教育质量的提升。我国关于第三方教育评价的探索可以追溯到 20 世纪 90 年代，较早的相关探索出现在高等教育领域，经过数十年的酝酿和发展，第三方教育评价制度完成了从理念提倡到教育实践、从特定领域研究到多领域探索等的转变，实现了从初步探索到大力推进的阶段性变化。在相关政策的有力保障下，第三方教育评价的独立性、客观性和专业性正在大大增强，具有我国特色的第三方教育评价制度逐渐完善起来。

一、构建第三方教育评价制度的必要性

我国改革开放以来，在一定的历史时期内，教育评价活动通常是由教育系统内部的相关人员开展的。随着教育事业的向前推进，人们对教育评价规律的探究不断深入，逐渐认识到既有教育评价的局限性，以及吸引社会力量参与教育评价的必要性。第三方教育评价有利于增强教育评价的客观性和科学性，提高教育评价的功效。第三方教育评价制度的构建，能够减轻政府在教育评估方面的工作负荷，促进学校教育教学发生有效变革，对教育实践具有重要的现实意义。

首先，构建第三方教育评价制度，有利于促进政府相关部门职能的转变，为实现教育管办评的分离提供现实的可能。它能够促使教育管办评分离从理念向实践转化，政府相关部门管理教育，学校负责具体教育活动的开展，第三方教育评价机构实施教育评价，三者职责明确，彼此之间相互联系，共同促进教育质量的提高。简政放权是政府职能转变的重要原则，实现政府职能的转变至少需要满足两个前提性条件。第一，政府部门切实把相关权力"放下去"，放心地交给相关的主体。第二，确实存在一定的机构或者组织能够切实用好"放下来"的权力，有足够的能力担负起应有的职责。没有具

① 李益众：《第三方机构评价学校的实践研究》，四川师范大学硕士学位论文，2017 年。
② 有本章：《变化中的日本学术评价体系：从自我评价向第三方评价的转换》，《国家教育行政学院学报》2006 年第 12 期。

体可"承担职责"的实体机构及相关机制的产生,政府的职责较难实现转移。第三方教育评价利用专业的优势,能够在教育评价活动中发挥出更大的作用,原本政府担负的部分教育评价职责可以由其担负和履行,在这个过程中能够在一定程度上实现政府职能的转变,增强政府工作的活力。

其次,构建第三方教育评价制度,有利于相关主体作出合理的教育决策。通过提供科学的、客观的评价分析,为教育变革提供真实有效的参考。第三方教育评价实现了"站在教育之外看教育",它与评价对象之间不存在复杂的利益关系,在评价过程中,能够保持客观中立的态度,保证数据资料的客观真实性,增加分析结果的可信度。与此同时,第三方教育评价是专业性评价,它是由具备专业素养的人员主持实施的,有着明确的评价目标和评价标准以及详实的评价计划,通过规范化的评价程序和科学的数据收集方法获得真实的信息,最后在大量资料的基础上,进行合理的数据处理和分析,形成评价结果。科学的决策要建立在详实可靠的实证数据以及专业分析的基础上,一系列专业化的因素保障了教育评价的质量,为科学的教育决策提供了可靠依据。政府部门制定相关教育政策时,可以将第三方教育评价结果作为有效的参考,增强政策的合理性和可行性。通过教育评价活动,学校可以全面了解发展信息,系统诊断发展问题,增强学校内部的教育反思。家长以及社会其他各方可以通过第三方教育评价机构发布的相关评估信息,更为全面地了解学校的现实状况,从而降低学校与外部环境之间的信息不对称性,增加外界理性参与教育活动的可能性,促进不同主体之间的相互理解、广泛联系,共同推动教育向前发展。

最后,构建第三方教育评价制度,有利于促进学校教育质量的提升。第三方教育评价致力于通过真实有效、专业科学的评价分析,推动学校教育的变革和发展。其评价结果不是划分学校梯队的工具,监督和检查也不是最终目的。评价只是促进发展的手段,引导和促进学校的发展是其核心。由于诸多的主客观原因,学校自身开展的教育评价活动效果是不太理想的。政府部门实施教育评价时,由于它和学校存在一定的隶属关系,学校通常处于"被检查"和"被评价"的被动状态,致使学校对评价活动可能有所顾虑,教育评价氛围较为紧张。第三方教育评价具备独立性、专业性和自主性等特性,它可以较好地解决其他评价主体在评价过程中遇见的重要问题,营造平等、轻松的评价氛围,客观真实地对学校发展状态进行规范化的评价,诊断学校发展过程中存在的问题,通过详细的原因分析以及建议指导,为推动学校教育的有效变革寻找合适的切入点,进而促进教育质量的提升。

二、大力推进第三方教育评价制度

我国较早关于第三方教育评价的探索出现在高等教育领域内,但最初并未明确出现"第三方评价"这一概念。自 20 世纪 90 年代起,相关的探索逐渐增多起来。在实践的历程中,第三方教育评价制度实现了从初步探索到大力推进的重要转向。

(一)第三方教育评价制度的初步探索

1990 年 10 月,国家教育委员会颁布了《普通高等学校教育评估暂行规定》,它是我国第一个高等教育评价方面的法规性文件,保障了高等教育评估工作的规范化实施,包含了重要的教育评价思想和方法。其中明确指出:"在学校自我评估的基础上,以组织党政有关部门和教育界、知识界以及用人部门进行的社会评估为重点,在政策上体现区别对待、奖优罚劣的原则,鼓励学术机构、社会团体参加教育评估。"虽然没有明确出现第三方评价这一表达,但鼓励学术机构和社会团体参与教育评估活动,意味着学校教育评价理念开始发生变化,逐渐意识到社会评估的重要意义,初步体现了第三方教育评价的思想。1993 年 2 月,《中国教育改革和发展纲要》颁布,在有关高等教育发展的指导中指出:"高等教育,要采取领导、专家和用人部门相结合的办法,通过多种形式进行质量评估和检查。""要重视和加强决策研究工作,建立有教育和社会各界专家参加的咨询、审议、评估等机构,对高等教育方针政策发展战略和规划等提出咨询建议,形成民主的、科学的决策程序。"促使教育系统之外的社会力量参与到高等教育的评估乃至发展规划中的思想更加明晰,社会组织在教育发展尤其是教育评估中的作用得以凸显。1994 年,《国务院关于〈中国教育改革和发展纲要〉的实施意见》指出:"为保证政府职能的转变,使重大决策经过科学的研究和论证,要建立健全社会中介组织,包括教育决策咨询研究机构、高等学校设置和学位评议与咨询机构、教育评估机构、教育考试机构、资格证书机构等,发挥社会各界参与教育决策和管理的作用。"明确鼓励社会中介组织参与教育事业。1999 年 6 月,《中共中央国务院关于深化教育改革,全面推进素质教育的决定》颁布,肯定了社会监督机制以及评价体系在高等教育质量评估中的作用,其中明确指出:"加强对高等学校的监督和办学质量检查,逐步形成对学校办学行为和教育质量的社会监督机制以及评价体系。"

20世纪90年代，第三方教育制度处于初步探索阶段，诸多教育文件中均出现了与第三方教育评价相关的内容，尽管具体的表述有所不同，但重要的指导思想是一脉相承的。在初步探索阶段，主要有以下几方面的特征。首先，在高等教育领域已经萌发了第三方教育评价的重要思想，社会组织参与高等教育质量评估的作用得以被重视。其次，在这一时期内，第三方教育评价的概念虽并未明确提出，但与"第三方"含义相近的表达，诸如"社会团体"、"社会中介组织"等清晰地出现在相关教育文件中，为以后第三方教育评价的发展提供了良好基础。再次，第三方教育评价机构尚未大规模出现。有关第三方教育评价的探索大多停留在理念和策略层面，大多数研究从宏观层面上认识和提倡第三方教育评价，关于具体的操作程序、实践方式、制度保障等方面的探索较为欠缺。最后，这一时期系列教育文件的出台，为在高等教育领域实际开展第三方教育评估活动提供了重要的政策保障，为发展第三方教育评价制度打下了坚实的基础。

（二）第三方教育评价制度的大力推进

进入21世纪，第三方教育评价得到了快速发展。《2003—2007年教育振兴行动计划》指出："逐步完善'在国务院领导下，分级管理、地方为主、政府统筹、社会参与'的职业教育管理体制，实行国务院领导下的职业教育工作部际联席会议制度，强化市（地）级人民政府的统筹责任，促进行业、企业和社会参与宏观管理。"其中虽尚未明确提出社会机构参与教育评价，但肯定了社会方面在教育管理、决策中的作用，为社会机构参与教育评价活动提供了必要基础。与此同时，实践领域出现了诸多教育评估机构，诸如：2000年，上海市教育评估院正式成立，广东省成立教育发展研究与评估中心；2002年，江西省高等教育评估所成立；2003年，福建省教育评估所成立；2005年，黑龙江省高等教育教学评估中心成立；2006年，北京市教育评估院成立，重庆市教育科学研究院下设教育政策与评价研究中心。第三方教育评价机构的产生，大大促进了第三方教育评价活动在教育领域的实际开展。

2010年以后，诸多相关教育文件都对第三方教育评价制度作出了明确的规定和引导（表6.4）。在政策持续且有力的保障下，第三方教育评价制度实现了从初步探索到大力推进的转变。

表 6.4　2010—2017 年相关教育文件中关于第三方教育评价制度的规定

发布时间	教育文件	相关内容提要
2010 年	《国家中长期教育改革和发展规划纲要（2010—2020 年）》	开展由政府、学校、家长及社会各方面参与的教育质量评价活动；推进专业评价。鼓励专门机构和社会中介机构对高等学校学科、专业、课程等水平和质量进行评估。
2011 年	《教育部关于充分发挥行业指导作用的意见》	要建立社会、行业、企业、教育行政部门和学校等多方参与，以能力水平和贡献大小为依据的职业教育质量评价体系，把行业规范和职业标准作为学校教学质量评价的重要依据，把社会和用人单位的意见作为职业教育质量评价的重要指标。逐步建立以行业企业为主导的职业教育第三方评价机制。
2013 年	《中共中央关于全面深化改革若干重大问题的决定》	深入推进管办评分离，扩大省级政府教育统筹权和学校办学自主权，完善学校内部治理结构。
2015 年	《教育部关于深入推进教育管办评分离促进政府职能转变的若干意见》	以推进科学、规范的教育评价为突破口，建立健全政府、学校、专业机构和社会组织等多元参与的教育评价体系；支持专业机构和社会组织规范开展教育评价；扩大行业协会、专业学会、基金会等各类社会组织参与教育评价。制定专业机构和社会组织参与教育评价的资质认证标准。引入市场机制，将委托专业机构和社会组织开展教育评价纳入政府购买服务范围，按照公开、公平、公正原则，建立健全招投标制度和绩效管理制度，保证教育评价服务的质量和效益。重视扩大科技、文化等部门和新闻媒体对教育评价的参与。重视学生会等学生组织在教育评价中的作用。鼓励有条件的地区和学校积极参与国际组织实施的教育质量评估项目。
2017 年	《国家教育事业发展"十三五"规划》	加强对第三方教育质量评估的监督指导，培育专业教育评价机构。鼓励行业企业、专业机构和社会组织规范开展教育评价和决策咨询，大力培育专业服务机构，委托专业机构和社会组织开展评价。

　　第三方教育评价制度的价值在出台的诸多教育文件中都被充分肯定，并且有关制度运行的指导性意见逐渐丰富，为实际推进第三教育评价制度提供了清晰的方向。在

中央大力推进第三方教育评价制度的过程中,地方也紧跟步伐,积极探索,努力推进。诸如,2012 年 7 月,西安市引入社会第三方中介机构——陕西高级人才事务所有限公司,对教育改革发展情况进行社会评价①。2014 年 5 月,河南省教育评估中心成立。成立以来,评估中心积极探索第三方教育评估的方式、方法,积极稳妥地开展评估业务,实现了从无到有,由小变大,经历了从初创摸索到稳步推进的过程,初步建立了体系比较完整的教育评估机构②。2015 年 6 月,四川省教育体制改革领导小组印发了《关于推进教育管办评分离促进政府职能转变的指导意见》,其中明确提出"大力推进第三方评价"。

在大力推进阶段,第三方教育评价制度的发展主要有以下几方面特点。首先,第三方教育评价的价值和作用得到了政府、学校、社会等多方面的认同。政府积极引导各方加强对第三方教育评价的探索,并通过系列文件为第三方教育评价的实践提供有力的政策保障。第三方教育评价机构不断增加,并积极参与到教育评价活动中,数量和质量上都有显著变化。学校也努力转变教育评价的观念和实践方式,积极融入多种社会力量参与学校教育评价活动,致力于推动学校教育评价制度的有效变革。其次,第三方教育评价的应用范围得到了进一步扩大,从最初在高等教育领域内进行探索,逐渐向外扩展,第三方教育评价活动在学前教育、基础教育、职业教育等领域也逐步应用起来。最后,有关第三方教育评价的实践变得愈加丰富,增强了教育评价活动的效果,为提升教育决策的科学性提供了有力依据。不同地区根据第三方教育评价的理念和原则,结合实际情况,利用能够获得的资源,采取灵活的评价方式和评价手段展开具体的评价活动,加之不同类别、不同阶段的教育具有不同的特征,现实中的第三方教育评价活动具有多样性特点,实践颇为丰富。诸如,河南大学教育行动国际研究中心受河南省教育厅委托,于 2013—2015 年,对河南省中等职业教育质量进行多次第三方评估,结果表明以学生发展水平为导向的评价体系更有利于中等职业教育质量的提升。自 2012 年起,教育部会同有关部门陆续实施了重点高校定向招收农村和贫困地区学生的国家专项计划、地方专项计划和高校专项计划。为了解专项计划的实施效果,

---

① 邓月娟:《西安教育改革第三方评价年度结果发布》,《陕西日报》2013 年 10 月 24 日。
② 文正健:《小步快走,扎实推进河南省第三方教育评价工作》,《河南教育(高教)》2015 年第 1 期。

2015 年,中国科学院对其实施情况进行第三方评估,评估表明这项政策适应我国国情,得到社会广泛认可[①]。

三、第三方教育评价制度的实践变革取向

大力推进第三方教育评价制度,有利于促进教育管办评分离改革,是推动教育事业科学发展的重要保障。在教育发展的过程中有力促进第三方教育评价活动的开展,是提升教育质量的内在需求。经过多年的积极探索,我国已积累了诸多有益的经验,为今后制度的完善和实践的发展奠定了良好基础。但与此同时,第三方教育评价在发展过程中,同样也面临着一些挑战。诸如,第三方教育评价结果的专业权威性尚未得到广泛认同,第三方教育评价机构的独立性有待进一步提升。当第三方教育评价的质量不断提高时,其对教育实践产生的积极作用才会更大。进一步提升第三方教育评价的独立性、专业性将成为其实践变革的重要取向。

第一,提高第三方教育评价的独立性成为关键性的实践变革取向。第三方教育评价机构应是独立于政府、学校之外的专业性服务组织,具有独立开展教育评价活动的自主性,独立性是其自身赖以生存和发展的重要前提。近十几年来各种教育中介机构、教育类专业学会或行业协会等第三方组织纷纷成立,但绝大多数是在政府主管部门的推动或组织下建立的,不仅习惯于按照政府主管部门的指示和要求开展工作,而且对政府主管部门的项目安排、资金投入、过程领导和管理产生了依赖性,导致其独立发展能力欠缺,独立性较差[②]。独立性的不足致使第三方教育评价的实际效果具有一定的局限性,不能充分发挥自身的独特价值。在大力推进第三方教育评价制度的发展过程中,应当充分关注第三方教育评价机构的独立性问题。政府和社会需要大力培育和积极扶持,承担应当担负的职责,积极营造有利于第三方评价机构发展的氛围,提供坚实的政策保障并给予其充足的独立自主性。

第二,评价机构在发展的过程中要注重增强自身专业性。专业化是第三方教育评价机构存在的主要支撑,也是其独特价值的重要体现。第三方教育评价实际上是一项

---

① 叶雨婷:《看好你,"寒门贵子"》,《中国青年报》2017 年 9 月 22 日。

② 汤贞敏:《推进第三方教育评估健康有序发展》,《南方日报》2016 年 1 月 16 日。

复杂的活动,从评价目标及评价标准的制定、评价工具的研制,到评价过程的规范化操作、评价数据的科学化分析、评价结果的客观性呈现等,都渗透着专业性因素。只有专业化的第三方教育评价才能精确地诊断出教育问题,科学地分析教育的发展状态,为促进教育质量的提升提供明晰的建议报告。高质量的第三方教育评价既需要教育学理论、心理学理论、测验理论等诸多理论的支撑,也需要相关经验的积累。归根到底,专业化程度决定了第三方教育评价机构的生存状态和社会认可度。当前社会中存在诸多第三方教育评价机构,但由于其组成人员的综合素养有所差异,评价过程的规范性及其他因素有所不同,实际的服务质量也参差不齐,人们对于第三方教育评价也褒贬不一。某些流于形式的第三方评估,既不能给学校的发展带来实质性益处,也不利于评价机构自身专业化的提升。提升第三方教育评价的专业性是保障其可持续发展的内在需要。评价机构要努力提升自身的专业化水平,积极吸纳具有相关学科背景的高素质人才,并加强相关培训,增加业务锻炼机会;不断总结实践经验,反思评价过程中的不足,加强评价程序的规范性。

第七章

考试招生与就业制度

考试招生制度是国家基本教育制度。正如《国务院关于深化考试招生制度改革的实施意见》所总结的,改革开放 40 年来,我国考试招生制度不断改进完善,初步形成了相对完整的考试招生体系,为学生成长、国家选才、社会公平作出了历史性贡献,对提高教育质量、提升国民素质、促进社会纵向流动、服务国家现代化建设发挥了不可替代的重要作用,但也存在唯分数论影响学生全面发展,一考定终身使学生学习负担过重,区域、城乡入学机会存在差距,中小学择校现象较为突出,加分造假、违规招生现象时有发生等问题。中共十九大报告指出,就业是最大的民生,"要坚持就业优先战略和积极就业政策,实现更高质量和更充分就业"。改革开放之初,国家就逐步打破"定向招生"和"毕业分配"的招生与就业制度,随着社会主义市场经济的不断完善和现代教育体系的逐渐成型,逐步形成了多元化录取方式和自主招生政策,以及与市场经济紧密结合的、灵活多样的就业和创业制度。本章的主要内容,就是反映改革开放 40 年来我国高考制度、招生录取制度与就业制度的重大改革和重大进步。

第一节　高考制度改革

改革开放以来,高考在改革中不断前进,在争议中不断完善,在革新和完善中,高考制度的历史不断变迁,高考制度的设计更趋完善,考生和高校的选择日益增加,高考制度的内容和范畴也日益丰富,高考制度的生命力,正是在这个过程中,不断蓬勃旺盛,有力证明了其存在的重要性和必要性。

一、恢复高考制度

纵观高考制度历史沿革,可以发现高考从恢复的那一天起,就一直处于不断变革和完善之中,逐步形成了具有中国特色的考试招生制度。

(一)高考制度的建立和废除

1951 年,教育部要求高校招生继续沿用前一年度的办法,而且统一招生要在单独招生之前举行。1952 年教育部明确规定,自该年度起,除个别学校经教育部批准外,其余高等学校一律参加全国统一招生考试。1959 年,随着我国社会主义制度的建立和社会主义计划经济体制的形成,统一考试制度终于作为一项基本制度被确立和稳定下来。至此,统一高考制度基本形成,并一直延续到"文革"前夕。应该说,全国高校统一招生考试制度的建立是一定历史时期的社会需要与考试自身发展规律相结合的产物,为当时选拔高等学校合格新生,平衡各地高等教育水平,改善高等教育布局,提高高等教育整体质量,以及实现国民教育机会均等立下了汗马之功[1]。

统一招生考试之后,不可避免地带来了学生负担和片面追求升学率的问题。1955年 7 月,教育部发出新中国第一份"减负"文件《关于减轻中小学生过重负担的指示》,提出加强平时成绩考查和改善考试制度[2]。1966 年 1 月,中共中央转发《教育部党组和高教部党委关于减轻学生负担的 3 个文件》,就减轻中小学、高等学校学生的负担问题提出了明确要求,力度前所未有[3]。4 月,教育部召开高等学校招生工作座谈会,与会代表围绕高考和高校招生的问题展开了激烈争论。6 月 13 日,中共中央、国务院批转《教育部党组关于改革高级中学招生办法的请示报告》,废止现行的高级中学招生考试办法,实行推进与选拔相结合的办法[4]。同日,中共中央、国务院发布《关于高等学校招生工作推迟半年进行的通知》,1966 年的高等学校招生工作推迟半年进行[5]。6 月 27 日,高等教育部发出《关于暂停 1966 年、1967 年研究生招生工作的通知》,暂停 1966 年研究生招生录取工作和 1967 年研究生招生计划制定工作[6]。7 月 24 日,中共中央、国务院发出《关于改革高等学校招生工作的通知》,决定自当年起,高等学校招生取消考试,采取推进与选拔相结合的办法[7]。随后,大专院校均停止招生,高等教育陷于全面瘫痪。

---

① 刘海峰等著:《中国考试发展史》,华中师范大学出版社 2002 年版,第 338 页。
② 何东昌主编:《中华人民共和国重要教育文献(1949—1975)》,海南出版社 1998 年版,第 476 页。
③ 同上书,第 1390 页。
④ 同上书,第 1402 页。
⑤ 同上注。
⑥ 同上书,第 1403 页。
⑦ 同上书,第 1404 页。

1971 年 8 月,中共中央批准《全国教育工作会议纪要》,大专院校的招生对象是具有初中以上文化程度的有二至三年以上实践经验的优秀工农兵,高校招生要严格坚持"自愿报名,群众推荐,领导批准,学校复审"(即"十六字"招生办法)①。该文件的出台标志着全国统一高考制度被彻底废除。

(二)高考制度的恢复和完善

1977 年 5 月 24 日,邓小平同志在同王震、邓力群谈话时说：要经过严格考试,把最优秀的人集中在重点中学和大学②。7 月,十一届三中全会胜利召开。8 月 4 日至 8 日,邓小平同志亲自主持召开了科学和教育工作座谈会,有 33 位来自全国各地的著名科学家、教授以及科学和教育部门负责人参加,受邀人士普遍呼吁国家采取坚决措施,从当年起改革高校的招生方式,切实保证招收新生的质量。邓小平表示同意恢复高考。鉴于 1977 年的招生会议已经开过,邓小平提议再开一次,在 1977 年恢复高考。8 月 8 日,科学和教育工作座谈会结束,邓小平同志发表了著名的讲话《关于科学和教育工作的几点意见》,正式提出了恢复高考。

> 教育制度中有很多具体问题。……一个是高等院校招收应届高中毕业生的问题。今年就要下决心恢复从高中毕业生中直接招考学生,不要再搞群众推荐。从高中直接招生,我看可能是早出人才、早出成果的一个好办法。
>
> 《关于科学和教育工作的几点意见》

8 月 13 日至 9 月 25 日,全国招生工作会议在北京召开。9 月 19 日,邓小平召见教育部部长刘西尧,尖锐批评教育部思想不解放。谈到招生问题时,再次提出了从应届高中毕业生中直接招生的问题③。

> 我知道科学、教育是难搞的,但是我自告奋勇来抓。不抓科学、教育,四个现

---

① 何东昌主编：《中华人民共和国重要教育文献(1949—1975)》,海南出版社 1998 年版,第 1481 页。
② 何东昌主编：《中华人民共和国重要教育文献(1976—1990)》,海南出版社 1998 年版,第 1573 页。
③ 同上书,第 1577 页。

代化就没有希望,就成为一句空话。……你们起草的招生文件写得很难懂,太繁琐。关于招生的条件,我改了一下。政审,主要看本人的政治表现。政治历史清楚,热爱社会主义,热爱劳动,遵守纪律,决心为革命学习,有这几条,就可以了。总之,招生主要抓两条:第一是本人表现好,第二是择优录取。

《教育战线的拨乱反正问题》

在邓小平同志亲自指导下,招生工作取得了拨乱反正的重大成果。新中国成立以来逐步建立起来的符合中国国情和社会主义建设需要的统一招生考试制度得以全面恢复。随后,根据邓小平同志的要求,教育部修改了招生工作文件。10 月 5 日,中央政治局讨论并原则通过了教育部《关于 1977 年高等学校招生工作的意见》。10 月 12日,国务院批转了教育部《关于 1977 年高等学校招生工作的意见》,规定从 1977 年起,对高等学校招生制度进行改革,恢复统一考试制度①。10 月 21 日,《人民日报》在头版头条刊发《高等学校招生进行重大改革》②,并配发社论《搞好大学招生是全国人民的希望》,中断了 11 年之久的高考制度正式恢复。

1977 年恢复高考,既不是对"文革"前的高考制度的简单重复,也不仅仅是恢复文化考试的问题,它是一个复杂的社会系统工程。在"文化大革命"刚刚结束,百废待兴,荆棘丛生的时代背景下,恢复高考,事关社会走向,事关十年积压的几千万知识青年的出路、前途和命运,其中的许多政策问题,牵一发而动全局,极其敏感、复杂。即便在今天看来,当年的招生文件依然闪耀着历史的光辉,比如改变录取比例,扩大招生范围,放宽招生年龄、婚姻限制,修改繁琐的政审条件,实行择优录取。

一、招生对象、条件

凡是工人、农民、上山下乡和回乡知识青年(包括按政策留城而尚未分配工作的)、复员军人、干部和应届高中毕业生,年龄 20 岁左右,不超过 25 周岁,未婚。

---

① 何东昌主编:《中华人民共和国重要教育文献(1976—1990)》,海南出版社 1998 年版,第 1579—1581 页。
② 《全面地正确地贯彻执行毛主席的教育方针 高等学校招生进行重大改革》,《人民日报》1977 年 10 月 21日第 1 版。

对实践经验比较丰富并钻研有成绩或确有专长的,年龄可放宽到 30 岁,婚否不限(要注意招收 1966、1967 两届高中毕业生)。符合下列条件者,均可申请报名:

1. 政治历史清楚,拥护中国共产党,热爱社会主义,热爱劳动,遵守革命纪律,决心为革命学习;

2. 具有高中毕业或相当于高中毕业的文化水平(在校的高中学生,成绩特别优良,可自己申请,由学校介绍,参加报考)

3. 身体健康。

二、招生办法

为了保证招收新生的质量,在各级党委领导下,贯彻群众路线,根据德、智、体全面衡量,择优录取的原则,实行自愿报名,统一考试,地市初选,学校录取,省、市、自治区批准的办法。……由公社或厂矿、机关、学校的党组织负责政审。主要看本人的政治表现。……参考本人志愿,德、智、体全面衡量,择优确定录取名单,……今年招生推迟到第四季度进行,1977 年的新生于明年二月底以前入学。从 1978 年起,普通高等学校 6 月份开始招生,9 月上旬开学。

《国务院批转教育部关于 1977 年高等学校招生工作的意见》

恢复高考的消息传来,举国欢腾,高考成为当时社会最大的关注点,积压了整整 10 年的考生涌进考场。1977 年冬,全国有 570 万考生参加高考,录取新生 27.8 万人;1978 年夏,全国共有 610 万名考生参加高考,录取新生 40.2 万人。1977 年高考原先预计报考者可达 2 000 多万人,原定计划招生 20 万,录取率 1%。后来不少省市采取了地区初试,按计划录取数的 2—5 倍筛选出来再参加正式高考的方式,结果当年全国实际考生数达到 570 万人。后来经邓小平提议,国家计委、教育部决定扩大招生,经过扩招,本科 2.3 万人,各类大专班 4 万人,共扩招 6.3 万人,扩招比例达 29.3%,最后录取了 272 971 人,按考生比例来算是 21∶1,录取率为 4.8%。这是中国高考史上最低的录取率①。

---

① 刘海峰:《77 年高考,一次空前绝后的招生考试》,http://www. edu. cn/gaokao30_5897/20070717/t20070717_243323. shtml(阅读时间:2017 年 10 月 15 日)。

高考制度的恢复是"文革"之后中国高等教育、整个教育系统乃至全社会走向新秩序的开始。中国教育、中国社会能够一路快速发展走到今天,恢复高考在其中起到了至关重要的作用。高考制度的恢复,其意义远远超出了教育领域。恢复高考是一个真正意义上的革命,它不仅仅是恢复,还有突破。它成为扭转"左"的思想、破除"两个凡是"的典型代表,奏响了破除"两个估计"陈旧思想枷锁、确立实事求是思想路线的序曲,成为否定"文革",拨乱反正的起点。它涤荡了"读书无用论"、"唯成分论"的浊流,为百废待兴的中国大地吹来了第一阵尊重知识、尊重人才的春风。从此,"高考"一词以无与伦比的重要性和特殊性,进入了中国人的生活并影响了社会进程的方方面面。其意义重大而深远,中国的现代化征程,中国教育的复苏,当代中国的崛起,几乎都以恢复高考为出发的原点,恢复高考为中国社会历史掀开了崭新的一页①。

如果说1977年高考制度的恢复奏响了改革开放交响曲的序曲,那么40年来高考制度的不断完善,则是改革浪潮不断向前的有力见证。此后的历次教育改革几乎都把考试招生制度改革作为突破口。1985年5月,中共中央发布《关于教育体制改革的决定》,提出改革高等学校的招生计划和毕业生分配制度,改变高等学校全部按国家计划统一招生,毕业生全部由国家包下来分配的办法,实行国家计划招生、用人单位委托招生、在国家计划外招收少数自费生三种办法②。1987年4月,国家教委发布《普通高等学校招生暂行条例》,对报名、政治思想品德考核、体检、考试、计划、录取等作了明确的规定③。1993年2月,中共中央、国务院发布《中国教育改革和发展纲要》,提出改革高等学校的招生和毕业生就业制度,改变全部按国家统一计划招生的体制,实行国家任务计划和调节性计划相结合④。1999年6月,《中共中央国务院关于深化教育改革,全面推进素质教育的决定》提出,加快改革招生考试和评价制度,改变"一次考试定终身"的状况。改革高考制度是推进中小学全面实施素质教育的重要措施,按照有助于高等学校选拔人才、中小学实施素质教育和扩大高等学校办学自主权的原则,积极推进高考制度改革。进行每年举办两次高等学校招生考试的试点。高考科目设置和内容的

---

① 刘海峰:《1977年高考:一次空前的招生考试》,《教育发展研究》2007年第13期。
② 何东昌主编:《中华人民共和国重要教育文献(1976—1990)》,海南出版社1998年版,第2288页。
③ 同上书,第2600—2604页。
④ 何东昌主编:《中华人民共和国重要教育文献(1991—1997)》,海南出版社1998年版,第3470页。

改革应进一步突出对能力和综合素质的考查。鼓励有条件的省级人民政府进行多种形式的高考制度改革试验,扩大学校的招生自主权和考生的选择机会。逐步建立具有多种选择的、更加科学和公正的高等学校招生选拔制度①。同年,高校开始扩大招生规模,并揭开了新一轮高考改革的序幕。2001 年,教育部出台新政策,允许 25 周岁以上公民参加高考,彻底放开高校招生的年龄限制。同年,江苏省 3 所高校率先实行"自主招生"的试点。2003 年,北京大学、清华大学等 22 所高校被赋予 5% 的自主招生权。同年,教育部允许香港高校在内地自主招生。实施 20 多年 7 月高考的制度迎来变革,高考时间提前 1 个月,固定安排在每年 6 月的 7、8 日。2007 年,广东、山东、宁夏、海南作为全国高中新课程改革的首批实验区,迎来课程改革后的第一次高考。

随后,改革考试招生制度逐渐被提上日程,改革步伐加快推进。2010 年 7 月,中共中央、国务院印发《国家中长期教育改革和发展规划纲要(2010—2020 年)》,提出要以考试招生制度改革为突破口,克服一考定终身的弊端,推进素质教育实施和创新人才培养。2013 年 11 月,《中共中央关于全面深化改革若干重大问题的决定》提出深化教育领域综合改革,推进考试招生制度改革,探索招生和考试相对分离、学生考试多次选择、学校依法自主招生、专业机构组织实施、政府宏观管理、社会参与监督的运行机制,从根本上解决一考定终身的弊端,高考制度改革再次向前推进了一大步。

(三) 新一轮高考制度改革全面启动

2014 年 9 月,《国务院关于深化考试招生制度改革的实施意见》正式发布,标志着新一轮考试招生制度改革全面启动,这是"恢复高考以来规模最大、涉及面最广、难度最艰巨的一次改革"②,对新一轮考试招生制度改革作出了系统部署,从改进招生计划分配方式、改革考试形式和内容、改革招生录取机制、改革监督管理机制、开展高考综合改革试点等 5 个方面进行,2014 年启动考试招生制度改革试点,2017 年全面推进,到 2020 年基本建立中国特色现代教育考试招生制度,形成分类考试、综合评价、多元录取的考试招生模式,健全促进公平、科学选才、监督有力的体制机制,构建衔接沟通

---

① 何东昌主编:《中华人民共和国重要教育文献(1998—2002)》,海南出版社 2003 年版,第 288 页。

② 吴秋婷:《教育部部长陈宝生:高考制度将迎来史上规模最大的一次改革》,http://www.sohu.com/a/199147912_118622(阅读时间:2017 年 10 月 15 日)。

各级各类教育、认可多种学习成果的终身学习"立交桥"。

改革考试形式和内容。

1. 完善高中学业水平考试。学业水平考试主要检验学生学习程度,是学生毕业和升学的重要依据。考试范围覆盖国家规定的所有学习科目,引导学生认真学习每门课程,避免严重偏科。学业水平考试由省级教育行政部门按国家课程标准和考试要求组织实施,确保考试安全有序、成绩真实可信。各地要合理安排课程进度和考试时间,创造条件为有需要的学生提供同一科目参加两次考试的机会。2014 年出台完善高中学业水平考试的指导意见。

2. 规范高中学生综合素质评价。综合素质评价主要反映学生德智体美全面发展情况,是学生毕业和升学的重要参考。建立规范的学生综合素质档案,客观记录学生成长过程中的突出表现,注重社会责任感、创新精神和实践能力,主要包括学生思想品德、学业水平、身心健康、兴趣特长、社会实践等内容。严格程序,强化监督,确保公开透明,保证内容真实准确。2014 年出台规范高中学生综合素质评价的指导意见。各省(区、市)制定综合素质评价基本要求,学校组织实施。

3. 加快推进高职院校分类考试。高职院校考试招生与普通高校相对分开,实行"文化素质+职业技能"评价方式。中职学校毕业生报考高职院校,参加文化基础与职业技能相结合的测试。普通高中毕业生报考高职院校,参加职业适应性测试,文化素质成绩使用高中学业水平考试成绩,参考综合素质评价。学生也可参加统一高考进入高职院校。2015 年通过分类考试录取的学生占高职院校招生总数的一半左右,2017 年成为主渠道。

4. 深化高考考试内容改革。依据高校人才选拔要求和国家课程标准,科学设计命题内容,增强基础性、综合性,着重考查学生独立思考和运用所学知识分析问题、解决问题的能力。改进评分方式,加强评卷管理,完善成绩报告。加强国家教育考试机构、国家题库和外语能力测评体系建设。2015 年起增加使用全国统一命题试卷的省份。

改革招生录取机制。

1. 减少和规范考试加分。大幅减少、严格控制考试加分项目,2015 年起取消体育、艺术等特长生加分项目。确有必要保留的加分项目,应合理设置加分分值。探索完善边疆民族特困地区加分政策。地方性高考加分项目由省级人民政府确定并报教育部备案,原则上只适用于本省(区、市)所属高校在本省(区、市)招生。加强考生加分资格审核,严格认定程序,做好公开公示,强化监督管理。2014 年底出台进一步减少和规范高考加分项目和分值的意见。

2. 完善和规范自主招生。自主招生主要选拔具有学科特长和创新潜质的优秀学生。申请学生要参加全国统一高考，达到相应要求，接受报考高校的考核。试点高校要合理确定考核内容，不得采用联考方式或组织专门培训。规范并公开自主招生办法、考核程序和录取结果。严格控制自主招生规模。2015年起推行自主招生安排在全国统一高考后进行。

3. 完善高校招生选拔机制。高校要将涉及考试招生的相关事项，包括标准、条件和程序等内容，在招生章程中详细列明并提前向社会公布。加强学校招生委员会建设，在制定学校招生计划、确定招生政策和规则、决定招生重大事项等方面充分发挥招生委员会作用。高校可通过聘请社会监督员巡视学校测试、录取现场等方式，对招生工作实施第三方监督。建立考试录取申诉机制，及时回应处理各种问题。建立招生问责制，2015年起由校长签发录取通知书，对录取结果负责。

4. 改进录取方式。推行高考成绩公布后填报志愿方式。创造条件逐步取消高校招生录取批次。改进投档录取模式，推进并完善平行志愿投档方式，增加高校和学生的双向选择机会。2015年起在有条件的省份开展录取批次改革试点。

5. 拓宽社会成员终身学习通道。扩大社会成员接受多样化教育机会，中等职业学校可实行注册入学，成人高等学历教育实行弹性学制、宽进严出。为残疾人等特殊群体参加考试提供服务。探索建立多种形式学习成果的认定转换制度，试行普通高校、高职院校、成人高校之间学分转换，实现多种学习渠道、学习方式、学习过程的相互衔接，构建人才成长"立交桥"。2015年研究出台学分互认和转换的意见。

《国务院关于深化考试招生制度改革的实施意见》

随后，教育部陆续出台《关于加强和改进普通高中学生综合素质评价的意见》《关于普通高中学业水平考试的实施意见》《关于进一步完善和规范高校自主招生试点工作的意见》《关于进一步减少和规范高考加分项目和分值的意见》等配套文件，新一轮考试招生制度改革全面启动。

同时，考虑到高考改革的重要性、复杂性，按照统筹规划、试点先行、分步实施、有序推进的原则，《国务院关于深化考试招生制度改革的实施意见》要求2014年上海市、浙江省分别出台高考综合改革试点方案,为其他省(区、市)高考改革提供依据。

启动高考综合改革试点。

1. 改革考试科目设置。增强高考与高中学习的关联度,考生总成绩由统一高考的语文、数学、外语 3 个科目成绩和高中学业水平考试 3 个科目成绩组成。保持统一高考的语文、数学、外语科目不变、分值不变,不分文理科,外语科目提供两次考试机会。计入总成绩的高中学业水平考试科目,由考生根据报考高校要求和自身特长,在思想政治、历史、地理、物理、化学、生物等科目中自主选择。

2. 改革招生录取机制。探索基于统一高考和高中学业水平考试成绩、参考综合素质评价的多元录取机制。高校要根据自身办学定位和专业培养目标,研究提出对考生高中学业水平考试科目报考要求和综合素质评价使用办法,提前向社会公布。

3. 开展改革试点。按照统筹规划、试点先行、分步实施、有序推进的原则,选择有条件的省(市)开展高考综合改革试点。及时调整充实、总结完善试点经验,切实通过综合改革,更好地贯彻党的教育方针,全面实施素质教育,增加学生的选择性,分散学生的考试压力,促进学生全面而有个性的发展。2014 年上海市、浙江省分别出台高考综合改革试点方案,从 2014 年秋季新入学的高中一年级学生开始实施。试点要为其他省(区、市)高考改革提供依据。

《国务院关于深化考试招生制度改革的实施意见》

根据国家统一部署,浙江省和上海市先后发布《上海市深化高等学校考试招生综合改革实施方案》和《浙江省深化高校考试招生制度综合改革试点方案》,启动高考综合改革试点。上海市和浙江省的高考综合改革试点方案从考试科目设置和招生录取机制两个方面入手,改革考试科目设置,增强高考与高中学习的关联度,考生总成绩由统一高考的语文、数学、外语 3 个科目成绩和高中学业水平考试 3 个科目成绩组成,学业水平考试科目由考生根据报考高校要求和自身特长,在思想政治、历史、地理、物理、化学、生物等科目中自主选择;保持统一高考的语文、数学、外语科目不变、分值不变,不分文理科,外语科目提供两次考试机会。改革招生录取机制,探索基于统一高考和高中学业水平考试成绩、参考综合素质评价的多元录取机制;高校要研究考生高中学业水平考试科目报考要求和综合素质评价的使用办法,提前向社会公布。

从上海和浙江两地的试点方案看,扩大选择性,强调共同基础上的有差异的发展。强化综合性,改变评价形式过于单一的现象。两地都将高中学业水平考试成绩纳入统一高考评价体系,实行终结性考试和过程性考试的结合,同时高校可对中学素质评价提出要求,使评价更全面。两地都实行了统一高考、高中学业水平考试和综合素质评价的结合,文化课笔试和职业技能考试(职业适应性测试)等的结合,体现过程性,弱化一考定终身的现象。两省市均把高中学业水平考试纳入统一高考评价体系,改高考一次性评价为过程性评价,使统一高考与高中学习的关联度更强;两省市的外语科目、浙江的选考科目,一年提供两次机会,每个学生可参加两次考试,有利于弱化一次考试偶然性因素的影响,同时有利于分散缓解考生的考试压力①。有评论者指出,高考改革开始从"冷冰冰的分"走向"活生生的人"②。

随着高考综合改革试点的逐步推进,为确保改革有序推进,上海还陆续出台了有关普通高中学业水平考试、高中学生综合素质评价、高等职业教育考试、社会考生参加高考等一系列配套文件,同时正在修订高中课程标准和课程方案、调整高中课程计划。2017 年,上海和浙江高考综合改革试点经评估取得成功,顺利实现高考综合改革试点的平稳落地。③ 纵观两地的高考方案,不论是考生和高校,双向的选择空间普遍增大了。学生在选考什么科目、考几次、用哪次成绩等方面,有了前所未有的选择权。高校在招生模式、选拔标准、专业选考科目范围等方面,有了更大的自主权。比如,在招生录取阶段,上海浙江两地的新录取方案中考生填报的志愿数量大大增加了,浙江的普通本科批次可以报 80 个专业志愿。上海普通本科批次最多填报 24 个院校专业组志愿,每组之内可以报 4 个专业。

上海和浙江高考综合改革试点的成功落地,为考试招生制度的完善探索了经验,

---

① 边新灿:《新一轮高考改革浙江、上海方案深度比较研究》,《中国考试》2015 年第 2 期。

② 《从只看"冷冰冰的分"到关注"活生生的人" 中国教育改革全面启动》,http://edu.people.com.cn/n/2014/1216/c1053-26219405.html(阅读时间: 2017 年 10 月 15 日)。

③ 熊丙奇:《高考改革:从"冷冰冰的分"到"活生生的人"》,http://www.ce.cn/xwzx/gnsz/szyw/201710/21/t20171021_26600457.shtml(阅读时间: 2017 年 10 月 15 日)。

对陆续进入高考综合改革的省份,具有极其重要的借鉴意义。在上海、浙江首批试点基础上,2017年,北京、天津、山东、海南启动第二批高考综合改革试点。2018年,福建、湖北、重庆、吉林、四川、贵州、黑龙江、辽宁、西藏、山西、安徽、河北、江苏、广东、湖南、江西、河南、新疆、福建启动高考改革,2019年,青海、甘肃、陕西、宁夏、广西、云南启动高考改革,2020年,新的高考改革制度全面建立①。目前,各省均陆续出台了高考改革方案,从各地公布的方案来看,总体改革方向大体一致,绝大多数省份明确要改革高考科目设置、考生录取机制,促进学生全面而有个性的发展;而多地也根据地方实际情况出台了有针对性的具体实施办法。虽然31个省市自治区的高考改革方案已经发布,但离全面实施还有一段时间,不少省份明确表示,在保持总体框架不变的前提下,将按照"先专项改革、探索试点,再综合改革、全面推进"的原则分步推进改革,在参照学习上海、浙江试点经验的基础上,各省方案可能会根据实际经验情况,进行调整完善。

与此同时,随着"一省一市"首轮高考综合改革试点任务顺利完成,改革各项工作取得了突破性进展,实现了阶段性目标。在高考深化改革的过程中也遇到了一些新情况、新问题,需要进一步深化改革,为此浙江省和上海市先后出台进一步深化高考综合改革试点的若干意见,推动高考改革向纵深发展,为全国探索更多可复制、可推广的有益经验。如浙江省出台《浙江省人民政府关于进一步深化高考综合改革试点的若干意见》,对学生选考科目、考试时间及报考规定进行了调整和完善,进一步健全了选考机制,建立选考科目保障机制,并针对当前学生选考科目实际,率先建立物理选考科目保障机制②。上海市也出台《关于进一步深化本市高考综合改革试点工作的若干意见》,从三个方面对进一步深化高考综合改革试点进行了完善,一是建立引导机制,引导促进高校精准合理提出选考科目要求。对于确需物理学科基础的理工类专业,在沪招生院校须体现引导考生选考物理科目的明确要求。二是建立保障机制,促使学生选考情况与国家专业人才选拔培养要求相统一,明确建立选考科目保障机制作为"调节杠

① 张加友:《2018年江西高考改革方案:不分文理科,英语考两次》,http://edu. people. com. cn/n1/2017/1019/c1053-29597282. html(阅读时间:2017年10月15日)。
② 《浙江省人民政府关于进一步深化高考综合改革试点的若干意见》(浙政发〔2017〕45号),2017年11月29日。

杆",先建立物理选考科目保障机制,从 2018 年高考招生录取时实施。三是完善育人模式,培养德智体美全面发展的社会主义建设者和接班人。进一步深化课程教学内容改革和高中学生综合素质评价机制改革,引导促进高校优化选才育才机制。

此外,教育部在《教育部 2018 年工作要点》中也提出,积极稳妥推进考试招生制度改革。指导上海、浙江落实高考综合改革试点完善方案。指导北京、天津、山东、海南等第二批试点省市制订出台高考综合改革试点方案。指导有关省份加强基础条件建设,积极稳妥启动高考综合改革。并且发布《普通高校本科招生专业选考科目要求指引(试行)》,指导高校在高考综合改革试点省份优化选考科目要求。

二、考试科目从分科走向融合

高考科目设置是高考改革的核心要素之一,科目的优化组合对高考功能的发挥具有极其重要的影响,高考考试科目衔接了中学教学与大学选拔,起到了承上启下的作用,对基础教育具有导向功能。高考科目设置可以对中学教学活动进行调控,它对考生的学习方向、方式和方法、课程与内容的选择等诸多方面以及中学的各种教学活动都会产生一定的影响。这种调控借助于高考的权威可以迅速内化为学校和师生内在的行动,其力度和作用不言而喻[1]。改革开放以来,根据社会经济与教育发展的需要,高考在科目设置、内容和形式诸方面进行了不懈的改革尝试,使高考制度在探索中趋向完善。

(一) 文理分科

1977 年,高考恢复时,考试分文理两类。文科考试科目包括政治、语文、数学、史地。理科考试科目有政治、语文、数学、理化。报考外语专业的加试外语[2]。为了逐步提高大学生的外语水平,并推动中小学外语教学,1979 年 5 月,国务院批转教育部《关于一九七九年高等学校招生工作的报告》,规定:凡报考重点院校的,外语成绩先按10%计入总分,今后逐年提高计分比例。报考一般院校的,录取时只作为参考分。1980 年,要求考生多的省、市、自治区应在统考前进行预选;外语语种取消了阿拉伯

① 陈文平:《高考科目设置改革的实践与探索》,《教育理论与实践》2005 年第 20 期。
② 何东昌主编:《中华人民共和国重要教育文献(1976—1990)》,海南出版社 1998 年版,第 1580 页。

语;报考本科院校的考生的外语成绩按 30% 计入总分。1981 年,报考本科院校的学生的外语成绩以 50% 计入总分,专科学校是否计入总分,由各省、市、自治区确定;在理工类中增考生物学,并以 30% 计入总分。1982 年,报考本科院校,外语成绩以 70% 计入总分,专科学校是否计入总分仍由各省、市、自治区确定,生物成绩满分为 50 分。1983 年起,外语成绩以 100% 计入总分,语文、数学分别为 120 分,生物 50 分,其他各科为 100 分。从 1984 年起,又在数学、物理、化学、英语、俄语等科目中增加若干附加题,不计入总分,但作为重点高等学校录取时的参考①。

(二)"3+2"方案

1985 年,经教育部批准,上海市开始在高中会考基础上进行改革高考科目设置的试验,即"3+1"模式,高考科目语文、数学、外语 3 科必考,再根据专业的要求分别加试政治、历史、地理、物理、化学或生物中的一科。1987 年,国家教委同意上海市 1988 年开始实行单独命题,并在高中会考基础上,高考只考相关科目。经过了几年的调整和补充,高考科目设置局部稳定下来。1987 年 4 月,国家教委发布《普通高等学校招生暂行条例》,考试科目中,文史(含外语)类考政治、语文、数学、历史、地理、外语;理工农医类考政治、语文、数学、物理、化学、生物、外语。上述两类的外语考试分为英、俄、日、法、德、西班牙 6 个语种,由考生任选一种。报考外语院校系(科)专业的考生,外语除笔试外,应进行口试②。

1990 年 10 月,国家教委发出《关于改革高考科目设置的通知》,指出,在省级普通高中会考的基础上改革高考科目设置,是普通高中毕业考试和高等学校招生考试的整体改革,目的是将水平考试和选拔考试分开,使二者各司其职,既有利于中学教学,克服因文理分科或偏科导致的中学生知识结构不完整现象,同时也有利于普通高等学校按专业要求选拔新生,改变现行高考中考试科目偏多,而有些科目与学生入学后所学专业关系不大,但在决定学生能否入学时却起到举足轻重的作用的弊端。新的科目组设置是:第一组政治、语文、历史、外语;第二组数学、语文、物理、外语;第三组数学、化学、生物、外语;第四组数学、语文、地理、外语。各高等学校按系科、专业,可根据高考

① 魏国东:《1977 年以来中国高考制度改革研究》,河北大学博士学位论文,2008 年。
② 何东昌主编:《中华人民共和国重要教育文献(1976—1990)》,海南出版社 1998 年版,第 2601—2602 页。

科目组的设置情况及各自特点,选择一组高考科目作为考生的应试科目。新科目率先在湖南、云南、海南三省的会考合格毕业生中开始试验,简称"三南方案"。由于高中毕业会考水平较低,95％以上的学生都可以一次合格,考试成绩缺乏必要的区分度,很难达到高等学校的录取要求,因而会考成绩不能作为录取的参考。同时"三南方案"的高考试题由教育部单独命制,试卷的绝对难度显著降低,学生之间成绩差别不大,难以对学生水平进行准确筛别。鉴于此,1991 年 11 月,国家教委印发了《关于湖南、云南、海南三省一九九二年继续试行高考科目设置改革及有关问题的通知》,要求第二、三、四组的考生,高中毕业会考政治科的成绩均以原始分计入高考总分……普通高中应届毕业生报考普通高等学校,必须高中毕业会考合格。各省应根据国家教委颁发的教学大纲制定合理的会考标准,并认真执行。1992 年 7 月,在总结"三南方案"试行经验并广泛征求各方面意见的基础上,国家教委发出了《关于在普通高中毕业会考基础上高考科目设置的意见讨论稿》,征求各省意见。该方案将考试科目分为文、理两类,共考科目为语文、数学、外语,文科加考政治、历史,理科加考物理、化学。高校学生司在《关于在普通高中毕业会考基础上高考科目设置方案的说明》中称,根据高校专业大致分为自然科学和社会科学的特点,新的方案仍分为两个考试科目组,包括了高校教学所必不可少的科目,即文科倾向的专业要求考语、数、史、政、外,理科倾向的专业要求考语、数、物、化、外,每科满分原始分为 150 分。这就是人们所熟知的"3 ＋ 2"方案。该方案得到了绝大多数省、自治区、直辖市和高校的支持。1992 年 12 月,国家教委办公厅下发了《关于印发一九九三年试行国家教委高考新科目组考试的方案的通知》,将"3 ＋ 2"方案正式确定下来。至 1995 年,全国除港澳台地区,全部实施了在会考基础上的"3 ＋ 2"高考改革①。

(三)"3＋X"方案

虽然"3 ＋ 2"方案得到了绝大多数省、自治区、直辖市和高校的支持,减少了考试科目,从 7 科减到 5 科,即语文、数学、外语,文科再加政治、历史,理科再加物理、化学,文科减少了地理,理科减少了生物,把高考教学内容相对简单的地理、生物科目放到高中会考中解决,在一定程度上减轻了学生的学习负担,但问题随之出现,未列入文科高考

---

① 魏国东:《1977 年以来中国高考制度改革研究》,河北大学博士学位论文,2008 年。

的物理、化学、生物,文科学生几乎不学,未列入理科高考的地理、历史、政治备受理科学生冷落,由于文理科都不考地理、生物,地理和生物科在高中教学中成了纯粹的摆设。1998年,教育部在部分省市进行保送生综合能力测试试点,为综合科目的命题积累了经验。在总结多年经验和进行大量调研的基础上,教育部提出了在高考科目中设置综合科目的设想。

1999年2月,教育部发出了《教育部关于进一步深化普通高等学校招生制度改革的意见》,提出"3+X"的高考科目设置改革方案,计划用三年左右的时间推行"3+X"科目设置方案。"3"指语文、数学、外语为每个考生必考科目,英语逐步增加听力测试,数学将来不再分文理科;"X"指由高等学校根据本校层次、特点的要求,从物理、化学、生物、政治、历史、地理六个科目或综合科目中自行确定一门或几门考试科目,考生根据自己所报的高等学校志愿,参加高等学校专业所确定科目的考试。综合科目是指建立在中学文化科目基础上的综合能力测试。根据当时的状况,综合科目分为文科综合、理科综合、文理综合或专科综合。它不是理、化、生、政、史、地等科目按一定比例的"拼盘",而是一种考查学生理解、掌握和运用中学所学知识的能力测试①。1999年,"3+X"方案由广东省进行试点。2000年,广东、江苏、浙江、山西、吉林五省依照方案进行了改革试点,至2001年,全国已有18个省份实行"3+X"高考科目改革方案。2002年,教育部开始在全国推行"3+X"方案,多数省市沿用至今。

(四)"3+3"方案

2010年7月,《国家中长期教育改革和发展规划纲要(2010—2020年)》正式发布,深化考试内容和形式改革,着重考查综合素质和能力。以高等学校人才选拔要求和国家课程标准为依据,完善国家考试科目试题库,保证国家考试的科学性、导向性和规范性。探索个别科目一年多次考试的办法,探索实行社会化考试的途径。2014年9月,《国务院关于深化考试招生制度改革的实施意见》正式发布,明确指出改革考试科目设置。增强高考与高中学习的关联度,考生总成绩由统一高考的语文、数学、外语3个科目的成绩和高中学业水平考试3个科目的成绩组成。保持统一高考的语文、数学、外语科目不变、分值不变,不分文理科,外语科目提供两次考试机会。计入总成绩的高中

① 何东昌主编:《中华人民共和国重要教育文献(1998—2002)》,海南出版社2003年版,第232—233页。

学业水平考试科目，由考生根据报考高校要求和自身特长，在思想政治、历史、地理、物理、化学、生物等科目中自主选择。同时，根据国家统一部署，上海和浙江率先启动高考综合改革试点。随后《上海市深化高等学校考试招生综合改革实施方案》、《浙江省深化高校考试招生制度综合改革试点方案》正式公布，上海方案中，2017年起，统一高考科目为语文、数学、外语3门，不分文理，外语考试一年举行两次，深化外语考试改革。外语考试包括笔试和听说测试，引导外语教学注重应用能力的培养。高中生最多参加两次外语考试，可选择其中较好的一次成绩计入高考总分。建设外语标准化考试题库和标准化考场。外语考试要为今后其他科目逐步推行标准化考试积累经验。浙江方案中，语文、数学、外语3门为必考科目。考生根据本人兴趣特长和拟报考学校及专业的要求，从思想政治、历史、地理、物理、化学、生物、技术（含通用技术和信息技术）等7门设有加试题的高中学考科目中，选择3门作为高考选考科目。

随后，根据教育部统一要求，全国各省份先后启动了高考改革，从考试科目来看，"3+3"成了各省未来高考的新模式。"3+3"模式是指高考成绩由语文、数学、外语3门统考科目成绩和考生选考的3门选考科目成绩组成。不再分文理科，学生可以自主选择选考科目。

表7.1 改革开放以来高考考试科目变化

年份	类别	考 试 科 目
1977年	文科、理科	文科考试科目为政治、语文、数学、史地。理科考试科目为政治、语文、数学、理化。报考外语专业的加试外语。
1980年		增加外语考试。
1981年		理工类中增考生物学。
1984年		在数学、物理、化学、英语、俄语等科目中，增加若干附加题，不计入总分，但作为重点高等学校的参考。
1985年	3+1	上海试点，语文、数学、外语3科必考，再根据专业的要求分别加试政治、历史、地理、物理、化学或生物中的一科。
1987年	文史类、理工农医类	文史（含外语）类考政治、语文、数学、历史、地理、外语；理工农医类考政治、语文、数学、物理、化学、生物、外语。

续　表

年份	类别	考 试 科 目
1990 年	三南方案	"三南方案",语文、政治、历史、外语;数学、语文、物理、外语;数学、化学、生物、外语;数学、语文、地理、外语。每个招生专业可任选一组。
1992 年	文史类、理工类	"3 + 2"方案,文科倾向的专业要求考语、数、史、政、外;理科倾向的专业要求考语、数、物、化、外。
1999 年	3 + X	广东试点,"3"指语文、数学、外语为每个考生必考科目,英语逐步增加听力测试、数学将来不再分文理科;"X"指由高等学校根据本校层次、特点的要求,从物理、化学、生物、政治、历史、地理 6 个科目或综合科目中自行确定一门或几门考试科目。
2002 年	3 + X	全国推行。
2014 年	3 + 3	上海和浙江试点,由统一高考的语文、数学、外语 3 个科目成绩和高中学业水平考试 3 个科目成绩组成。
2017 年	3 + 3	逐步在全国推广。

三、考试内容从知识走向能力

考试内容改革是高考招生制度改革的重点,也是难点所在。1977 年恢复高考后,考试的内容和形式仍沿用了"文革"之前的模式。随着时间的推移,其缺陷也越来越明显,原有文化考试本身的科学性、公正性问题也越来越引起人们的关注。没有考试理论作指导,致使高考的命题缺乏明确的考试目标和质量评价标准,分数赋值主观随意性很大;同时也没有专职机构研究实施考试,尤其缺少相对稳定的命题、试卷分析队伍,造成试题重知识、轻能力,引导学生死记硬背;主观题题型分值大,覆盖面小,在实际中不仅诱发了猜题现象的出现,而且导致评分误差加大。这些问题造成了试卷难度不稳定,不利于考查学生的实际水准的现象。1980 年,教育部在向国务院提交的《关于 1980 年全国高等学校招生工作会议的报告》中称,1979 年的命题工作,个别题目超出了复习大纲范围,化学试验题偏多,脱离了中学的实际。恢复高考之初的高考命题工作,不仅没有达到科学引导中学教学的预期目的,还严重阻碍了学生综合素质的提高①。

1982年3月，教育部发布《关于开展高考研究的通报》，要求除了就高考招生政策和招生制度开展研究外，对考试内容的改革也应进行专门研究，并将之列入近期工作的重点，包括"考试怎样分类，各考哪些科目，各科目的计分比重和计分方法"，"命题怎样处理高等学校对新生的要求和高考对中学教学的影响之间的关系"，"命题、评分怎样考查学生的能力，以利于克服考生死记硬背的现象"等，此外要求对外国的招生制度与考试理论进行研究。这是中华人民共和国成立以来首次自上而下有组织有领导地针对招生考试自身展开的科学研究②。

1983年8月，教育部在《关于进一步提高普通中学教育质量的几点意见》中明确，从1984年起，高考按基本教材命题，着重考核学生的基本知识、技能和分析、解决问题的能力③。1992年12月，国家教委办公厅在《一九九三年试行国家教委高考新科目组考试的方案》中提出，高中会考后的普通高等学校招生全国统一考试，在改革科目设置的同时，考试内容和形式也将相应改革。在考查知识的基础上，注重考查能力，在择优的前提下，调整试题的难易度来实现考试的标准化。1999年2月，教育部在《教育部关于进一步深化普通高等学校招生制度改革的意见》中指出，对于考试内容要求，总体上更加注重对考生能力和素质的考查；命题范围遵循中学教学大纲，但不拘泥于教学大纲；试题设计增加应用性和能力型题目。命题要把以知识立意转变为以能力立意，转变传统的封闭的学科观念，在考查学科能力的同时，注意考查跨学科的综合能力④。1999年6月，《中共中央国务院关于深化教育改革，全面推进素质教育的决定》提出，高考科目设置和内容的改革应进一步突出对能力和综合素质的考查⑤。

2010年7月，《国家中长期教育改革和发展规划纲要（2010—2020年）》正式发布，提出深化考试内容和形式改革，着重考查综合素质和能力。以高等学校人才选拔要求和国家课程标准为依据，完善国家考试科目试题库，保证国家考试的科学性、导向性和

---

① 魏国东：《1977年以来中国高考制度改革研究》，河北大学博士学位论文，2008年。
② 河北省教育考试院编著：《河北高考30年》，社会科学文献出版社2007年版，第127页。
③ 何东昌主编：《中华人民共和国重要教育文献（1976—1990）》，海南出版社1998年版，第2114页。
④ 何东昌主编：《中华人民共和国重要教育文献（1998—2002）》，海南出版社2003年版，第233页。
⑤ 同上书，第288页。

规范性。探索有的科目一年多次考试的办法,探索实行社会化考试。2014年9月,国务院《关于深化考试招生制度改革的实施意见》发布,明确指出要深化高考考试内容改革。依据高校人才选拔要求和国家课程标准,科学设计命题内容,增强基础性、综合性,着重考查学生独立思考和运用所学知识分析问题、解决问题的能力。改进评分方式,加强评卷管理,完善成绩报告。加强国家教育考试机构、国家题库和外语能力测评体系建设,2015年起增加使用全国统一命题试卷的省份。

此外,在《上海市深化高等学校考试招生综合改革实施方案》中,明确指出实行合格性考试与等级性考试。合格性考试内容以普通高中课程标准中的基础型课程要求为依据,考试成绩合格是高中学生取得毕业资格的必要条件;等级性考试内容以普通高中课程标准中的基础型和拓展型课程要求为依据。2017年起,统一高考科目为语文、数学、外语3门,不分文理,外语考试一年举行两次,深化外语考试改革。外语考试包括笔试和听说测试,引导外语教学注重应用能力的培养。外语考试要为今后其他科目逐步推行标准化考试积累经验。《浙江省深化高校考试招生制度综合改革试点方案》也明确提出,依据高校人才选拔要求和国家课程标准,科学设计命题内容,增强基础性、综合性,突出能力立意。主要考查考生运用所学知识独立思考与分析问题、解决问题的能力。

值得关注的是,上海严格按照"教什么考什么"的原则进行命题和考试,并对考试的难度、内容、试卷题型和考试时间等作了明确规定;注重加强考试命题改革,着眼提高难易程度的稳定性和对课程标准的适切度,以更好地促进每一位学生的终身发展、促进高校科学选拔和培养人才、维护社会公平公正。为此,上海还组建由各方专家组成的市教育考试命题委员会,明确考试命题改革的指导思想和基本思路,坚持素质教育导向,注重在试卷命题中传承和弘扬中华优秀传统文化,着重考查学生独立思考和运用所学知识分析问题、解决问题的能力,大幅减少死记硬背成分。在语文学科,增加开放性试题题量及分值,更加注重对学生各种能力的考查,激发学生创新思维的潜能,并在高考阅卷中配套设立开放性试题评阅组。在英语学科,新增听说测试,听说测试总分10分,记入英语高考成绩。听说测试重点考查学生"说"英语的能力,强调英语教学不仅要让学生会背、会写,更要会听、会说,引导学生从"不敢说"向"开口说"、"大胆讲"转变。另外,还在英语的笔试中增加了梗概写作项目,实现了对考生英语读写综合能力的考查,促使英语作为一门语言回归交流应用的本位。

表 7.2　改革开放以来高考考试内容变化

年份	考　试　内　容
1977	考试主要是了解掌握基础知识的状况和分析问题、解决问题的能力。
1984	不超出中学教学大纲,试题内容的要求不超过中学所用统编教材的范围。
1989	根据教学大纲确定合理的知识能力层次要求、试题的难度,以及各种类型题目的比例。公布各学科《考试说明》,各学科建立试题库。
1991	根据中学各科教学大纲,制定《考试说明》,作为高考命题的依据。在考查基础知识的同时注重考查能力,在不影响择优的前提下调整试题难度。
1999	更加注重对考生能力和素质的考查,命题范围遵循中学教学大纲,但不拘泥于教学大纲,试题设计增加应用性和能力型题目。命题要把以知识立意转变为以能力立意,转变传统的封闭的学科观念,在考查学科能力的同时,注意考查跨学科的综合能力。
2010	着重考查综合素质和能力。以高等学校人才选拔要求和国家课程标准为依据,完善国家考试科目试题库,保证国家考试的科学性、导向性和规范性。
2014	依据高校人才选拔要求和国家课程标准,科学设计命题内容,增强基础性、综合性,着重考查学生独立思考和运用所学知识分析问题、解决问题的能力。
	上海试点实行合格性考试与等级性考试。合格性考试内容以普通高中课程标准中的基础型课程要求为依据,考试成绩合格是高中学生取得毕业资格的必要条件;等级性考试内容以普通高中课程标准中的基础型和拓展型课程要求为依据。浙江依据高校人才选拔要求和国家课程标准,科学设计命题内容,增强基础性、综合性,突出能力立意。主要考查考生运用所学知识独立思考与分析问题、解决问题的能力。

四、考试管理的标准化

高考的"标准化",其实质是实现从传统考试向现代考试的转变,它涉及考试的内容、形式(题型)、管理、技术、统计分析等,是考试内部多项工作系统的整体改革,通过考试命题的科学化、管理的规范化、手段的现代化,克服传统考试命题的盲目性、管理的随意性,最大限度地减少误差,尽可能公正准确地反映考生掌握考试内容的真实情况①。

（一）考试标准化

1978 年 4 月,邓小平在全国教育工作会议上指出:考试是检验学习情况和教学效果的一种重要方法,如同检验产品质量是保证工厂生产水平的必要制度一样。要认真研究、试验,改进考试内容和形式,使它的作用完善起来②。此后,教育部多次召开有关高考改革的国内外研讨会,邀请专家举办讲习班,介绍考试科学化、标准化的思想和方法,研讨高考改革方案,高考标准化改革开始受到关注。1985 年,教育部在广东省开始进行高考标准化的改革试验。试验首先从数学、英语开始,逐渐扩展到其他学科。1986 年,广东、山东、辽宁、广西联合试验高考标准化考试。1987 年,有 7 省份参与试验。1988 年,扩展到 16 省份参加试验。1989 年,从美国引进的标准化考试经过在广东省的试行后逐渐总结出自己的特色,经过四年的成功试验,取得了阶段性成果,初步显示出标准化考试的优越性,逐步向全国推广。

为此,1989 年,国家教委颁发《普通高等学校招生全国统一考试标准化实施规划》(以下简称《规划》),指出,这是一项重要改革,应以教育测量学、教育统计学为指导,利用计算机等手段,严格控制考试误差,使考试更科学、更准确地测量考生的知识和能力水平,为高等学校择优录取服务,为改进教学提供信息,为教育决策提供依据。《规划》还明确了 2 个阶段的目标:1989—1991 年,以机器评卷为主,实现初步目标;1992—1995 年,达到标准化考试的基本要求③。1990 年,《人民日报》对当年开始广泛推行的标准化考试进行了报道,称"这是我国自隋唐以来,考试方法和阅卷手段的一个重大改革"④。

（二）命题科学化

1987 年,为加强对考试命题的管理,国家教委考试管理中心成立。1990 年,更名为国家教委考试中心。根据《规划》中关于对高考命题标准化提出的要求,教育部考试

---

① 韩家勋:《中国高考从传统走向现代——"标准化考试"改革与发展》,《考试研究》2009 年第 4 期。

② 何东昌主编:《中华人民共和国重要教育文献(1976—1990)》,海南出版社 1998 年版,第 1606 页。

③ 同上书,第 2870—2871 页。

④ 《我国考试、阅卷方式的重大变革　1990 年高考第一次全面推行标准化考试》,《人民日报》1990 年 7 月 6 日第 3 版。

中心聘请的各学科命题专家组,从 1989 年开始,陆续成立英语、物理、化学、语文、数学等学科命题委员会。学科命题委员会的职责是:对学科命题工作提出规划和建议,推荐命题和审题专家,主持参与有关高考命题改革的科研课题等。在学科命题委员会的指导下,组成了相对稳定的学科命题组。在完成当年命题任务的同时,各学科命题组深入研究教育测量理论,将科研课题的研究成果应用到命题中。同时结合学科特点,提出学科考查目标和考查要求,不断利用考试反馈信息完善命题方案,在改进命题技术、提高命题质量方面取得明显成效。此外,命题的组织管理不断规范,1995 年,考试中心研究制定《普通高等学校招生全国统一考试命题工作章程(试行)》。之后,随着对教育测量理论、技术、方法的不断研究,在实践基础上,对该章程进行完善。2004 年分省命题后,在总结全国和分省命题组织管理经验的基础上,教育部于 2006 年颁布《普通高校招生全国统一考试分省命题工作暂行管理办法》,规定了命题原则、命题导向,试题难度、区分度,试卷信度、效度等重要指标的控制标准[1]。

2012 年 7 月,由教育、科技、经济、法律、管理等领域 26 名专家组成的国家教育考试指导委员会正式成立,这是中华人民共和国成立以来首次建立的国家级的教育考试指导委员会[2],考试命题科学化再次迈出新的步伐。

(三) 手段现代化

实现考试的标准化,必须同时实现手段现代化。经过多年努力,在手段现代化方面,我国高考已经获得了长足的进步。从 2001 年开始,全国普通高校的录取工作全面实施网上录取。经过几年的探索与实践,网上录取已经成为目前各高校进行高考招生录取工作的唯一方式。1999 年,广西在全国率先试行英语学科的网上评卷,运用计算机网络技术和电子扫描技术,将纸介质答卷扫描生成电子图像,选择题根据考生填涂的信息点自动给分,非选择题在计算机上人工评阅。2012 年,我国 31 个省份全部实现高考全科目网上评卷,采取国家标准统一规范,有效降低了评卷误差。2007 年,高考国家教育考试指挥平台正式启用,全国有近一半的省市进行了视频联通,考试管理平台初具规模。

---

① 韩家勋:《公平与科学:高考命题改革的价值追求》,《中国考试》2017 年第 6 期。
② 刘海峰:《论国家教育考试指导委员会的成立》,《教育研究》2013 年第 1 期。

2011年,教育部、财政部下发《关于大力推进国家教育考试标准化考点建设工作的通知》,提出:2012年底前,在全国范围内建设完成1.3万个标准化考点、3 500个试卷保密室、365个考务指挥中心。主要任务包括:建设并完善考试综合业务系统、考生身份验证系统、作弊防控系统、视频及网络监控系统、应急指挥系统,开展标准化考点相关设施建设,加强制度建设和队伍建设。通过系统建设形成安全、实时、高效的国家教育考试运行体系,全面提升国家教育考试管理水平和服务质量。随后,教育部正式要求高考考点设在县级及以上人民政府所在地,一般应设在国家教育考试标准化考点。2012年的高考首次在标准化考场进行,此后随着各地标准化考场的陆续建成,高考均在标准化考场进行,考务组织和管理现代化迈出重要一步。

2006年,教育部正式建立国家教育考试考场监督巡查网络平台,并与全国各省市建立了视频联通,全国统一的考试管理平台初步形成。同时,全国多数省市开始采用现代技术手段加强对考场的管理,高考服务管理正逐步走向现代化。

第二节　招生录取制度改革

早在1982年3月,教育部发布了《关于开展高考研究的通报》,由此开始探索如何逐步把高等学校选拔新生与中学输送毕业生结合起来,以弥补一次考试的偶然性所带来的缺陷。建立多元化的录取方式,是为了减小分数在高考中的作用,弥补高考"一次性考试"所具有的弊端,体现德智体全面考核的原则,推进素质教育,最大程度地满足不同考生尤其是优秀考生上大学的愿望。

一、招生体制改革

高考制度恢复和重建以来,我国高考招生体制逐渐由单一的国家统招方式发展为统招生、定向生、委培生、自费生等多种形式,进而由收费制度和录取分数线的"双轨制"合并为划定统一录取分数线、消除收费标准差别的"单轨制"。

1977年恢复高考时,教育部在《关于1977年高等学校招生工作的意见》中规定,学生毕业后,除"社来社去"①外,由国家统一分配。分配计划由国家计委负责制订,调配计划由教育部负责制订。面向本省、市、自治区院校的毕业生,原则上由省、市、自治区分配,国家根据需要,进行适当调剂②。从 1983 年开始,高等学校招生工作逐渐打破了单一的全国统招模式,实行国家任务与调节性计划委托培养两种计划形式,并逐步形成与两种计划形式相适应的两种不同的录取新生的分数标准与收费标准。1985 年5 月,中共中央发布《关于教育体制改革的决定》,明确提出要改革大学招生的计划制度和毕业生分配制度,改变高等学校全部按国家计划统一招生、毕业生全部由国家包下来分配的办法,实行国家计划招生、用人单位委托招生、在国家计划外招收少数自费生三种办法。学生应缴纳一定数量的培养费,毕业后可以由学校推荐就业,也可以自谋职业③。此项改革的目的在于改变过去全部按国家统一计划招生的体制,实行国家任务计划和调节性计划相结合,在保证完成国家任务计划的前提下,逐步扩大招收委托培养和自费生的比重。招生体制"双轨制"正式确立。

"双轨制"对挖掘学校潜力、改善办学条件、解决社会人才急需,起了一定的促进作用。但是,随着社会主义市场经济体制的逐步建立和劳动人事制度的改革,"双轨制"的弊端日益突出。1994 年 4 月,国家教委在《关于进一步改革普通高等学校招生和毕业生就业制度的试点意见》中指出,高校招生时,应在考生填报志愿前公布分省市、分学校、分专业招生计划,并明确公布分学校、分专业收费标准和学生奖、贷学金设置情况,供考生报考参考,对同一学校只划定一个最低控制分数线,不再按国家任务和调节性计划两种方式分别划定分数线。同时指出,进行招生"并轨"改革试点院校要一步到位,不能以新、老两种形式同时招收同一层次的新生④。同年 7 月,中共中央、国务院发布《中国教育改革和发展纲要》,明确指出,积极推进高等学校和中等专业学校、技工学校的招生收费改革和毕业生就业制度改革,逐步实行学生缴费上学,大多数毕业生自主择业的制度。1997 年大多数院校和专业全面实行招生并轨、收费,2000 年之后,师范类院校和专业也开始收费,招生并轨改革彻

---

① "社来社去",是指从哪个公社上大学的,毕业后就分回哪个公社。
② 何东昌主编:《中华人民共和国重要教育文献(1976—1990)》,海南出版社 1998 年版,第 1580 页。
③ 同上书,第 2288 页。
④ 何东昌主编:《中华人民共和国重要教育文献(1991—1997)》,海南出版社 1998 年版,第 3633 页。

底完成。

二、多元化录取模式的建立

随着经济社会的发展和教育理念的不断更新,我国现行的以高考分数作为唯一标准的录取方式的弊端逐渐凸显。随着招生制度的逐步完善,"一锤定音"的录取模式也逐步被打破,多元录取模式逐步建立,高考录取模式由"独木桥"变为"立交桥"。

2001 年,国务院出台《国务院关于基础教育改革与发展的决定》,提出改革考试评价和招生选拔制度,要按照有助于高等学校选拔人才、有助于中学实施素质教育、有助于扩大高等学校办学自主权的原则,加强对学生能力和素质的考查,改革高等学校招生考试内容,探索多次机会、双向选择、综合评价的考试、选拔方式,推进高等学校招生考试和选拔制度改革。在科学研究、发明创造及其他方面有特殊才能并取得突出成绩的学生,免试进入高等学校学习①。

2004 年,国务院批转教育部《2003—2007 年教育振兴行动计划》,提出推进高考制度改革,进一步建立以统一考试为主、多元化考试和多样化选拔录取相结合,学校自我约束、政府宏观指导、社会有效监督的高等学校招生制度②。2010 年 7 月,《国家中长期教育改革和发展规划纲要(2010—2020 年)》提出,按照有利于科学选拔人才、促进学生健康发展、维护社会公平的原则,探索招生与考试相对分离的办法,政府宏观管理,专业机构组织实施,学校依法自主招生,学生多次选择,逐步形成分类考试、综合评价、多元录取的考试招生制度。完善高等学校招生名额分配方式和招生录取办法,建立健全有利于促进入学机会公平,有利于优秀人才选拔的多元录取机制。普通高等学校本科招生以统一入学考试为基本方式,结合学业水平考试和综合素质评价,择优录取。对特长显著、符合学校培养要求的,依据面试或者测试结果自主录取;高中阶段全面发展、表现优异的,推荐录取;符合条件、自愿到国家需要的行业、地区就业的,签订协议实行定向录取;对在实践岗位上作出突出贡献或具有特殊才能的人才,建立专门程序,破格录取。2013 年 11 月,《中共中央关于全面深化改革若干重大问题的决定》

---

① 何东昌主编:《中华人民共和国重要教育文献(1998—2002)》,海南出版社 2003 年版,第 890 页。
② 何东昌主编:《中华人民共和国重要教育文献(2003—2008)》,新世界出版社 2010 年版,第 336 页。

再次提出,逐步推行普通高校基于统一高考和高中学业水平考试成绩的综合评价多元录取机制。

2014年,《国务院关于深化考试招生制度改革的实施意见》明确指出,改革招生录取机制。探索基于统一高考和高中学业水平考试成绩、参考综合素质评价的多元录取机制。高校要根据自身办学定位和专业培养目标,研究提出对考生高中学业水平考试科目报考要求和综合素质评价使用办法,并提前向社会公布;改进录取方式;推行高考成绩公布后填报志愿的方式。创造条件逐步取消高校招生录取批次。改进投档录取模式,推进并完善平行志愿投档方式,增加高校和学生的双向选择机会。2015年起在有条件的省份开展录取批次改革试点。根据国家统一部署,上海和浙江公布高考改革方案,并在录取模式上进行了有益探索。

改革统一高考招生录取模式,高等学校招生录取的科目要求。普通本科院校可根据办学特色和定位,以及不同学科专业人才培养需要,从思想政治、历史、地理、物理、化学、生命科学6门普通高中学业水平等级性考试科目中,分学科大类(或专业)自主提出选考科目范围,但最多不超过3门。学生满足其中任何1门,即符合报考条件。对于没有提出选考科目要求的高等学校,学生在报考该校时无科目限制。对于符合报考条件并达到学校投档分数线的学生,高等学校可分学科大类(或专业)提出优先录取的条件。改进高等学校统一录取模式。2016年起,合并本科第一、第二招生批次,并按照学生的高考总分和院校志愿,分学校实行平行志愿投档和录取。在此基础上,探索学生多次选择、被多所高等学校录取的可行性,增加高等学校与学生的双向选择机会。

《上海市深化高等学校考试招生综合改革实施方案》

高校根据自身办学定位和专业培养目标,分专业类或专业确定选考科目范围,但至多不超过3门,并在招生2年前向社会公布;考生选考科目只需1门在高校选考科目范围之内,就能报考该专业(类)。高校没有确定选考科目范围的,考生在报考时无科目限制。高校可对考生高中阶段综合素质评价提出要求,作为录取参考。考生志愿由"专业+学校"组成。录取不分批次,实行专业平行投档。填报志愿与投档按考生成绩分段进行。

《浙江省深化高校考试招生制度综合改革试点方案》

新高考方案的一大亮点,是实施"两依据、一参考"的多元评价机制,即依据统一高考成绩、高中学业水平考试成绩,参考高中学生综合素质评价信息进行录取。对于考生来说,扩大了考生在录取环节的选择权,并使考生最大程度地"录其所愿"。对于高校来说,从"按分取人"转向"看分 + 看人录取",实现高校与考生之间的"精准匹配"。

从上海来看,招生高校将按照"院校专业组"方式开展本科批次招生。高校根据各专业的选考科目要求形成若干"院校专业组",一个"院校专业组"包括若干个不等的专业。由此,考生本科普通批次志愿填报数量由过去最多可填报 10 个"院校"志愿变为最多可填报 24 个"院校专业组"志愿。从浙江来看,不再分批次填报志愿、分批录取,按考生成绩分段填报志愿、分段录取,普通类志愿依据考生成绩从高分到低分分 3 段填报,总分排名前 20% 的考生划为第一段,前 60%、前 90% 分别划为第二、三段,考生每次可填报不超过 80 个专业。

三、自主招生选拔录取制度的完善

为进一步探索多样化、灵活的录取制度,1993 年 1 月,国务院批转了国家教委《关于加快改革和积极发展普通高等教育的意见》,提出:在培养人才方面有特殊要求的学校或专业,经过批准可以按系统或地区,联合或单独组织招生考试,并按有关规章录取新生[①]。同年,上海工业大学等院校本着"扩大高校招生自主权,实施多样化选拔新生"的宗旨,开始进行改革试点,内容包括:在国家和上海招生规模的宏观控制下,学校可以根据社会需求、办学条件和生源状况,自主确定和调整本校招生计划和各专业的招生人数;在统一高考的基础上,学校可根据不同专业的要求,自主确定考试科目,并不少于三门;在德智体全面考查、择优录取、公平竞争、公正选拔的原则下,自主确定录取标准和录取办法,在坚持以高考成绩为主要录取依据的同时,学校可以把会考、加试等成绩以及反映考生某种能力的证书作为录取的多元依据,对有特殊才能的学生实

---

① 何东昌主编:《中华人民共和国重要教育文献(1991—1997)》,海南出版社 1998 年版,第 3452 页。

行破格录取[①]。

此后,教育部及部分省市也陆续开展了类似的改革试点工作。在前期改革的基础上,2003年,教育部批准北京大学等22所高校开始进行自主选拔录取改革试点工作,高校在自主考试与面试的基础上进行初选,入选考生参加全国统考,成绩达到学校同批次录取控制分数线以上的可以由学校决定录取,招生比例为学校年度本科招生计划的5%以内[②]。2004年,自主招生院校新增了6所:西安交通大学、大连理工大学、东北大学、武汉大学、华中师范大学和华南理工大学。2005年,自主招生院校新增了14所。2006年,增加自主招生高校11所,2007年,增加自主招生高校6所,2017年,全国将有95所高校具备自主招生试点资格。这项改革使高校有了更多的招生自主权,扩大了选拔人才的操作空间,同时对于中学实施素质教育有着积极的导向作用。除了对优秀学生进行的招生探索,自主招生还针对大专层次的高职院校进行了改革试验。2006年,北京和上海在多所高等职业院校试行了自主招生,采用"笔试+面试"的方法,完全由学校自主命题,由学校自主确定录取结果。这是真正意义上的自主选拔录取,录取标准完全依学校和专业而不同。

2014年,教育部发布《关于进一步完善和规范高校自主招生试点工作的意见》,要求进一步完善招生程序,合理确定考核内容和形式,规范并公开自主招生办法、考核程序和录取结果,严格控制自主招生规模,现阶段不扩大试点高校范围和招生比例。2015年起,所有试点高校自主招生考核统一安排在高考结束后、高考成绩公布前进行。2016年,所有高校自主招生报名都必须在阳光高考平台上报名,自主招生逐步实现透明化和规范化。

第三节　就业制度改革

考试招生制度的改革直接影响了就业制度的改革,伴随着考试招生制度的改革,

---

① 金彪、胡荣根:《统一考试　自主招生——对上海市普通高校招生考试制度改革的思考》,《上海高教研究》1993年第4期。
② 何东昌主编:《中华人民共和国重要教育文献(2003—2008)》,新世界出版社2010年版,第47页。

我国大学生就业制度经历了不同的历史发展阶段,而且仍在不断改革和日趋完善之中,与之相对应的大学生就业市场也已初具雏形并不断走向规范。

一、从被动分配到主动选择

中华人民共和国成立后,在计划经济体制下,我国高等学校实行高度集中的计划管理模式。高等学校的办学权和管理权归属于中央政府,学校按指令性计划招生,学生按计划分配,用人单位按计划接收学生。这种形式的就业政策被称为"统包统分"政策,特点是,由国家包下来分配工作,负责到底,执行的是"统筹安排、集中使用、保证重点、照顾一般"的大政方针。

1952年7月,政务院在《关于1952年暑假全国高等学校毕业生统筹分配工作的指示》中进一步指出,高等学校毕业生的工作由政府分配,这是完全符合我们国家实际情况的发展和需要的,同时确定了1952年暑假高等学校毕业生统一分配工作的基本方针是"集中使用,重点配备"。1956年,国务院对高等学校毕业生统筹分配的基本方针作了补充,即"根据国家需要,集中使用,重点配备和一般照顾",分配计划优先照顾科学研究、高等学校师资、工业部门的需要,对其他部门,在迫切需要的情况下,给予适当照顾;对各省、自治区、直辖市的需要也作了适当的照顾。1958年4月,《中共中央关于高等学校和中等技术学校下放问题的意见》提出,对地方院校毕业生实行"分成分配"的办法,即中央抽取一定比例统一分配,余下的由地方政府分配。此后相当长一段时间内,我国总理亲自负责大学生分配工作。1962年,中央决定成立由习仲勋负责的"毕业生分配委员会"。

1977年恢复高考后,高校招生沿用了1952年招生时的招生录取办法,国家每年都会就高校招生发专门文件,具体地规定招生计划人数。毕业生由国家统一分配,分配计划由国家计委制定,调配计划由国家统一制定①。1978年,高等学校恢复全国统一招生考试制度,全国统一高考举行。1981年,"文革"后首批统一招收的本科毕业生就业,国家恢复了中断十几年的毕业生统一计划分配制度。1981年10月,教育部、国家计委、国家人事局印发的《高等学校毕业生调配派遣办法》规定:要切实执行国务院

---

① 何东昌主编:《中华人民共和国重要教育文献(1976—1990)》,海南出版社1998年版,第1580页。

批准的毕业生分配计划和国务院有关部委制发的调配计划；要把品学兼优的毕业生，分配到国家急需，并能发挥其专长的岗位上，在学校的调配计划内，可以采取学生自愿报名，学校推荐和用人单位考核相结合的办法，试行择优分配；对特别优秀的毕业生，可让本人在调配计划范围内选择工作单位，或上报主管部门单独分配①。同年 11 月，教育部召开全国高等学校毕业生调配工作会议，提出六条抵制干扰高校毕业生分配工作的具体措施和要求，并指出凡违反规定者，视情节轻重，作严肃处理。1982 年 5 月，北京市高教局对本市 4 所高等院校的 4 名拒不服从国家分配的 1981 届毕业生进行了严肃处理，"取消分配资格，限期离校。由学校将本人户口、粮食关系、人事档案转至家庭所在地，同时通知其家庭所在街道及有关单位，五年内全民所有制单位不得录用他们"②。

事实上，进入 20 世纪 80 年代以来，国家一方面仍然坚持毕业生要服从国家统一分配的原则，但另一方面，国家也在开始尝试毕业分配制度的改革。1983 年 5 月，文化部向国务院递交《关于文化部部属艺术院校毕业生不包分配的请示》，提出艺术院校毕业生除了定向、委托培养的学生外，国家不包分配，实行在国家招生和分配计划下，由艺术院校直接向用人单位推荐，用人单位择优录用和学生自谋职业相结合的办法，并拟先在中央美术学院和浙江美术学院 1983 级新生中试行，取得经验后逐渐推广。6 月，国务院批转全国同意上述办法。同年，国务院批转了国家计委、国家教委、劳动人事部《关于 1983 年全国毕业研究生和高等学校毕业生分配的报告》，决定实行学校与用人单位直接见面的就业办法，即"供需见面"，使培养、分配与使用更好地结合起来。

1985 年，经国务院批准，清华大学和上海交通大学成为改革毕业生分配制度的试点学校，国家教委于同年 3 月 12 日向国务院各部委、各省（自治区、直辖市）计委、主管毕业生调配部门、高教厅（局）及国家教委直属高校转发了上海交通大学和清华大学毕业生分配改革试行办法，推广两校实行的"招聘、推荐与考核录用相结合"的办法。同年 5 月 27 日，《中共中央关于教育体制改革的决定》明确提出要改革大学招生的计划

---

① 何东昌主编：《中华人民共和国重要教育文献（1976—1990）》，海南出版社 1998 年版，第 1977—1978 页。
② 赵晔琴：《从毕业分配到自主择业：就业关系中的个人与国家——以 1951—1999 年〈人民日报〉对高校毕业分配的报道为例》，《社会科学》2014 年第 6 期。

制度和毕业生分配制度。毕业分配办法,实行在国家计划指导下,由本人选报志愿,学校推荐,用人单位择优录用的制度。维系我国近 30 多年的"统招统分"政策开始被打破。

1989 年 1 月,国家教委向国务院提交了《关于改革高等学校毕业生分配制度的报告》,指出以"统和包"为特征的毕业生分配制度存在着一些明显的弊端,不利于调动学生学习、学校办学、用人单位合理使用人才的积极性。特别是随着我国经济体制改革的深入,社会主义商品经济的发展,劳动制度和人事制度的改革,这种分配制度越来越不适应形势发展的要求,与新的经济运行机制越来越不相协调。因此,必须改革现行的高等学校毕业生分配制度。高等学校毕业生分配制度改革的目标是:在国家就业方针、政策指导下,逐步实行毕业生自主择业,用人单位择优录用的"双向选择"制度。同年 3 月,国务院向全国批转了该报告,并指出,改革高等学校毕业生分配制度是高等教育体制改革的重要组成部分。通过这项改革,逐步把竞争机制正确引入高等学校,增强其活力和动力,从而使高等教育更好地为社会主义建设服务。各地方、各部门要切实加强领导,结合本地区、本部门的实际情况,宣传这项改革的意义和要求,采取积极稳妥的步骤,制定可行的实施方案和改革措施,推动这项改革的顺利进行①。

1993 年 2 月,中共中央、国务院发布了《中国教育改革和发展纲要》,明确提出要改革高等毕业生"统包统分"和"包当干部"的就业制度,实行少数毕业生由国家安排就业,多数由学生"自主择业"的就业制度。近期内,国家任务计划招收的学生原则上仍由国家负责在一定范围内安排就业,实行学校与用人单位"供需见面",落实毕业生就业方案,并逐步推行毕业生与用人单位"双向选择"的办法;委托和定向培养的学生按合同就业;自费生自主择业。随着社会主义市场经济体制的建立和劳动人事制度的改革,除对师范学科和某些艰苦行业、边远地区的毕业生实行在一定范围内定向就业外,大部分毕业生实行在国家方针政策指导下,通过人才劳务市场,采取"自主择业"的就业办法②。

1994 年 3 月,国家教委印发《关于普通中等专业学校招生与就业制度改革的意

---

① 何东昌主编:《中华人民共和国重要教育文献(1976—1990)》,海南出版社 1998 年版,第 2849 页。
② 何东昌主编:《中华人民共和国重要教育文献(1991—1997)》,海南出版社 1998 年版,第 3470 页。

见》,提出改革毕业生统包统配的制度。在现行的招生计划形式下,国家任务招收的学生,原则上仍由学校按照招生计划协议,负责在一定范围内安排就业。学生毕业时,由学校安排毕业生与用人单位"供需见面",由用人单位择优录用。毕业生若不服从安排,需向学校缴纳培养补偿费。少数经学校推荐,无单位录用的毕业生,回家庭所在地区自谋职业。定向培养招收的学生毕业后,到定向用人单位工作,不愿到定向单位工作的,应征得用人单位同意,并缴纳培养补偿费。逐步实现毕业生自主择业,人才走向市场的就业制度。随着我国社会主义市场经济体制的建立,劳务市场的不断完善,国家逐步实行招生面向社会,毕业生自主择业,人才走向市场的就业制度。同时,要不断健全就业指导与咨询服务。今后,在国家方针政策指导下,大部分毕业生将逐步通过人才劳务市场就业,采取"自主择业"的就业办法[1]。同年 4 月,国家教委发布《关于进一步改革普通高等学校招生和毕业生就业制度的试点意见》,提出国家不再以行政分配而是以方针政策为指导,以奖学金制度和社会就业需求信息引导毕业生自主择业,逐步建立起"学生上学自己缴纳部分培养费用、毕业后多数人自主择业"的机制[2]。同年 7 月,《国务院关于〈中国教育改革和发展纲要〉的实施意见》出台,进一步明确规定了招生和毕业生就业制度的改革措施,其中包括高等学校和中等专业学校、技工学校的毕业生,近期内除委托、定向培养生和自费生外,实行在国家宏观指导下,学校与用人单位供需见面和一定范围内双向选择的制度。在人才市场、劳动力市场比较完善,国家全面实行缴费上学制度之后,除享受国家和单位专项或定向奖学金的学生按合同就业外,其余学生在国家政策指导下进入劳动力市场自主择业[3]。

1995 年 3 月,国家教委发布《关于 1995 年进行普通高等学校招生和毕业生就业制度改革的意见》,要求中央部门所属高校并轨后所招的学生,由毕业时原则上在本系统、本行业内自主择业逐步过渡到大多数毕业时自主择业,在 2000 年基本实现高校毕业生就业制度改革。

1996 年,人事部印发了《国家不包分配大专以上毕业生择业暂行办法》,要求该项

---

[1] 何东昌主编:《中华人民共和国重要教育文献(1991—1997)》,海南出版社 1998 年版,第 3617 页。

[2] 同上书,第 3632 页。

[3] 同上书,第 3664 页。

政策实施到各省、各自治区、各直辖市政府人事部门，1996 年之后，大学生不再包分配。

1997 年，国家教委发布《普通高等学校毕业生就业工作暂行规定》，进一步规定自主择业下的工作程序，明确了政府部门、高校、毕业生的职责、权利、义务。同时指出，毕业生是国家按计划培养的专门人才，有执行国家就业方针、政策和根据需要为国家服务的义务。取得毕业资格的毕业生，在国家就业方针、政策指导下，按有关规定就业。国家鼓励毕业生到边远地区、艰苦行业和其他国家急需人才的地方工作[①]。1998 年，首批并轨改革后招收的大学生毕业进入社会，就业政策进一步放宽。至此，除少数定向招生、民族生在国家规定范围内就业，绝大多数毕业生实现了自主就业。1999 年 1 月，经国务院批准，教育部颁布了《面向 21 世纪教育振兴行动计划》，提出到 2000 年左右，建立起比较完善的由学校和有关部门推荐，学生和用人单位在国家政策指导下，通过人才劳务市场双向选择、自主择业的毕业生就业制度[②]。从 2000 年起，我国要建立比较完善的毕业生就业制度，并同时取消向毕业生发放"派遣证"的做法，将此做法改为向毕业生发放"就业报到证"。同年 6 月召开的全国教育工作会议也指出，我国建立的毕业生就业制度应当是一个不包分配、竞争上岗、择优录用的用人制度。这标志着我国大学生就业制度结束了"计划、分配、派遣"的历史，开始真正步入以市场为导向的就业政策轨道。

同时，在学生自主择业的前提下，国家特别重视在政策上加大对毕业生基层就业项目和毕业生自主创业计划等政府促进就业项目的引导和鼓励，发挥国家力量的调控性和补充性。2002 年 2 月，国务院办公厅转发教育部等部门《关于进一步深化普通高等学校毕业生就业制度改革有关问题意见》，明确提出建立市场导向、政府调控、学校推荐、学生与用人单位双向选择的就业机制，并指出引导高校毕业生到基层、到中小企业就业是解决高校毕业生就业问题的主要途径。[③] 此后，政府相关部门每年均针对大学生就业出台相关的政策文件，但就业政策的指导思想都以强调市场配置为主。2005

[①] 何东昌主编：《中华人民共和国重要教育文献（1991—1997）》，海南出版社 1998 年版，第 4175 页。
[②] 何东昌主编：《中华人民共和国重要教育文献（1998—2002）》，海南出版社 1998 年版，第 220 页。
[③] 同上书，第 1150—1151 页。

年 6 月,中共中央办公厅、国务院办公厅印发了《关于引导和鼓励高校毕业生面向基层就业的意见》,号召高校毕业生到西部去、到基层去、到祖国最需要的地方去①。2006年 2 月,中组部、人事部、教育部、财政部、农业部、卫生部、扶贫办、共青团中央等八部委下发了《关于组织开展高校毕业生到农村基层从事支教、支农、支医和扶贫工作的通知》,正式提出实施高校毕业生"三支一扶"计划②。

二、从被动就业迈向创新创业

政府就业政策的持续优化将为大学生从学校到工作的转换创造更好的就业环境。政府消除对高校毕业生供给与需求的政策抑制,建立全国统一的大学生就业市场,实施大学生自由就业制度,在全国范围内取消对大学毕业生(含高职毕业生)的一切户口指标限制和人事指标限制以及各种各样显性或隐性的行政限制,打破大学生就业市场的行政分割,促进大学毕业生无障碍就业和自由流动,优化我国高素质人才的配置机制,提高资源配置效率,维护就业市场稳定,促进经济增长。事实上,政府部门进一步优化服务,激励大学生创新创业,既能够支持国家整体人力资源发展战略,也能促进经济社会发展,进而实现个人、用人单位和国家的"三赢"结果。

早在 2010 年,教育部就发布《教育部关于大力推进高校创新创业教育和大学生自主创业工作的意见》,要求大力推进高等学校创新创业教育工作,加强创业基地建设,打造全方位创业支撑平台,进一步落实和完善大学生自主创业扶持政策,加强创业指导和服务工作。中共十八届三中全会也强调,经济体制改革的核心问题是处理好政府和市场的关系,使市场在资源配置中起决定性作用和更好地发挥政府作用,并将此作为贯彻落实党中央十八届三中全会"健全促进就业创业体制机制"的重要内容。2014年 5 月,《国务院办公厅关于做好 2014 年全国普通高等学校毕业生就业创业工作的通知》首次使用了"就业创业"的说法。

2015 年 5 月,《国务院办公厅关于深化高等学校创新创业教育改革的实施意见》发布,提出:2015 年起全面深化高校创新创业教育改革;2017 年取得重要进展,形成

---

① 何东昌主编:《中华人民共和国重要教育文献(2003—2008)》,新世界出版社 2010 年版,第 781 页。
② 同上书,第 978 页。

科学先进、广泛认同、具有中国特色的创新创业教育理念,形成一批可复制可推广的制度成果,普及创新创业教育,实现新一轮大学生创业引领计划预期目标;到 2020 年建立健全课堂教学、自主学习、结合实践、指导帮扶、文化引领融为一体的高校创新创业教育体系,人才培养质量显著提升,学生的创新精神、创业意识和创新创业能力明显增强,投身创业实践的学生显著增加。同年 6 月,《国务院关于大力推进大众创业万众创新若干政策措施的意见》提出:支持大学生创业。深入实施大学生创业引领计划,整合发展高校毕业生就业创业基金;引导和鼓励高校统筹资源,抓紧落实大学生创业指导服务机构、人员、场地、经费等;引导和鼓励成功创业者、知名企业家、天使和创业投资人、专家学者等担任兼职创业导师,提供包括创业方案、创业渠道等创业辅导;建立健全弹性学制管理办法,支持大学生保留学籍休学创业。

此后,创新创业成为大学生就业中的关键词,2017 年,《国务院关于做好当前和今后一段时期就业创业工作的意见》鼓励高校毕业生多渠道就业:实施高校毕业生就业创业促进计划,健全涵盖校内外各阶段、就业创业全过程的服务体系,促进供需对接和精准帮扶;教育引导高校毕业生树立正确的就业观念,促进他们更好地参与到就业创业活动中,敢于通过创业实现就业。同时,还要求着力推进公共就业创业服务专业化,合理布局服务网点,完善服务功能,细化服务标准和流程,增强主动服务、精细服务意识;创新服务理念和模式,根据不同群体、企业的特点,提供个性化、专业化的职业指导、就业服务和用工指导。

第八章

教育督导制度

教育事业的发展,离不开教育督导的重要作用;普及九年义务教育、促进教育公平、新课程改革、新高考改革、教育质量评估、教育管办评分离改革等,也离不开教育督导的保驾护航。改革开放 40 年来,教育督导的内容与范围逐渐扩大,督导功能不断强化,教育督导机构从依附走向独立,教育督导人员的专业素养不断提高,教育督导从教育结果向教育过程延展,教育督导的权威逐步加强。随着我国教育治理体系与治理能力现代化建设的不断推进,教育督导的功能与使命也正发生着前所未有的变化。2017年 9 月,中共中央办公厅、国务院办公厅印发《关于深化教育体制机制改革的意见》,提出:"要完善教育督导体制,促进教育督导机构独立行使职能,落实督导评估、检查验收、质量监测的法定职责,完善督学管理制度,提高督学履职水平,依法加强对地方各级政府的督导,依法加强对学校规范办学的督导,强化督导结果运用。"但教育督导本身还存在许多问题与不足,在教育治理能力和体系建设的背景下,构建以教育督导为主、多元参与的教育督导评估体系,任重而道远。

第一节 教育督导改革的发展历程

我国的教育督导制度始于近代的视学制度。20 世纪初,我国近代教育督导制度才初具规模。辛亥革命后,国体改制,改学部为教育部。1913 年,民国政府教育部公布《觇学规程》等文件。1918 年 4 月,我国最早统一的地方视学规程《省视学规程》和《县视学规程》发布,按中央、省(市)、县三级分别设置视学机构,逐步建立起三级视学网。1926 年,国民政府成立教育行政委员会,内设行政事务厅,厅内拟设"督学处",后因故未能实现。视学人员从此正式称名为"督学","督学"一词由此开始正式使用。1927 年,以大学院制代替教育部,督学曾一时被取消。1929 年又重新恢复和建立督学机构和制度。1929 年至 1931 年,国民政府先后公布《督学规程》和《督学办事细则》,逐渐形成了一套相对完整的督学制度。中华人民共和国成立后,党和政府十分重视教育督导工作,1949 年,新成立的中央人民政府教育部专门设置视导司,在各地区和省、市、县各级教育行政部门设有督学室或视导室(科、组)。1955 年 4 月,教育部曾发出了关于加强视导工作的通知。但是,由于受政治的干扰和"左"的思想的影响,教育督导工作一度被削弱甚至取消。1977 年我国现代教育督导制度开始恢复重建以来,逐步形成了督政与督学相结合并注重评估与监测,覆盖各级各类教育形式、具有中国特色的教育督导制度。这期间经历了一个曲折的过程,大致可分为如下几个阶段。

一、教育督导制度的恢复与重建

中共十一届三中全会后,我国经济、政治形势逐渐好转,教育体制也得以恢复和发展,这使越来越多的教育管理者认识到了恢复教育督导制度的重要性。1977 年 9 月,邓小平同志在与教育部主要负责同志谈话时就明确地提出:"要健全教育部的机构。要找一些四十岁左右的人,天天到学校里去跑。搞四十个人,至少搞二十个人专门下去跑。要象下连队当兵一样,下去当'学生',到班里听听课,了解情况,监督计划、政策等的执行,然后回来报告。这样才能使情况反映得快,问题解决得快。"①从邓小平同志的言辞中得知,这一时期的教育督导的内容在于督政。作为探究和指导教育发展的有效参照系,教育督导制度的恢复对于教育事业的稳步发展具有重大意义和影响。为贯彻落实邓小平同志的指示,1978 年初,在时任副总理王震的推荐下,王季青、苏灵扬、姚文、杨滨四位老同志到教育部任视导员,由教育部部长直接领导。这时的视导部门设在普教的主管司、处、科内,虽然开展了一些教育视导工作,但主要负责一些零碎的工作,中心任务一来常被冲掉,很难对教育实践中产生的问题进行有针对性、系统性的把控和处理。同时,仅在中央设立视导人员,人数、地域的限制使得工作的效率不高、无法对其他省、市、县的教育工作进行全面的考察。为改善当时视导工作存在的弊病,同时为进一步推进教育督导制度的恢复和建设,1983 年 7 月,在全国普通教育工作会议上,教育部提出《建立普通教育督导制度的意见》,并要求县以上各级教育行政部门设立督导机构,先行试点,而后逐步实行。

---

① 何东昌:《中华人民共和国重要教育文献(1998—2002)》,海南出版社 2003 年版,第 1344 页。

1984—1985 年间,广州、甘肃、沈阳、重庆、南京等省市相继建立或恢复了视(督)导室,也开展了一些视(督)导工作。这一时期邓小平同志为教育督导制度的恢复推波助澜,成为建设中国特色的教育督导制度的奠基者。这一阶段的工作虽然着眼于恢复性工作,但舆论上和政治上为建立有中国特色的教育督导制度作了必要的准备,为教育督导制度的重建奠定了重要的基础。[①]

在恢复教育视导制度基础上,根据我国社会主义教育制度建设和教育事业的发展需要,我国着手重建教育督导制度。在 1986 年到 1991 年的五年间,教育督导司成立;《教育督导暂行规定》作为教育督导制度重建后的第一部部门法规文件出台;督学的队伍建设问题也被提上了日程。

1986 年 9 月,国务院办公厅批转国家教育委员会、国家计划委员会、财政部、劳动人事部《关于实施〈义务教育法〉若干问题的意见》,明确指出要"逐步建立基础教育督学(视导)制度",并进一步规定:"国家和地方逐步建立基础教育督学(视导)机构,负责对全国或本地区范围内义务教育的实施进行全面的视察、督促和指导,并协同当地人民政府处理有关实施义务教育的各项问题。"同年 10 月,国务院批准视导室更名为国家教育督导司,标志着我国的教育督导制度开始正式重建。

为了推动各地建立教育督导机构,1986 年底,国家教委召开督导工作座谈会,并发布了(87)教督字 001 号文件,明确提出当前的主要任务是推动全国教育系统督导制度的建立,同时对督导机构的性质、任务,督导聘任的条件,各项督导人员的职权以及各级督导机构建立的步骤、督导人员的培训等工作的开展作出了详细的规定。1988年 9 月,国家教委、人事部联合发出《关于建立教育督导机构问题的通知》,要求各县级以上人民政府应在其教育行政部门内建立教育督导机构或配备专职教育督导人员,并对解决教育督导机构编制的办法也作了相应的规定。以上两个重要文件的下发,加深了各地对于教育督导工作的认识,也促进了各级教育督导机构的建立以及各地督导工作的开展,随后各省、市、县结合本地实际开展了一系列卓有成效的实践和探索。

同时,为确保教育督导工作有法可依、有章可循,推动教育督导的法制化建设,

---

① 《中国教育督导制度简况》,http://old. moe. gov. cn//publicfiles/business/htmlfiles/moe/moe_163/200409/3084. html(阅读时间:2017 年 10 月 16 日)。

1991 年 4 月,国家教委发布《教育督导暂行规定》(以下简称《暂行规定》)。作为中华人民共和国成立以来第一个关于教育督导制度的法规文件,《暂行规定》明确了教育督导的本质属性是对教育工作的行政监督,统一和提高了各级政府、教育行政部门、学校对督导工作的认识。①

二、中国特色教育督导制度的初步形成

20 世纪 90 年代后,随着政府公共职能的转变以及人民群众对教育教学质量的日益关注。以建立"两基"、"两全"督导评估机制为标志,这一阶段是自改革开放以来教育督导制度建设极富成效、社会影响最为广泛的时期,同时也是教育督导机构和队伍建设不断发展壮大的关键时期,是具有中国特色社会主义教育督导制度建设的关键时期。

与西方发达国家的督学制度不同的是,根据我国的教育现实,我国构建了以督政、督学为主要内容的、具有中国特色的督导制度。自督导制度恢复重建后,一段时间内以督政为主。20 世纪 90 年代后,由以督政为主的外延式监督开始向以督学为主的内涵式监督转变。1993 年 2 月,中共中央、国务院印发《中国教育改革和发展纲要》,提出:"各级政府要认真贯彻执行《中华人民共和国义务教育法》及其细则,建立检查、监督和奖惩制度,确保义务教育法的贯彻执行。各级教育行政部门要把检查评估学校质量作为一项经常性任务。要加强督导队伍、完善督导制度,加强对中小学校工作和教育质量的检查和指导。"这一时期督导以配合人大检查《义务教育法》的实施情况为基准,针对全国义务教育存在的问题以及农村义务教育教师待遇、贫困家庭子女入学费用、教育经费保障情况等问题进行了检查,督导作为其中的一员发挥了重要作用。

1994 年后,随着教育事业的发展和教育督导作用的凸显,纳入督导范围的教育形式不断增多,从较为单一的义务教育阶段扩展到整个中等及中等以下的各类学校。比如,1996 年《幼儿园工作规程》中明确指出,幼儿园接受上级教育督导人员的检查、监督和指导。同时,随着高等教育的逐步恢复和发展,对于高等学校的评估也纳入督导评估监测的范围内,1998 年颁布的《中华人民共和国高等教育法》明确指出,高等学校的办学水平、教育质量接受教育行政部门的监督和由其组织的评估。

① 涂文涛主编:《教育督导新论》,人民教育出版社 2015 年版,第 57 页。

　　1993 年国务院机构改革,中央编制委员会批准建立国家教委教育督导团,下设教育督导团办公室,挂靠于基础教育司。次年,经中央编制委员会审核、国务院批准,正式建立国家教育督导团,加强对各地区、各部门教育工作的宏观管理和督导,教育督导的工作地位不断提升。1998 年 7 月,国务院批准印发《教育部职能配置、内设机构和人员编制规定》,批准教育部设立独立的教育督导团办公室,位列教育部 18 个职能司之一。

　　除此之外,地方教育机构和队伍建设也不断加强。到 1998 年,我国基本形成了覆盖中央、省、市、县四级教育督导网络体系,专职和兼职相结合的教育督导队伍,揭开了我国教育督导制度建设的新华章。

三、全面构建中国特色教育督导制度

　　进入 21 世纪后,国家重视基础教育改革与发展,为进一步加强和完善教育督导制度,教育督导进入全面发展阶段,教育督导的内容有了新的转变,督导的范围实现了全覆盖,尤其是 2012 年 10 月,国家实施了《教育督导条例》,充分体现了“强国必强教,强国先强教”,优先发展教育的国家意志和深化教育体制改革、推进依法治教的决心,标志着有中国特色的教育督导制度建设登上了一个新高度。①

　　教育督导的内容实现了新的转变,由督学转变为督政与督学相结合并注重评估、监测。2003 年,教育部基础教育课程教材发展中心启动了“建立中小学生学业质量分析、反馈与指导系统”项目,建立了一套省市县三级报告反馈系统,对中小学生学业质量进行全面、系统的监测。② 中共十八届三中全会作出了深化教育领域综合改革的决定,明确要求强化国家教育督导,委托社会组织开展教育评估检测。与之相对应,2014年,《国务院教育督导委员会办公室印发深化教育督导改革转变教育管理方式意见的通知》在教育督导督政、督学的基础上,明确提出了教育督导的另外一个工作内容——评估监测,要求建立教育督导部门归口管理、专业机构提供服务、社会组织多方参与的专业化教育质量评估监测体系,对各级各类教育进行科学、系统、权威的评估监测,为

① 张俊芳:《创新体制集体实现教育全覆盖》,《中国教育报》2012 年 10 月 12 日。
② 付宜红:《建立中小学学业质量分析、反馈与指导系统项目介绍》,《基础教育课程》2008 年第 2 期。

改进教育教学、管理、决策提供依据和支撑。2017年,《国务院关于印发国家教育事业发展"十三五"规划的通知》《国务院办公厅关于印发对省级人民政府履行教育职责的评价办法的通知》进一步提出了对于评估监测制度体系的完善。由此,教育评估检测作为教育督导的"一员"被政策文件定格于教育督导体系中,成为教育督导体系的有机组成部分。

同时,督导的范围实现了对各级各类学校的全覆盖。《教育督导条例》明确指出,将各级各类教育纳入督导范围,督导对象扩展到下级政府及其职能部门、各级各类学校和教育机构。其他教育形式的法规分别将督导评估作为监督学校办学质量的重要手段并进行了详细的说明。如2011年,教育部印发了《中等职业教育督导评估办法》,对中等职业督导评估指标体系、标准、政策制度情况、经费投入情况以及办学条件等方面进行了细致的规定。2013年,《民办教育促进法》(2013修正)指出,教育行政部门及有关部门应当对民办学校的教育教学工作、教师培训工作进行指导。同时,教育行政部门及有关部门依法对民办学校实行督导,促进提高办学质量;组织或者委托社会中介组织评估办学水平和教育质量,并将评估结果向社会公布。此外,2016年7月,《教育部关于印发〈督学管理暂行办法〉的通知》等文件印发,教育督导队伍建设更完善。

自2001年至今,国家着重在督导机构内部机制方面构建具有中国特色的教育督导制度。2016年,经中央机构编制委员会办公室批准,教育督导团办公室更名为教育督导局,加挂国务院教育督导委员会办公室牌子。教育督导的制度构建,从依法健全教育督导机构,完善督学准入机制、考核、聘期管理等制度,强化教育督导队伍建设等方面出发,建立了地方政府履行教育职责督导制度,完善教育重大政策专项督导制度。同时,完善教育督导报告发布制度,加大教育督导公开和问责力度。进一步健全督导制度,充分发挥督导促进教育改革发展的作用。目前,我国已形成了中央、省、市、县四级教育督导网络,1.75万名专职督学,10.37万名兼职督学,1.45万名督导行政人员,督导职能逐步完善,①统领着各个阶段的教育工作,以督政、督学和评估监测三大体系为框架的教育督导制度。

---

① 《首届上海教育督导论坛举行　校园欺凌整治方案本月底发布》,http://sh. eastday. com/m/20171116/u1ai11002696. html(阅读时间:2017年10月16日)。

第二节　教育督导的战略地位

改革开放以来,教育督导制度随社会的进步和教育的发展不断变化、完善,教育督导实践与探索取得了显著成绩,积累了丰富的经验。作为提高教育管理效能、促进教育质量提高的重要措施,在当下教育改革的新时代,教育督导制度的地位不容撼动。尤其是在推进教育治理体系和教育治理能力建设的过程中,构建以教育督导为主、多元参与的教育督导评估体系,是保障教育评价结果的科学化、规范化、客观化以及参与主体民主化、社会化的重要手段。

一、变革中的教育督导

自教育督导制度重建以来,随着教育改革的不断深入,教育督导制度在变革中不断完善。教育督导机构走向独立化,教育督导人员更加专业化,教育督导更注重教育过程,教育督导的权威进一步加强,种种变化都凸显了教育督导制度在不断走向专业化、规范化、科学化,为不断促进政府改进教育管理、学校改进办学、教师改进教学提供了重要的支撑。

（一）教育督导机构从依附走向独立

加强教育督导是基础教育改革与发展的需要,[①]作为教育制度中关键的一环,机构的合理设置直接影响着教育督导的实施与效果,对深化教育治理改革具有重要作用。[②] 改革开放以来,我国逐步建立起相对完善的中央、省、市、县四级督导机构网络。总体来说,我国督导机构建设不断推进,教育督导机构由依附于教育行政部门内部逐渐走向独立,加强了督导的执行力,保障了督导工作的顺利开展。

自 1977 年十一届三中全会后,中央一级的教育督导机构先后经历了 5 次重要变化。第一次是 1984 年,国务院批准教育部设视导室,主要负责检查和指导帮助全国各地的普教工作。[③] 第二次是 1986 年,教育部视导室更名为国家教委督导司,督导

---

① 陈德珍:《加强教育督导是基础教育改革与发展的需要》,《中国教育学刊》1995 年第 3 期。
② 乐毅:《地方政府教育督导机构改革应从依附走向独立》,《中国教育学刊》2015 年第 2 期。
③ 黄葳主编:《教育督导学》,中国人民大学出版社 2011 年版,第 30 页。

机构的地位得以提升。第三次是 1993 年，成立国家教委教育督导团，设教育督导团办公室，挂靠于基础教育司。第四次是 2000 年，中编办下发了《关于国家教委教育督导团更名的批复》，同意将国家教委教育督导团更名为"国家教育督导团"，[①]启用了带有国徽的"国家教育督导团"的印章。[②] 2015 年，《中华人民共和国义务教育法》（2015 修正）中明确指出："人民政府教育督导机构对义务教育工作执行法律法规情况、教育教学质量以及义务教育均衡发展状况等进行督导，督导报告向社会公布。"此次修订版的《义务教育法》明确了各级教育督导机构不再是教育行政部门下属的内设机构。第五次是 2016 年，经中央机构编制委员会办公室批准，教育督导团办公室更名为教育督导局，加挂国务院教育督导委员会办公室牌子。回顾 5 次改革，教育督导机构逐步从教育部某个司局机构脱离出来，由各级政府授权设立，隶属于同级政府的人民政府教育督导机构，与教育行政部门平行，教育督导机构建设不断走向独立。

2012 年《教育督导条例》明确指出："国务院教育督导机构承担全国的教育督导实施工作，制定教育督导的基本准则，指导地方教育督导工作。县级以上地方人民政府负责教育督导的机构承担本行政区域的教育督导实施工作。国务院教育督导机构和县级以上地方人民政府负责教育督导的机构（以下统称教育督导机构）在本级人民政府领导下独立行使督导职能。"《教育督导条例》明确了督导机构是人民政府的机构，为改变大多数教育督导机构只是教育行政部门内设机构的状况提供了法律依据。同时，明确了督导机构独立行使教育督导职能。教育督导机构在本级人民政府的领导下独立行使职能，强化了教育督导机构和职能的相对独立性，为建立与教育决策、执行相互制约又相互协调的教育行政监督制度提供了法律依据。

（二）教育督导人员的专业素养不断提高

我国教育督导制度恢复重建 40 年以来，中央和地方的督导机构队伍建设不断加强。目前，我国已形成了中央、省、市、县四级教育督导网络，建设了一支近 8 万人的专

---

① 《中国教育督导制度简况》，http://old. moe. gov. cn//publicfiles/business/htmlfiles/moe/moe_163/200409/3084. html（阅读时间：2017 年 10 月 16 日）。

② 涂文涛主编：《教育督导新论》，人民教育出版社 2015 年版，第 59 页。

兼结合的教育督导队伍。① 人是兴业之本,督导人员肩负着对教育发展状况和政策落实情况监督、检查和辅导的重要职责,是教师的"引导者",学校管理者的"伙伴",上级政府及教育行政部门的"智囊团",②必须具备过硬的专业能力和业务素质。

自恢复教育督导制度后,我国高度重视教育督导人员的专业能力、素养建设。首先,我国不断提高对督导人员的要求,严把督导人员的聘任、考核关,在源头上保证督导人员的质量。1987年3月,国家教委在转发《国家教委督导工作座谈会纪要》的通知中,明确指出"为保证督学机构发挥作用,要按照规定的条件严格择优遴选督学人员,务必保证质量",同时要求"在工作中还必须坚持督学人员是经过专业培训后再进行督导工作的原则"。当时规定督学应具备包括政治素质、学历水平、工作作风、健康状况4个方面的条件。1991年的《教育督导暂行规定》在原有的基础上,对督学的任职条件增加了专业能力和熟悉教育政策方面的要求。1996年5月29日,国家教委印发《关于加强教育督导队伍建设的几点意见》和《督学行为准则》,再次重申督学的选聘必须遵照5个基本条件。这5个条件同1991年提出的5项内容大致相同,只是在从教时间上,由"有十年以上从事教育工作的经历"改为"有七年以上从事教育工作的经历"。2006年7月19日,教育部根据各地的实践探索,为进一步规范和加强督学聘任管理工作,对1991年制定的《国家教育委员会督学聘任暂行办法》进行了修订,印发了《国家督学聘任管理办法(暂行)》,将国家督学的任职条件由5项扩为7项,包括政治素质、政策和业务水平、组织协调和表达能力、学历和从教时间、职务和职称、工作作风、身体状况。新增了"组织协调和表达能力"、"职务和职称"两项内容,更加注重实际工作能力和工作经验。2012年,《教育督导条例》从思想政治素质、职业操守、法制素养、政策业务能力等方面提出了专职督学的任职要求,且首次明确必须"经教育督导机构专业考核合格"。2016年,《督学管理暂行办法》出台,提出建立督学管理制度,督学除符合《教育督导条例》第二章第七条的任职条件外,还应适应改革发展和教育督导工作需要,达到下列工作要求:热爱教育督导工作,能够深入一线、深入学校、深入师生

---

① 《教育部:四大措施"护航"〈教育督导条例〉》,http://www.gov.cn/jrzg/2012-10/23/content_2248983.htm(阅读时间:2017年10月16日)。
② 卢盈:《教育督导人员专业化及其制度保障》,《教育导刊》2014年第4期。

开展教育督导工作;熟悉教育督导业务,掌握必要的检查指导、评估验收以及监测方面的专业知识和技术;能够保证教育督导工作时间。同时对各级督学队伍的考核、职责、培训等作出规定。其次,《督学管理暂行办法》提到,各级教育督导机构按照职责负责组织督学的岗前及在岗培训,新聘督学上岗前应接受培训。通过开展多种形式的培训活动,扩充督导人员的专业知识,提高督导人员的专业化水平。2016 年一年间,举办 4 期省、市、县级督学培训班,开展《督学培训大纲》研究,加强督学培训工作,提高督学履职能力和水平。研究建立督学信息系统。[①] 在此基础上,各地采取了多种措施提高督导人员的专业性,力图打造一支适应新时期教育督导工作需要的督学队伍。例如,为促进督导队伍的专业性发展,重庆市依托重庆第二师范学院建立督学培训中心,开展督学全员培训。市级每年安排督学培训专项经费 150 万元,举办上岗培训和提高培训,帮助督学实现角色转换。举办督学高级研修班,邀请专家学者举办专题讲座,提升教育督学的理论修养和业务素质。举办义务教育均衡发展督导、中小学素质教育督导、学前教育督导、中等职业教育督导、"减负提质"督导等专题培训,提高督学的专业技能,确保督学的专业性和权威性。[②]

(三) 教育督导从教育结果向教育过程延展

教育督导的实施是一项系统的工程,它涉及多个相互联系又相互制约的过程与环节,是十分复杂又具有挑战性的工作。[③] 结果督导反映了学校的办学效益和效果,而过程督导则反映了学校在办学过程中的主观行为与努力程度。随着教育评价方式的转变,教育督导的重点也有所倾斜。

20 世纪 40 年代,泰勒开发了基于目标的评估方式,作为世界上最早提出的评估模式,成为教育评价的重要模式。在督导评估的层面上,强调的是对中小学达成办学目标和标准程度的评估。在教育督导评估实践中,首先,教育督导机构要厘定督导评估标准作为中小学的发展目标;其次,督导人员设计合适、可行的评估方法收集数据和

---

① 《2016 年国家教育督导工作报告》,http://www.moe.gov.cn/jyb_xwfb/gzdt_gzdt/s5987/201704/t20170405_301851.html(阅读时间:2017 年 10 月 20 日)。

② 《健全督导机构 加强队伍建设》,http://www.moe.edu.cn/jyb_xwfb/s5989/s6635/s8537/s8539/201412/t20141219_182054.html(阅读时间:2017 年 10 月 20 日)。

③ 苏君阳主编:《教育督导学》,北京师范大学出版社 2012 年版,第 252 页。

资料;最后,将收集的数据、资料与既定的目标进行对比,考察办学目标的达成度,提出进一步的整改措施和建议。这种评价方式在一段时间内也是我国教育督导的主要评估方式之一,但由于我国教育内外部多方面的原因,单纯以学生学业考试成绩和学校升学率评价中小学教育质量的倾向还没有得到根本扭转,突出表现为:在评价内容上重考试分数,忽视学生综合素质和个性发展;在评价方式上重最终结果,忽视学校进步和努力程度;在评价结果使用上重甄别证明,忽视诊断和改进。这些问题严重影响了学生的全面发展、健康成长,制约了学生社会责任感、创新精神和实践能力的培养。要解决这些突出问题,适应经济社会和教育事业发展的新形势新要求,必须大力推进中小学教育质量综合评价改革。[1] 2013 年,教育部发布《关于推进中小学教育质量综合评价改革》,强调以育人为本,注重学习过程和效益。2015 年,国务院教育督导委员会办公室印发《国家义务教育质量监测方案》,旨在纠正以升学率作为评价学校和学生唯一标准的做法,关注基于过程的教育质量评估与监测。由于评价方式的转向,教育督导也从关注教育结果向教育过程延展。

学校教育为社会提供的主要成果是人才,而教育成果是在教育过程中形成的,如果仅从结果督导的角度衡量一所学校为社会提供的人才质量,就不能很好地指导学校教育的发展,因为结果是既定事实,不能改变。[2] 在具体的督导实践中,督导人员将从关注学校发展的结果转为关注学校实施素质教育的过程,通过对过程评估的监测,广泛搜集相关数据、资料,为学校工作的改善与优化提供切实可行的帮助与指导。

(四) 教育督导的权威性逐步加强

教育督导作为现代教育行政重要的监管制度,它的权威性主要源于国家权力,通过国家权力的威慑性表现出来。[3] 其中,相关法律、法规的建设是教育督导主体行使权威的基石,教育督导主体通过执法行政行为,为教育事业的发展保驾护航。

为了推动教育督导的法制化,确保教育督导工作有法可依、有章可循,1991 年 4月,国家教委发布《教育督导暂行规定》(以下称《暂行规定》)。作为中华人民共和国成

---

[1] 《教育部关于推进中小学教育质量综合评价改革的意见》,http://old. moe. gov. cn//publicfiles/htmlfiles/moe/s7054/201306/153185. html(阅读时间:2017 年 10 月 20 日)。

[2] 黄葳主编:《教育督导学》,中国人民大学出版社 2011 年版,第 28 页。

[3] 苏君阳主编:《教育督导学》,北京师范大学出版社 2012 年版,第 268 页。

立以来第一个关于教育督导制度的法规文件,《暂行规定》第一条指出:"教育督导制度是为了加强教育工作的行政监督。"通过对教育督导的本质属性的界说,统一和提高了各级政府、教育行政部门、学校对督导工作的认识。由此可见,教育督导代表政府行使国家权力,对教育工作实行国家监督。这些说明我国教育督导拥有行政监督权,具有一定的行政权威性。

1995 年 3 月通过的《中华人民共和国教育法》明确规定,国家实行教育督导制度和学校及其他教育机构评估制度。从此,教育督导制度成为法定的国家教育基本制度之一。国家以法律形式确定了教育督导在教育行政中的法律地位,加强了教育督导工作的权威性。2012 年 10 月,《教育督导条例》(以下简称《条例》)颁布实施。《条例》是我国第一部专门的教育督导法规,这标志着我国教育决策、执行、监督相协调的教育行政管理体系基本形成,也标志着有中国特色的现代教育督导制度建设登上了一个新高度。[①]《条例》在总结和坚持以往我国教育督导实践中的成功经验的基础上,考虑了当下教育的新形势、新要求,扩大了教育督导覆盖的范围,并对教育督导的职责、督导的实施过程等方面进行了说明。2014 年,《对省级人民政府履行教育职责的评价办法》指出了对省级人民政府领导、管理、保障、推进本行政区域内教育事业改革发展稳定工作有关情况的评价,打破了以往由于科层结构导致的督政不力,保证了督政工作的实现,体现了督导的权威性和严肃性。

二、新时代呼唤深化教育督导改革

中共十九大报告指出:"建设教育强国是中华民族伟大复兴的基础工程,必须把教育事业放在优先位置,加快教育现代化,办好人民满意的教育。"目前,我国教育进入新的历史发展时期,各级各类教育事业蓬勃发展,教育投入不断加大,教育综合改革不断推进,要保障教育事业的健康、有序、稳步发展,需要专业化的教育督导进行检查、监督、评估、指导。

(一)教育督导工作量大面广

改革开放以来,我国教育事业取得了显著成就。全国各级各类教育蓬勃发展,教

---

① 张俊芳:《创新体制集体实现教育全覆盖》,《中国教育报》2012 年 10 月 12 日。

育公平进一步推进,入学机会继续扩大,教育资源配置更趋合理,教育质量得以提高。学前教育规模持续增长,毛入园率继续上升;义务教育普及与巩固水平进一步提高;高中阶段教育规模进一步扩大,比例结构更趋优化;高等教育规模适度增长,重点正转向优化结构与提高质量。

20 世纪 80 年代,我国教育事业在恢复和结构调整中发展,教育质量得到显著提高,办学条件得到改善,特别是高等教育得以恢复,规模扩大,结构调整取得显著成效。90 年代以来,我国教育部门在坚持教育要面向现代化、面向世界、面向未来的教育方针下进行了一系列重大改革和创新。根据我国社会经济发展的人才需求结构和高等教育发展的实际情况,我国提出了大力发展中等职业教育的决定,在这一政策的指引下,"八五"和"九五"初期中等职业教育迅速发展,改变了中等教育结构单一的局面,缓解了高等教育紧张的压力,培养了大量社会需要的、具有一定技能的熟练劳动者和各种实用人才,职业教育蓬勃发展,教育经费投入大幅度增加。到 21 世纪初,九年义务教育有计划、分阶段实施,"两基"目标顺利实现;高等教育发展迅速,初步形成了多种层次、多种形式、学科门类齐全的体系,教育投入显著增长,办学条件得到改善。此外,伴随着十一届三中全会的召开,国家开始允许社会力量办学。1982 年《宪法》第十九条规定"国家鼓励集体经济组织、国际企业事业组织和其他社会力量依照法律规定举办各种教育事业",第一次在法律上承认了民办教育的地位。进入 21 世纪后,伴随着《民办教育促进法》的颁布,进一步完善了民办学校的相关管理和扶持制度,对进一步鼓励社会力量兴办教育,推进教育供给侧改革,满足人民群众日益增长的多样化教育需求,具有重要而深远的意义。①

改革开放以来,伴随着各级各类教育事业的蓬勃发展,教育督导的范围也逐渐扩大。2016 年,全国共有幼儿园 23.98 万所,义务教育阶段学校 22.98 万所,九年义务教育巩固率达到 93.4%;特殊教育学校 2 080 所,比上年增加 27 所;高中阶段教育共有学校 2.47 万所;全国各类高等教育在学总规模达到 3 699 万人,高等教育毛入学率达

---

① 《〈民办教育促进法〉修改的意义及与〈意见〉出台的关系》,http://www.moe.edu.cn/jyb_xwfb/xw_fbh/moe_2069/xwfbh_2017n/xwfb_170118/170118_sfcl/201701/t20170118_295177.html(阅读时间:2017 年 12 月 1 日)。

到 42.7%;各级各类民办学校 17.10 万所,比上年增加 8 253 所。[①] 通过对学校的"督"、"导",促进学校教育教学质量的提升,促进教师、学生的不断发展,并为政府及教育行政部门决策提供可靠的、科学的依据。[②] 近几年来,在督导工作的范围扩大的同时,督导的内容更加细微,在以往综合督导的基础上开展了各种形式的专项督导,在覆盖各级教育的同时,也涉及学校的微观层面,比如关注乡村学校的校舍修缮、校园欺凌、义务教育均衡发展等热点、难点问题。

(二) 国家重大教育改革项目呼唤教育监管与督导

根据"优先发展教育,建设人力资源强国"的战略部署,我国的教育改革与发展进一步推进,尤其是《国家中长期教育改革和发展规划纲要(2010—2020 年)》(以下简称《规划纲要》)发布后。根据《规划纲要》关于"根据统筹规划、分步实施、试点先行、动态调整的原则,选择部分地区和学校开展重大改革试点"的精神,我国开始推进新一轮的教育改革。

2010 年 10 月,国务院办公厅印发《关于开展国家教育体制改革试点的通知》,全面启动国家教育体制改革试点工作。国家教育体制改革试点的基本内容为三大类,即专项改革试点、重点领域综合改革试点和省级政府教育统筹综合改革试点。专项改革包括十大试点任务:基础教育有 3 项,分别是加快学前教育发展、推进义务教育均衡发展和探索减轻中小学生课业负担的途径;高等教育有 3 项,分别是改革人才培养模式、改革高等学校办学模式和建设现代大学制度;另外 4 项是改革职业教育办学模式、改善民办教育发展环境、健全教师管理制度和完善教育投入机制。

为保证教育改革的顺利进行,《规划纲要》明确提出,到 2012 年实现国家财政性教育经费支出占国内生产总值比例达到 4% 的目标。如何保证教育改革项目资金落到实处,需加强教育监管和督导。同时,我国教育仍面临一些比较棘手的新情况、新任务和新问题,诸如义务教育的均衡发展建设、师资队伍建设、教育质量的提升等,这些问题的有效解决将极大地提高我国教育发展的质量。但这些问题的解决都离不开教育

---

① 《2016 年全国教育事业发展统计公报》,http://www.moe.edu.cn/jyb_sjzl/sjzl_fztjgb/201707/t20170710_309042.html(阅读时间:2017 年 12 月 1 日)。

② 王晓妹:《中小学校内涵发展督导评估体系的研究》,辽宁师范大学博士学位论文,2014 年。

改革的制定和实施。因此,有效的监管与督导是保证人、财、物落到实处的重要途径,同时也是监测教育改革是否可行的重要手段。

《中华人民共和国教育法》第六十三条指出,各级人民政府及其教育行政部门应当加强对学校及其他教育机构教育经费的监督管理,提高教育投资效益,以法律的形式说明了对教育投资监管和督导的重要性。同时,为进一步保障教育资金能够用得其所,2011 年,《国务院关于进一步加大财政教育投入的意见》明确指出,加强监测分析。各地区要加强对落实教育投入法定增长、提高财政教育支出比重、拓宽财政性教育经费来源渠道各项政策的监测分析和监督检查,及时发现和解决政策执行中的相关问题。财政部要会同有关部门制定科学合理的分析评价指标,对各省(区、市)财政教育投入状况作出评价分析,适时将分析结果报告国务院,并作为中央财政安排转移支付的重要依据。

(三) 教育系统的复杂性与教育内涵发展呼唤专业化的教育督导评估

教育作为社会事业的重要组成部分和重要民生问题,一直受到社会各界的高度重视和广泛关注。当前,我国教育改革已经步入"深水区",教育发展的内外环境更加复杂,教育决策的复杂性增大,改革举措实施和创新探索的难度增加。[1] 这就要求教育督导工作要更加服务于督导对象,为其提供更为专业化的指导,帮助改进工作,促进教育事业的持续健康发展。

自 20 世纪 80 年代以来,为进一步提高教育质量,促进教育公平,全世界范围内掀起了教育变革。迈克尔·富兰将复杂性理论运用于教育变革实践中,他认为,变革是一项旅程,而不是一张蓝图,变革是非直线的,充满着不确定性,有时还违反常理,[2]同时教育过程复杂得难以控制。[3] 目前,在我国,教育改革进入综合改革阶段,人民群众对高质量教育的迫切需求与优质教育资源的严重短缺已经成为当前教育领域的主要矛盾;教育内涵发展任务繁重,建设周期长,与社会期盼形成强烈反差;教育利益相关者增多,利益诉求呈现多元化的价值取向;教育体系内部改革关联度增强,系统改

---

① 钟秉林:《加强综合改革平稳涉过教育改革"深水区"》,《教育研究》2013 年第 7 期。
② [加]迈克尔·富兰著,中央教育研究所、加拿大多伦国际学院译:《变革的力量——透视教育改革》,教育科学出版社 2004 年版,第 33 页。
③ 同上书,第 27 页。

革已成为必然要求；教育与经济社会联系更加紧密，内外部协同改革已成大势所趋。[1] 在教育改革形势如此严峻的情况下，科学的教育督导评估是建设有中国特色社会主义教育体制的重要保证，对发展教育事业，深化教育改革，提高教育质量具有重要意义。[2]

教育督导作为由政府实施的一种对教育进行管控的活动，既承担着监督、检查、考核、评价的职能，也承担着督促、指导、建议、服务的责任。督导评估是将督导和评估有机结合起来的一种新的宏观管理手段，[3]是教育督导工作的核心，只有凭借和利用评估的支持，才能进一步增强教育督导工作的科学性和权威性。鉴于当前教育系统的复杂性，更需要专业性的教育督导评估在教育改革的过程中发现问题、查缺补漏、提供支持与服务，这就要求督学们必须进一步加强自身的专业服务能力，成为基础教育领域内在教育行政管理、教学业务管理或学科教学工作中某一方面的教育专家，成为学校专业化发展的促进者和指导者，进而推动教育改革涉过教育改革"深水区"，实现教育的平稳、快速、健康发展。

三、新时代教育督导的战略地位

当下，教育管理逐步向教育治理转变，教育治理主体的多元化改变了政府"管办评一肩挑"的局面。管办评分离改革作为推进教育治理体系和治理能力现代化的基本要求，促使政府转变职能，改进教育管理方式；发挥学校主体作用，加快建设现代学校制度；发挥社会评价作用，动员社会参与支持监督教育——即政府如何管、学校如何办、社会如何评作为推进教育治理体系和治理能力现代化的三大重点任务。[4] 教育督导作为政府进行教育评价的主要途径，其独特性与不可替代性凸显了教育督导制度在教育活动中的战略地位。在此背景下，构建以教育督导为主，第三方评价机构为辅的新型评价体系，才能更好地在管办评分离的制度框架下发挥其应有的作用和价值，促进

---

[1] 钟秉林：《加强综合改革平稳涉过教育改革"深水区"》，《教育研究》2013 年第 7 期。

[2] 苏君阳主编：《教育督导学》，北京师范大学出版社 2012 年版，第 147 页。

[3] 高文洁、黄昌明主编：《教育督导简明教程》，北京科学出版社 1997 年版，第 117 页。

[4] 袁贵仁：《加快推进教育治理体系和治理能力现代化》，http://www.gov.cn/gzdt/2014-02/16/content_2605760.htm(阅读时间：2017 年 12 月 1 日)。

我国教育治理的现代化建设。

（一）教育督导制度的战略地位

教育督导是政府对教育活动实施监督、评价的重要路径，也是制定教育政策、方针、法规等的主要依据。同时，对于学校的评估、监督等工作的开展，诸如学校对计划和组织的工作执行的程度如何、执行不力的原因是什么等问题都需要从教育督导的反馈中找寻答案。2015 年，教育部发布《深入推进教育管办评分离促进政府职能转变的若干意见》，其中明确提出建立健全政府、学校、专业机构和社会组织等多元参与的教育评价体系。基于此，少数地区将督导评估的主要工作让位于第三方评价机构，但在当下社会组织、机构的培育、准入资质等方面仍存在很多问题，相比之下，教育督导具有不可替代性。

客观、科学、公开、公正的评价，是增强教育工作针对性、有效性的前提，可以为政府决策提供参考，为学校改进工作提供依据。[①] 教育督导活动是监督性行为与指导性行为相结合的一种行政评价活动，与第三方评价机构相比，教育督导制度具备以下优势。首先，从教育督导的职能分析，它包括了监督、评价、指导、反馈、协调在内的多项职能。相比第三方机构，它依靠行政权力和教育法律，在权威性、专业性等方面具备更多的优势。其次，从第三方评价机构来看，当下其资质、准入、认证、人员配备等问题仍有待完善，且现阶段在数量上不能满足教育改革与发展的需要。再次，第三方机构服务对于政府有关教育的行为监督、评估如何能够做到客观、科学，跨级、同级督导中细节问题的解决等一系列问题都对第三方机构参与公共教育事业提出了挑战。最后，第三方评价机构是以市场机制为基础，通过契约的形式践行教育公共服务职能的，它不能代替国家而享有政治强制力，它也不可能代替市场而自发地对大多数资源进行有效的配置；[②]而教育督导是由行政主体依据国家对公共事业的要求对行政客体的行为进行规范而来的，具有一定的法律保障。

（二）构建以教育督导为主、多元参与的教育督导评估体系

管办评分离改革并不是简单地向学校、社会组织赋权、放权，而是通过多元主体共

---

① 刘利民：《新形势下我国基础教育管办评分离思考》，《中国教育学刊》2015 年第 3 期。
② 俞可平：《治理和善治理论》，《马克思主义与现实》1999 年第 5 期。

同管理、合作,与学校、社会合理分权,探索在当下市场经济体制和多元利益相关者的社会环境下有效的教育治理机制,重塑政府、学校、社会三者之间的权责关系,建立多元参与教育的复合模式,追求和实现"好教育"。

就"评"而言,实际上,这是一个由政府督导评估、学校自我评估和第三方评价相结合的多元化的评估体系。但教育治理主体参与的"多中心"并非"无中心",以当下各教育评价主体的现实情况,不能将第三方评价机构作为"评教育"的中心。第三方评价机构作为舶来品,在我国的发展起步晚,无论是体制建设还是机制建设仍不健全,且受传统行政管理模式的影响,政府往往习惯通过权力、命令来控制和监管教育活动,这种过度严格的控制与监管路径透露出对第三方评价机构的"不信任"。① 而自教育督导恢复和重建以来,教育督导制度不断完善和发展,逐步走上法制化、规范化、科学化的轨道。因此,在此背景下,权衡两者之间的利弊,依靠第三方评价机构作为评价体系的中心并不能达到科学、专业的评价目的。教育督导自身的专业性、规范性、科学性促使它与第三方评价机构一起发挥教育评估的增益之效,构建起以教育督导为主,第三方评价机构为辅的新型教育评估体系,共同推进我国教育治理的现代化进程(如图8.1)。

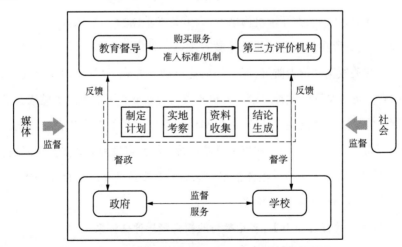

图8.1 基于教育管办评分离的教育督导评估体系

---

① 金绍荣、刘新智:《非政府组织参与公共教育治理:目标、困境与路向》,《教育发展研究》2013年第5期。

由政府制定第三方评价机构准入标准,并进行公开招标。中标的第三方评价机构与教育督导机构按照制定的督导计划,共同针对学校、政府在教育事务中的现实情况进行检查、收集相关材料。最后根据评估内容的结果,对政府、学校出现的问题进行全程指导。在教育管办评分离改革的推进过程中,"社会评教育"实质就是教育质量要接受社会评价、教育决策要接受社会监督。① 因此,在此过程中,社会和媒体参与一方面让媒体将评估结果向公众呈现,另一方面便于公众参与教育管理。

教育治理体系现代化是对既往教育管理体系的历史超越,其价值追求就在于使教育治理体系更加科学化、民主化、法治化,教育治理能力更加彰显教育的高效与公平。② 这种新型的评价体系弥补了教育督导、第三方评价机构在现阶段自身的不足,打破了以往教育督导为主、学校自评为辅的局面,开创了教育督导制度与第三方评价机构工作的新格局,保障了教育评价结果的科学化、规范化、客观化以及参与主体的民主化、社会化。

第三节 教育督导体制改革

教育督导体制作为教育行政管理体制的重要组成部分,直接制约着教育督导活动的开展。为适应我国教育领域综合改革的需要,充分发挥教育督导的积极作用,教育督导要修正存在于内外部的弊病,逐步实现机构的独立化、人员的专业化、功能的一体化、服务的社会化,以保障和促进教育事业的健康发展。

一、教育督导机构的独立化

教育督导体制变革的内涵是督导机构和规范,即教育督导制度的变革,核心是教育机构职责权限制度的改革。但当下,我国的教育督导机构设置并未完全独立,机构的附属性严重影响了督导工作的开展。

---

① 袁贵仁:《深化教育领域综合改革加快推进教育治理体系和治理能力现代化》,《中国高等教育》2014 年第 5 期。

② 陈金芳、万作芳:《教育治理体系与治理能力现代化的几点思考》,《教育研究》2016 年第 10 期。

以山东省为例,其督导机构称谓为"山东省政府督导室",是以政府名义设立的督导机构,从人、财物、机构管理机制的角度来看,山东省政府督导室实际是省教育局内部的一个机构,与其下设的其他机构平行,受到教育行政主管部门的领导和制约。市县一级的教育督导机构也是如此。在这种行政框架下,教育督导室要行使督政职能,就需要靠教育部门来协调,而教育部门很难对乡镇一级政府形成行政约束力,这样一来,教育督导室就处于行政边缘化的尴尬境地,督政难度和效力可想而知。[①] 同时,《教育督导条例》作为指导督导工作实施的纲领性文件,对督导机构的性质、建制以及与教育行政部门的横向关系、机构权限甚至各级教育督导机构不同的工作重点任务均未能清晰表述,造成教育督导部门归口不合理、督导机构隶属关系不清、职责权限不明,以至于内部关系始终难于理顺。[②]

由此可见,机构的设置是阻碍督导职能发挥的重要因素之一。当前,国际上关于教育督导机构设立有三种形式:第一,完全独立式,主要以英国为代表,教育标准局作为教育督导机构,它与教育行政管理部门——教育科技部存在既独立又密切的联系。一方面,国家教育标准局有权自己决定如何开展工作,包括计划的制定与实施、督学的管理与使用等;总督学具有向国务大臣直接汇报的权力;督学提交的报告任何人都无权修改。[③] 另一方面,皇家督学需按照科技部的要求进行督导。第二,相对独立式,大多数国家都是这种形式。以荷兰为例,其督导部门设在教育文化科技部内,但并不督导事务,只是协调它与议会的关系。督导机构提供的特定主题报告,在政策制定中由教育部和议会根据需要采用。在教育政策制定过程中发挥着建议、委托和协商作用,但并不参与其中。[④] 第三,依附式。像美国、加拿大等国家,它们并没有设立专门的教育督导机构,而是通过教育政策、法律、资助计划等渗透到各州,起到扶持、指导等督导职能(表8.1)。

① 孙世杰:《关于教育督导督政问题的分析及建议》,《教育测量与评价》2013年第1期。
② 杨润勇:《关于构建我国教育督导政策体系的思考》,《教育研究》2007年第8期。
③ 石灯明:《英、德教育督导制度的比较研究及其启示》,《教育测量与评价》2009年第6期。
④ 姜美玲:《当前荷兰基础教育督导体系及其启示》,《全球教育展望》2002年第9期。

表 8.1　教育督导机构设立形式

设立形式	国家代表	主 要 表 现
完全独立式 *	英国	教育标准局独立开展督导工作,对教育大臣和议会负责,无行政干扰。
相对独立式	荷兰	教育文化科技部的下设单位,对督导部门具有决策权,但不干涉其日常事务。
依附式	美国	美国联邦教育部未设专门的督导机构,而是通过提供特别教育项目的款项对全国教育进行调控。

*"独立"指教育督导机构独立于教育行政部门之外。
资料来源:彭虹斌《教育督导机构独立性的国际比较与启示》,《外国中小学教育》2012 年第 2 期。

　　通过对其他国家教育督导机构设立的考察,不难发现独立或相对独立设置教育督导机构,一方面有利于教育督导的组织能力建设,提高督导的专业性;另一方面有利于教育督导机构排除其他行政机构的干扰,独立发挥职能。在当下我国推进教育管办评分离改革的实践中,教育督导的作用凸显以及督导机构依附于教育行政部门的弊端迫使督导机构独立设置的呼声越来越高。结合我国的实际情况,从中央一级开始,可以将教育督导机构从国家行政部门中完全脱离出来,设立在全国人民代表大会下,使其独立开展督导工作。省市县各级参照中央的机构设置进行整改。众所周知,全国人民代表大会作为我国的最高国家权力机关,采取了多种方式、方法,形成监督合力,监督"一府两院"的工作实施、落实情况。这样一来,政府、学校、教育督导处于一种平等地位,教育督导将重心放在教育的受惠者一方,而不是去关注提供服务的组织及组织关系。

二、教育督导人员的专业化

　　教育督导工作的效果如何,很大程度上取决于督导队伍的素质。教育督导人员虽然不是直接从事教育教学工作的教师,也不承担学校的教育管理工作,但其特殊的职业性质要求他们必须熟悉国家的教育方针和教育法律法规,具有丰富的教育教学经验、深谙教育教学的基本规律,这样才能在督导中发现问题,加以引导,继而解决问题。

　　作为代表国家教育行政部门行使教育督导职权的行政人员,从各级教育督导机构的人员组成方面来看,大多数情况下,省、市、县的教育督导人员是通过任命的方式确立的,其人员构成多数是高级教师、中小学校长以及即将退休的老教师等。虽然在个别地区已经开始通过聘用专职督导人员健全教育督导队伍,但这种选拔并不是面向社会的公开选拔,而是针对教育系统内部符合条件的人员进行聘任。

从我国当前督导人员的现实情况来看,教育督导人员结构不合理[1]:一些督导人员年龄偏大,对于督导工作的热情不高;个别督学缺乏专业的督导知识和能力;在个别县市,教育督导机构甚至成为教育行政部门内部人员的"养老机构",不利于当地教育事业的发展和进步。从督导人员的工作职能来看,由于缺乏相关的法律保证,督导人员对于当地学校的督导难以进行约束,不具备权威性;对于政府关于教育事务的监督、评估不具备法律执行力,导致了教育督导人员督政无权、督学无力的现实状态。

《国家中长期教育改革和发展规划纲要(2010—2020 年)》指出,我国到 2020 年基本实现教育现代化,教育督导必须要为这一宏观目标的实现充分发挥保障作用。要求督导部门注重督学队伍的专业能力和素养建设,同时督学必须进一步增强自身的专业服务能力,成为基础教育领域内在教育行政管理、教学业务管理或学科教学工作中某一方面的教育专家,成为学校专业化发展的促进者和指导者。为此,我们正在加快推进教育督导队伍专业建设工作,提升督学自身的监督、检查、评估、指导能力,努力建设一支数量充足、结构合理、责任心强、业务精湛、以专职督学为主、专兼职相结合的专业化的督导队伍。

三、督导功能的一体化

2014 年,国务院教育督导委员会办公室印发《深化教育督导改革转变教育管理方式的意见》(以下简称《意见》)。根据《意见》,国家要建立督促地方政府依法履行教育职责的督政机制、指导各级各类学校规范办学提高教育质量的督学体制、科学评价教育教学质量的评估监测体系,形成督政、督学、评估监测三位一体的教育督导体系。

评估监测是在教育改革的新时期提出来的,有利于纠正政策执行偏差、实现科学决策,有利于转变政府职能,形成问责机制,进而促进并保障教育目标达成。在以往的

---

[1] 孙玉洁:《我国角度督导制度存在的问题与改进建议》,《教育研究》2004 年第 10 期。

教育督导实践中,多重视对教育活动的监督、检查、评估,指导的职能基本上被废弃。事实上,检查、评估等仅仅是为了及时发现问题,指导帮助被督导对象找出问题的原因和解决问题的方法才是最根本的目的。同时,督导机构依靠行政权力推动,督导人员热衷于用行政权力去监督、评估被督导单位,却恰恰忽视了要运用自身的专业知识去指导学校的发展。在我国教育发展的新时期,伴随着管办评分离改革的全面铺开,学校办学自主权的下放对于学校管理人员来说是一个不小的挑战。学校管理者要针对学校的发展提出完整有效的规划、章程,相比之前已经增添了些许的压力。同时,改革后将校长的工作纳入绩效考核体系内,以学校发展规划为依据,督促学校发展建设。如若像以往仅仅依靠学校自身的力量对办学中出现的漏洞提出整改,一方面增加了学校办学的压力,另一方面提出的整改措施是否得当有待考究。在此背景下,首先,教育督导应该坚持监测评估、指导的一体化。在教育督导的过程中,注重监测评估,同时,又要从行政和专业的角度出发,重视"督"、"导"。其次,坚持督政与督学的一体化。我国教育督导的基本任务是督政与督学。督政旨在通过建立地方政府履行教育职责督导评价机制,严格落实问责制度,引导地方政府优先发展教育事业,提高基本公共教育服务能力和水平;而督学旨在完善督学队伍管理,实行督学责任制,监督指导各级各类学校规范办学行为,全面提高教育质量。

自改革开放以来,在很长一段时间内教育督导的任务重在督政。事实上,督政和督学之间是相互依存的,一方出现问题将影响整个教育事业的规划和发展。首先,评判一个政府是不是有效地发展了当地的教育事业,除去财物、人力等资源的配备,具体还要看学校层面在办学条件、教师配备等方面的改进和落实情况。其次,学校教育是不是真正得到了发展,也要依靠政府的投入、支持。最后,从督导的两个客体的性质来看,政府及其教育行政部门属于法定的行使教育管理权力的行政组织,学校是获得授权开展教育活动的专门的教育机构,对这些组织的有效督导必须由有权机关进行。①

教育督导活动是以政府、教育行政部门、学校为督导对象,依照国家的有关政策、法律法规,按照督导的原则和要求,运用科学的方法,进行监督、检查、评估、指导,并向本级和上级人民政府及其教育行政部门报告教育工作情况的活动。在推进政府职能

---

① 黄葳主编:《教育督导学》,中国人民大学出版社 2011 年版,第 13 页。

转变的过程中,教育督导要坚持督、导相结合,督学、督政相结合的要求,为学校发展提供切实有效的指导,为地方教育发展提供实践性的一手材料,不断促进政府改进教育行政,促进学校改进办学,促进教师改进教学,以推进教育持续、高品质发展。①

四、督导服务的社会化

管办评分离作为推进教育治理体系和教育现代化建设的重要途径,其实质在于治理主体的多元化、社会化。从教育的性质来看,教育作为一项公共事业,社会各界以及公民都有参与管理的权利,但目前我国的教育督导主要是由政府主导的、以行政权威为支撑的行政监督活动。在此背景下,社会组织或机构参与教育活动的空间较小,同时其专业性、权威性较弱。

为保障教育督导工作的专业性,同时顺应教育管办评分离改革的要求,需要大力支持和完善教育督导机构建设,提供专业化的督导评估服务。《中共中央关于全面深化改革若干重大问题的决定》提出:"强化国家教育督导。委托社会组织开展教育评估监测。"这为第三方机构参与教育督导提供了政策依据。目前,一些地方出台了相关文件规范第三方机构参与督导,作出了宝贵的探索。比如,2016年,《北京市人民政府教育督导室关于委托第三方机构开展教育评估监测工作暂行办法》对于第三方机构的评估资质认定、委托管理等方面进行了明确的规定。鼓励与扶持第三方机构参与教育督导,有利于推进教育治理能力现代化建设。根据我国的现实情况,可以从如下几个方面考虑逐步实现:一是通过招标的方式,将教育督导评估的工作委托给符合条件的地方教育科研机构、高等院校、民间非营利教育评估机构等,一方面可以保证教育评估的质量,另一方面可以缓解督导工作的压力;二是扶植民间性的教育评估机构,并由当地教育督导机构适时进行指导合作,完善其内部组织结构、运行机制,促进民间机构工作的专业化、科学化发展。

政府教育管理方式的转变,使得教育督导评估的意义和价值更加凸显。具体到"评",不能简单将其狭隘地理解为"社会评",实际上这是一个由政府督导评估、学校自我评估和第三方社会组织或机构相结合的多元化的评估体系。但将督导工作委托给

---

① 黄葳主编:《教育督导学》,中国人民大学出版社2011年版,第4页。

第三方机构,并不是弱化政府和教育督导部门在教育评估中的主体地位,从某种意义上来讲,它是转变政府职能、增强宏观监控能力、提高督导评估专业性的有益探索。[①]首先,有利于督导部门从繁杂的督导事务中解脱出来,集中精力做好诸如计划制定、政策完善等方面的工作;其次,有利于克服目前教育督导中存在的过分行政化的问题,提高教育督导的专业性发展;最后,有利于带动第三方社会机构、社会组织参与教育管理的积极性,提高社会和公众参与公共教育活动的观念和意识。

第四节　教育督导机制改革

在不断推进教育治理体系和教育治理能力现代化建设,促进教育管办评分离改革的进程中,教育督导体制,即教育督导制度在组织结构、领导隶属关系、管理权限三方面实现了革新。体制的变化必然带来内部机制的变革,在此背景下,教育督导创新监测机制、评估机制、责任机制、问责机制,从根本上跟上体制改革的步伐,适应当下新时期教育改革带来的诸多变化。

一、督导监测机制

当前,我国教育发展正走向更加均衡、更高质量、更加公平的内涵提升式发展道路。对教育活动开展有效监测,是把握教育发展现状、发现和纠正教育发展中的问题、确保教育更好发展的重要手段。[②]

2010 年,《国家中长期教育改革和发展规划纲要(2010—2020 年)》明确指出,要建立国家教育质量基本标准和监测制度。中共十八届三中全会把"强化国家教育督导"、"开展教育评估监测"纳入"全面深化教育领域综合改革"的总体部署,同时《中共中央关于全面深化改革若干重大问题的决定》提出要"委托社会组织开展教育评估和监测"。2014 年,国务院教育督导委员会办公室发布《深化教育督导改革转变教育管理方式的意见》,强调要建立督促地方政府依法履行教育职责的督政机制、指导各级各类

---

① 黄葳主编:《教育督导学》,中国人民大学出版社 2011 年版,第 111 页。
② 许海莹:《我国基础教育监测的现状考察及政策建议》,《教育测量与评价》2016 年第 3 期。

学校规范办学提高教育质量的督学体制、科学评价教育教学质量的评估监测体系,形成督政、督学、评估监测三位一体的教育督导体系。一些文件的陆续出台,为促进教育事业科学发展、办好人民满意的教育提供了制度保障。

科学的监测,是发现问题的手段,是有效开展督政、督学工作的前提和基础。通过开展督导监测,可以全面、及时地获取准确的数据和信息,对教育整体现状作出判断,对未来的变化趋势作出预测,对政策的执行进行调整,可以真正实现对教育的有效管理。比如,四川省人民政府在《2014年政府工作重点改革事项安排》中明确指出,加强教育督导和监测,启动教育督导地方立法,定期发布监测和督导报告,对地方政府教育投入保障落实情况进行监测督导;引入社会组织开展评估监测。同时,《四川省教育厅关于深化教育领域综合改革的指导意见(2014—2020年)》《均衡配置义务教育资源促进教育公平专项改革方案的通知》等文件都将督导监测作为教育督导体系中的重要内容。为此,四川省成立了省级评估监测机构,完善委托评估监测机制,为改进教育教学、管理、决策提供依据和支撑。①

二、督导评估机制

教育督导评估是政府组织的一项重要职能,它与社会组织开展的评估不仅存在着评估主体的差别,而且,在评估职能的性质上也存在着很大的区别。社会机构开展的教育评估是按照市场机制运行的,而政府组织开展的评估则是按照法律与政策规定运行的。概括地说,由政府组织开展的教育督导评估具有四种特征,即强制性、监督性、指导性与专业性。②

教育督导评估是以一定的教育目标和教育法规政策为依据,制定科学的、合理的、有效的评估指标体系,运用一系列有关的教育方法和手段,对被督导单位的教育活动及其所取得成果进行分析,作出科学的判断,总结出所取得的成绩与尚存在的不足,为上级有关部门决策,为被督导单位发扬成绩、深化改革提供依据。③ 2016年,教育部颁

---

① 《立足教育监测评估,深入推进管办评分离——访国家督学、四川省人民政府教育督导团总督刘东》,《教育科学论坛》2015年第4期。
② 苏君阳:《管办评分离背景下教育评估机制的建构》,《北京教育》2016年第12期。
③ 黄葳主编:《教育督导学》,中国人民大学出版社2011年版,第185页。

布《关于推进中小学教育质量综合评价改革的意见》,其中明确了包含品德发展水平、学业发展水平、身心发展水平、兴趣特长养成以及学业负担状况五个方面、22 个指标的教育质量综合评价指标框架,并将其纳入学校督导评估的范围。近年来,各地市针对本区的实际情况,创新督导评估机制,对引导教育工作导向、促进教育改革、加强科学管理、实现教育整体优化、提高办学质量具有重要意义。

以大连市为例,中山区积极探索"政府宏观调控、学校资助办学、科学督导评估"三位一体教育管理机制,紧紧围绕"一校一品,校校有特色,人人有特长"的办学格局,以改革督导机制为切入点落实政府教育管理职能的有效转变。将教育督导工作为政府管理教育的"纠偏机制",通过年度督导评估对政策进行"后续评估",从执行主体、受益主体、决策主体三个层面进行调查,检验政策和具体标准的科学性、合理性。中山区坚持内外评估相结合,一方面构架"T"字形横纵向指标体系,促进学校"规范加特色"发展;另一方面引导学校自主建立评估机制,完善评级体系建设。中山区将学校自我评估纳入督导评估的框架内,敦促学校自主评估机制的建立,实现科学化的自土管理。在督导评估方面,中山区在完善 2009 年《中山区中小学学校管理综合督导评估指标体系》基础上,提出了常规项目指标、重点项目指标这种横向的、由政府调控的共性标准和要求,保证了学校的依法办学、规范发展;同时,将自主发展项目指标作为一种纵向的、学校自主研制的个性化标准,旨在发掘学校自身潜能,保障学校的特色发展。这三个指标共 14 项,80 个检查点。同时,自 2016 年以来,大连市运用教育督导评估应用系统,实现了评估主体多元化,既发挥了被督导评估单位的主体作用,又保证了督导评估主体的权威性,特别是将社会组织或个人的评价纳入评估活动中,为家长、学生、社会参与教育工作的管理与评价提供有效的渠道,实行督导评估中多边互动等多主体评价,使评价结果更客观、更准确、更有说服力。① 中山区的评估机制创新,一方面强调了督导评估的灵活性、开放性;另一方面保证了学校的特色发展。

---

① 《辽宁省大连市:用信息化手段推动教育督导方式的转变》,http://www. moe. edu. cn/s78/A11/s3077/s8391/201601/t20160106_227055. html(阅读时间:2017 年 12 月 1 日)。

三、督学责任机制

早在 19 世纪早期，一些杰出的学者就认为学区督导是公共教育领域内最具影响力的角色。[①] 英、法、美等国都重视以学区配备督学，督学的专门化程度很高。督学根据检查标准和程序，通过评估教育质量给学校提供的反馈以及对失学的后果的预期促进学校改进。[②] 督学责任区、挂牌督导的实行作为落实教育督导责任机制的制度创新，是推动督学工作常态化、制度化，加强对中小学监督和指导的重要举措。

督学责任区是政府教育督导部门为了落实督学职责，将辖区内的中小学校、幼儿园划分为若干督学区域，并对每个区域委派若干名督学，负责区域内学校的经常性督导工作。责任区督学通过对区域内学校的不定期随访检查、督导，促进学校全面贯彻落实党和国家的教育法规政策，规范办学行为，不断提高教育教学质量。[③] 作为督学职能的延伸，督学责任区在秉承"每所学校都进步"的理念下，关注学校内外质量的提升，从而使教育督导的职能得到进一步加强。

挂牌督导是指在督学责任区内，为每一所学校设置责任督学，在校门显著位置标注责任督学的姓名、照片、联系方式和督导事项，对学校进行经常性的督导。挂牌督导作为一种常态性、柔性化的形式，有效地保障了学校健康发展和教育方针的贯彻落实。同时作为转变政府管理职能的重要举措，挂牌督导的实行是加强学校和社会联系、办人民满意的教育的有效途径，也是促进学校内涵式发展的重要手段。

随着教育治理体系和教育现代化建设的推进，督学挂牌督导越来越受到各地市的重视，其督导的内容也在不断充裕完善。2015 年以后，除以往规定的内容外，国家将学校劳动教育实施情况、治理有偿补课以及校园欺凌治理情况监管纳入中小学责任督学挂牌督导内容范围内。2016 年，教育督导委员会办公室将是否落实督导挂牌作为其春季开学专项督导检查工作的重要内容之一。同年 10 月，刘延东在深化教育督导改革暨第十届国家督学聘任工作会议上进一步强调了构建学校常态督导的必要性和

[①] ［美］西奥多·J·科瓦尔斯基著，兰英等译：《学区督导：理论、实践与案例（第二版）》，中国人民大学出版社 2012 年版，第 25 页。

[②] Ehren, M. C. M., H. Altricher, G. McNamara & J. O'Hara. Impact of School Inspections on Teaching and Learning-describing Assumptions on Causal Mechanisms in Seven European Countries. Educational Assessment, Evaluation and Accountability, 2013(25): 3 – 43.

[③] 周德义：《60 年来我国教育督导制度的回顾与审思》，《教育测量与评价》2009 年第 9 期。

重要性,要求建立中小学责任督学挂牌督导制度,为全国 30 万所中小学校配备了 10 万余名责任督学,建立起一支活跃在学校的督导"常规军",[①]为建设现代学校管理评价机制、提高教育质量提供了可参考的路径。

四、督导问责机制

自改革开放以来,我国的教育督导制度建设成效显著。特别是 2012 年《教育督导条例》颁布后,教育督导逐渐走上法制化、规范化、科学化的轨道。在教育督导活动中,问责是保证教育督导实效的核心措施,对落实教育督导制度,进而推动依法治教、促进教育改革和创新具有极为重要的作用。[②]

2008 年 3 月 18 日,上海市成立了教育督导事务中心,成为当时全国首家承担教育督导建议与教育行政处罚的实体机构,以执法推动落实,坚持联合执法、柔性执法,[③]开辟了督导问责机制的先河。近年来,国家出台了多项政策、规定、办法,不断加强教育督导问责力度,为教育督导问责机制的建立和实施提供了制度保障。2012 年,《教育督导条例》以专章的形式对教育督导问责予以说明。2014 年 2 月,教育部发布《教育重大突发事件专项督导暂行办法》,明确指出:"建立健全监督检查和考核问责机制,对相关责任人进行责任追究和处理的情况。"2015 年,国务院教育督导委员会办公室公布了《教育督导报告发布暂行办法》(以下简称《暂行办法》)。《暂行办法》明确指出,教育督导报告将作为对被督导单位及其主要负责人进行考核、奖惩、问责的重要依据。各地市在推进教育管办评分离改革的过程中,也纷纷将督导评估作为问责的重要参考。上海市作为我国教育管办评分离改革的试点,2015 年,为加强对行政区域内各级各类学校和教育机构的依法监督、分类指导,促进管办评分离,推进教育治理体系现代化,出台了《上海市人民政府教育督导室关于对本市各级各类学校实施教育督导的意见》,其中明确规定将各级各类学校实施教育督导的结果,作为考核政府相关部门履行

---

① 《教育部关于印发刘延东副总理在深化教育督导改革暨第十届国家督学聘任工作会议上讲话的通知》,http://www.moe.edu.cn/srcsite/A11/s7057/201611/t20161122_289661.html(阅读时间:2017 年 12 月 1 日)。

② 王媛、陈恩伦:《健全教育督导问责机制的路径探析》,《教育研究》2016 年第 5 期。

③ 《上海成立实体机构创新教育行政执法体制——刚柔并济执法　护航教育发展》,http://old.moe.gov.cn//publicfiles/business/htmlfiles/moe/s5147/201203/132353.html(阅读时间:2017 年 12 月 1 日)。

教育职责并实施问责的重要依据。

督导问责制的建立,其根本不仅仅在于追责,更重要的是通过问责制度的建设来确定各主体的教育责任,提供一种确保各教育主体权责平衡或权利与义务对等的管理制度与手段,以引导、监督、激励各教育主体转变教育发展方式,最终达到提高教育质量、促进学生全面发展的目的。[①] 无论是宏观层面上对教育行政部门的问责,还是细化到学校、教师的问责方面,在管办评分离改革的背景下,政府权力的抽离并不意味着学校可以肆意妄为,教育行政部门、学校的教育活动在自由与规制之间游走,督导问责力度的加强不仅是对政府、教育行政部门以及学校对教育活动履职情况的监测,更是统筹教育事业科学发展的内在动力。

---

① 贾继娥、高莉、褚宏启:《构建以质量为本的教育问责制度体系》,《中国教育学刊》2012 年第 3 期。

第九章

教育财政制度

　　中共十九大报告指出,财政制度是社会主义市场经济的重要内容,要"加快建立现代财政制度,建立权责清晰、财力协调、区域均衡的中央和地方财政关系"。教育财政是国家教育治理的重要保障,也是推进教育改革不断突破和发展的引导性力量。改革开放以来,我国教育财政制度改革与社会主义市场经济体制改革同步进行。经过40年的发展,逐步从改革开放初期的探索、多元化筹集教育经费、建立公共教育财政制度,到最终初步形成了现代教育财政制度。回溯改革开放40年我国教育财政制度的建设过程,我们因循时间脉络,试图架构一条从财政体制改革到教育财政体制改革,再到教育财政支撑下的教育体制构建和教育事业发展的路子,以期在教育财政制度建设的视野下,管窥我国教育现代化的发展进程。

第一节　改革开放初期教育财政体制的探索

　　中华人民共和国成立以后,为了适应计划经济体制的基本经济制度,我国形成了统收统支的财政体制。1978年党和国家工作的重心转移到以经济建设为中心上以后,财政领域开始探索实行分级包干财政体制。此时,教育财政体制作为一种理念和认识,虽然还没有正式提出,但是"二战"以后国际上提出的人力资本理论以及教育是一种投资的理念,极大地冲击着人们对教育是纯粹的消费性事业的僵化认识,实践中向地方分权、向社会和学校放权的分权型教育财政制度渐显雏形。

一、分级包干财政体制

　　在财政领域,人们把改革开放初期的财政制度简称为分级包干体制,指十一届三中全会后我国实行经济体制改革到1994年实行分税制财政体制之前所实施的财政体制。虽然在1980年、1985年、1988年进行了三次重大的改革与调整,但它们的共同特点是在划分收支的基础上,分级包干、自求平衡,所以俗称分级包干制,或称"分灶吃饭"体制。

分级包干体制开始试行于改革开放初期。1976—1979 年,财政体制实行收支挂钩、总额分成的分级包干财政体制。每年由中央分别核定省、市、自治区的收入任务和支出总额,按照支出占收入的比例,作为地方分成比例。在执行中,超收可以按分成比例相应分配收入,地方总额分成比例在 30％以下的,超收部分按 30％分成;总额分成比例在 70％以上和受补助的地区,超收部分按 70％分成。短收则相应减少支出,自求平衡。1980 年 2 月,国务院颁发《关于实行"划分收支、分级包干"财政管理体制的暂行规定》,开始实行对地方政府放权让利的财政包干体制。此项改革改变了过去"统收统支"的中央集权式财政体制,确立了中央与地方"分灶吃饭"的分权型体制。其要旨是对收入进行分类分成,划分固定收入、固定比例分成收入和调剂收入三类,财政支出主要按照企业和事业单位隶属关系进行划分,地方财政在划分的收支范围内多收可多支,少收则少支,自求平衡①。1985—1987 年,暂时实行"总额分成"的过渡办法,除了中央财政固定收入不参与分成外,把地方财政固定收入和中央、地方财政共享收入加在一起,同地方财政支出挂钩,确定比例,实行总额分成。1988 年开始在全国推行财政承包制。

分级包干财政体制打破了过去"统收统支,收支脱节"的状况,不仅扩大了地方财权,而且把地方的责、权、利有机结合起来,使地方有了发展本地经济和各项事业的动力和能力,大力调动了地方理财兴办教育的积极性。

二、分权型教育财政体制的雏形

中共十一届三中全会以后,随着党和国家社会主义建设工作重点的转变,教育事业作为关系到社会主义建设全局和国家历史命运的根本问题,逐渐受到全党和全社会的重视。1978 年 4 月,全国教育工作会议召开,恢复教学秩序,提出教育要适应国民经济发展。1980 年,中共十一届五中全会提出"确定适合国民经济发展需要的教育计划和教育体制"的任务。1982 年 9 月,中共十二大正式把教育确定为发展战略重点,使教育从长期作为政治工具的桎梏中解放出来,我国的教育事业得到全面恢复,教育

---

① 钟晓敏主编:《地方财政学(第三版)》,中国人民大学出版社 2012 年版,第 75—81 页。

规模迅速发展①。

20 世纪 70 年代末 80 年代初,教育界乃至整个思想界确立了邓小平教育理论的指导地位。邓小平教育理论为我国教育财政思想的转变、改革及发展等提供了明确指导。一是邓小平从社会主义经济建设的高度,明确指出"基础再教育"。中共十一届三中全会以后,邓小平亲自抓教育这一基础工作。二是邓小平提出"抓科技必须抓教育"、"要像抓经济工作那样抓好教育工作"的教育思想。1977 年邓小平明确指出,社会主义的根本任务是发展生产力,科学技术是第一生产力。"我们要实现现代化,关键是科学技术要能上去。发展科学技术,不抓教育不行。"②1977 年 5 月,他关于尊重知识、尊重人才的著名讲话,在很大程度上确立了新时期教育的发展方向和基本价值。三是确立教育优先发展战略思想,重视增加教育投入。邓小平同志把教育看作是全党全社会的大事来抓。"教育事业不只是教育部门的事,各级党委要认真地作为大事来抓。各行各业都要来支持教育事业,大力兴办教育事业。"1982 年 9 月,中共十二次全国代表大会召开,这次大会高瞻远瞩,把教育提高到全党战略重点之一的地位,这在党的历史上是第一次。这是我国教育发展史上的一个重大转折,是邓小平教育思想的重要体现。

同时,这一时期教育经济学的引入和构建,推动了教育经济学理论研究热潮,引发了教育投资本质问题的讨论。1979 年 4 月,中央召开全国教育科学规划会议,正式确定研究经济学问题。1980 年 6 月,《教育研究》编辑部召开了教育问题座谈会,同年第四期的《教育研究》刊发了经济学家于光远、中国人民大学宋涛、北京大学肖灼基、北京师范大学顾明远等人对教育经费短缺、建立教育经济学的看法。这些专家呼吁为建立中国的教育经济学作好铺垫。1980 年 8 月,根据教育部党组的指示,中国教育科学研究所在北京召开教育经济学研究工作交流会,会上发表了《关于成立全国教育经济学研究会的倡议书》。1981 年 8 月,由刚成立的全国教育经济学研究会筹备组在北京举办讲习班,首次在我国系统地介绍西方和苏联教育经济学的产生、发展和基本内容。此后陆续出版了一批译著、论著和教材。1984 年 9 月,中国教育经济学研究会在黄山

---

① 杨会良著:《当代中国教育财政发展史论纲》,人民出版社 2006 年版,第 64—67 页。
② 中共中央文献编辑委员会编辑:《邓小平文选(第二卷)》,人民教育出版社 1983 年版,第 40 页。

成立。1985 年,中国教育经济学研究会与华中师范大学联合创办《教育与经济》杂志。教育经济学研究会的成立和教育经济学在中国的确立,为合理确定教育投资比例、合理分配教育资源提供了理论依据。

财政体制和教育制度的变革决定教育财政制度的安排。1980 年,国务院发布文件,实行"划分收支、分级包干"的财政管理体制以后,教育行业积极顺应大势,迅速作出反应。教育部党组在 1980 年 3 月 10 日发布了《关于实行新财政体制后教育经费安排问题的建议》(以下简称《建议》),提出从 1980 年起,教育经费拨款由中央和地方两级财政切块安排。这种新的教育经费管理体制决定了中央财政只负担中央部委所属高等及中等院校经费,省、市所属高校和中小学的经费由省市人民政府负责[1]。《建议》要求各地方体现中央重视教育并逐步增加教育经费的精神,条件好的地方要尽量多安排教育经费;由于各级学校尤其是中小学校人员经费比重较大,公用经费较少,如果再削减教育公用经费,教育事业会更加困难,为此学校要勤俭办学。节约下来的资金不收回财政,由各级教育部门统筹安排,弥补缺口,改善办学条件[2]。

1983 年中共中央、国务院发出了《关于加强和改革农村学校教育问题的通知》,就加强和改革农村学校教育提出一系列指示,指出要坚持"两条腿走路",以国家办学为主体,充分调动农村合作组织、厂矿企业、农民等方面办学的积极性,通过多种渠道解决农村教育经费问题。总体来说,这一时期并未建立真正意义上的政府财政义务教育投资体制,体现在管理权限上,当时的义务教育主要实行国家办学、中央集权、财政单一的管理模式。这一阶段我国农村义务教育发展仍然面临办学条件差、经费短缺、教师工资低、中小学失学率上升等问题[3]。与此相适应,高等学校的教育事业经费由过去的中央政府独自承担改为中央与地方各自切块安排,分级负责,即中央政府各部委举办和管理的学校,其事业经费由财政部拨款;地方政府举办和管理的学校由地方财政拨款,中央不再统一高等教育财政,政府间分权型高等教育财政体制初现雏形[4]。

---

[1] 林丽芹、吕乾星:《新中国以来的教育财政体制变革和反思》,《当代教育论坛》2011 年第 8 期。
[2] 龙舟:《我国教育财政制度改革变迁》,《当代教育理论与实践》2009 年第 8 期。
[3] 杨会良、张朝伟:《改革开放以来我国农村义务教育财政体制:演变、特征与政策建议》,《河北大学学报(哲学社会科学版)》2012 年第 7 期。
[4] 杨会良等:《改革开放以来中国高等教育财政体制的演变、特征与发展对策》,《河北大学学报(哲学社会科学版)》2010 年第 3 期。

三、分权型教育财政体制评析

教育是"文化大革命"时期的重灾区。由于受到"以阶级斗争为纲"极"左"思想的影响,教育的性质反复遭受政治上的拷问,学校也沦为"阶级斗争的工具"。十一届三中全会后,教育事业得到全面恢复。普及小学教育依据"两条腿走路"的办学方针展开并取得较大进展,一批重点中小学相继产生,中等教育结构改革及职业技术教育发展不断推进,高等教育主要集中在恢复高考、理顺高等教育管理体制、调整高等学校学科和专业结构、开始建设重点大学等方面,研究生教育也在这一时期得到恢复。教育经济研究会的成立和教育经济学在中国的确立,展现出全民关注教育经费问题、全社会办教育的热情,也为合理确定教育投资比例、合理分配教育资源打好了基础。邓小平教育理论的确立为我国教育财政思想的转变、改革及发展提供了明确的指导。教育财政分权化改革适应了国家经济体制从传统高度集中的计划经济逐渐向社会主义有计划的商品经济体制转变,所有制结构逐步趋向多元化,资源配置方式从计划调配转向计划和市场调节相结合的方式。基础教育财政逐步形成"分级管理、以乡为主"的体制;高等教育财政形成了政府间财政分权的体制,同时建立了成本分担和成本补偿机制。这一阶段教育支出呈绝对规模大幅增长。

这一时期教育财政分权化改革收效显著,但教育经费投资规模还处于一个较低的水平,经费分配和使用仍明显脱节,教育投入的结构也不合理,教育需求与供给的矛盾仍然十分尖锐。地方统筹教育经费的权力较以前扩大许多,但把筹措教育经费的主要责任推给地方,无形中加重了地方的压力,也加剧了教育的区域不公平。同时,中国财政思想中长期形成的把教育当作消费,确保生产性的重要工业、国防工业和农业的思想惯性,仍然在国家决策中占有一定位置,地方长期形成的那种忽视教育的思想惰性依然存在,因此教育投资虽然有相当幅度的增长,但未从根本上解决问题。

第二节　多渠道筹措教育经费制度的建立

从 1985 年到 1997 年,以分税制改革为重要标志的新型财税体制从探索变成现实,中央和地方事权和财权的关系界定进入新的阶段。教育财政领域在不断增加政府教育投入的同时,吸引社会各方共同投入教育,形成了多渠道筹集教育经费的新格局。

一、分税制改革

20 世纪 80 年代末实行的财政包干体制，尽管在一定时期对发挥地方增收节支的积极性、促进地方经济发展具有较大作用，但同时也带有一定的局限性，主要表现在盲目投资和地区经济封锁，不利于全国统一市场的形成、资源的优化配置、产业结构调整，不利于社会主义市场经济的形成，同时产生地方、企业截流税收，国家财政流失等问题，中央财政收入比重不断下降，无法保证国家对经济发展的宏观调控。

面对对外开放、对内搞活的经济体制改革形式，原有财税体制已无法适应。以 1994 年《中共中央关于建立社会主义市场经济体制若干问题的决定》为起点，分税制财税体制改革启动。分税制改革通过以事权划分为基础界定中央与地方的支出范围，按税种的归属划分中央与地方的收入范围，分设国税与地税机构，建立中央对地方的税收返还制度以及实行过渡期转移支付制度等措施妥善处理原体制补助与上解事项，初步构建起社会主义市场经济条件下的分级财政体制。具体措施包括：第一，中央和地方的预算收入采用相对固定的分税税种划分收入的方法，将税种划分为中央税、地方税和共享税三大类，其中规模最大的税种——企业增值税被划分为共享税，中央占 75％，地方占 25％，另外中央税还包括所有企业的消费税，以保证中央财政收入在财政总收入的比重。第二，分设中央、地方两套税务机构，实行分别征税。初步改变过去按企业隶属关系上缴税收的办法，从而保证中央财政收入随地方财政收入的增长而增长，以及财政收入在 GDP 的比重随地方经济发展而不断提高。第三，实行税收返还和转移支付制度，保证税收大省发展企业的积极性和照顾既得利益的分配格局，另外调节地区间财力分配，保证发达地区组织税收的积极性并将部分收入转移到不发达地区，以实现财政制度地区均等化的目标①。分税制内洽于市场经济，既适应了市场经济下政府维护市场秩序、提供公共产品职能定位的内在要求，也顺应了各级政府间规范化、可预期的分工与合作，以提高公共资源配置效率的公共需要。

二、多渠道筹集教育经费

经过改革开放初期的教育发展，我国教育规模日渐庞大，经费短缺仍然是教育改

---

① 周飞舟：《分税制十年：制度及其影响》，《中国社会科学》2016 年第 10 期。

革和发展面临的首要问题。解决这一问题,需要调动各级政府、广大师生员工和社会各方面投入,提升教育事业的积极性。1985 年《中共中央关于教育体制改革的决定》颁布,明确基础教育管理权属于地方,为保证地方发展教育事业,除国家拨款以外,地方机动财力中应有适当比例用于教育,要求乡财政收入应主要用于教育。地方可征收教育费附加,并鼓励和指导国营企业、社会团体和个人办学,在自愿基础上,鼓励单位、集体和个人捐资助学,成为多渠道筹措教育经费的政策发端。因此,1985 年后,义务教育经费来源主要有三个渠道:国家用于义务教育的经费、社会对义务教育的投入和个人负担的教育费用。①

　　20 世纪 80 年代中期,党中央、国务院下达四个有关集资办学、改造校舍的文件,包括《国务院关于筹措农村学校办学经费的通知》、《国务院征收教育费附加的暂行规定》、《关于加强普通教育经费管理的若干规定》等,对筹措教育经费的原则和范围进行了初步规定。1988 年,国务院以李铁映为组长的教育发展和改革研讨小组,对此后十年我国教育的发展方向和规划进行了深入调查和研究。1989 年,中共中央政治局专门讨论并通过由该小组起草的《中共中央关于教育发展和改革若十问题的决定》,该文件对教育经费筹措渠道的规定更为系统和完善,概括为财、税、费、产、社、基,即逐步建立以国家财政拨款和征收用于教育的税、费为主,辅之以收取非义务教育阶段学生的学杂费、校产收入、社会集资和设立教育基金的多种渠道筹措教育经费的新机制。同年,国家教委和财政部联合在山东召开全国"多渠道筹措教育经费、改善办学条件现场会",李铁映总结了多年实行分级办学、分级管理,广开渠道、多方集资,以改善办学条件、发展教育事业的成功经验,建议制定多渠道筹措教育经费、改善办学条件的规划和政策法规,并提出要解决教育经费不足的问题。除了增强国力外,还须通过改革建立符合我国国情的筹措教育经费新体制,通过"财、税、费、产、社、基"六个渠道筹措教育经费。以上会议及在河南召开的"多渠道筹措教育经费,改善办学条件现场会",为多渠道筹措教育经费政策体系的最终成型奠定了基础。

　　在国务院领导下,国家教委会同中央有关部门,对多渠道筹措教育经费机制的各方面作了进一步的研究和完善,并建议在相关文件和法律条文中加以体现和规范。随

---

① 李祥云著:《我国财政体制变迁中的义务教育财政制度改革》,北京大学出版社 2008 年版,第 29 页。

后,1993 年中共中央、国务院印发的《中国教育改革和发展纲要》,1994 年国务院印发的《关于〈中国教育改革和发展纲要〉的实施意见》(以下简称《〈纲要〉实施意见》),1995年颁布的《教育法》以及 1998 年颁布的《面向 21 世纪教育振兴行动计划》,都对保证"多渠道筹措教育经费"的六条来源渠道的支出、增长与管理,作出了明确而具体的规定,形成了较为完整的"多渠道筹措教育经费"政策体系。[①] 其中 1994 年的《〈纲要〉实施意见》明确提出"多渠道筹措教育经费":国家支持学校发展校办产业,对包括各类职业学校在内的校办产业仍继续实行减免税政策。国家对校办产业的政策性低息贷款将逐年增加;建立教育银行,运用金融手段扩大教育资金来源;继续鼓励厂矿企业、社会力量以及海内外各界人士捐资助学和农村集资办学。

多渠道筹措教育经费政策体系的完善和教育优先发展战略地位的确立,有力调动了从中央到地方各级政府办教育的积极性,有效弥补了财政性教育经费投入的不足。各级政府陆续出台一系列具体政策与措施。国家财政教育拨款逐年增加,城乡及地方教育费附加的开征,形成了比较稳定的基础教育经费来源;政府确立了"依靠人民办学",坚持"两条腿走路"的方针,提倡和鼓励企业、事业单位、社会团体等社会各界人士集资办学和捐资助学;开展勤工俭学和社会有偿服务;非义务教育阶段收取学杂费;经济不发达地区除由财政拨付一定数额的专项补助资金外,利用外资支持教育,如世界银行贷款等。围绕解决教育经费不足问题,各级各类教育领域相继总结出丰富的成功经验,特别是在我国教育经费形成六条主要来源渠道之后,教育经费投入总量有了迅速增加。[②]

三、教育投资理论与 4% 目标的确立

20 世纪 80 年代初,教育与经济的关系开始在我国得到极大重视,对于教育投资问题的讨论见诸报端。人们逐渐认识到教育对国民经济发展具有重要意义,教育是实现国家现代化的基础,因此增加教育投资、发展教育事业成为当时讨论的热潮。

对教育事业的资源输入,过去长期不列入(经济)投资范围,主要原因是作为活动、

---

① 徐铮:《多渠道筹措教育经费政策剖析》,《苏州科技学院学报(社会科学版)》2003 年第 20 期。
② 同上注。

机构或部门,教育不属于物质生产,而是一种精神生产,教育与经济分别是社会活动的不同部门。当人们将社会当作带有经济性质的整体来观察分析时,才能明显感知教育具有重大的经济功效。正因这一功效,才产生了教育投资的(经济)功能性质问题讨论。[①] 从投资来源看,包括国家财政、国营和集体事业单位、家庭和个人用于教育的一切支出,其中,国家财政用于教育的支出是主要部分。[②] 一定时期国家教育投资的多少及其在国民经济中的比例,最终由社会经济水平决定。社会经济发展水平,不仅决定着教育投资的需要量,也决定着教育投资的可能量。因此,在社会经济发展水平不同的国家和时期,教育投资在国民经济中的比例是不同的。邓小平在 1980 年 1 月《目前的形势和任务》的讲话中提出:"经济发展与科学文化发展比例失调,教科文卫费用太少,不成比例。"

为了确保我国教育经费在国民收入中的合理比例,进而分析我国教育投资的经济效益,国家将该课题作为"六五"期间哲学和社会科学重点科研项目,委托北京大学厉以宁、陈良焜,中央教科所孟明义,北京师范大学王善迈等教授主持该项目的研究工作,该项目参加者来自 23 个单位。[③] 根据国际比较研究分析,课题组对我国教育投资的情况作出了基本判断,认为当时我国教育经费在国民生产总值中的比例,略低于同等人均国民生产总值基础上的国际平均水平,同人口众多的发展中国家的教育投资相比,我国的教育投资水平更显偏低。[④] 在确定教育经费拨款的合理界线上,北京大学陈良焜负责的子课题考虑从国际比较下手,力图找出政府对教育拨款的规律性。课题组先后从联合国教科文组织、世界银行和国际货币基金组织的年鉴中收集了大概一百多个国家 1961—1980 年的各种数据,形成统一的关于教育经费比例的评价和预测模型。确定我国 20 世纪末经济发展的战略目标是人均 GDP 比 1978 年的基数翻两番,据此测算,到 20 世纪末我国人均 GDP 的目标大体是 800—1 000 美元,将 800 美元代入模型中计算,结果是 4.06%,即当人均 GDP 达到 800 美元时,对应这个经济发展水

---

① 邱渊:《析教育投资功能》,《教育发展研究》1990 年第 4 期。
② 王善迈:《我国教育投资比例的历史分析》,《北京师范大学学报(社会科学版)》1987 年第 5 期。
③ 厉以宁:《〈教育投资在国民收入中的合理比例和教育投资经济效益分析〉研究报告》,《中国高教研究》1987 年第 Z1 期。
④ 同上注。

平的国家教育经费占 GDP 比例的平均水平是 4.06%。为检验其适用度,北京师范大学王善迈组织一批研究者建立了子课题"苏联东欧国家的教育投资及其与我国的比较",利用模型测算的结果是 20 世纪末人均 GDP 达到 1 000 美元时,教育经费的合理比例是 3.79%,刚好在 4% 左右。至此,"4%"作为 20 世纪末与当时经济水平相适应的公共教育投入目标在研究层面获得了共识。①

四、财政性教育经费投入增长的实践

1985 年《中共中央关于教育体制改革的决定》已认识到发展教育事业必须增加投资,确定了"在今后一定时期内,中央和地方政府的教育拨款的增长要高于财政经常性收入的增长,并使按在校学生人数平均的教育费用逐步增长"的原则。1993 年《中国教育改革和发展纲要》提出要"改革和完善教育投资体制,增加教育经费",强调"增加教育投资是落实教育战略地位的根本措施,各级政府、社会各方面和个人都要努力增加对教育的投入,确保教育事业优先发展。要逐步建立以国家财政拨款为主,辅之以征收用于教育的税费、收取非义务教育阶段学生学杂费、校办产业收入、社会捐资集资和设立教育基金等多种渠道筹措教育经费的体制。通过立法,保证教育经费的稳定来源和增长"。除 1985 年的"原则"外,要求切实保证教师工资和生均公用经费逐年有所增长,明确"三个增长",提出到 20 世纪末国家财政性教育经费支出占国民生产总值的比重应达到 4%。1998 年《面向 21 世纪教育振兴行动计划》颁布,强调"要切实把发展教育作为基础设施建设,作为基础性投资,千方百计增加教育投入"来落实"三个增长"。

在实践中,党中央和国务院将发展教育确定为国家经济建设的战略重点之一,教育投资的绝对量以较快的速度增长。1997 年,国家财政性教育总支出达到 1 862.54 亿元,比 1985 年的 262.90 亿元增长了 6.08 倍,平均每年增长 18.28%。财政预算内教育支出达到 1 357.73 亿元,比 1985 年的 224.89 亿元增长了 5.04 倍,比 1976 年的 1 211.91亿元增长了 12.03 倍,平均每年增长 17.10%。② 国家教育经费总投入支出达到 2 531.73 亿元,比 1985 年的 306.68 亿元增长了 7.26 倍。1985—1997 年国家财政

---

① 刘妍:《基于研究的教育政策制定过程:财政性教育经费占 GDP 4% 的政策分析》,《北京大学教育评论》2011 年第 4 期。
② 周满生:《我国教育投资的特点以及所面临的问题》,《教育科学》1996 年第 2 期。

教育投入及增长见表9.1。

表9.1 1985—1997年国家财政教育投入及增长 单位：亿元

年份	预算内教育经费	预算内教育经费增长率	教育经费总投入	教育经费总投入增长率	国家财政性教育经费	财政性教育经费增长率
1985	224.89	24.84%	306.68	26.35%	262.90	22.02%
1986	262.00	16.50%	363.43	18.50%	324.45	23.41%
1987	271.56	3.65%	385.11	5.97%	346.70	6.86%
1988	323.22	19.02%	443.53	15.17%	414.49	19.55%
1989	397.72	23.05%	594.67	34.08%	518.14	25.01%
1990	426.14	7.15%	659.36	10.88%	563.98	8.85%
1991	459.73	7.88%	731.50	10.94%	617.83	9.55%
1992	538.74	17.19%	867.05	18.53%	728.75	17.95%
1993	644.39	19.61%	1 059.94	22.25%	867.76	19.08%
1994	883.98	37.18%	1 488.78	40.46%	1 174.74	35.38%
1995	1 028.39	16.34%	1 877.95	26.14%	1 411.52	20.16%
1996	1 211.91	17.85%	2 262.34	20.47%	1 671.70	18.43%
1997	1 357.73	12.03%	2 531.73	11.91%	1 862.54	11.42%

数据来源：《国家统计年鉴1986—1998》《中国教育经费统计年鉴1986—1998》。

五、高等教育成本分担制度的引入

20世纪70年代初，美国经济学家、纽约大学前校长约翰·斯通提出教育成本分担理论，认为任何社会、体制和国家中，高等教育的成本都必须由家长、学生、纳税人、高等院校、企业五个主体的资源来负担。五个主体对高等教育成本的分担具有时间上的差别。[①] 教育成本分担理论基于"谁受益、谁付费"原则，认为就整个社会而言，高等教育服务的主要目的是为社会经济发展培养各种人才，同时还具有一定的公共属性和特殊功能，承担一定的社会政治及文化功能，具有较强的经济外在性。因此，国家和社

---

① 谢家启、王珏人著：《我国普通高校教育成本及其分担研究》，浙江大学出版社2010年版，第13—15页。

会应是高等教育的主要获益者,应为高等教育发展承担主要经济责任。此外,人力资本投资理论启示,学生通过高等教育可以增长知识和技能,进入社会后得到较高的货币收入及相应的社会地位,受教育者本人是直接受益者,学生应当向高等教育机构缴纳学费。同时家庭也在一定程度上提高了收入来源和社会地位,也应在可能的条件下承担一定的高等教育费用。此外,受教育者人力资本的提高会提高雇主经营的生产率,所以,企业也应当成为高等教育成本分担的重要力量。①

1985 年《中共中央关于教育体制改革的决定》提出:"要扩大高等学校的办学自主权,在执行国家政策、法令、计划的前提下,高等学校有权在计划外接受委托培养学生和招收自费生。高校还可以在国家计划外招收少数自费生。"1986 年,高校开始招收"自费生",1987 年国家开始推行非义务教育成本分担和补偿制度,将原来的助学金制度改为奖学金、助学金和教育贷款制度。1989 年,国家教委等三部门联合发出《关于普通高等学校收取学杂费和住宿费的规定》,从政策上肯定高等教育实行成本分担和成本回收制度。当年,全国大部分高等院校收取了每年 100—300 元的学费,开始将国家负担全部高等教育费用的旧体制转为由国家和个人分担高等教育费用的新体制改革。1992 年,国家教委、财政部、国家物价局联合颁布《关于进一步改革和完善普通高等学校收费制度的通知》,指出三年的改革实践得到越来越多的理解和接受,对于发展高等教育事业、鼓励学生努力学习都起到了积极作用,并提出进一步改革和完善高等教育收费制度的建议。自此,我国高等教育开始在更大范围推行招生收费制度改革。1993 年,中共中央、国务院发布的《中国教育改革和发展纲要》第十九条规定,改革学生上大学由国家包办的做法,逐步实行收费制度,高等教育是非义务教育,学生上大学原则上应缴费。1996 年 12 月,经国务院同意,国家教委、计委、财政部联合颁布了《高等学校收费管理暂行办法》,指出高等教育属于非义务教育阶段,学校依据国家有关规定,向学生收取学费,并规定学费占年生均教育培养成本的比例和标准。经过几年的并轨和过渡,我国高等教育于 1997 年全面实行收费制度。1999 年,《中共中央国务院关于深化教育改革,全面推进素质教育的决定》再次强调,在非义务教育阶段,要适当增加学费在培养成本中的比例,逐步建立符合社会主义市场经济体制以及政府公共财

---

① 孟东军:《中国研究生教育成本分担机制与学费政策研究》,浙江大学硕士学位论文,2003 年。

政体制的财政教育拨款政策和成本分担机制。[1]

我国高等教育成本分担大致经历了三个阶段,第一个阶段为 20 世纪 80 年代以前,教育成本主要由政府负担,其特点是教育直接成本由政府支付绝大部分,个人直接成本所占比例很低,且教育成本来源渠道单一。第二个阶段为 20 世纪 80 年代,教育成本分担体制改革真正开始,其标志为教育部门开始出现有偿服务、委托培养、提倡多渠道筹措教育经费等。这一阶段呈现的特点是教育成本来源多元化,除政府外包括社会团体、企事业单位、学校有偿服务及校办产业收入等。教育直接成本中政府所占比例逐渐下降,社会各方负担部分在上升,受教育者个人直接成本比例在上升。第三个阶段为 20 世纪 80 年代末至 90 年代初,其标志为 1989 年开始实施向学生征收学费、住宿费,出现"自费生",以及后来除特殊专业外全面实行收费招生制度。这一阶段的特点是,政府分担的教育成本比例明显下降,社会各方面特别是个人分担的比例明显上升。[2] 高等教育成本分担制度的引入和落实,促进了我国高等教育经费筹措和高等教育的快速发展。

六、多渠道筹措教育经费政策评析

分税制改革,协调了政府间财政关系,使中央财政在中央和地方关系中保持强劲的支配能力,使国家财政收入能够随着工业化和企业的繁荣而不断增长,是政府有能力增加财政性教育经费占教育经费总投入比重的重要前提。多渠道筹措教育经费政策体系的制定和执行,大大消除了传统教育经费来源单一的缺陷和弊端,对促进教育和社会经济的整体发展起着积极作用:调动了中央到地方各级政府办教育的积极性,各级政府陆续出台了一系列具体政策和措施,国家财政教育拨款逐年增加;城乡及地方教育费附加开征,形成了基础教育比较稳定的经费来源之一;政府确立了"依靠人民办学",坚持"两条腿走路"的方针,提倡和鼓励厂矿企业、行政职业单位、社会团体、农村经济组织和社会各界人士集资办学和捐助办学等经费筹措机制,形成六条主要来源渠道,促进了教育经费总量的大幅增加。教育投资理论与 4% 目标的提出,强调了教

---

① 黄永林:《新中国 60 年教育经费筹措与管理体制与机制的改革与创新》,《教育财会研究》2009 年第 20 期。

② 靳希斌:《教育经济学中几个理论问题的思考》,《教育与经济》1998 年第 1 期。

育投资的经济效益及财政性教育经费占国民收入的合理比例,促进了财政性教育经费投入的大幅增长,对我国教育事业发展具有重要意义。高等教育成本分担制度的引入,使得高等教育阶段教育直接成本中政府所占比例下降,社会各方特别是个人分担的比例明显上升,促进了高等教育经费筹措和高等教育的快速发展,也为其他阶段教育经费筹集提供了借鉴。多渠道筹措教育经费制度的建立大大消除了传统教育经费来源单一的缺陷和弊端,缓解了财政压力,对促进整个教育和社会经济的发展起着积极作用。

多渠道筹集经费的政策取得重大成效,但是问题依然存在。主要表现为:第一,教育投入依然不足,财政投入的主渠道作用日益弱化,公共教育经费支出占比低。1995 年与 1990 年相比,国家财政性教育支出在教育经费总支出中所占比重由 85.3% 下降至 75.2%,其中财政预算内教育拨款占教育经费总支出的比重由 67.4% 下降至 54.8%。第二,大中小学的生均投入相差大,教育经费过于向高等教育倾斜。在义务教育阶段过多强调"多渠道筹资",削弱了政府主渠道的作用,导致政府责任的转嫁、受教育者负担加重。第三,教育经费来源渠道不尽合理。在提倡多渠道的政策导向下,为乱收费提供了便利。学校在经费不足情况下,收取名目繁多的杂费,使受教育者不堪重负。此外,在多渠道筹措教育经费政策后期,由于东西部地区经济发展的不平衡,地区间教育经费存在明显差异,使得教育发展的地区差距扩大。

第三节　公共教育财政制度

自 1998 年起,我国中央政府提出建设公共财政制度,强调财政职能的公共属性。公共教育财政制度建设作为公共财政制度的组成部分开始纳入政策议程,初步形成了由教育筹资制度、外部比例分配制度、学费和学生资助制度及财政转移支付制度构成的基本教育财政制度。

一、公共财政制度

"公共财政"的概念是在经济、社会转轨中就财政转型而提出的。在传统体制向社会主义市场经济体制转变过程中,客观地需要形成财政职能和财政形态调整的基本导向,即公共财政导向。1998 年中央明确财政体制改革的目标是建立公共财政制度。建立和完善公共财政体制,主要包括财政收入体制改革和财政支出体制改革。在财政收入体制方面的改革,涉及农村税费改革、"收支两条线"管理改革、非税收入收缴管理制度改革和规范财政转移支付制度等。财政支出体制方面的改革,涉及部门预算改革、国库集中收付制度改革、政府采购制度改革等措施。[①]

公共财政制度最关键的内在导向是强调财政的公共性,因此公共财政具备以下四个基本特征。第一,要以满足社会公共需要作为财政分配的主要目标和工作重心。以经济建设为中心和科学发展观都要求国家必须抓住主导性的公共需求,强调将满足社会公共需求作为财政体制的重点。第二,财政应以提供市场不能有效提供的公共产品和服务作为满足社会公共需要的基本方式,即合理把握政府与市场的关系,两者形成相辅相成的分工互补关系,从而促进生产力的充分解放、资源配置的全面优化与社会总体效益和总体福利的最大化。第三,要以公民权利平等、政治权利制衡为前提的规范的公共选择,作为财政分配的决策和监督机制。努力实现民主化、法制化、宪法化,保障决策的科学化以及公共需求满足的最大化。第四,公共财政在管理运行上要以具有现代意义的公开性、透明性、完整性、事前确定、严格执行的预算作为基本管理制度,以力求周密、完善的理财制度,防范公共权力的扭曲,规范政府行为,贯彻公众意愿和追求公众利益最大化[②]。公共财政是适应时代要求,能够与新时期社会主义市场经济新体制和总体经济社会发展要求相适应、相匹配的财政形态。

二、公共教育财政制度的建立

1998 年,中央明确财政体制改革的目标是建立公共财政制度。作为公共财政制度的组成部分,公共教育财政制度纳入政策议程。2004 年,教育部正式提出"建立与公共财政体制相适应的教育财政制度",建设公共教育财政制度在国家层面日益明确。

作为公共财政制度的重要组成部分,公共教育财政制度是财政自身公共化和财政

---

① 沈百福:《公共财政体制改革涉及的教育投资问题》,《教育与现代化》2005 年第 3 期。
② 贾康:《"十二五"时期中国的公共财政制度改革》,《财政研究》2011 年第 3 期。

在教育领域公共化的制度安排,是建立在市场经济体制基础上的教育财政模式。它以市场与政府、层级政府之间的制度化分工为基本条件,旨在弥补教育资源配置中的市场机制失灵,满足教育领域内的公共需求,体现公共财政的内涵,具备民主制度和法制规范的特征。公共财政的基本特征是以弥补市场失灵、满足社会公共需要为边界界定财政职能,以此为基础构建政府财政收支体系。在市场经济中,凡是市场能有效作用的领域,政府财政不涉足其中;凡是市场不能有效作用的领域,政府财政必须发挥作用。按照这一原则,公共财政在教育服务领域的职能是:弥补教育资源配置中的市场失灵,满足教育领域的公共需求。公共教育财政制度基本特征表现为公共性、服务性、民主性与法制性。其中公共性是核心特征,是指财政投资以公共利益最大化作为投资配置的出发点与归宿,要求预算中完整、公开、全面反映政府公共教育投资计划,接受社会公众的监督。此外,公共教育财政制度具有三大功能:第一,筹措教育资源,保证教育事业持续发展;第二,通过公共教育财政制度,配置分配教育经费与教育资源;第三,监控教育财政体制投资制度投入的作用,对各级各类教育机构财务投资活动进行合法的监控,防止违法违纪使用教育经费,杜绝铺张浪费,保障教育经费和资源用得其所,发挥应有的效益。

在政府是否要干预教育,是否要建立公共教育财政制度问题上,主流经济学家的观点基本一致。无论是赞成政府干预经济的凯恩斯学派,还是主张最小化政府作用的自由主义学派,都肯定公共财政在教育服务上的积极作用。然而,教育的层级和类别较多,不同教育领域的市场失灵程度相差较大,政府与市场的分工方式应根据具体情况区别对待。

政府的公共教育职能需要由各级政府承担。各级政府之间的教育责任和权力的划分,与一个国家的社会历史、文化传统、地理环境、经济发展水平、行政体制、财政税收体制等诸多方面密切相关。财政责任的分配主要依据产品外溢范围的大小和各级政府的财政能力。地方政府更接近民众,更了解居民的需求,且大部分教育生产中的技术问题可以克服。因此,多数情况下都由地方政府举办公立学校直接提供教育服务。教育的生产责任由地方政府承担,中央政府通过对比获得不同地方政府在教育生产上的努力程度和效率,并进行相应的奖惩。但教育财政责任的划分则要考虑更多的因素,要根据教育的层级、类别和各级政府的财力等具体情况进行分析。

三、公共教育财政制度的构成

从制度功能来说,公共教育财政制度包括教育筹资制度、教育预算制度、公共教育经费分配制度、学费和学生资助制度、教育财政转移支付制度等。

教育筹资制度。教育筹资制度是由政府税收和支出预算制度、教育收费制度和教育捐赠制度等共同构成的为教育提供经费的制度。政府的教育经费主要来自一般税收,以及为教育设置的特定税费和预算赤字。通过向受教育者收取学费和杂费,是最早出现且至今仍被普遍采用的筹资方式。教育捐赠是教育机构筹集教育经费的辅助渠道,教育捐赠与经济发展水平、税收制度、社会文化传统、教育体制等因素密切相关。教育筹资制度的核心问题是厘清两个关系,一是政府与受教育者的成本分担关系,二是政府层级间的经费分担关系。

公共教育经费分配制度。公共教育经费分配制度也被称为教育拨款制度,是指在财政预算用于教育支出既定的条件下,向提供教育服务的学校分配拨付教育经费的制度规范。它包括分配或拨款的主体(回答的是由谁分配或拨款的问题),以及分配或拨款的模式(回答的是拨款的标准和模式的问题)。针对前者,拨款主体分配上有两种类型,一种是政府拨款,大多数国家教育拨款主体是政府;另一种由第三方执行机构作为拨款主体。针对后者,目前国际通行两种拨款模式,一种是直接向提供教育服务的学校拨款,称为直接拨款;另一种是间接拨款,即"教育券",政府将教育券这一有价证券发放给学生,由学生选择学校后将教育券交给被选择的学校,学校凭借获得的教育券换取政府的财政拨款。拨款模式涉及拨款内容和依据。按照经费支出的功能,教育拨款可分为维持学校正常运行的经费和用于学校发展的经费。前者包括学校经常性经费和资本支出经费,经常性经费在我国称为教育事业费,包括人员经费和公用经费;后者在我国称为教育基本建设经费,主要用于政府规定限额以上的教学仪器设备购置费和学校各种建筑物的基建费。在拨款依据方面,经常性经费按照国家和省级地方政府制定的各级各类教育基本办学标准所需的生均经费确定。用于发展的经费根据国家某个时期特定的教育发展政策所设立的各种项目和所需成本确定。前者以公平为导向,按生均定额采取均等化拨款;后者以效率和政策为导向,引入市场竞争机制,通过招投标方式拨款。

学费制度。学费是公共教育财政制度的重要组成部分,也是财政制度中行政事业收费制度的一部分。国际上通行的学费标准制定的基本依据是生均教育成本和居民收入水平。前者所说的教育成本应是学校培养学生的成本，不包括学生（或家庭）支付的个人教育成本，不包括社会和受教育者的间接教育成本（或机会成本）。但是学费确定的教育成本依据，在操作上面临两大困难：一是学校和政府在现行制度下不可能提供准确系统的成本信息；二是教育成本分担中受教育者应负担多大比重难以确定。后者指受教育是居民生存需要基础上产生的发展需要，居民用于包括学费在内的教育支出是其总支出的一部分，支付学费的能力取决于居民支出结构和水平，最终取决于其收入水平。

学生资助制度。学生资助制度是为家庭经济困难的学生提供经济支持，以提高其受教育机会的制度安排，由资助责任主体、资助经费筹集和负担、资助资金的配置和管理等要素构成。学生资助制度的产生，主要是为了促进教育公平和提高教育效率。国家制定了资助经济困难学生的"奖、贷、助、补、减"和"绿色通道"制度，对经济困难学生予以资助，已建立三级教育的学生资助体系。

教育财政转移支付制度。指中央与地方政府间或上下级政府间教育财政转移支付的制度规范。它是层级政府间财政转移支付制度的一部分，是基于政府间教育事务责任与财力不对称、地区间财力不均衡而设立的。其意义在于解决教育经费总量不足和地区发展不平衡问题，实现教育的均衡发展。教育财政转移支付的必要性在于：第一，层级政府间教育财政的纵向不均衡；第二，不同地区政府间横向教育财政不均衡；第三，矫正教育效益区域外溢。教育财政转移支付的直接目标是教育财政供给的均衡和公共教育服务的均等化。政府间财政转移支付分为一般性转移支付和专项转移支付。一般性转移支付也称为无条件转移支付，是政府间转移支付主体。它不要求被转移的地方政府提供资金配套，也不规定转移支付资金的使用用途。专项转移支付也称为有条件的转移支付，条件包括要求下级政府提供资金配套，或是指定转移支付的用途，也可二者兼有。教育财政转移支付属于财政专项转移支付的一部分，主要体现中央和上层地方政府特定时期的特定教育政策和教育发展目标。我国现行的教育财政转移支付可分为两类：一类是指定用途的专项转移支付，范围涉及各级各类教育，大部分为中央对地方教育专项拨款；另一类是中央对地方财政一般性转移支付，按照一定比例用于教育，但不规定具体比例，也不规定用于某级某类教育。

四、"三个增长"引导下的财政性教育经费增长

1993年2月26日,中共中央、国务院发布并实施《中国教育改革和发展纲要》(以下简称《纲要》),1995年9月1日实施《中华人民共和国教育法》(以下简称《教育法》)。这两项法规性文件对教育经费投入提出明确要求,归纳起来为"三个增长",即中央和地方政府财政预算内教育拨款的增长要高于同级财政经常性的收入增长,在校学生人均教育费用要逐步增长,保证教师工资和学生人均公用经费逐年有所增长。

在"三个增长"政策工具引导下,各级政府以实现4%的目标为抓手,不断推动财政性教育经费的落实和增加。1993年,《纲要》明确提出:逐步提高国家财政性教育经费支出占国民生产总值的比例,本世纪末达到4%。关于财政预算中教育经费支出所占比例,1995年,《教育法》第五十四条规定:"国家财政性教育经费支出占国民生产总值的比例应当随着国民经济的发展和财政收入的增长逐步提高。全国各级财政支出总额中教育经费所占比例应当随着国民经济的发展逐步提高。"2006年,中共中央十六届六中全会通过《中共中央关于构建社会主义和谐社会若干重大问题的决定》,再次提出:"明确各级政府提供教育公共服务的职责,保证财政性教育经费增长幅度明显高于财政经常性收入增长幅度,逐步使财政性教育经费占国内生产总值的比例达到4%。"2010年出台的《国家中长期教育改革和发展规划纲要(2010—2020年)》(以下简称《规划纲要》)在第五十六条中再次提出:"提高国家财政性教育经费支出占国内生产总值比例,2012年达到4%。"《规划纲要》起草小组确定该指标:到2020年国家财政性教育经费占GDP的比例能够达到5%,全口径的教育经费占GDP的比例能够达到7%—7.2%。4%的目标,已经成为具有高度政治敏感性,动员各级政府和社会各界支持,统一全党、全社会思想认识的最重要的教育政策目标。

表9.2　1998—2012年国家财政性教育经费的增长情况　　单位:亿元

年份	GDP	同比增长	财政性教育经费	同比增长	财政性教育经费占GDP比例
1998	84 402.3	6.43%	2 032.45	9.12%	2.41%
1999	89 677.1	5.88%	2 287.18	12.53%	2.55%
2000	99 214.6	9.61%	2 562.61	12.04%	2.58%

续　表

年份	GDP	同比增长	财政性教育经费	同比增长	财政性教育经费占 GDP 比例
2001	109 655.2	9.52%	3 057.01	19.29%	2.79%
2002	120 332.7	8.87%	3 491.40	14.21%	2.90%
2003	135 822.8	11.40%	3 850.62	10.29%	2.84%
2004	159 878.3	15.05%	4 465.86	15.98%	2.79%
2005	184 937.4	13.55%	5 161.08	15.57%	2.79%
2006	216 314.4	14.51%	6 348.36	23.00%	2.93%
2007	265 810.3	18.62%	8 280.21	30.43%	3.12%
2008	314 045.4	15.36%	10 449.64	26.20%	3.33%
2009	340 902.8	7.88%	12 231.09	17.05%	3.59%
2010	401 512.8	15.10%	14 670.07	19.94%	3.65%
2011	473 104.0	15.13%	18 586.70	26.70%	3.93%
2012	518 942.1	8.83%	22 236.23	19.64%	4.28%

数据来源：《国家统计年鉴 1999—2013》、《中国教育经费统计年鉴 1999—2013》。

五、公共教育财政制度评析

公共教育财政制度的建立，适应了国家建立公共财政制度的要求，有效地推动了政府满足公众公共教育需求的愿望。这一时期，"三个增长"得到落实，4%目标得以实现，财政性教育经费增长率不断增加，在 2006 年甚至达到 30.43%之高，1998—2012年平均增长率为 18.13%。公共教育财政制度对教育服务提供产生正向积极作用，满足了教育领域的公共需求。其中教育筹资制度、教育预算制度、公共教育经费分配制度、学费和学生资助制度、教育财政转移支付制度的制定和落实促进了我国教育的全面发展，最显著的体现是：农村义务教育保障水平的全面提高和高等教育迈入了大众化阶段。

农村义务教育的全面普及。20 世纪 90 年代中后期，中央启动一系列针对农村义务教育的大规模财政转移支付工程，包括农村中小学危房改造工程、农村寄宿制初中建设工程等项目,并先后出台一系列旨在提高农村义务教育经费保障水平的政策。2001 年国家提出专门针对农村义务教育投入问题的"两免一补"政策,2005 年 12 月,颁布《国务院关于深化农村义务教育经费保障机制改革的通知》(即"新机制"),要求"按照'明确各级责任、中央地方共担、加大财政投入、提高保障水平、分步组织实施'的基本原则,逐步将农村义务教育全面纳入公共财政保障范围,建立中央和地方分项目、按比例分担的农村义务教育经费保障机制"。义务教育财政投入体制的重大变革,重新确定了中央政府的义务教育投入责任。

高等教育实现了大众化。1999 年颁布的《面向 21 世纪教育振兴行动计划》(以下简称《行动计划》)提出:"为使更多的高中毕业生有接受高等教育的机会,2000 年高等教育本专科在校生总数将达到 600 万人。招生计划的增量将主要用于地方发展高等职业教育。高等教育入学率由 1997 年的 9.1%,提高到 2000 年的 11%左右。"《行动计划》的出台拉开了高等教育扩招的序幕。高校扩招有力地促进了我国高等教育的跨越式发展,高等教育改革取得了历史性进展。高等教育规模的不断扩大也给我国政府带来了四方面的财政压力:高校入学人数的扩张,高等教育的生均成本迅速上升,公共财政紧缩,高校基础设施建设、日常管理等方面的成本越来越高。我国政府在完善高等教育财政政策、建立多渠道筹措办学经费机制等方面,进行了许多有益的改革和探索,建立以财政拨款为主、依法多渠道筹措经费的高等教育财政政策体系,以及建立以助学贷款为主,"奖、贷、助、补、减"结合的助学体系。高等教育财政制度的改革为我国高等教育的扩张提供了基本保障。

第四节　面向未来的现代教育财政制度

2013 年 11 月,十八届三中全会颁布的《中共中央关于全面深化改革若干重大问题的决定》站在国家治理的总体角度,全面而系统地分析了新一轮财税体制改革的基本目标、基本内容和行动路线,明确提出建设现代财政制度。为适应教育事业发展的新形势新任务,面向未来建设现代教育财政制度,实行全口径教育预算制度,把健全教育投入机制与推动教育改革相结合,力争把教育投入领域建设成国家财政改革的示范区。

一、现代财政制度

2013 年,中共中央十八届三中全会提出,建立现代财政制度。所谓现代财政制度,其最基本的内涵是让中国财税体制站在当今世界财政制度形态发展的最前沿,实现财税体制的现代化。全面深化改革的总目标在于推进国家治理的现代化,实现国家治理现代化的基础和重要支柱是坚实而强大的国家财政,它的构筑要依托于科学的财税体制,科学的财税体制又需建立在现代财政制度的基础之上。于是,建立现代财政制度→科学的财税体制→国家治理的基础和重要支柱→国家治理体系和治理能力的现代化,成为新一轮财税体制改革十分明确而清晰的"路线图"①。可以将新一轮财税体制改革的基本目标表述为:从建立与国家治理体系和治理能力相适应的市场经济体制到"匹配国家治理体系",从"建立与社会主义市场经济体制相适应的财税体制基本框架"到"建立与国家治理体系和治理能力现代化相匹配的现代财政制度"。

财税体制改革基本目标表述上的这一巨大而深刻的变化,标志着中国财税体制改革迈上了一个新的更高的平台。现代财政制度的性质是立足于国家治理体系和治理能力现代化的总体框架,以及财政与财税体制的全新定位,与计划经济年代的情形和传统财税体制的基本特征相对照。为此,可以把现代财政制度的基本特征归结为三大性质:公共性、非营利性和法治化。

公共性。以满足社会公共需要为根本宗旨。即现代财政制度以满足整个社会的公共需要、保障人民根本权益,而不是以满足哪一种所有制、哪一类区域、哪一个社会阶层或社会群体的需要,作为界定财政功能及其作用的基本口径。凡不属于或不能纳入社会公共需要领域的事项,财政就不去介入。凡属于或可以纳入社会公共需要领域的事项,财政就必须涉足。公共性是财政范畴与生俱来的本质属性,在任何社会形态和任何经济体制下,概莫能外。将公共性作为现代财政制度的基本特征之一,意味着现代财政制度的建设要围绕满足社会公共需要这个核心内容来进行。为此,要把握好社会公共需要的内涵,并据此进一步界定现代财政制度的功能与作用。以此为标尺,可归纳社会公共需要领域中具有代表性的财政功能与作用事项。第一,提供公共物品和服务。财政介入提供公共物品或服务活动的根本原因,在于公共物品和服务是一种

---

① 高培勇著:《财税体制改革与国家治理现代化》,社会科学文献出版社 2014 年版,第 29 页。

典型的社会公共需要。第二，调节收入分配。作为政府的收支活动，财政当然要介入分配。无论分配发生的时期、领域和环节有何不同，也无论其目的、背景和内容的差异，人类的共同追求总是可以用"公平"二字来归结。由于人们所拥有（或继承）的生产要素的差别，人与人之间的收入分配状况往往高低悬殊，客观上需要有助于实现公平目标的再分配机制。在市场机制自身的框架内，又不存在这样的再分配机制。因此，从促进社会公平的国家治理目标出发，将调节收入分配这类社会公共需要事项纳入财政的功能和作用范围，由政府借助非市场方式担负起调节的责任，当属顺理成章之事。第三，实施宏观调控。经济的持续健康发展，不仅关系到经济稳定发展本身，更关系到社会稳定和国家的长治久安。自发的市场机制不能自行趋向于经济的稳定增长，相反，总需求和总供给之间的不均衡而导致的经济波动，是市场经济体系中经常发生的。作为市场上的一种经济力量，财政收支可以改变原有的 GDP 分配格局，深刻影响企业与居民的消费、投资和社会总供求，进而影响整个经济社会活动运行。

非营利性。以公共利益极大化为出发点和归宿。所谓非营利性，无非是表明，现代财政制度以公共利益的极大化，而不是以投资赚钱或追求商业经营利润作为财政收支安排的出发点和归宿。将非营利性作为现代财政制度的基本特征之一，意味着现代财政制度的建设，必须立足于社会主义市场经济这个体制基础。在市场经济条件下，政府和企业扮演的角色不同，具有根本不同的行为动机和方式。企业作为经济行为主体，其行为的动机是通过参与市场竞争实现利润最大化。政府作为社会管理者，其行为的动机在于以追求公共利益为己任；其职责是通过满足社会公共需要的活动，为市场的有序运转提供必要的制度保证和物质基础。即便在某些特殊情况下，提供公共物品和服务的活动会附带产生数额不等的一定利润，其基本的出发点或归宿仍然是满足社会公共需要，而不是营利。具体表现在财政收支上，财政收入的取得须建立在为满足社会公共需要而筹措资金的基础上。财政支出的安排始终要以满足社会公共需要为根本宗旨。围绕满足社会公共需要而形成的财政收支，通常只有投入，没有产出（或几乎没有产出）。它的循环轨迹，基本上是"有去无回"。

法治化。将财政运行全面纳入法治规范轨道。所谓法治化，即现代财政制度以法治规范而不是以行政或长官意志作为财政收支活动的基本行为准则。全面推进依法治国是国家治理领域一场广泛而深刻的革命。作为国家治理体系的一个重要组成部分,财政收支活动当然要坚守法治理念,在法治规范的轨道上运行。在"多种所有制财政+城乡一体化财政+公共服务财政"的运行格局逐渐形成之后,财政运行法治化的意义方凸显出来,并逐渐成为整个社会的共识。但是,基于传统体制惯性作用和既得利益格局驱动等方面的原因,法治化的进程并没有像人们期望的那样一蹴而就。直到今天,我们仍需在财政法治化建设既有进展的基础上,将其作为深化财税体制改革的一个重心内容加以推进。

法治化与公共性、非营利性是互为表里的关系。现代财政制度之所以要与随意性色彩浓重的传统财税体制相区别,将其自身建立在一系列严格的法治规范基础上,最根本的原因在于,以满足社会公共需要为根本宗旨的财政收支同全体社会成员的切身利益息息相关。不仅财政收入要来自全体社会成员的贡献,财政支出也要用于事关全体社会成员福祉的事项,即财政收支出现差额而带来的成本和效益最终仍要落到全体社会成员的身上。在如此广泛的范围之内运作的财政收支,牵动着众多社会成员利益的财政收支,当然要建立并遵循严格的法治规范,将财政运行全面纳入法治化轨道。以此为基础,推进民主理财,打造阳光财政、法治财政[①]。

二、现代教育财政制度

现代教育财政制度是在公共教育财政制度的基础上,保证教育经费稳定增长,构建财政为主、多措并举的教育投入长效稳定增长机制。现代教育财政制度的框架已经基本形成,当前改革的重点任务是机制创新。这是健全和完善教育投入机制的基本判断。这种框架包括:教育财政预算制度、4%的教育财政外部比例制度、两个"只增不减"的一般公共预算增长制度、基于生均经费的教育财政资源配置制度、教育成本分担机制以及社会投入激励机制。

教育财政预算制度。《中华人民共和国预算法》和《中华人民共和国预算法实施条例》确定了中国的基本预算制度,教育预算是财政预算的重要组成部分。国家预算分为类、款、项、目四级,教育事业费属于教科文卫事业费类中的款级,教育基本建设费属于基本建设类中的社会文教费款级。2017年9月,中共中央办公厅、国务院办公厅印

---

① 高培勇著:《财税体制改革与国家治理现代化》,社会科学文献出版社2014年版,第67—73页。

发的《关于深化教育体制机制改革的意见》(以下简称《意见》)强调,健全各级政府预算拨款制度和投入机制,这从各级政府的财政源头上保证了教育财政投入。

4%的教育财政外部比例制度。联合国教科文组织、世界银行和 OECD 等国际组织都建立了一套指导监测各国教育投入的指标。我国政府主要使用财政性教育经费占国内生产总值的比例和财政性教育经费占财政支出的比例两个指标。前者反映国民财富中有多少用于教育,后者反映政府在教育投资方面的水平与努力程度。其中,教育投入外部比例达到 4%的目标,是过去很长一段时期也是未来我们党和政府凝聚全社会共识,保障财政性教育经费的根本指标。

两个"只增不减"的一般公共预算增长制度。在教育优先发展理念指导下,中央政府在各个时期出台的重大教育决策都对财政性教育经费的增长提出了要求。1993年,中共中央、国务院颁布的《中国教育改革和发展纲要》和 1995 年全国人大通过的《中华人民共和国教育法》都提出,各级人民政府教育财政拨款的增长应当高于财政经常性收入的增长,并使按在校学生人数平均的教育费用逐步增长,保证教师工资和学生人均公用经费逐步增长,在实践中被通俗地称为教育经费的"三个增长"。《意见》在此基础上提出"确保一般公共预算教育支出逐年只增不减,确保按在校学生人数平均的一般公共预算教育支出逐年只增不减"。这个规定更加细致,更具操作性和指导性,主要因为财政性教育经费的口径大于一般公共预算。

基于生均经费的教育财政资源配置制度。资源配置指各级政府采取何种方式将教育经费分配到各级各类学校。中国的教育财政资源配置方式内化于教育管理体制,基础教育实行"地方负责、以县为主、省级统筹"的管理体制,高等教育实行"中央和省两级管理、以省为主"的管理体制。我国已建立起义务教育阶段、高等教育阶段的生均经费和生均公用经费制度。《意见》提出,未来国家要推动地方建立公办幼儿园和高中阶段生均经费和生均公用经费制度,这显示出我国教育投入治理机制的阶段性、层级性和整体性的特点。

教育成本分担机制。合理核定办学成本、充分考虑居民承受能力、严格听证公示程序的非义务教育成本分担机制。一是,核定学前教育政府投入迅速增加,由政府、社会举办者、家庭共同负担的成本分担机制逐步建立。2011 年,教育部会同财政部印发了《关于加大财政投入支持学前教育发展的通知》,就财政支持学前教育发展提出了

"政府主导、社会参与,地方为主、中央奖补,因地制宜、突出重点,立足长远,创新机制"的四条原则。从2011年起,中央财政设立专项资金,以中西部农村地区为重点,引导支持各地加大对学前教育的投入,努力调动地方政府、企事业单位和社会力量等各方面的积极性。二是,教育部会同财政部、国家发展改革委印发《关于完善研究生教育投入机制的意见》,决定从2014年秋季学期起,按照"新生新办法、老生老办法"的原则,向所有纳入全国研究生招生计划的新入学研究生收取学费,这标志着高等教育培养成本分担机制的全面建立,非义务教育成本分担机制进一步完善。

社会投入激励机制。政策优惠、财政奖励、政府购买的社会投入激励机制。一是,教育部印发《关于鼓励和引导民间资金进入教育领域促进民办教育健康发展的实施意见》,鼓励和引导社会力量捐资、出资办学。二是,在中央财政继续设立财政配比资金对中央高校接受的捐赠收入实行奖励补助的基础上,教育部、民政部会同财政部印发《关于加强中央部门所属高校教育基金财务管理的若干意见》,规范中央高校捐赠收入财务管理。

三、全口径教育预算制度

2010年6月1日,财政部发布《关于将按预算外资金管理的收入纳入预算管理的通知》,指出,从2011年1月1日起,将按预算外资金管理的收入(不含教育收费)全部纳入预算管理。2011年后,中国已初步建立了由公共财政预算、政府性基金预算、社会保障预算和国有资本经营预算构成的全口径预算管理体系。

教育预算作为政府的教育收支计划应充分体现出现代财政体制框架下政府承担的教育责任。因此应建立全口径教育预算制度:预算编制方面,首先应满足教育经费"三个增长"的法定要求;其次,在财力允许的前提下,保证编制预算透明、科学、合理,满足教育事业的发展。义务教育事业尤其是农村义务教育事业的经费应由政府全部负担,高等教育和职业教育的经费应由政府负担大部分;合理编制教育预算的基础,政府部门应对教育经费的使用进行评价,由于教育机构没有成本最小化的内在压力,公立学校的资金使用效率总是受到社会、学生家长以及管理部门的怀疑,教育预算绩效评价是在教育经费紧张情况下确保教育财政资金使用效益的重要手段。全口径教育预算制度的建立需要宏观性的制度和法律建设、机构重构以及微观的基础性工作改进和程序优化。

制度和法律修订。修改《预算法》。应按照公共财政的要求，修改《预算法》及《预算法实施条例》应增加并明确规定部门预算的概念、内容、形式和编制方法等条款；应按公共财政口径，明确预算收入和支出的内容；调整和延长预算编制时间，在《预算法》中应明确体现预算编制、执行和监督相互分离的运行机制；硬化预算约束力，严格控制预算调整。立法保证公共教育投入的严肃性和权威性。对教育财政性经费的筹集、分配、使用、设立教育项目、确定支出定额标准以及公共教育资源在地区和学校间的配置做到有法可依、有法必依、执法必严、违法必究。做到这一点需要人大或人大的专门委员会直接领导。取消预算内、预算外资金。首先保证部门预算纳入所有的资金包括预算内外资金，规范各种收费，如北京市择校的"三限"规定。预算内资金和预算外资金同样是取之于民，只是途径和方式不同，只要建立财政资金公平分配的机制，保证该办的事有财力保证，长期来看，取消预算外资金是完全可能的，这样就能把所有的资金都纳入预算管理范围内。公立学校收费的制定程序要进行规范，学费属于公共服务收费，应该经过价格听证会论证，由物价部门向社会公布实施。

改革教育财务会计制度。借鉴西方非营利组织会计规范改革我国教育会计制度，向社会公众提供更多的信息；以权责发生制为报告基础有利于财务报告目标的实现，全面反映整个学校的经济资源。

机构重构。建立专门机构负责教育预算或拨款。大多数发达国家都有专门的"中介"预算或拨款机构，我国的预算与拨款权力集中在财政与教育部门，财政资金的分配无法透明。如果在人大成立教育拨款委员会或独立的第三方机构，将能调节政府与学校之间的预算关系。有了社会（人大代表）和学校的共同参与，教育预算的编制会更好地考虑学校实际经费需求和政府资源供给的可能，既利于政府实施宏观调控，也利于学校自主办学。

清晰架构预算监督体系。明确划分审计部门、人大机构以及财政部门内部监督之间的职责、权限。在可能的情况下成立人大及其常委会自己的审计机构。

预算编制。调整预算编制时间，实行标准周期预算；基础工作做好之后，可以将绩效预算的思想引入预算编制中。强调政府产出以绩效为目的，以成本为基础，按职能用途并着重于按最终产品进行分类，对各计划可从最终产品成本即目的来衡量和评估其业绩,择优把项目列入预算。预算应由投入式预算转变为重视产出的预算,尽快设计出既符合教育发展规律又体现财政资金使用效率的指标体系。

四、后4%时代财政性教育经费的投入

在4%目标实现后,是否继续确定财政性教育经费占GDP比例,不同学者提出不同意见,但最终目的均为保障政府教育投入不断增长。4%目标是我国在特殊历史背景下制定的。我国财政性教育经费的投入应该从立法、行政、财政等方面建立财政性教育经费投入的长效机制,构建包含资本市场、教育捐赠、校产保值增值、民间资本办学等多元化教育经费保障体系,建立独立的教育经费审查和监督机制等。在财政性教育经费使用方面,我国要建立相对独立的教育经费拨款机制,建立教育经费"问责性使用和督察制度",并改变经费使用思维,以切实保障和使用好教育经费,发挥教育经费的效益。①

从教育经费投入总量上来看,国家财政性教育经费占GDP的比例连续五年超过4%,2012年全国教育经费总投入是2.87万亿元,其中财政性教育经费首次突破2万亿元,占GDP的比例首次超过4%。2016年全国教育经费总投入为3.89万亿元,其中财政性教育经费达到3.14万亿元,占GDP的比例连续五年保持在4%以上。2012—2016年这五年间,全国财政性教育经费累计投入13.5万亿元,超过1952—2011年累计投入总和。从财政性教育经费支出用途来看,有三个"一半以上",充分体现了"保基本、守底线、补短板、促公平、提质量"的原则。一是从各级教育的分布来看,一半以上用于义务教育,2016年义务教育占52.85%,占比最高,在各级各类教育中学前教育增长最快,五年增幅达到77.3%。二是从地区分布来看,一半以上用于中西部地区。2016年中西部地区财政教育经费达到1.71万亿元,占全国地方的59%。五年中,中西部地区财政性教育经费的增长速度明显高于东部地区,教育财政经费进一步向中西部地区倾斜。三是从支出方向看,一半以上用于教师工资和学生资助。2016年教师工资和学生资助占61%。五年中,教师工资和学生资助支出增长明显,学校运转、校舍建设、设备购置支出所占比重有所下降。教育经费支出开始呈现出从重"物"

---

① 鲍成中:《后4%时代,我国教育经费的保障和使用》,《中国教育学刊》2012年第9期。

到重"人"的趋势性变化。从学生资助工作来看,呈现"四个持续增长",充分体现了教育公平保障水平的不断提高。一是受助学生持续增长。五年中全国累计资助各类学生(幼儿)4.25亿人次,年资助学生的数量从2012年的8 414万人次增加到2016年的9 126万人次,增加了712万人次。二是资助金额持续增长。五年中,全国累计资助资金6 982亿元,年资助金额从2012年的1 126亿元增加到2016年的1 689亿元,增加了563亿元。三是财政投入持续增长。五年中,学生资助的财政投入达到4 781亿元,占资助总额的68.5%,年财政投入从2012年的825亿元增加到2016年的1 109亿元,增加了284亿元。四是学校和社会投入持续增长。五年中,国家助学贷款,学校资金投入,企事业单位、社会团体和个人的捐助等资金投入2 201亿元,占资助总额的31.5%,年资金投入几乎是翻了一番。①

表9.3 2012—2016年国家财政性教育投入增量情况　　　单位:亿元

年份	预算内教育经费	预算内教育经费增长率	教育经费总投入	教育经费总投入增长率	国家财政性教育经费	财政性教育经费增长率
2012	20 314.17	25.79%	27 695.97	16.03%	22 236.23	19.64%
2013	21 405.67	5.37%	30 364.72	9.64%	24 488.22	10.13%
2014	22 576.01	5.47%	32 806.46	8.04%	26 420.58	7.89%
2015	25 861.87	14.55%	36 129.19	10.13%	29 221.45	10.60%
2016	——	——	38 888.39	7.64%	31 396.25	7.44%

数据来源:中华人民共和国教育部。

五、健全教育投入机制与推动教育改革相结合

现代教育财政制度建设应着眼于教育事业发展的改革创新,着眼于立德树人和各级各类教育改革创新,把完善教育投入机制与教育事业改革发展结合起来。

教育投入要服务于国家重大战略需求。教育是推动经济、保护环境的关键,也是

---

① 《介绍从数据看党的十八大以来我国教育改革发展有关情况》,http://www.moe.gov.cn/jyb_xwfb/xw_fbh/moe_2069/xwfbh_2017n/xwfb_20170928/201709/t20170928_315538.html(阅读时间:2017年12月1日)。

维持和提升国家政治进步和经济竞争力的关键。中国正处于由中等偏上收入国家向高收入国家迈进的历史阶段,十八大以来中央政府部署的重大战略规划,如"一带一路"倡议、京津冀一体化、雄安新区建设、长江经济带等,急需教育提供高素质人力资本。在教育投入的方向上,要前瞻性地设计与之相关的主题,学校布局、师资配备、专业结构甚至于新增教育项目的设计等,应紧密结合新时期新阶段的这些特点组织实施。

教育投入要着力引导教育难点热点问题的解决。中国社会正在经历着巨大的历史变化,经济发达地区民众对高质量教育的期待,大城市择校需求持续高热;二孩政策落地,未来每年新增受教育人口二三百万;城镇化进程加快带来的受教育人口分布及结构变化;经济发展不平衡、不协调带来的教育发展的条件差距,都对教育投入提出了挑战。财政性教育投入要向特殊地区、特殊人群、薄弱环节和关键领域倾斜。这回应了教育投入对教育难点热点问题的关注,传达了国家解决这些问题的决心和态度。

提高教育人力资本投入的比例。提高教师人力资本的工资,是金融危机以来世界主要国家摆脱经济低迷、提升教育质量的共同选择。为进一步确保中小学教师平均工资水平不低于或高于当地公务员平均工资水平,2009年起实施教师绩效工资政策,弥补了1993年津贴制度建立以后,各地区、各层级自建津贴所形成的教师工资与同县域公务员津贴补贴的差距。但是,最近几年许多地方公务员在阳光工资外新增住房补贴、公务用车补贴、年度目标考核奖、年休费等项目,形成了教师与公务员工资的新差距,这是今后增加教育投入的重点。《意见》关于落实艰苦边远地区津贴、乡镇工作补贴,以及集中连片特困地区和艰苦边远地区乡村教师生活补助的政策,成为中央财政对基础教育教师工资开设的新通道。2012—2016年中央财政累计投入60.23亿元,落实地方财政对薄弱地区教师工资的扶持。

促进教育财政公平,加大社会教育投入。要建立覆盖奖助贷勤补免、全覆盖的多元化学生资助制度体系,凸显公共财政恪守公平的基本价值取向。在建立完善的学生资助的同时,未来教育投入必须提高社会教育投入的比例。目前,我国教育投入的总量依然偏低,2013年我国人均教育经费为360美元,教育总投入占GDP的比例是5.3%,而美国2009年人均教育经费是3300美元,教育总投入占GDP的比例是7.3%,OECD组织国家2009年人均教育经费是2200美元,教育总投入占GDP的比例是 6.3％。2005 年以来,我国财政性教育经费保持年均 17.4％的高速增长,而非财政性教育经费的年均增速却跌为 2.6％,必须扭转教育经费中财政性教育经费"单条腿"增长的局面,扩大私人和社会投资教育的规模。

六、把教育投入领域建设成国家财政改革的示范区

公平、效率和充足是政府财政教育投入的三个标准。毋庸讳言,我国教育经费在总体上短缺的同时,使用效率不高、管理粗放、分配过程中非制度化的专项转移过多等问题依然存在。《意见》在关照教育财政公平的同时,把恪守效率视为应然选择。强调加强经费监管,确保使用规范安全,提高经费使用效益。这些政策创新体现了财政教育资源配置效率的三层要义:弥补教育市场失灵,矫正外部性;保护弱势群体,维护公平竞争环境;按照低投入、高产出的目标实现资源合理配置。

财政作为国家通过政治权力对公共资源进行汲取、支出和管理的制度安排,既有提高资源配置效率和调整经济利益关系的经济属性,也有体现国家发展目标和决策行为的政治属性。教育财政是国家财政开支占比较高的重点领域。合理划分教育领域财政事权和支出责任、建立全口径预算制度、完善财政转移支付制度、降低专项转移支付比例等,是近年来国家财税体制改革的重点内容,涉及中央和地方、政府和学校以及部门间权力调整,是一场牵一发动全身的硬仗。教育领域的政策制定者、资金管理者和改革参与者,理应在教育投入的每一个环节上、每一项教育工作中用好每一笔资金,在国家现代财政制度建设中发挥表率作用。不断健全教育投入机制,特别是完善财政教育经费投入机制,一定能够为实现教育体制机制改革的主要目标,建设具有中国特色、世界水平的现代教育提供强大的资源支撑。

第十章

教育对外开放制度

　　坚持对外开放，是改革开放以来我国的一项基本国策。中共十九大报告指出，我国要坚持和平发展道路，推动构建人类命运共同体。"中国坚持对外开放的基本国策，坚持打开国门搞建设，积极促进'一带一路'国际合作，努力实现政策沟通、设施联通、贸易畅通、资金融通、民心相通，打造国际合作新平台，增添共同发展新动力。加大对发展中国家特别是最不发达国家援助力度，促进缩小南北发展差距。中国支持多边贸易体制，促进自由贸易区建设，推动建设开放型世界经济。"教育对外开放是我国改革开放政策在教育领域的具体体现。改革开放以来，我国在教育领域逐渐形成了包括留学制度、引智制度、开放课程体系与涉外办学制度在内的对外开放制度体系。本章主要从纵向上梳理了改革开放40年我国教育对外开放制度的建设路径，对留学制度、引智制度、开放课程体系和涉外办学制度，以及积极参与全球教育治理方面的制度建设过程进行梳理，进而较为完整地呈现中国教育对外开放从"引进来"到"走出去"的发展脉络。

第一节　教育对外开放制度的历史回溯

　　教育领域对外开放的40年有三个重要时间节点：1978年我国教育重新开始对外开放，2002年加入世界贸易组织和2016年颁布《关于做好新时期教育对外开放工作的若干意见》《推进共建"一带一路"教育行动》。

　　1978年的教育对外开放是在国内相对落后的教育发展水平和较为封闭的发展环境中开始的。首要标志就是留学生数量的增加。1978年起，公派留学制度的复苏和自费留学制度的破冰，拉开了我国教育对外开放的序幕，此后双向留学制度逐渐建立起来。进入90年代，我国按照国际惯例设立了专门的管理机构负责留学管理工作，并形成了一套较为完善的留学管理制度。其次，来华留学方面，自80年代起我国已经着手建立来华留学的招生制度、培养制度、学生管理制度和奖学金制度。这一系列制度在相当长的一个历史时期内成为我国来华留学的重要依据。再次,在引智方面,我国在改革开放之初逐步冲破了思想禁锢,谨慎地开始了相关制度的探索。同时,我国在改革开放初期就开始以高等院校为依托,开展多层次的交流活动。1993年6月《关于境外机构和个人来华合作办学问题的通知》为中外合作办学开辟了制度环境,促进了合作办学事业的发展。

2002年加入世界贸易组织开启了我国教育对外开放的一个新阶段。在公派留学方面,我国不但扩大了派出规模,而且更加注重留学效益,提出了"三个一流"的选派目标。2010年《留学中国计划》提出了"到2020年,使我国成为亚洲最大的留学目的地国家"的发展目标,以及打造中国教育的国际品牌的发展战略,标志着我国下大力气在来华留学教育管理体制、投入体制、办学体制、学校内部管理体制上进行优化改革。在引智方面,我国调整了人才引进结构,扩大引进规模,提升引进层次,更加注重引智效率和效益,在制度建设上迈向了法制化和精细化的新阶段。入世不仅对教育交流的范围、内容和形式提出了新的挑战,而且对人才培育和利用有了更高的要求。为此,我国建立起开放课程体系,继续推进学分转换与学历学位认证制度建设,并开始了相关评估制度的探索。自加入世界贸易组织以来,我国相继出台了《中外合作办学条例》、《中外合作办学条例实施办法》等文件,完善了合作办学的制度建设,大力促进相关事业的规范化发展。随着改革开放的深入发展,我国教育国际化开始由学习型发展方式向输出型发展方式转变。境外办学成为我国"走出去"的一大重点战略。这一时期,我国建设并加强了孔子学院和网络孔子学院等境外办学范例,逐步建立健全境外办学制度。这些举措使得国际交流与合作日益频繁,对外开放的层次和质量不断提高。鉴于我国政府在入世协定中对初等教育、中等教育、高等教育、成人教育及其他教育服务均作出了有选择的对外开放的承诺,因此我国适时对教育服务贸易制度作出了战略性调整。一方面,我国教育制度在坚持教育公益性质的基础上积极稳妥地推进教育服务贸易的发展;另一方面,我国通过制度规范,大力整治教育市场的负面乱象,推进服务贸易的规范化、法制化发展。

2016年我国教育对外开放开始了新的起点。中共中央办公厅、国务院办公厅印发了《关于做好新时期教育对外开放工作的若干意见》,提出了"做强中国教育"的时代强音。面对纷繁复杂的国际形势、世界格局的种种不确定性,中国在全球化的世界经济体系中扮演越来越重要的角色。在此背景下,我国在全球教育治理中逐步承担起大国使命,将"走出去"战略扩展到教育领域。讲好中国故事,传播好中国声音成为教育对外开放的重要内容。依据《关于做好新时期教育对外开放工作的若干意见》,教育部出台的《推进共建"一带一路"教育行动》提出了聚力构建"一带一路"教育共同体的愿景。在"深度融入世界教育改革发展潮流"的进程中,中国愿意在力所能及的范围内承担更多责任义务。在留学方面,我国设立"丝绸之路"中国政府奖学金,实施"丝绸之路"留学推进计划,助力"留学中国"品牌建设。为配合"一带一路"行动计划,我国将实施"丝绸之路"合作办学推进计划,继续拓展和深化中外合作办学。为推动人才互通,我国又提出推动"一带一路"沿线学历学位认证标准连通,实现区域内双边多边学历学位关联互认,并向世界发声,呼吁各国完善教育质量保障体系和认证机制,加快推进本国教育资历框架开发,共商共建区域性职业教育资历框架。2017 年 1 月,《国家教育事业发展"十三五"规划》中"积极参与全球教育治理"成为我国对外开放制度发展中一大新亮点。此外,关于深化多边教育合作、深度参与国际教育规则制定和开展教育国际援助的主张,将更加凸显我国教育在推动全球治理变革中的大国作用。

第二节 留学制度

我国留学制度分出国留学和来华留学两大类。改革开放之初,我国就重启了派遣留学生的制度。经过近 40 年的发展,我国出国留学制度建设已经取得了多方面成就:公派留学制度经过多番调整朝着增强效率迈进;自费留学制度从限制逐步走向放开;留学管理制度进一步健全,朝着"全链条式"和专门化方向发展。来华留学制度方面,我国通过设立学位制度大大推进了招生制度的扩展;通过系统性与一体化的建设逐步完善培养制度;在来华留学生管理上形成了部委统筹、高校主管的制度设计;奖学金的数量、形式和来源有了较大提升和扩充,更加注重通过评价来提升效益。

一、重启出国留学制度

1978 年,《关于加大选派留学生的数量的报告》开启了改革开放之后的第一轮出国留学潮,也拉开了建设出国留学制度的序幕。自此之后,公派出国制度渐进式地完成了从数量扩张到结构优化的转型；自费留学制度在相当长一段时间内徘徊于宽松与收紧之间，后走向了开放。留学管理制度随之建立起来，逐渐发展成"全链条式"和专门化的管理格局。

（一）公派留学：从增大数量到提高效率

中华人民共和国成立后，我国出国留学人员的选派去向主要是以苏联为首的社会主义阵营国家。① "文革"期间，我国基本上中断了留学教育事业以及派遣出国留学，直到 1972 年才开始有所接续。② 然而，受当时国内外政治格局的制约，"文革"后期的留学教育还是表现出了明显的保守性。在"以阶级斗争为纲"的路线引导下，留学选派政策中的"左"倾方针也在所难免。"文革"结束后，极"左"思潮虽有所改观，但我国各项文教事业包括留学教育仍处于微妙的徘徊阶段，进展缓慢。③ 改革开放之初，国家面临着百废待兴的局面，人才是国家经济社会建设的迫切需要。1978 年 6 月 23 日，邓小平发表了关于"增大派遣留学生的数量"的重要讲话④。同年，教育部贯彻邓小平重要指示精神，于 7 月 11 日向中央提出了《关于加大选派留学生的数量的报告》。依据报告意见，我国于当年 12 月 26 日向美国派遣了约 50 名公派访问学者。这批访问学者是我国改革开放后的首批出国留学人员⑤，由此拉开了我国公派留学制度的重建。这一时期我国围绕"广开渠道，力争多派"的留学总方针⑥，将留学制度的主要目标设定为提高留学人员数量。1981 年 7 月，国务院提出"省、市、自治区政府和有条件的单位可以自行对外联系，广开渠道，加快派出速度"，第一次开启了单位公派留学生的大门⑦。这一举措在一定程度上下放了公派留学的选拔权力，拓展了公派留学制度的层次，扩宽了留学制度的覆盖面。

经过几年的派遣实践，公派留学生在数量上已经实现了"广开渠道，力争多派"的

---

① 章开沅、余子侠主编：《中国人留学史（下册）》，社会科学文献出版社 2013 年版，第 505 页。

② 同上书，第 607 页。

③ 同上注。

④ 中华人民共和国教育部、中共中央文献研究室编辑：《毛泽东　邓小平　江泽民论教育》，中央文献出版社、人民教育出版社、北京师范大学出版社 2002 年版，第 148 页。

⑤ 章开沅、余子侠主编：《中国人留学史（下册）》，社会科学文献出版社 2013 年版，第 630 页。

⑥ 陈学飞：《改革开放以来大陆公派留学教育政策的演变及成效》，《复旦教育论坛》2004 年第 2 期。

⑦ 同上注。

目标。1986 年,国家对出国留学制度作出新的调整,当年《中共中央、国务院关于改进和加强出国留学人员工作若干问题的通知》(以下简称《通知》)将留学方针调整为"按需派遣,保证质量,学用一致",提出要从充实"数量"向"保证质量"的选派转变。在此方针的引导下,这一时期的留学制度相应地将国家公派留学人员由以研究生为主转向着重派出进修人员、访问学者,并积极开辟中外合作进行科学研究和培养博士的途径。为确保留学人员质量,这一时期我国开始适当调整公派留学人员的学科比例,明确以学习应用学科为重点。同时,《通知》注重出国留学制度的全面建设,提出建立配套制度的规划,探索公派出国留学人员奖学金制度、贷款制度和由公派出国留学人员与派出单位签订协议书的制度。依据《通知》,同年,我国出台了第一个全面、系统、公开发表的留学工作文件,即国家教委《关于出国留学人员工作的若干暂行规定》(以下简称《规定》)①。《规定》于 1987 年 6 月 11 日在《人民日报》全文刊出,成为我国第一个公开发表的关于出国留学教育政策的法规性文件。《规定》首先对出国留学人员的组成予以定性,划分为"国家公派出国留学人员"(简称国家公派)和部门、地方、单位的公派出国留学人员(简称单位公派)两大类②。在"按需派遣,保证质量,学用一致"方针的指导下,《规定》设定了出国人员的条件、选派、协议、出国准备和学习、经费待遇等制度要求。作为一份带有法规性质的文件,《规定》所涉及的留学内容比较广泛和全面。《规定》及其五个管理细则中的许多内容直到其发布 30 多年后的今天,仍然是指导我国出国留学活动的重要制度依据。

　　20 世纪 90 年代以来,"增强效率"成为我国留学制度的建设主题。我国对公派留

---

① 《国务院批转国家教育委员会〈关于出国留学人员工作的若干暂行规定〉的通知》(国发〔1986〕107 号),1986 年 12 月 13 日。

　　1987 年,《关于出国留学人员工作的若干暂行规定》制定了《公派出国留学人员身份的管理细则》、《公派出国留学人员申请延长留学期限的管理细则》、《公派出国研究生留学年限及在国外期间国内工资(或生活补助费)待遇和攻读博士学位期间工龄计算的管理细则》、《从事国外博士后研究或实习的管理细则》和《单位公派出国留学人员选派工作和经费的管理细则》等五个细则。参见《国家教育委员会关于发布若干出国留学人员工作管理细则的通知》(〔87〕教外综字 679 号),1987 年 11 月 28 日。

② "国家公派出国留学人员"(简称国家公派)是指按国家统一计划,面向全国招生,统一选拔、派出,执行统一经费开支规定的出国留学人员。部门、地方、单位的公派出国留学人员(简称单位公派)是指按部门、地方、单位计划,面向本地区、本单位招生、选拔、派出,执行部门、地方、单位经费开支规定的出国留学人员(包括个人经本单位同意和支持,通过取得各种奖学金、贷款金、资助等并纳入派出计划的留学人员)。

学政策有过多次调整，主要针对人员选派条件、程序、管理机构、经费等内容，而公派留学的制度框架已趋完善与稳定。在知识经济背景下，高新技术产业成为新的经济增长点，留学工作也着重于培养知识与技术创新人才，力争为国家产业结构调整作出新的知识贡献和科技贡献。2002 年 12 月，针对高层次人才培养的需要，教育部根据国家经济建设和社会发展纲要，制定了"扩大规模、提高层次、保证重点、增强效率"的国家公派留学工作思路，公布了"2003 年度国家留学基金资助全国选派 3 025 名各类出国留学人员"的计划。新计划作了几项大的调整：一是确定了重点支持的七大领域，即通信与信息技术、农业高新技术、生命科学与人口健康、材料科学与新材料、能源与环境、工程科学、应用社会科学与 WTO 相关学科等；二是对留学人员的类别进行了调整，设立"高级研究学者"，并大幅提高此类学者的资助力度；三是将传统的"普通访学学者"和"高级访问学者"合并为"访问学者"，将资助期限调整为 6—24 个月；四是设立外语培训与考试，面向尚未参加外语水平考试，但获得所在单位重点推荐的人员。① 这一举措对我国出国留学人员的结构类型、派出条件及选派程序等进行了制度调整，紧密围绕国家经济社会发展需要，使相关制度逐步走向精细化。随后，我国逐步提高了公派留学的标准，更加注重留学效益。2005 年，教育部提出了"三个一流"的选派办法，即选派国内一流的学生，派到（海外）一流的大学和学科专业，师从一流的导师。2007 年，"国家建设高水平公派研究生项目"成立，进一步完善了我国出国留学的项目制度。

（二）自费留学制度：从限制到开放

与公派留学制度的渐进式发展不同，在改革开放之初，自费出国留学的制度曾在相当长一段时期内徘徊于"宽松—收紧"之间②。1981 年 1 月，国务院批转了教育部等七个部门《关于自费出国留学的请示》，明确提出自费出国留学是国家培养人才的一条重要渠道，自费留学人员是我国留学人员的组成部分。此后，在 1982 年和 1984 年，国务院又发布了《关于自费出国留学若干问题的决定》和《关于自费出国留学的若干暂行

---

① 国家留学基金管理委员会秘书处：《2003 年国家公派出国留学选拔简章及附件、项目指南》，http：//old. moe. gov. cn/publicfiles/business/htmlfiles/moe/B16_xxgk/200301/xxgk_62531. html（阅读时间：2017 年 7 月 11 日）。

② 苗丹国：《新中国出国留学政策的形成、变革与发展》，中国留学文化学术研讨会，2008 年。

规定》，虽然对公民自费留学设置了种种限制，但较之前一个历史时期总体上减少了限制。1986 年，国家教委发布的《关于出国留学人员工作的若干暂行规定》单独列出"自费出国留学"一节，设置 11 条制度规定，基本上吸收了此前所有文件的主要政策内容，奠定了此后相当长时间内的自费出国制度框架。1990 年 1 月，国家教委发布《关于具有大学和大学以上学历人员自费出国留学的补充规定》，再度收紧了自费留学政策①。

　　1992 年 10 月 12 日，中国共产党第十四次全国代表大会提出："我们热情欢迎出国学习人员通过多种形式关心、支持和参加祖国的现代化建设。不论他们过去的政治态度如何，都欢迎回来参加社会主义建设，给予妥善安排，并实行出入自由、来去方便的政策。"②1993 年，《中国教育改革和发展纲要》依据上述讲话精神对进一步扩大教育对外开放进行了宏观规划。同年 11 月，中国共产党第十四届三中全会《关于建立社会主义市场经济体制若干问题的决定》中，首次以中共中央文件的形式确立并肯定了上述"支持留学、鼓励回国、来去自由"的出国留学工作方针。这一新的制度精神适应了改革开放新形势下建立和发展社会主义市场经济的需要，又理顺了政府尊重公民出国留学的愿望。1993 年 7 月，国家教委印发了《关于自费出国留学有关问题的通知》，取消了"服务期内不得自费出国留学"的政策限制，从政策体制上解除了大部分中国青年人不能申请自费出国留学的限制③。

　　加入世贸组织后，为落实对服务贸易作出的相关承诺，国家决定简化对大专以上学历人员自费出国留学的审批手续。2003 年 2 月，教育部出台了《关于简化大专以上学历人员自费出国留学审批手续的通知》，决定不再向申请自费出国留学的高等学校在校生以及具有大专以上学历但尚未完成服务期年限的各类人员收取"高等教育培养费"，不再对上述人员进行"自费出国留学资格审核"工作，不再要求上述人员向各地出入境管理机关提交《自费出国留学资格审核证明信》。此举简化了自费出国留学的程序，减轻了不必要的制度负担，进一步促进了自费留学的发展。随着自费留学的各项

---

① 苗丹国：《新中国出国留学政策的形成、变革与发展》，中国留学文化学术研讨会，2008 年。
② 江泽民：《加快改革开放和现代化建设步伐　夺取有中国特色社会主义事业的更大胜利——在中国共产党第十四次全国代表大会上的报告》，1992 年 10 月 12 日。
③ 苗丹国：《新中国出国留学政策的形成、变革与发展》，中国留学文化学术研讨会，2008 年。

门槛逐步降低,管理方式由约束限制朝着服务引导逐渐转换[1],我国政府也通过加大财政经费支持来鼓励优秀的自费留学生。2003年,国家留学基金管理委员会设立了"国家优秀自费留学生奖学金","开启了为海外自费留学人员设立政府奖学金的先路,对自费出国留学行为更是予以极大的支持和鼓励"[2]。

(三)留学管理制度:"全链条式"与专门化发展

留学管理权限的分配经历了由下放到集中的调整过程,现今朝向"全链条式"发展。1986年,国家教委《关于出国留学人员工作的若干暂行规定》提出根据简政放权的原则,国家公派出国留学人员的名额,除国家统一掌握的部分外,实行分配到用人单位的办法,并经过试点,逐步实行出国留学人员的经费包干使用的办法,由派出单位掌握。从1986年起,我国逐步实行将大部分公派出国研究生名额分配到用人单位(包括高校、研究单位和其他用人单位),小部分由国家统一掌握,并指定代管单位;采取考试、考核与推荐相结合的选拔方式。1989年,国家教委再次出台政策,将原本分配给基层的国家公派指标集中收回,除个别单位外,一律由中央部门、省、自治区、直辖市按照统一规定推荐人选,然后由国家教委组织专家对被推荐人进行评议,最后,国家教委根据专家评议结果进行审核并决定录取名单,形成了一套"限额申报,专家评审,择优选录"的模式。[3] 这次管理权限的调整不仅起到集中权限的作用,而且呈现出朝向"链条式"发展的趋势。2007年,教育部、财政部联合发布《国家公派出国留学研究生管理规定(试行)》(以下简称《规定》),标志着我国留学管理制度进入了全面完善的时期。依据《规定》,公派研究生选拔依旧按照"个人申请,单位推荐,专家评审,择优录取"方式进行,国家对公派研究生实行"签约派出,违约赔偿"的管理办法。《规定》明确了公派研究生选拔、派出和管理部门的职责,选拔与派出办法,在国外管理与联系办法,回国与服务办法,违约追偿办法,评估办法等内容。

管理机构的专门化是我国留学管理制度的又一重要内容。1981年,为适应出国

---

① 章开沅、余子侠主编:《中国人留学史(下册)》,社会科学文献出版社2013年版,第614页。
② 同上书,第747页。
③ 同上书,第612页。

留学工作发展需要,经国务院批准,在原高等教育部出国留学生集训办公室的基础上成立了教育部出国人员北京集训部,开始建设留学管理制度的机构载体。随着出国留学事业的发展,留学管理工作也出现了一些问题,如部分公派出国留学人员滞留不归,导致人才外流、留学效益受损等。为解决这些弊端,国家开始研制新的留学管理机制来促进这项工作的发展。1989 年 3 月 31 日,遵照邓小平同志 1987 年在北戴河中央政治局常委扩大会议上作出的"由国家教委成立一个服务机构,专事留学服务"的指示,由李铁映同志负责,在集训部的基础上成立了中国(教育部)留学服务中心,为留学回国人员的回国工作提供双向选择服务,为留学人员提供咨询、办理出国手续等。①1996 年,借鉴国际通行做法,我国成立了国家留学基金管理委员会(简称留学基金委),具体负责有关出国留学和来华留学工作。留学基金委的成立标志着我国留学管理制度的重大调整,自此我国开始实行"个人申请,专家评审,平等竞争,择优录取,签约派出,违约赔偿"的国家公派留学生选派和管理办法,取代了过去层层分配名额计划的做法。同年 11 月 29 日,留学基金委第一次全体委员会议通过了《国家留学基金管理委员会章程》,明确了基金委的宗旨、任务、组织结构和运行程序等,后经修改,于1999 年颁布了新的《国家留学基金管理委员会章程》,并沿用至今。自成立后,教育部又发布了《国家留学基金资助人员派出和管理若干问题的规定》,进一步完善了留学人员的派出和国外管理办法。留学基金委的成立是我国留学管理工作与国际接轨的重要标志,健全了我国的留学管理机构和运行机制,使来华与出国留学生的招收、选拔和管理工作走上了法制化轨道。改革开放 40 年来,为完善出国留学工作体系,教育部还先后在 39 个国家驻外使领馆设立 58 个教育处或教育组,在国外成立 2 000 多个在外中国留学人员组织和 300 多个在外中国留学人员专业学术团体。同时,在国内除成立国家留学基金管理委员会、中国留学服务中心、教育部出国留学培训部外,还成立了全国出国留学工作研究会等机构,并审批成立了近 400 家留学中介机构。它们共同构成了我国留学管理的组织机构及制度网络。

---

① 参见教育部留学服务中心官网:http://www.cscse.edu.cn/publish/portal0/tab80/info1246.htm(阅读时间:2017 年 7 月 10 日)。

二、推进来华留学制度

接受和培养外国留学生,是我国对外交往中一项具有战略意义的工作。20 世纪 80 年代我国学位制度的建立,为来华留学事业的发展奠定了较好的制度基础。随着我国国际影响力的提升,来华留学的吸引力越来越大。2010 年,我国发布并实施《留学中国计划》,提出了"到 2020 年,使我国成为亚洲最大的留学目的地国家"的发展目标,以及打造中国教育国际品牌的发展战略。由此开始,制度建设成为来华留学的建设核心,我国开始着力推进来华留学教育管理体制、投入体制、办学体制、学校内部管理体制改革。《"一带一路"教育行动计划》设立"丝绸之路"中国政府奖学金,实施"丝绸之路"留学推进计划,助力"留学中国"品牌建设,标志着我国留学制度建设迈入了更高水平的发展阶段。

(一) 招生制度的扩展

1979 年 1 月,教育部、外交部、文化部、公安部联合召开了第二次全国来华留学生工作会议,会议提出为调动留学生的学习积极性,便于他们毕业回国后就业和发挥作用,建立学位制度,向留学生颁发学位证书。1980 年全国人大常委会审议通过《中华人民共和国学位条例》。1981 年国务院批准下发《中华人民共和国学位条例暂行实施办法》。自此,我国正式建立了学位制度。20 世纪 80 年代初期,我国已有少数的来华留学生,而此时的招生制度开放力度还比较有限。就招生制度而言,我国已将招生的学历层次扩展为中专生、专科生、本科生、研究生和进修①,后于 1986 年调整为本科大学生、硕士研究生、博士研究生、普通进修生、高级进修生②。所接受留学生限于选学我国对外开放的专业,即文、理、工、农、医、艺术、体育等学科③。1985 年,国务院批转《外国留学生管理办法》(以下简称《办法》),提出了"坚持标准,择优录取,创造条件,逐步增加"的招生方针。当时由于种种原因,对于包括引进国外制度方面的对外开放,我国招收来华留学生的制度设置并没有全面开放。依据《办法》规定,来华留学生报考理、工、农、医、管理等学科的本科和报考研究生的,均需按规定参加入学考试(另有协议者除外)。对于报考本科成绩不合格而又接近录取标准的,可入预科学习一年。80

---

① 《国务院批转〈外国留学生管理办法〉》(国发〔1985〕121 号),1985 年 10 月 15 日。

② 《外国留学生来华学习的有关规定》,1986 年 1 月 1 日。

③ 同上注。

年代所设计的招生类别基本延续至今。2017 年,《学校招收和培养国际学生管理办法》将来华留学生分为接受学历教育和非学历教育两类。其中,接受学历教育的类别为专科生、本科生、硕士研究生和博士研究生;接受非学历教育的类别为预科生、进修生和研究学者。依据 1986 年《外国留学生来华学习的有关规定》,入学考试事宜委托中国驻外使(领)馆主持。《外国留学生来华学习的有关规定》还对招收五类学生的年龄、入学条件、修业年限、申请办法等进行了规定。

1988 年颁发的《国家教育委员会关于招收和培养外国来华留学研究生的暂行规定》提出"招收外国来华留学研究生既要坚持标准、保证质量;又要兼顾派遣国和外国留学生的实际情况,适当放宽要求",这在一定程度上放宽了来华留学条件。由此,来华留学的招生考试有了系统性的突破,对于不同学历背景、报读不同学位的留学生作出了分类规定。招生形式拓展为考试录取和免试录取两大类,具体包括国内统一考试、学校单独命题、学校免试推荐办法三种形式。其中,外国研究生入学考试科目免试马克思主义理论课和外语;业务课为二至三门。用外语命题和指导的语种目前限英语。申请来华攻读硕士和博士学位的入学条件、资格审查,已建立了较为完备的分类规定。这一招生制度框架沿用至 2000 年,在十多年里大大促进了来华留学工作。

2000 年 1 月 31 日,教育部、外交部、公安部联合签署《高等学校接受外国留学生管理规定》(以下简称《规定》),将相关工作方针调整为"深化改革,加强管理,保证质量,积极稳妥发展"。《规定》最大的突破是将招生来华留学生的权力下放给高校,给予高校较大的自由。依据《规定》精神,高等学校制定外国留学生招生办法,公布招生章程,按规定招收外国留学生;对申请来华学习者进行入学资格审查、考试或考核。录取标准由学校自行确定,外国留学生的录取由高等学校决定。高等学校还可以自行招收校际交流外国留学生和自费外国留学生。至此,教育部统筹、高校掌握招生权的来华留学招生制度日臻完善。

2010 年的《留学中国计划》,开启了我国来华留学制度建设的深化发展期。这一时期,我国提出"扩大规模、优化结构、规范管理、保证质量"的工作方针,改革来华留学人员招生录取办法,采取国际通行的审核、考查、考试等相结合的灵活招生方式。在完善预科教育制度的基础上,逐步建立来华留学人员进入本科专业学习标准。严格执行新生学籍及学历电子注册制度,并在招生制度上逐渐与国际接轨。为把好来华留学的招生门槛,启动来华留学质量认证体系建设①成为我国完善来华留学招生制度的建设方向。

(二) 培养制度的系统建设与一体化发展

1985 年 10 月,国务院批转的《外国留学生管理办法》(以下简称《办法》)是较早的系统建构来华留学生培养制度的文件。《办法》对来华留学生的语言学习进行了规定,奠定了留学生汉语学习的制度;对来华留学生的汉语学习、公共课程和教材、图书、档案、资料等培养制度进行了初步设计,成为后续制度发展的基础和依据。次年 1 月,《外国留学生来华学习的有关规定》(以下简称《规定》)首次对来华学习的培养制度进行了较为全面的规定。在《办法》所规定的汉语学习的基础框架上,《规定》进一步要求学习理、工科及其他专业的本科生和进修生,学习 1 年基础汉语。在学制上,《规定》设置了预科学习。《规定》较为深入地对来华留学生的汉语学习进行了分类规定,第一次对专业学习、成绩考核及升级留级制度以及毕业、结业、肄业证书制度等内容进行了规范。

随着来华留学生数量的增长,80 年代后期,已经出现了早期来华学生升入研究生学习阶段的局面,由此,汉语学习制度出现了调整。1988 年,《国家教育委员会关于招收和培养外国来华留学研究生的暂行规定》(以下简称《暂行规定》)要求,对毕业于我国大学本科的外国来华留学研究生或学习有关中国语言文学和历史方面专业的外国来华留学研究生,入学后用汉语授课或指导,其论文的撰写与答辩亦使用汉语。对非我国大学本科毕业或学习非中国语言文学和历史方面专业的外国来华留学研究生,有条件的院校和学科、专业可采用外语授课或指导,其论文的撰写与答辩,亦可采用外语。同时,我国学位制度的健全与发展也影响了来华留学生的培养制度。《暂行规定》首次对研究生学位的学习年限进行了规定,其中硕士研究生学制为二至三年;博士研究生学制一般为三年。至此,来华留学生的培养制度在汉语学习、课程设置、修业年限等方面取得了长足发展。

在 80 年代建立的基础框架下,新世纪以来的来华留学生培养逐渐融入中国,趋向一体化。2000 年《高等学校接受外国留学生管理规定》指出高等学校组织外国留学生

---

① 《教育部关于印发〈教育部 2015 年工作要点〉的通知》(教政法〔2015〕3 号),2015 年 1 月 31 日。

进行教学实习和社会实践应按教学计划与在校的中国学生一起进行；2017年，《学校招收和培养国际学生管理办法》要求高等学校应当将国际学生教学计划纳入学校总体教学计划。

随着科技的发展和教育对外开放的深入，我国对外国留学生的培养模式开始发生变化。为了有效应对新的发展，2010年，按照《留学中国计划》部署，我国继续来华留学生培养制度的探索，进行学历教育弹性学制试点，以多种形式将来华留学教育延伸到国外。研究开展来华留学网络教育和远程培训的可行性。在课程建设方面，着力打造品牌专业，优化专业结构，建设对来华留学人员更有吸引力的专业课程体系。支持高等学校着力打造汉语授课品牌专业，开设一定数量的英语授课学位课程，重点支持具有中国特色和国际比较优势的学位课程，提高其国际影响力。

（三）学生管理制度的权限下放

来华留学生管理制度的建设重心经历了由部委到高等院校的转移过程，并形成了教育部统筹，高校主管的局面。思想政治管理是来华留学的一项重要管理制度。1985年，国务院批转的《外国留学生管理办法》（以下简称《办法》）提出在思想政治工作和政治活动管理中，要求留学生进行入学教育，介绍我国的有关法律和规章制度，帮助他们了解我国的教育制度，适应我国的生活习惯。除此之外，《办法》较为系统地对来华留学生的学籍管理、生活和社会管理等方面进行了规定。其中，对来华留学生的学籍管理制度和留学生的奖励进行了规定。依据《办法》规定，对犯错误留学生的校纪处分为警告、严重警告、记过、留校察看、勒令退学和开除学籍。对留学生的成绩考核、升级与留（降）级、休学与退学的管理，原则上应当与中国学生相同。在生活管理和社会管理方面，《办法》明确，对留学生的物质生活要适当照顾，但不同于对外宾和专家的招待。为加强对留学生户口和宿舍的管理，需建立必要的规章制度。在组织领导层面，《办法》明确留学生工作由国家教育委员会归口管理，并对外交部、文化部、公安部、国务院有关部门以及驻外使领馆、各有关省、自治区、直辖市人民政府、各有关院校等部委和地方、单位的管理职责进行了详细规定。随后，《外国留学生来华学习的有关规定》进一步明确了来华留学生的校内管理制度，制定了考勤、休学、退学和纪律处分办法，以及自费留学生的费用标准。至此，我国初步建立起了一套来华留学生的管理制度。

随着来华留学人数的大幅增长以及国家行政体制改革的发展，2000年，《高等学校接受外国留学生管理规定》对 80 年代建立起来的外国留学生管理组织体制进行了深入改革。在领导机构层面,教育部委托国家留学基金管理委员会负责国家计划内外国留学生的招生及具体管理工作。在前期管理制度的基础上,实现管理权限的下移,将大量管理权力移交给高等学校。从这一时期起,高等院校具体负责外国留学生的招生、教育教学及日常管理工作。在招生管理权方面,高等学校负责制定外国留学生招生办法、收费项目及收费标准,公布招生章程,自行确定录取标准,按规定招收外国留学生,并对申请来华学习者进行入学资格审查、考试或考核。由于高校管理权力的增加,高校对外国留学生的管理制度进行了调整。高等学校开始设置校级领导分管本校的外国留学生工作,并根据有关规定建立外国留学生管理制度,设置外国留学生事务的归口管理机构或管理人员。在学历证书管理上,2001 年,《教育部关于改革外国留学生学历证书管理办法的通知》开始将外国留学生高等学校本科、专科毕业证书的印制、颁发权力下放给学校。2010 年,《留学中国计划》对管理体制的规划延续了教育部宏观管理,省级教育行政部门按照属地化原则负责本地区来华留学管理工作的思路。自 2011 年起,外国留学生研究生学历证书的印制和发放权力也一并下放到各省(区、市)教育厅(教委)和新疆生产建设兵团教育局或高校,同时由各高校直接登录中国高等教育学生信息网即时上报外国留学生学历信息,完成学历证书电子注册工作。①

　　随着留学人数的增多,新的形势对高校的管理提出了更多、更高的要求。2017 年教育部出台《学校招收和培养国际学生管理办法》(以下简称《办法》),大力建设高等院校对国际学生的管理制度。基于《留学中国计划》完善来华留学管理工作人员培训制度的建设基础,《办法》进一步要求高等学校明确承担国际学生管理职能的工作机构,负责统筹协调国际学生的招收、教学、日常管理和服务以及毕业后的校友联系等工作。除明确机构职能外,《办法》要求高等学校设置国际学生辅导员岗位,了解国际学生的学习、生活需求,及时做好信息、咨询、文体活动等方面的服务工作。辅导员制度的建立体现了对"来华留学人员与我国学生的管理和服务趋同化"的管理理念变化,进一步发展和完善了我国对来华留学人员的管理。同时,《办法》创新了众多管理制度:一是

---

① 《教育部关于进一步做好外国留学生学历证书管理和电子注册工作的通知》(教外厅〔2011〕3 号),2011 年
　　4 月 27 日。

要求高等学校开始实行国际学生全员保险制度。二是指出高等学校应当向国际学生公开学校基本情况、教育教学情况、招生简章以及国际学生管理与服务制度。三是要求高校建立健全并公布服务设施使用管理制度。四是对相关管理工作的监督管理制度进行了规定，提出国务院教育行政部门建立健全国际学生培养质量监督制度；省、自治区、直辖市教育行政部门应当对本行政区域的国际学生培养进行监督；负有国际学生管理职责的国务院教育、公安、外交等行政部门，应当利用现代信息技术建立国际学生信息管理系统，推进信息共享工作机制。

（四）奖学金制度的效益提升

1986 年，《外国留学生来华学习的有关规定》单列条目，对中华人民共和国政府奖学金进行说明。中华人民共和国政府奖学金即中华人民共和国国家教育委员会根据政府双边交流协议，为来华学习的留学生提供奖学金。除每月发给留学生本人现金外，另拨给学校的款项还包括学费、教材费、实验费、医疗费、设备费、住宿费、活动费等，并为学校组织的假期集体旅行提供补贴。教育部委托国家留学基金管理委员会负责中国政府奖学金生的招生录取和管理等工作。目前有 279 所中国大学承担中国政府奖学金生的培养任务，学科门类覆盖理学、工学、农学、医学、经济学、法学、管理学、教育学、历史学、文学、哲学、艺术学等。

为提升奖学金的效益，1997 年 3 月，国家教委办公厅颁发《外国留学生奖学金年度评审暂行办法》，开始试行外国留学生奖学金年度评审制度。作为政府奖学金管理制度改革的一项重要措施，年度评审制度的试行对激励奖学金生刻苦学习，及时淘汰个别学习不努力、成绩很差和无视校纪的学生，提高政府奖学金的效益起到了积极的作用。为加强学校依法教育和管理学生的自主权，使年度评审工作开展得更加规范，教育部于 2000 年将《外国留学生奖学金年度评审暂行办法》更名为《中国政府奖学金年度评审办法》[①]，正式实施中国政府奖学金年度评审制度，并委托国家留学基金管理委员会负责年度评审工作的组织实施。

2000 年，《高等学校接受外国留学生管理规定》对中国政府奖学金评审制度进行了新的发展，将年度评审资格交给高校。此外，该规定扩宽了奖学金来源，准许地方人

[①]《教育部关于实施中国政府奖学金年度评审制度的通知》（教外来〔2000〕29 号），2000 年 4 月 26 日。

民政府和高等学校根据需要单独或联合为外国留学生设立奖学金。中国和外国企业、事业组织、社会团体及其他社会组织和个人,经征得高等学校和省级教育主管部门同意,也可以为外国留学生设立奖学金,但不得附加不合理条件。由此建立起多元的奖学金制度体系。

进入 21 世纪,我国政府不断加大对来华留学工作的财政投入力度。2010 年,《留学中国计划》提出要保证我国政府奖学金的规模稳定增加,逐步推行奖学金各项内容货币化改革。鼓励并支持地方政府、学校、企事业单位以及其他社会组织、自然人设立各类来华留学奖学金。构建政府主导、社会参与、主体多元、形式多样的奖学金体系。2015 年,《财政部、教育部关于完善中国政府奖学金资助体系和提高资助标准的通知》(以下简称《通知》)提出,要进一步完善中国政府奖学金的资助体系,将奖学金资助内容规定为学费、住宿费、生活费、综合医疗保险费和国际旅费五类,经研究并综合考虑经济社会发展和物价变化、高校培养成本等因素,并作出提高资助标准的决定。《通知》根据奖学金管理需要,将奖学金各项内容进行分类发放与管理,进一步完善了奖学金发放与管理机制。

第三节 引智制度

引智制度分留学回国服务制度和来华服务制度两大部分。其中,留学回国服务制度是指吸引和安置我国出国留学人员回国服务的相关制度,直接回应了我国留学制度建设的目的。中华人民共和国成立后的一个时期内,指导留学人员回国的政策大致可以分为两类:一是针对原在外留学人员的"来去自由",另一类是针对国家公费派遣留学人员的"严格按期回国、必须服从分配"。[①] 总的来说,我国"支持留学,鼓励回国,来去自由"的出国留学方针将出国留学工作的核心点统一到鼓励回国上,理顺了出国留学工作与学成之后报效祖国之间的关系。改革开放以后,随着国际、国内形势的巨大变化,中国调整并健全了留学回国服务制度,发生了从"回国服务"到"为国服务"的转变,使留学人员为国效力的形式更加灵活多样。来华服务制度是指引进外国人才到中

[①] 苗丹国:《新中国出国留学政策的形成、变革与发展》,中国留学文化学术研讨会,2008 年。

国服务的制度。自改革开放以来,我国在引进外国人才的制度建设上,冲破了思想障碍,历经制度预备期、建立期和完善期,确立起相关政策主体、引进机制、奖励机制、保障机制等,将这项工作纵深推进至法制化、精细化。

一、回国服务制度：从强制到鼓励

改革开放之初,如何在物质条件相对落后的情况下吸引海外留学人员归国服务成为当时的一道难题。1983 年 7 月,劳动人事部和教育部联合发布关于该年度《毕业留学生分配问题的报告》,具体原则为：国家公派留学生一律由国家统一分配工作;单位公派留学生一律回原单位安排工作;自费留学生回国后享受同等待遇,由各省、自治区、直辖市人事部门量才录用,妥善安排。[①] 这种归国工作安排与计划经济时期相比并没有太大的变化或松动。[②] 后又采取了出国前与派遣单位签订"出国留学协议书"、对逾期不归者作除名处理或对迟归者罚款等具体措施。[③] 但官方统计数据显示,1978至 1991 年底我国共派出各类留学生约 15 万名,同期回国的只有 5 万人左右,即是说仅有 1/3 人员学成归国。[④] 这说明强制规定回国服务不见得是最有力的制度设计。面对归国人才的使用问题,1984 年 5 月,邓小平在会见美籍华裔学者李政道时曾提出："成千上万的人回来是很大的问题,我们对回来的人不晓得怎样使用。"[⑤]李政道建议在我国建立博士后科研流动站,吸引在国外的我国留学人员回国工作。邓小平对此给予肯定,并表示"要建立成百成千的流动站,成为制度"[⑥]。同年,中央引进国外智力领导小组办公室、国家教委、国家科委联名呈报国务院的《关于争取留学博士毕业生早日回国工作的请示》提出了考虑回国留学人员的特点,在研究经费方面给予必要支持和照顾的一些具体办法。1987 年 11 月 5 日至 12 月 2 日,国家教委派出第一批留日博士生回收工作组赴日本。此次留日博士生的回归工作取得了较好的效果,对以后各届

---

① 章开沅、余子侠主编：《中国人留学史(下册)》,社会科学文献出版社 2013 年版,第 619 页。

② 同上注。

③ 同上书,第 632 页。

④ 同上书,第 620 页。

⑤ 中华人民共和国教育部、中共中央文献研究室编辑：《毛泽东 邓小平 江泽民论教育》,中央文献出版社、人民教育出版社、北京师范大学出版社 2002 年版,第 165 页。

⑥ 同上注。

博士生的回归工作产生了很大影响。

1992年1月25日，邓小平提出："希望所有出国学习的人回来。不管他们过去的政治态度怎么样，都可以回来，回来后妥善安排。这个政策不能变。"①这一讲话态度表明了我国领导人对海外留学人员的友好态度，对其归国服务的热切期待。同年，国务院办公厅发布《关于在外留学人员有关问题的通知》（以下简称《通知》），明确了欢迎留学人员回国工作的宗旨，在制度上为在外留学人员回国服务敞开了大门。《通知》指出："所有在外学习的人员，不论他们过去的政治态度如何，都欢迎他们回来，包括短期回国进行学术交流合作，以及探亲、休假。对在国外说过一些错话、做过一些错事的，一律不予追究。即使参加了反对中国政府的组织、从事过危害国家安全、荣誉和利益的人员，只要他们退出这些组织，不再从事违反我国宪法和法律的反政府活动，也都一律欢迎回国工作。"为此，《通知》明示了留学回国人员的护照、签证等制度。

中央政府的态度为开启回国服务工作奠定了基调，国家相继采取了众多制度措施，吸引出国留学人员回国工作。在机构设置方面，教育部于1989年组建了中国（教育部）留学服务中心（以下简称"中心"）。留学回国服务是"中心"的一项重要任务，其服务项目包括：国（境）外学历学位认证，办理留学回国人员就业和落户手续，受理教育部留学回国人员科研启动基金申请、组织专家评审等工作，人才招聘与推荐，举办人才招聘会，受理高层次海外留学人才身份确认申请，留学人员回国创业咨询，编纂《中国留学人员创业年鉴》等。②

除设置专门机构外，设置高水平项目是我国吸引留学人员回国服务、发挥留学人员特长的一大措施。自20世纪90年代以来，我国启动了众多项目，如1990年设立留学回国人员科研启动基金，1993年启动"跨世纪优秀人才计划"，1996年启动"春晖计划"等。这些项目为留学人员回国服务提供了便利条件，成为孵化国家高水平人员的有力平台。其中，为缓解90年代初我国科研队伍人才老化、后继乏人的困境，延揽大批海内外中青年学界精英参与我国高等学校重点学科建设，我国自1994年起开始设

---

① 张双鼓、江波主编：《出国留学工作20年》，高等教育出版社1999年版，第3页。

② 参见教育部留学服务中心官网：http://www.cscse.edu.cn/publish/portal0/tab80/info1246.htm（阅读时间：2017年7月10日）。

置"国家杰出青年科学基金"和中国科学院"百人计划",1998 年再推出"长江学者奖励计划"。2002 年,教育部下发《教育部留学回国人员科技启动基金管理规定》,按照"专家评审、择优资助"的原则进行科技启动基金的管理,建立起资助对象、申请和审批、使用和管理等一系列制度。在新的历史背景下,2008 年 12 月 23 日,中共中央办公厅转发《中央人才工作协调小组关于实施海外高层次人才引进计划的意见》,围绕国家发展战略目标,着力做好海外高层次人才的引进工作。这项工作又被称为"千人计划"。中央组织部人才工作局设立海外高层次人才引进工作专项办公室,作为工作小组的日常办事机构,负责"千人计划"的具体实施。这些鼓励海外人才回国服务的项目已经吸引了大批高层次海外人才,培养造就了一批领衔式的学科带头人,培育出了一批重要的科研成果。

加入世界贸易组织后,我国对人才特别是海外高层次人才的需求更为迫切,吸引海外留学人员回国工作或以适当方式为国服务面临新的机遇和挑战。在新的形势下,我国于入世前后加大了留学回国服务的制度建设力度。2000 年 1 月,教育部发布《关于妥善解决优秀留学回国人员子女入学问题的意见》,提出本着"适当照顾、特事特办"的原则,尽可能地为优秀留学回国人员子女入学问题提供优惠和便利条件;对优秀留学回国人员中"有特殊和重大贡献者"的子女入学时遇到的特殊问题,酌情采取"一事一议、特别审批"的办法加以解决。同年 7 月,经党中央、国务院批准,人事部印发了《关于鼓励海外高层次留学人才回国工作的意见》,对留学回国工作的高层次人才,在任职条件、工资津贴水平、科研经费资助以及住房、保险、探亲、家属就业、子女入学等方面的政策规定较过去有较大的突破。

多元服务方式是我国利用好留学人员的一大制度创新。2001 年,教育部、人事部、科技部、公安部、财政部联合发布了《关于鼓励海外留学人员以多种形式为国服务的若干意见》,规定海外留学人员可通过兼职、合作研究、委托研究、创办企业、人才培养、从事中介服务等多种适当方式为祖国发展服务。这是中国在鼓励留学人员为国服务方面出台的第一个比较全面、系统的宏观指导性文件,对海外留学人员为国服务的形式和国家提供的保障政策进行了综合性归纳。从强制回国到鼓励回国,是我国吸引和使用留学人员的第一次思想解放;而从"回国服务"到"为国服务"则再一次开阔了人才使用的思路,标志着吸引海外留学人员为国服务工作进入了一个空间和领域更为宽阔的新阶段[①]。

在信息化背景下,整合数据、畅通信息成为我国落实回国服务的又一举措。2007年,《教育部关于进一步加强引进海外优秀留学人才工作的若干意见》标志着留学回国服务制度进入了一个新的阶段。以此为标志,我国开始探索编制海外优秀留学人才需求目录,建立和完善海外优秀留学人才信息库。教育部建立对海外留学人才需求预测和需求信息发布制度,加大了相关信息的畅通和透明力度。我国着手搭建网上在线交流、洽谈等海外优秀留学人才双向选择平台,为海外优秀留学人才回国工作和创业服务,推动国内用人单位与有回国意向海外优秀留学人员的对接。

为提高用人质量,规范用人机制,教育部办公厅于2013年发布《关于进一步加强和规范高校人才引进工作的若干意见》,提出严格规范兼职兼薪行为。按照"本职优先、分类管理、突出重点、逐步规范"的原则,加强对全职人才兼职兼薪行为的规范管理和监督检查。

二、来华服务制度:从限制到开放

改革开放初期,我国在利用外国智力、聘用外国专家方面经历了一个"摸着石头过河"的阶段。面对百废待兴的国内局面,我国聘请海外专家更多的是为了引进、消化、吸收先进实用的技术、技能和方法,侧重于引进科技类人才。1978年至1983年之间,我国在此方面的政策体现了"力求稳妥、慎重为上"的基本风格。这一时期的政策文本中多强调政治上"对我友好",提出引进外国专家政策"不在报刊上刊登"、注重通过亲朋故旧等私人关系通道获取外国专家信息以及开展引进工作。[②] 在这种情况下,中央各部门的引进工作也存在各自为阵的现象,尚未构成系统的政策合力。故而早期的引进工作可以视为制度预备期,从中央到地方和单位都尚未形成完善的引进政策。

1983年,邓小平发表了关于"利用外国智力和扩大对外开放"的讲话,提出:"要利用外国智力,请一些外国人来参加我们的重点建设以及各方面的建设。"邓小平的讲话冲破了"左"的思想束缚和各种错误思潮的影响,开启了我国自1978年以来引进国外

---

① 苗丹国:《新中国出国留学政策的形成、变革与发展》,中国留学文化学术研讨会,2008年。
② 李春、柳学智:《改革开放以来我国引进外国专家政策分析》,《第一资源》2013年第2期。

专家的新局面。当年,中共中央、国务院发布《关于引进国外智力以利四化建设的决定》;同年 9 月 26 日,国务院颁发《关于引进国外人才工作的暂行规定》,标志着我国开始自上而下地推动引进国外专家的制度建设。

1996 年,劳动部、公安部、外交部、对外贸易经济合作部共同颁发了《外国人在中国就业管理规定》①,使包括外国专家在内的外国人员在华就业有章可依。从制度角度来看,一系列政策明确了引进国外专家的众多机制,使这项工作进入了制度建立期。首先扩展了引进国外人才的渠道和形式,"包括官方的、半官方的、民间的,以及各种国际组织的"②。其次以国家外国专家局为核心的政策责任主体逐渐明晰起来。在管理机构上,以国家外国专家局为核心,横向上牵头协调劳动、外交、公安等各个部门,纵向上联络指导并调动各级地方政府的相关部门,形成了一个纵横交织、相互协作的管理网络。国家外国专家局作为服务引智制度的专门机构,自成立起就承担了拟订引智规划、政策及实施管理等六大主要职责③。专门机构的设立不仅体现了中央对引智工作的重视,也在制度设计上完成了责任主体的专门化,推动了管理制度的完善。

在运行机制上,我国在这一时期对外国专家的资质界定与审核程序、引进程序、保密规定等内容都进行了制度设计,开始实施外国专家证制度。在奖励机制上,中国政府不仅重视来华工作专家的工作环境等外在条件,还在 1991 年设立了"友谊奖",成为中国政府奖励外国专家的最高荣誉。

2003 年,第一次全国人才工作会议的召开以及《中共中央、国务院关于进一步加强人才工作的决定》颁发之后,我国的引进人才工作方针开始由"自主培养是基础,引进人才是补充"向自主培养和引进人才"并重"、"并举"转型。④ 为了加大吸引留学和海外高层次人才工作力度,2003 年中央成立了人才工作协调小组,中央组织部成立了

---

① 参见《劳动部、公安部、外交部、对外贸易经济合作部关于颁发〈外国人在中国就业管理规定〉的通知》(劳部发〔1996〕29 号)。该规定后于 2017 年修改,参见《人力资源社会保障部关于修改〈外国人在中国就业管理规定〉的决定》(人力资源和社会保障部令第 32 号),2007 年 3 月 13 日。

② 《中共中央国务院关于引进国外智力以利四化建设的决定》(中发〔1983〕30 号),1983 年 8 月 24 日。

③ 《中华人民共和国国家外国专家局机构设置》,http://www.safea.gov.cn/intro/jgsz.shtml(阅读时间:2017 年 10 月 26 日)。

④ 梁伯枢:《新形势下的引进海外人才与智力工作——访全国政协常委、国家外国专家局局长季允石》,《国际人才交流》2008 年第 6 期。

人才工作局,引进外国专家的政策主体由过去的国家外国专家局牵头转变为由中央组织部直接牵头,提升了人才管理机构的规格。

加入世贸组织之后,我国对人才的需求发生了变化。为应对新的发展需要,我国将引智工作的方针调整为"以我为主、按需引进、突出重点、讲求实效",更加注重引智工作的国内效益。人才引进工作的重中之重是,围绕促进国民经济又好又快发展,大力引进海外高层次人才和我国经济社会发展需要的紧缺人才。[①] 2008 年 12 月,中央组织部联合国家发展和改革委员会、教育部等部门印发《关于为海外高层次引进人才提供相应工作条件的若干规定》,将我国引进外国专家的政策推进到了更高的发展阶段。在人才目标方面,开始重点关注高精尖的国外人才领域,改变了过去追求数量的政策目标,大力调整引进人员结构,重视团队引进,在继续重视自然科学、工程工业技术类人才的同时加大对金融贸易、经济管理、社会管理、国际法律事务等我国紧缺专业人才的引进力度,更加注重引进的层次和效率。为了有效提高专家利用效率,国家外国专家局于 2011 年印发《引进国外智力服务国民经济和社会发展的分类指导意见》,建立健全引进外国专家分类指导的实施机制,对于不同领域的专家采取不同的引进政策和激励措施,推进相关制度和工作的针对性与精细化发展。

为了吸引更多高层次外国专家参与我国现代化建设,2011 年,我国设立"千人计划"高层次外国专家工作平台,实施"千人计划"高层次外国专家项目(简称"外专千人计划",特指非华裔外国专家)。"外专千人计划"的目标是,按照中央人才工作协调小组的统一部署,围绕我国经济和社会发展重点行业和关键领域的需求,利用 10 年左右的时间,引进 500—1 000 名高层次外国专家,每年引进 50—100 名。[②] "外专千人计划"是迄今为止我国引进外国专家的最高级别项目,也是引进规模和奖励力度最大的项目。在中央人才工作协调小组的统一部署下,高层次引智工作形成了政策合力,在制度设计和执行上找到了重要抓手。与此同时,中共中央组织部、人力资源和社会保障部、公安部等 25 部门联合发布的《外国人在中国永久居留享有相关待遇的办法》,以

---

① 梁伯枢:《新形势下的引进海外人才与智力工作——访全国政协常委、国家外国专家局局长季允石》,《国际人才交流》2008 年第 6 期。

② 《中共中央组织部、人力资源和社会保障部、国家外国专家局关于印发〈"千人计划"高层次外国专家项目工作细则〉的通知》(组通字〔2011〕45 号),2011 年 8 月 19 日。

及中共中央办公厅、国务院办公厅印发的《关于加强外国人永久居留服务管理的意见》,都为大力吸引海外人才来华创新创业营造了良好的法制环境。

改革开放以来,我国在引进外国智力方面取得了醒目的成绩,海外人才引进的规模逐渐扩大,层次不断提高,结构更趋合理,聘请专家的形式也越来越多样化,引进人才大大加速了我国的现代化建设。但是迄今为止,我国还没有一部专门的引进国外人才方面的法律法规。这与世界上主要发达国家通过成熟完备的法律制度吸引人才的方式存在较大差距,是引智制度完善期亟待突破的瓶颈问题。目前,国家外专局按照中央要求着手制定《外国人在中国工作管理条例》,并负责牵头制定《关于加强引进国外人才和智力的若干意见》。未来,相关法规和政策的出台将使引智制度工作朝着法制化的方向大力前进,也将为高层次外国人才来华工作提供良好的法治环境。

第四节　涉外办学制度

开放办学使我国涉外办学实现了多层次、宽领域的教育交流与合作。在深度融入世界教育潮流的背景下,我国适时提出培养大批具有国际视野、通晓国际规则、能够参与国际事务和国际竞争的国际化人才[《国家中长期教育改革和发展规划纲要(2010—2020年)》]。国际人才的培养对语言等课程提出了更高的要求,对人才培养制度提出了新的挑战。由此催生了开放课程体系,推动建立并完善国际理解课程以及引进国际课程等相关制度。涉外办学制度立足中国,面向世界,统筹国内国际两个大局,充分贯彻了"引进来"与"走出去"两大战略。在开放的办学体系中,合作办学是我国吸收国外优质教育资源的新实践,其制度建设推动了发展的规范化。境外办学是我国面向国际办学的新举措,是发挥国家教育辐射力和增强国际影响力的重大举措。境外办学制度的建立奠基了孔子学院等境外办学单位的发展,成为助推和规范境外办学的重要制度支持。

一、开放课程体系的建立

随着中国教育融入全球,尤其是加入世界贸易组织之后,为了培养适应经济全球化的各类专门人才,我国着手建立面向各个教育阶段的开放课程体系。在基础教育和职业教育领域,按照《国家中长期教育改革和发展规划纲要(2010—2020 年)》的部署,在加强中小学、职业学校对外交流与合作的同时,我国逐渐加强国际理解教育,推动跨文化交流,增进学生对不同国家、不同文化的认识和理解。围绕开展国际化课程建设,各地方因地制宜地出台了相关政策,主要举措有:重点加强优势和特色学科的国际化课程建设;引进优质合作办学项目;重视国际化课程人才队伍建设,逐渐形成了相关人才的引进、管理和评价制度;整合国际化课程,通过加大网络课程开发力度,推进国际课程的开展;逐步加大双语或外语教学比例等①。

在高等教育领域继续突出一些具有国际特征与国际性倾向的学科专业,如国际贸易、国际金融等,主要表现在双语课程建设方面。20 世纪 90 年代初,为大力推进国际语言工作,我国对相关机构进行了调整,并形成有关机构运行制度。1991—1992 年,原外语学科的两个教材编审委员会先后改建为高等学校外语专业教学指导委员会和大学外语教学指导委员会。1993 年,国家教委办公厅颁布了《高等学校外语教学指导委员会工作条例》②,建立起该机构的工作制度,进一步健全了外语课程体系。入世以来,我国对国际化人才的需求更加迫切,加快了语言类课程的建设速度。双语教学是我国大学课程国际化的重要突破口。我国在双语教学方面,不仅重视提高教师的外语教学水平和学生的外语应用能力,同时还着力加强双语课程与教材建设。在双语教学中,提倡使用外文教材,或运用外国语言进行讲授。而外国的教材在语言和文化上与

---

① 《中共云南省委、云南省人民政府关于加快推进高等院校实施"走出去"战略提高高等教育国际化水平的若干意见》(云发〔2006〕11 号)、《中共江苏省委、江苏省人民政府关于印发〈江苏省中长期教育改革和发展规划纲要(2010—2020 年)〉的通知》(苏发〔2010〕11 号)、《中共浙江省委、浙江省人民政府关于印发〈浙江省中长期教育改革和发展规划纲要(2010—2020 年)〉的通知》(浙委〔2010〕96 号)、《中共辽宁省委、辽宁省人民政府办公厅关于印发〈辽宁省中长期教育改革和发展规划纲要(2010—2020 年)〉的通知》(辽委发〔2010〕19 号)、《福建省人民政府办公厅转发省教育厅关于福建省教育改革试点总体方案的通知》(闽政办〔2011〕83 号)、《浙江省教育厅关于印发〈浙江省高等教育"十二五"发展规划(2011—2015 年)〉的通知》(浙教高科〔2011〕153 号)、《北京市人民政府办公厅关于印发本市中长期教育改革和发展规划纲要(2010—2020 年)任务分工的通知》(京政办发〔2011〕72 号)、《中共昆明市委办公厅、昆明市人民政府办公厅印发关于加快推进昆明市教育国际化发展指导意见的通知》(昆办通〔2015〕112 号)、《北京市教育委员会关于印发〈北京市"十三五"期间教育科学研究规划纲要〉的通知》(京教策〔2016〕1 号)、《浙江省发展和改革委员会、浙江省教育厅关于印发浙江省教育事业发展"十三五"规划的通知》(浙发改规划〔2016〕554 号)等。

② 《国家教委办公厅关于印发〈高等学校外语教学指导委员会工作条例〉的通知》(教社科厅〔1993〕3 号),1993 年 5 月 31 日。

我国有着很大的差别,因此我国大力加强双语课程和教材建设,深化教学内容、方法和手段的改革。由此,要求高校实际制定本校双语教学课程的制度,并确定了以立项方式加强双语课程和教材建设的制度。

语言教学的需要由语言专业课程延伸到公共课和其他专业课程之中。2010 年,《关于加强高等学校本科教学工作提高教学质量的若干意见》进一步要求本科教育创造条件使用英语等外语进行公共课和专业课教学。尤其对高新技术领域的生物技术、信息技术等专业,以及为适应我国加入 WTO 后需要的金融、法律等专业,更要先行一步,力争三年内,外语教学课程达到所开课程的 5%—10%。对于暂不具备直接用外语讲授条件的学校、专业,制定了"部分课程先实行外语教材、中文授课,分步到位"的策略。对于信息科学、生命科学等发展迅速,国际通用性、可比性强的学科和专业可以直接引进先进的、能反映学科发展前沿的原版教材。[①] 这一意见进一步开放了我国的高等教育课程体系,为高等教育课程的国际化提供了制度条件。

二、合作办学的扩大与规范发展

中外合作办学是我国改革开放后教育领域出现的新生事物,正逐渐成为我国教育对外交流与合作的一种新形式。1986 年 9 月,经国务院批准,我国成立了第一个中外合作办学机构——南京大学—霍普金斯大学中美文化研究中心。中美文化研究中心经十多年的建设与发展,成为中美两国在教育学术领域合作的成功范例,受到中美两国领导人的重视和称赞,被誉为"不出国的留学园地",在国际上产生了重要影响。

我国加入世贸组织后,中外合作办学加速发展。根据世贸组织的有关规定,我国对《中外合作办学暂行规定》作了根本性修改,2003 年 3 月,国务院发布《中华人民共和国中外合作办学条例》,将中外合作办学定性为公益性事业。2004 年 6 月,教育部颁布《中华人民共和国中外合作办学条例实施办法》。同时,教育部还配套制定了若干规范性文件,搭建起了合作办学的制度框架。[②] 这一时期国家对中外合作办学实行

---

① 《教育部关于印发〈关于加强高等学校本科教学工作提高教学质量的若干意见〉的通知》(教高〔2001〕4号),2001 年 8 月 28 日。

② 2013 年,教育部对原有条例进行修改,颁布了新的《中华人民共和国中外合作办学条例》。参见国务院:《中华人民共和国中外合作办学条例》(国务院令第 638 号),2013 年 7 月 18 日。

"扩大开放、规范办学、依法管理、促进发展"的方针,鼓励引进外国优质教育资源的中外合作办学,鼓励在高等教育、职业教育领域开展中外合作办学,鼓励中国高等教育机构与外国知名高等教育机构合作办学。中外合作办学条例对中外合作办学机构的设立、组织与管理、教育教学、资产与财务、变更与终止等制度内容以及相关法律责任进行了规定,成为开展合作办学的制度依据。在中外合作办学条例的指导下,我国发布《中外合作职业技能培训办学管理办法》①,进一步健全了职业教育领域的中外合作办学制度。2006 年,《教育部关于当前中外合作办学若干问题的意见》进一步提出加强采用"双校园"办学模式的中外合作办学项目的管理。上述制度的建立健全,既顺应了加入世贸组织对我国依法治教的要求,也符合我国教育走出国门的迫切希望,使我国有关中外合作办学的规则和政策更加规范、透明,既有助于外国教育机构来华进行合作办学以及中外双方合作办学和依法自主办学,又有利于我国政府机关依法进行监督管理。

2005 年,教育部正式批准设立宁波诺丁汉大学,从而开启了中国教育国际化合作蓬勃发展的历史新篇章。2006 年 5 月,由西安交通大学和英国利物浦大学合作创立的西交利物浦大学(XJTLU)坐落苏州,80％为外籍教师。2012 年 8 月 15 日,上海纽约大学正式挂牌成立,成为世界一流大学携手中国"985"重点大学创建的第一所具有独立法人资格的中美合作大学。上海纽约大学在全球招聘的专任教师达 40％,与纽约大学和华东师范大学联合聘用的教师占 40％,来自国外其他一流大学和研究机构的兼职教师和客座教授占 20％,打造了一种新型的办学形式。

随着合作办学的深入发展,我国更加注重办学效益的提升,为此开始建设中外合作办学的评估制度。2009 年,教育部颁布了《中外合作办学评估方案(试行)》,开始探索中外合作办学的评估指标体系。评估制度的建立进一步完善了中外合作办学制度,为提升办学效益提供了保障。随着我国对外开放不断深化与国际教育交流日益广泛,高等教育领域对外交流迅速发展,各类涉外办学不断增多,涉外办学存在的一些突出问题也逐渐暴露出来:社会上的一些机构和个人以提供国外大学文凭、学位等为名非

---

① 《中外合作职业技能培训办学管理办法》(劳动和社会保障部令第 27 号),2006 年 7 月 26 日。注:2015 年,修订并颁布了新的《中外合作职业技能培训办学管理办法》。

法招生、培训和发放虚假学历文凭、学位证书,也有的租用高校校内或周边场所非法办学,迷惑、欺骗受教育者;有些高校在开展对外校际交流中,缺乏对对方学校的深入了解,项目管理不规范,签订协议不严谨,执行不严格,有个别高校借此向学生收取高额学费或增设名目多收费,损害了学生的利益。[①] 为此,教育部先后下发《教育部关于进一步规范中外合作办学秩序的通知》和《教育部关于加强涉外办学规范管理的通知》,推进"两个平台"(建立中外合作办学监管工作信息平台和中外合作办学颁发证书认证工作平台)和"两个机制"(建立中外合作办学质量评估机制和中外合作办学执法和处罚机制)建设,要求"各地教育行政部门、各高校要根据本通知精神,按照国家有关法律、法规的要求对涉外办学开展专项清理整顿"。上述两个《通知》为应对新形势对合作办学的挑战出台了众多举措,推动了合作办学管理制度的规范化。对中外合作办学的专项清理,强调了制度的落实和监督,标志着我国中外合作办学由数量发展向质量提升迈进。在此基础上,配合"一带一路"行动计划,我国将实施"丝绸之路"合作办学推进计划,继续拓展和深化中外合作办学。

三、境外办学的蓬勃发展

境外办学是我国教育国际化由学习型发展方式向输出型发展方式转变的表现。我国先后出台《高等学校境外办学暂行管理办法》《教育部关于加强涉外办学规范管理的通知》等文件,将境外办学作为"走出去"战略的重点来抓,建立并加强孔子学院和网络孔子学院等境外办学范例,逐步建立健全境外办学制度。

为促进中国教育对外交流与合作,规范高等学校境外办学活动,2002 年 12 月,教育部实施《高等学校境外办学暂行管理办法》(以下简称《办法》),标志着我国境外办学制度的建立。《办法》所称高等学校境外办学,是指高等学校独立或者与境外具有法人资格并且为所在国家(地区)政府认可的教育机构及其他社会组织合作,在境外举办以境外公民为主要招生对象的教育机构或者采用其他形式开展教育教学活动,实施高等学历教育、学位教育或者非学历高等教育,独立承担相应的法律责任。根据《办法》精神,境外办学的管辖制度依据学历教育与非学历教育的区别分属不同的权力机构,采

---

① 《教育部关于加强涉外办学规范管理的通知》(教外厅〔2012〕2 号),2012 年 3 月 29 日。

取不同的路径：高等学校境外办学实施本科或者本科以上学历教育的，按隶属关系由省、自治区、直辖市人民政府或者学校主管部门审核后，报教育部审批。高等学校境外办学实施专科教育或者非学历高等教育的，按隶属关系由省、自治区、直辖市人民政府或者学校主管部门审批，报送教育部备案。《办法》建构起了境外办学的申请制度和监管制度，对于规范和推动境外办学起到了重大作用。其中的许多内容在2012年出台的《教育部关于加强涉外办学规范管理的通知》中仍然适用。

随着中国经济的发展和国际交往的日益广泛，世界各国对汉语学习的需求急剧增长。为推动汉语加快走向世界，提升中国语言文化影响力，从2004年开始，我国开始探索在海外设立以教授汉语和传播中国文化为宗旨的"孔子学院"。《孔子学院章程》①（以下简称《章程》）的建立和颁发是其运行制度化的标志。《章程》明确规定，孔子学院作为非营利性教育机构，其宗旨是增进世界人民对中国语言和文化的了解，发展中国与外国的友好关系，促进世界多元文化发展，为构建和谐世界贡献力量。根据各国（地区）特点和需要，孔子学院的设置模式可以灵活多样，但汉语教学采用普通话和规范汉字。其主要职能是：开展汉语教学；培训汉语教师，提供汉语教学资源；开展汉语考试和汉语教师资格认证业务；提供中国教育、文化、经济及社会等信息咨询；开展中外语言文化交流活动。《章程》还就孔子学院总部的组织与职能、申办条件与程序、经费、管理、各学院的权利与义务进行了规定，建立与完善了运行制度。随后，《孔子学院发展规划（2012—2020年）》在建立健全教学和管理人力资源体系、国际汉语教材和教学资源体系、汉语考试服务体系等方面进一步深化了孔子学院的制度建设。在制度引领下，截至2016年12月31日，全球140个国家（地区）共建立了512所孔子学院和1 073个孔子课堂。② 孔子学院已经成为推广汉语教学、传播中国文化及汉学的全球品牌和平台。以孔子学院为代表的境外办学成果已经发展成国际汉语教育与推广的重要品牌、中外教育文化友好交往的合作平台，成为传递中国声音、讲述中国故事的生动宣传渠道。

---

① 《孔子学院章程》，http://www.hanban.edu.cn/confuciousinstitutes/node_7537.htm（阅读时间：2017年7月10日）。

② 《关于孔子学院/课堂》，http://www.hanban.edu.cn/confuciousinstitutes/node_10961.htm（阅读时间：2017年7月19日）。

第五节　全球教育治理

"全球治理"概念最早由国际发展委员会主席勃兰特于 1990 年在德国系统提出。[①] 2008 年全球金融危机之后,"全球治理现代化"的理论、价值、目标及其路线设计的研究讨论开始为人们所关注。面对欧美保守主义的潮流和"逆全球化"趋势加重,我国开始提出全球治理的中国方案,强调要"共商共建共享"。在教育领域,《国家教育事业发展"十三五"规划》中提出了"积极参与全球教育治理"的目标。其中,教育服务贸易的发展考验着中国的教育治理水平。在深化多边教育合作与深度参与国际教育规则制定的过程中,中国积极推动高层磋商机制和合作机制建设,主动在全球教育发展议题上提出新主张、新倡议和新方案。在教育国际援助中,中国通过多年实践经验形成了多样化的援助机制。

一、教育服务贸易

改革开放后不久,留学制度的开放与发展孕育出了教育服务贸易市场。出国留学的商机最先打开了教育服务贸易的大门。1987 年 5 月,公安部经与国家教委研究后印发了《关于机构(团体)和个人私自招收自费出国留学生问题的批复》;1987 年 8 月,国家教委和公安部联合印发《关于国内外组织和个人不得擅自在我国招收自费留学人员的通知》;1988 年,国家教委印发《关于设立出国留学咨询机构的意见》;1993 年 2 月,公安部印发《关于不得为私自组织招收的自费留学人员签发护照的通知》。为了确保申请自费出国留学人员的利益,同时确实也有对"留学中介组织"这一新生事物的性质、地位和作用不甚熟悉的原因,国内主管机构采取了比较谨慎的处置态度。[②] 直到 1999 年 8 月,《自费出国留学中介服务管理规定》及其实施细则的出台,才正式建立起了规范的留学中介服务制度,明确了中介机构的资格认定和准入标准,为自费出国留学中介市场的有序开辟和规范管理奠定了制度基础。

---

① 庞中英:《关于中国的全球治理研究》,《现代国际关系》2006 年第 3 期。
② 苗丹国:《新中国出国留学政策的形成、变革与发展》,中国留学文化学术研讨会,2008 年。

　　加入世界贸易组织后,除九年制义务教育(包括小学教育和初中教育)和特殊教育服务(如军事、警察、政治和党校教育等)外,我国政府对初等教育、中等教育、高等教育、成人教育及其他教育服务均作出了有选择对外开放的承诺。这些协议直接推动了我国教育服务贸易制度的战略性调整。

　　对于教育服务贸易的性质,2006年,《教育部关于当前中外合作办学若干问题的意见》提出,教育服务不是货物贸易,也不同于一般的服务贸易,要坚持中外合作办学的公益性原则;坚持依法办学,规范管理;坚持引进优质教育资源,加强能力建设的政策导向;加强中外合作办学的质量管理。2011年,《服务贸易发展"十二五"规划纲要》将教育服务列为服务贸易之一,并确立了六大发展目标:引进优质教育资源;加快国内教育机构能力建设,提高办学水平和人才培养质量;大力发展来华留学教育,使我国成为亚洲地区最大的留学目的国;加快汉语国际推广,提高汉语国际影响力;促进境外办学健康发展;稳步开拓教育服务国际市场,积极参与国际教育服务。为实现推动教育服务贸易的目标,我国提出了七大重点工作:为国内教育机构积极稳妥地扩大教育服务出口提供政策扶持;积极推进教育服务贸易便利化;支持国内教育机构提高教育服务创新能力和竞争能力,开发、培育具有国际竞争力和比较优势的教育服务项目;鼓励教育机构开发、经营国际市场,积极参与国际竞争;积极稳步推进孔子学院建设,对重点地区进一步加大投入力度;加强教育服务贸易领域知识产权保护,建立境内外教育服务支持网络;建立健全教育服务质量监管体系、信息服务体系、政策保障体系、组织管理体系。

　　在上述制度框架下,我国教育服务贸易大幅提升。当前,出国留学服务占据了我国教育服务贸易的最大份额。一方面,我国教育制度在坚持教育公益性质的基础上积极稳妥地推进教育服务贸易的发展;另一方面,教育市场的蓬勃发展也带来一些乱象,亟待制度的规范。为此,2002年,教育部、公安部、国家工商行政管理总局联合下发《关于进一步规范自费出国留学中介活动秩序的通知》,提出严格审核境外机构的资质情况,各地教育行政部门责成留学中介机构完善内部管理,建立健全规章制度;建立自费出国留学中介活动的监督机制,将规范出国留学中介活动的管理制度建设推向深入。此后,我国继续完善出国留学中介管理制度,将自费出国留学中介服务机构资格认定项目的审批实施部门由教育部调整为省级人民政府教育行政部门①,教育部制定了自费出国留学中介服务机构资格认定书式样。2014年4月,教育部和国家工商总局联合制定的《自费出国留学中介服务委托合同示范文本》又对健全出国留学中介市场服务制度起到了重要作用,推动了这一服务的规范与透明,以及该市场的净化与自律。

二、多边教育合作

深化多边教育合作与深度参与国际教育规则制定,是我国积极参与全球教育治理的重要措施,重点在于推动国际高层互动机制和国际组织人才培育机制。按照《国家教育事业发展"十三五"规划》的部署,国际高层互动机制包括推动与联合国教科文组织建立高层定期磋商机制,完善上海合作组织、亚太经合组织等多边教育部长会议机制,完善金砖国家教育合作机制,拓展亚太经合组织等平台的教育合作空间。国际组织人才培育机制主要在于完善国际组织人才培养机制,有计划地培养推荐优秀人才到国际组织任职。这些举措又有利于我国深度参与国际教育规则制定。在制度部署中,学分互认是推动学生交流、深入参与相关多边教育行动的重点,也是我国深度参与国际教育规则制定的重要例证。

学分转换与学历、学位认证转换是推动人员往来,建设国际化人才培育制度的必然要求。改革开放之后,逐渐开放的社会体系面临着人员交往中的学历学位相互认证问题。为此,我国于1983年签署了联合国教科文组织《亚洲和太平洋地区承认高等教育学历、文凭和学位的地区公约书的协议》,与亚美尼亚、韩国、俄罗斯、斯里兰卡、塔吉克斯坦、土耳其、土库曼斯坦等国家建立了相互承认学位、学历和文凭的双边协议②,开始了学分转换与学历、学位认证的制度建设。入世以后,随着人才培养的国际合作,我国不断加大与国外高水平大学合作培养人才的力度,积极探索国内外共同培养高素质创新人才的有效途径。新的形势要求制定学分互认的政策,积极鼓励大学生到国外

---

① 《教育部关于做好自费出国留学中介服务机构审批权下放有关事项的通知》(教外综〔2013〕50号),2013年7月9日。

② 《中国签定的国家(地区)间相互承认学位、学历和文凭的双边协议清单(截至2011年)》,http://www.cdgdc.edu.cn/xwyyjsjyxx/dwjl/xwhr/(阅读时间:2017年7月10日)。

大学选修课程学分和学习交流,拓宽学生的国际视野[①]。表 10.1 显示了至 2011 年与我国签订国家(地区)间相互承认学位、学历和文凭双边协议的国家(地区)。在此基础上,截止到 2017 年 4 月,我国已与 46 个国家和地区签订了学历学位互认协议,[②]为我国教育的对外开放减少了制度障碍。

表 10.1　中国协议相互承认学位、学历和文凭的国家(地区)[③](截至 2011 年)

年份	协议签署国别(地区)
1983	亚美尼亚、阿塞拜疆、澳大利亚、中国、朝鲜、梵蒂冈、印度、印度尼西亚、哈萨克斯坦、吉尔吉斯斯坦、老挝、马尔代夫、蒙古、尼泊尔、菲律宾、韩国、俄罗斯、斯里兰卡、塔吉克斯坦、土耳其、土库曼斯坦
1988	斯里兰卡
1990	保加利亚
1991	阿尔及利亚、秘鲁
1992	毛里求斯
1993	乌兹别克斯坦
1994	喀麦隆
1995	罗马尼亚、俄罗斯
1997	埃及、匈牙利
1998	乌克兰、蒙古
2000	白俄罗斯
2002	吉尔吉斯斯坦、德国
2003	英国、法国、澳大利亚、新西兰
2004	中国香港、奥地利
2005	荷兰、加拿大(安大略省)、加拿大(魁北克省)、葡萄牙、意大利

[①] 《教育部关于进一步深化本科教学改革全面提高教学质量的若干意见》(教高〔2007〕2 号),2007 年 2 月 17 日。

[②] 《我国已与 24 个"一带一路"国家签订学历学位互认协议》,http://www.moe.edu.cn/jyb_xwfb/xw_fbh/moe_2069/xwfbh_2017n/xwfb_170419/170419_mtbd/201704/t20170420_302904.html(阅读时间:2017 年 9 月 30 日)。

[③] 《中国签定的国家(地区)间相互承认学位、学历和文凭的双边协议清单(截至 2011 年)》,http://www.cdgdc.edu.cn/xwyyjsjyxx/dwjl/xwhr/(阅读时间:2017 年 7 月 10 日)。

续　表

年份	协议签署国别(地区)
2006	爱尔兰、墨西哥、哈萨克斯坦、瑞典、加拿大(爱德华王子岛省)、加拿大(不列颠哥伦比亚省)、加拿大(萨斯卡彻温省)、加拿大(新不伦瑞克省)
2007	丹麦、西班牙、泰国、加拿大(艾伯塔省)、加拿大(曼尼托巴省)、加拿大(诺瓦斯科舍省)、法国
2008	新西兰、古巴、韩国
2009	越南、菲律宾
2010	墨西哥、拉脱维亚
2011	马来西亚

2009 年,我国颁布了《国(境)外学历学位认证评估程序和标准(试行)》,标志着我国在相关全球教育治理议题上出台了中国方案。这有利于鉴别国(境)外学历学位证书或高等教育文凭颁发机构、鉴别的合法性;甄别国(境)外大学或其他高等教育机构颁发的学历学位证书或具有学位效用的高等教育文凭的真实性;对国(境)外学历学位与我国学历学位的对应关系提出认证咨询意见;为通过认证评估的国(境)外学历学位证书或高等教育文凭出具书面认证证明。

《国家中长期教育改革和发展规划纲要(2010—2020 年)》提出,扩大政府间学历学位互认,支持中外大学间的教师互派、学生互换、学分互认和学位互授联授一直是我国教育对外开放的重要内容。为配合"一带一路"建设,我国又提出推动"一带一路"沿线学历学位认证标准连通,实现区域内双边多边学历学位关联互认。随着我国国际地位的提升和教育对外开放方针的调整,我国在区域和世界教育舞台上的角色正在发生转变。2016 年,我国通过《"一带一路"教育行动计划》向世界发声,呼吁各国完善教育质量保障体系和认证机制,加快推进本国教育资历框架开发,共商共建区域性职业教育资历框架。这将有利于各缔约国领土内的现有教育手段能够为了共同的利益而得到尽可能有效的利用,保证教师、学生、研究工作者和专业人员能够进行范围更大的流动,减轻在国外培训的人员回国后所遇到的困难,为推进民心相通、提供人才支撑、实现共同发展提供制度支持。向世界发声正是中国深化多边教育合作、深度参与国际教育规则制定的有力证明,是中国在国际教育议题上提出中国方案、贡献中国智慧的表现。

三、教育国际援助

开展国际援助是中国履行大国责任的重要体现,也是中国在新时期积极推动全球教育治理的一大举措。依据 2011 年 4 月国务院新闻办公室《中国的对外援助》白皮书,改革开放后,我国调整了对外援助的规模、布局、结构和领域,进一步加强对最不发达国家的援助,开始采用"代管经营、租赁经营和合资经营等多种形式的技术和管理合作"模式,更加注重对外援助项目的经济效益和长远效果,援助方式更为灵活。这项工作已经形成了较为高效的项目管理模式、多样化的援助资金来源和方式以及丰富的援助内容体系。

20 世纪 90 年代以后,中国重点推动援助资金来源和方式的多样化,逐渐形成了无偿援助、无息贷款和优惠贷款三种类型。而对外援助包括成套项目、一般物资、技术合作、人力资源开发合作、援外医疗队、紧急人道主义援助、援外志愿者和债务减免 8 种方式。其中,人力资源开发合作和援外志愿者与教育领域紧密相关。人力资源开发合作是指中国通过多双边渠道为发展中国家举办各种形式的政府官员研修、学历学位教育、专业技术培训以及其他人员交流项目。援外志愿者是指中国选派志愿人员到其他发展中国家,在教育、医疗卫生和其他社会发展领域为当地民众提供服务。目前,中国派出的志愿者主要有援外青年志愿者和汉语教师志愿者。

在众多援助项目中,中国教育援助内容主要包括:援建学校、提供教学设备和资料、派遣教师、在华培训发展中国家教师和实习生,为发展中国家来华留学生提供政府奖学金等。自 20 世纪 50 年代起,中国开始资助其他发展中国家学生来华学习,并帮助亚洲和非洲国家建设普通和技术院校,提供教学仪器和实验室设备。60 年代,中国开始向发展中国家派遣援外教师。70—80 年代,中国应受援国政府的要求,以接受留学生的方式,为坦赞铁路、毛里塔尼亚友谊港、坦桑尼亚煤矿、圭亚那纺织厂等部分援建成套项目,专门培养中高级技术和管理人才。近年来,我国在教育国际援助的高层对话中日益活跃。2000 年,中非合作论坛成立,成为新形势下中国与非洲友好国家开展集体对话的重要平台和务实合作的有效机制。通过这一阶段的改革,中国对外援助的发展道路进一步拓宽,效果更加显著。中国除通过传统双边渠道商定援助项目外,还在国际和地区层面加强与受援国的集体磋商。中国政府在联合国发展筹资高级别会议、联合国千年发展目标高级别会议,以及中非合作论坛、上海合作组织、中国—东盟领导人会议、中国—加勒比经贸合作论坛、中国—太平洋岛国经济发展合作论坛、中国—葡语国家经贸合作论坛等区域合作机制会议上,多次宣布一揽子有针对性的对外援助政策措施,加强在农业、基础设施、教育、医疗卫生、人力资源开发合作、清洁能源等领域的援助力度。

据统计,截至 2009 年底,中国共帮助发展中国家建成学校 130 多所。累计资助来自 119 个发展中国家共计 70 627 名留学生来华进行各类专业学习,其中,仅 2009 年就向 11 185 名留学生提供了奖学金。共派遣近 1 万名援外教师。在人员培训方面,以 2010—2012 年为例,中国举办了 30 多期院校高级管理人员培训班、高等教育管理培训班、职业教育管理培训班、中小学校长和教师研修班、现代远程教育研修班等,为发展中国家培训千余名教育官员、校长和教职人员。同期,中国共向 121 个国家提供了援助,其中亚洲地区 30 国,非洲地区 51 国,大洋洲地区 9 国,拉美和加勒比地区 19 国,欧洲地区 12 国。此外,中国还向非洲联盟等区域组织提供了援助。

2016 年,《推进共建"一带一路"教育行动》提出,要发挥教育援助在"一带一路"教育共同行动中的重要作用,逐步加大教育援助力度,重点投资于人、援助于人、惠及于人。发挥教育援助在"南南合作"中的重要作用,加大对沿线国家尤其是最不发达国家的支持力度;统筹利用国家、教育系统和民间资源,为沿线国家培养培训教师、学者和各类技能人才;积极开展优质教学仪器设备、整体教学方案、配套师资培训一体化援助;加强中国教育培训中心和教育援外基地建设;倡议各国建立政府引导、社会参与的多元化经费筹措机制,通过国家资助、社会融资、民间捐赠等渠道,拓宽教育经费来源,做大教育援助格局,实现教育共同发展。在此基础上,《国家教育事业发展"十三五"规划》进一步就教育国际援助进行了深入细致的规划,计划积极开展优质教学仪器设备、整体教学方案、配套师资培训一体化援助。结合我国对外援助项目,鼓励教师与青年学生到发展中国家参与项目建设和提供志愿者服务。中国在教育领域的援助促进了受援国教育事业的发展,帮助受援国培养了大批教育、管理、科技等领域的人才,为受援国的经济和社会发展提供了智力支持。同时,教育援助体系和机制的发展也推动了我国相关制度的建立健全,为提升我国在全球教育治理中的地位起到了推波助澜的作用。

主要参考文献

1. 安雪慧：《我国中小学教师工资水平变化及差异特征研究》，《教育研究》2014年第12期。

2. 鲍成中：《后4％时代，我国教育经费的保障和使用》，《中国教育学刊》2012年第9期。

3. 边新灿：《新一轮高考改革浙江、上海方案深度比较研究》，《中国考试》2015年第2期。

4. 蔡朝阳著：《阅读抵抗荒诞：蔡朝阳中国教育观察》，台北秀威信息科技股份有限公司2009年版。

5. 蔡上鹤：《试谈中学数学课程改革中应该处理好的十个关系》，《中学数学》2005年第5期。

6. 蔡婉：《关于建立义务教育质量监测系统的构想》，《教育导刊》1997年第4期。

7. 陈彬、郑宁：《章程的生命力在于实施——全国75所高等学校章程实施情况评估报告》，《中国高等教育》2016年第19期。

8. 陈聪富等著：《学校发展性督导》，浙江大学出版社2009年版。

9. 陈德喜：《妥善处理大学章程建设中内部权力配置的三对关系》，《中国高等教育》2012年第24期。

10. 陈德珍：《加强教育督导是基础教育改革与发展的需要》，《中国教育学刊》1995年第3期。

11. 陈桂生著：《课程实话》，华东师范大学出版社2010年版。

12. 陈辉：《我国普通高中历史课程改革20年回顾与评析》，《西南师范大学学报（哲学社会科学版）》1999年第5期。

13. 陈金芳、万作芳：《教育治理体系与治理能力现代化的几点思考》，《教育研究》2016年第10期。

14. 陈立鹏、陈彦坊：《北京市中小学章程建设现状及对策》，《教育科学研究》2011年第4期。

15. 陈青云：《上海育才中学：基于学程化的课程样态与组织模式》，《人民教育》2016年第14期。

16. 陈如：《略论我国教育评价制度系统的构建》，《教育探索》1999年第6期。

17. 陈小娅：《建立具有中国特色的基础教育质量监测系统》，《科学咨询（教育科研）》2008年第1期。

18. 陈学飞：《改革开放以来大陆公派留学教育政策的演变及成效》，《复旦教育论坛》2004年第2期。

19. 程斯辉、王娟娟：《改革开放三十年高等教育管理关系大调整》，《清华大学教育研究》2008年第6期。

20. 程天君：《教育改革的转型与教育政策的调整——基于新中国教育60年来的基本经验》，《北京大学教育评论》2012年第4期。

21. 褚宏启：《政府与学校的关系重构》，《教育科学研究》2005年第1期。

22. 崔允漷：《从"选修课和活动课"走向"校本课程"》，《教育发展研究》2000年第2期。

23. 崔允漷、夏雪梅、王中男主编：《校本课程开发：上海经验》，华东师范大学出版社 2011 年版。

24. 崔允漷著：《校本课程开发：理论与实践》，教育科学出版社 2000 年版。

25. 戴莲康：《建立义务教育评价制度——浙江义务教育课程改革探索之二》，《课程·教材·教法》1992 年第 6 期。

26. 董少校、金志明：《上海成立实体机构创新教育行政执法体制——刚柔并济执法　护航教育发展》，《中国教育报》2012 年 3 月 17 日。

27. 董向宇：《论现代大学内部"共同治理"中的学生参与》，《全球教育展望》2015 年第 1 期。

28. 凡勇昆、邬志辉：《建国以来我国政府与学校变革关系历史嬗变》，《现代教育管理》2012 年第 1 期。

29. 范国睿：《基于教育管办评分离的中小学依法自主办学的体制机制改革探索》，《教育研究》2017 年第 4 期。

30. 范国睿：《教育体制改革与教育生态活力——纪念〈中共中央关于教育体制改革的决定〉颁布 30 周年》，《教育发展研究》2015 年第 19 期。

31. 范国睿：《民办教育发展的保障与促进——解读〈中华人民共和国民办教育促进法〉》，《教育发展研究》2003 年第 7 期。

32. 冯大鸣：《重构和再造"校长负责制"》，《教育发展研究》2005 年第 1 期。

33. 冯治益：《中宣部、教育部召开部分省市高校校长负责制试点工作座谈会》，《中国高等教育》1985 年第 1 期。

34. 付宜红：《建立中小学学业质量分析、反馈与指导系统项目介绍》，《基础教育课程》2008 年第 2 期。

35. 高培勇著：《财税体制改革与国家治理现代化》，社会科学文献出版社 2014 年版。

36. 龚发云、汪本聪：《我国高等学校领导制度探析》，《国家教育行政学院学报》2011 年第 1 期。

37. 顾明远主编：《改革开放 30 年中国教育纪实》，人民出版社 2008 年版。

38. 国家教育委员会师范教育司编：《全国师范教育工作会议文件汇编（1—5 次）》，东北师范大学出版社 1997 年版。

39. 国家教育委员会政策法规司编：《十一届三中全会以来重要教育文献选编》，教育科学出版社 1992 年版。

40. 郝保伟：《中小学校长职级制改革的现状特征和效果分析》，《中国教师》2016 年第 23 期。

41. 郝文武：《师范教育向教师教育转变的必然性和科学性》，《教育研究》2014 年第 3 期。

42. 何东昌主编：《中华人民共和国重要教育文献（1949—1975）》，海南出版社 1998 年版。

43. 何东昌主编：《中华人民共和国重要教育文献（1976—1990）》，海南出版社 1998 年版。

44. 何东昌主编：《中华人民共和国重要教育文献（1991—1997）》，海南出版社 1998 年版。

45. 何东昌主编：《中华人民共和国重要教育文献（1998—2002）》，海南出版社 2003 年版。

46. 何东昌主编：《中华人民共和国重要教育文献（2003—2008）》，新世界出版社 2010 年版。

47. 河北省教育考试院编著：《河北高考 30 年》，社会科学文献出版社 2007 年版。

48. 贺永平：《公办大学董事会治理制度建构研究（高等教育学科博士学位论文提要）》，《高等教育研究》2016 年第 12 期。

49. 洪如玉：《地方教育学探究：Sobel、Theobald 与 Smith 的观点评析》，《课程与教学》2013 年第 1 期。

50. 胡卫主编：《民办教育的发展与规范》，教育科学出版社 2000 年版。

51. 扈中平、陈东升著：《中国教育两难问题》，湖南教育出版社 1995 年版。

52. 华中师大"学校领导体制改革研究"课题组：《学校领导体制改革研究报告》，《江西教育科研》1996 年第 5 期。

53. 黄葳主编：《教育督导学》，中国人民大学出版社 2011 年版。

54. 黄永林：《新中国 60 年教育经费筹措与管理体制与机制的改革与创新》，《教育财会研究》2009 年第 20 期。

55. ［加］迈克尔·富兰著，中央教育研究所、加拿大多伦国际学院译：《变革的力量——透视教育改革》，教育科学出版社 2004 年版。

56. 贾继娥、王刚等：《我国校长职级制改革的现实背景与主要策略》，《教育科学》2012 年第 1 期。

57. 贾康：《"十二五"时期中国的公共财政制度改革》，《财政研究》2011 年第 3 期。

58. 贾玉梅：《巴西教育改革策略：建立全国评价系统》，《基础教育参考》2004 年第 12 期。

59. 姜美玲：《当前荷兰基础教育督导体系及其启示》，《全球教育展望》2002 年第 9 期。

60. 蒋建华：《权力多极化的课程权力定位——超越中央与地方的思维框架》，《教育学报》2005 年第 2 期。

61. 蒋媛媛：《1978 年以来我国中小学教师培训政策研究——价值观念的变迁及其启示》，山东师范大学硕士学位论文，2004 年。

62. 教育部基础教育课程教材发展中心编：《走在专家办学路上——校长职级制改革解读》，教育科学出版社 2015 年版。

63. 金彪、胡荣根：《统一考试　自主招生——对上海市普通高校招生考试制度改革的思考》，《上海高教研究》1993 年第 4 期。

64. 金绍荣、刘新智：《非政府组织参与公共教育治理：目标、困境与路向》，《教育发展研究》2013 年第 5 期。

65. 金学方：《关于〈全日制普通高级中学课程计划（试验）〉的介绍》，《人民教育》1997 年第 9 期。

66. 靳希斌：《教育经济学中几个理论问题的思考》，《教育与经济》1998 年第 1 期。

67. 课程教材研究所编：《教材制度沿革篇（上册）》，人民教育出版社 2004 年版。

68. 乐毅：《地方政府教育督导机构改革应从依附走向独立》，《中国教育学刊》2015 年第 2 期。

69. 雷安军：《当前我国公立大学章程制定中所存在的三大问题》，《黑龙江高教研究》2015 年第 10 期。

70. 李臣之：《校本课程开发：一种广义的认识》，《课程·教材·教法》2005 年第 8 期。

71. 李彪、柳学智：《改革开放以来我国引进外国专家政策分析》，《第一资源》2013 年第 2 期。

72. 李国钧、王炳照总主编：《中国教育制度通史（第八卷）》，山东教育出版社 2000 年版。

73. 李金初、藏国军：《公有转制学校建设现代产权制度的实践与探索》，《教育发展研究》2005 年第 11B 期。

74. 李瑾瑜、史俊龙：《我国中小学教师培训政策演进及创新趋势》，《西北师大学报（社会科学版）》2012 年第 5 期。

75. 李孔珍：《校长职级制改革：从行政化走向专业化》，《教育发展研究》2016 年第 20 期。

76. 李庆刚著：《"大跃进"时期"教育革命"研究》，中共中央党校出版社 2006 年版。

77. 李思明：《三级课程管理体制的再认识》，《现代教育科学》2010 年第 6 期。

78. 李霞：《"名师工程"的冷思考》，《教育发展研究》2007 年第 10 期。

79. 李祥云著：《我国财政体制变迁中的义务教育财政制度改革》，北京大学出版社 2008 年版。

80. 李益众：《第三方机构评价学校的实践研究》，四川师范大学硕士学位论文，2017 年。

81. 李子建：《学校本位课程发展：理论与取向》，《课程与教学》2003 年第 3 期。

82. 厉以宁：《〈教育投资在国民收入中的合理比例和教育投资经济效益分析〉研究报告》，《中国高教研究》1987 年第 Z1 期。

83. 栗洪武：《"教师教育"不能取代"师范教育"》，《教育研究》2009 年第 5 期。

84. 梁伯枢：《新形势下的引进海外人才与智力工作——访全国政协常委、国家外国专家局局长季允石》，《国际人才交流》2008 年第 6 期。

85. 林丽芹、吕乾星：《新中国以来的教育财政体制变革与反思》，《当代教育论坛》2011 年第 8 期。

86. 林一钢：《校本课程就是"选修课、活动课"？》，《上海教育科研》2002 年第 9 期。

87. 刘宝存：《改革开放以来我国高等教育管理体制的回顾与前瞻》，《复旦教育论坛》2009 年第 1 期。

88. 刘本固：《教育评价的管理》，《教育理论与实践》1989 年第 1 期。

89. 刘传沛、褚宏启等著：《校长职级制改革的政策与实践——广东省中山市的探索》，北京师范大学出版社 2014 年版。

90. 刘海峰等著：《中国考试发展史》，华中师范大学出版社 2002 年版。

91. 刘海峰：《理性认识高考制度稳步推进高考改革》，《中国高等教育》2013 年第 7 期。

92. 刘丽群：《除了"选择"，别无选择——关于加强我国普通高中课程结构选择性的思考》，湖南师范大学硕士学位论文，2001 年。

93. 刘利民：《新形势下我国基础教育管办评分离思考》，《中国教育学刊》2015 年第 3 期。

94. 刘妍：《基于研究的教育政策制定过程：财政性教育经费占 GDP 4％的政策分析》，《北京大学教育评论》2011 年第 4 期。

95. 刘英杰主编：《中国教育大事典(1949—1990)(上)》，浙江教育出版社 1993 年版。

96. 龙舟：《我国教育财政制度改革变迁》，《当代教育理论与实践》2009 年第 8 期。

97. 卢盈：《教育督导人员专业化及其制度保障》，《教育导刊》2014 年第 4 期。

98. 罗阳佳：《重构"学程"：课程改革的育才模式》，《上海教育》2011 年第 24 期。

99. 梅克、张秀姐、李吉会等：《北京市中小学教育质量综合评价方案(上)》，《教育科学研究》1992 年第 6 期。

100. ［美］卡尔·D·格利克曼、［美］斯蒂芬·P·戈登、［美］乔维塔·M·罗斯-戈登著，黄崴主译：《教育督导学：一种发展性视角(第六版)》，中国人民大学出版社 2014 年版。

101. ［美］西奥多·J·科瓦尔斯基著，兰英等译：《学区督导：理论、实践与案例(第二版)》，中国人民大学出版社 2012 年版。

102. ［美］詹姆斯·C·斯科特著，王晓毅译：《国家的视角：那些试图改善人类状况的项目是如何失败的》，社会科学文献出版社 2004 年版。

103. 孟东军：《中国研究生教育成本分担机制与学费政策研究》，浙江大学硕士学位论文，2003 年。

104. 苗丹国：《新中国出国留学政策的形成、变革与发展》，中国留学文化学术研讨会，2008 年。

105. 欧用生：《披着羊皮的狼——校本课程改革的台湾经验》，《全球教育展望》2002 年第 7 期。

106. 潘昆峰、刘佳辰、何章立：《新高考改革下高中生选考的"理科萎缩"现象探究》，《中国教育学刊》2017 年第 8 期。

107. 蒲蕊：《论教育治理中的社会参与》，《中国教育学刊》2015 年第 7 期。

108. 秦惠民、谷昆鹏：《对完善我国教育法律体系的思考》，《北京师范大学学报（社会科学版）》2016 年第 2 期。

109. 邱渊：《析教育投资功能》，《教育发展研究》1990 年第 4 期。

110. 瞿葆奎主编：《教育基本理论之研究（1978—1995）》，福建教育出版社 1998 年版。

111. 瞿葆奎主编：《教育学文集·中国教育改革》，人民教育出版社 1991 年版。

112. 全国课程专业委员会秘书处编：《21 世纪中国课程研究与改革》，人民教育出版社 2001 年版。

113. 全力：《名师工作室环境中的教师专业成长——一种专业共同体的视角》，《当代教育科学》2009 年第 13 期。

114. 沈百福：《公共财政体制改革涉及的教育投资问题》，《教育与现代化》2005 年第 3 期。

115. 石灯明：《英、德教育督导制度的比较研究及其启示》，《教育测量与评价》2009 年第 6 期。

116. 石鸥、吴小鸥著：《简明中国教科书史》，知识产权出版社 2015 年版。

117. 石中英、张夏青：《30 年教育改革的中国经验》，《北京师范大学学报（社会科学版）》2008 年第 5 期。

118. 苏君阳：《管办评分离背景下教育评估机制的建构》，《北京教育》2016 年第 12 期。

119. 苏君阳主编：《教育督导学》，北京师范大学出版社 2012 年版。

120. 苏林、张贵新主编：《中国师范教育十五年》，东北师范大学出版社 1996 年版。

121. 孙立平著：《转型与断裂：改革以来中国社会结构的变迁》，清华大学出版社 2004 年版。

122. 孙世杰：《关于教育督导督政问题的分析及建议》，《教育测量与评价》2013 年第 1 期。

123. 孙玉洁：《我国角度督导制度存在的问题与改进建议》，《教育研究》2004 年第 10 期。

124. 孙元清等著：《上海课程改革 25 年（1988—2013）》，上海教育出版社 2016 年版。

125. 汤贞敏：《推进第三方教育评估健康有序发展》，《南方日报》2016 年 1 月 16 日。

126. 田丹：《我国中小学教师绩效工资制度改革研究》，河南师范大学硕士学位论文，2012 年。

127. 田正平、杨云兰：《建国以来中学教师工资制度的改革》，《教育评论》2008 年第 6 期。

128. 涂文涛主编：《教育督导新论》，人民教育出版社 2015 年版。

129. 汪仁：《国内普通教育评价研究综述》，《江西教育科研》1988 年第 1 期。

130. 王立科：《我国教师教育政策发展三十年回顾与展望》，《国家教育行政学院学报》2009 年第 1 期。

131. 王全乐：《我国中小学教师培训制度的历史研究》，《继续教育研究》2005 年第 5 期。

132. 王善迈：《我国教育投资比例的历史分析》，《北京师范大学学报（社会科学版）》1987 年第 5 期。

133. 王善迈著：《公共财政框架下公共教育财政制度研究》，经济科学出版社 2012 年版。

134. 王文峰：《"名师"的制度化及其影响》，南京师范大学硕士学位论文，2004 年。

135. 王晓妹：《中小学校内涵发展督导评估体系的研究》，辽宁师范大学博士学位论文，2014 年。

136. 王媛、陈恩伦：《健全教育督导问责机制的路径探析》，《教育研究》2016 年第 5 期。

137. 王月芬：《课程改革：让上海教育从量变到质变》，《人民教育》2016 年第 8 期。

138. 王泽军：《教师工作室：教师专业发展的新路径》，《教育科学论坛》2009 年第 10 期。

139. 魏本亚：《高中语文选修课程：变革、困惑与反思》，《课程·教材·教法》2006 年第 4 期。

140. 魏国东：《1977 年以来中国高考制度改革研究》，河北大学博士学位论文，2008 年。

141. 文正健：《小步快走，扎实推进河南省第三方教育评价工作》，《河南教育（高教）》2015 年第 1 期。

142. 吴刚平著：《校本课程开发》，四川教育出版社 2002 年版。

143. 吴康宁主编：《课程社会学研究》，江苏教育出版社 2004 年版。

144. 吴志宏著：《教育行政学》，人民教育出版社 2000 年版。

145. 萧宗六：《对中小学领导体制质疑》，《中小学管理》2002 年第 9 期。

146. 萧宗六：《为什么要"逐步实行校长负责制"？》，《人民教育》1985 年第 10 期。

147. 萧宗六：《校长负责制的提出及内涵》，《中小学管理》2000 年第 11 期。

148. 谢家启、王珏人著：《我国普通高校教育成本及其分担研究》，浙江大学出版社 2010 年版。

149. 谢翌、马云鹏、张治平：《新中国真的发生了八次课程改革吗？》，《教育研究》2013 年第 2 期。

150. 辛涛、李峰、李凌艳：《基础教育质量监测的国际比较》，《北京师范大学学报（社会科学版）》2007 年第 6 期。

151. 徐建平：《现代学校制度研究述评》，《上海教育科研》2005 年第 7 期。

152. 徐萌蔚：《普通高中选修课程"必修化"现象研究》，陕西师范大学硕士学位论文，2016 年。

153. 徐玉珍：《论国家课程的校本化实施》，《教育研究》2008 年第 2 期。

154. 徐玉珍：《是校本的课程开发，还是校本课程的开发——校本课程开发概念再解读》，《课程·教材·教法》2005 年第 11 期。

155. 徐铮：《多渠道筹措教育经费政策剖析》，《苏州科技学院学报（社会科学版）》2003 年第 20 期。

156. 许海莹：《我国基础教育监测的现状考察及政策建议》，《教育测量与评价》2016 年第 3 期。

157. 许杰：《建设中国特色现代大学制度：成效、问题与对策——基于试点院校的探索实践》，《教育研究》2014 年第 10 期。

158. 薛二勇：《提高我国教师待遇的政策分析》，《北京师范大学学报（社会科学版）》2014 年第 4 期。

159. 颜德如、岳强：《中国府际关系的现状及发展趋向》，《学习与探索》2012 年第 4 期。

160. 杨德军著：《四论基础教育：权力、对象、工具与载体》，北京出版社 2013 年版。

161. 杨会良等：《改革开放以来中国高等教育财政体制的演变、特征与发展对策》，《河北大学学报（哲学社会科学版）》2010 年第 3 期。

162. 杨会良、张朝伟：《改革开放以来我国农村义务教育财政体制：演变、特征与政策建议》，《河北大学学报（哲学社会科学版）》2012 年第 7 期。

163. 杨会良著：《当代中国教育财政发展史论纲》，人民出版社 2006 年版。

164. 杨润勇：《关于构建我国教育督导政策体系的思考》，《教育研究》2007 年第 8 期。

165. 杨润勇：《关于"中小学校长负责制"的政策分析与建议》，《中小学管理》2008 年第 8 期。

166. 杨学为编：《高考文献(下)》，高等教育出版社 2003 年版。

167. 杨学为编：《中国高考史述论(1949—1999)》，湖北人民出版社 2007 年版。

168. 杨学为总主编：《中国考试史文献集成》，高等教育出版社 2003 年版。

169. 尹红菊：《新课程背景下农村高中发展性学生评价研究》，陕西师范大学硕士学位论文，2011 年。

170. 游心超、侯晓明：《普通教育评价研讨会综述》，《教育研究与实验》1986 年第 3 期。

171. 有本章：《变化中的日本学术评价体系：从自我评价向第三方评价的转换》，《国家教育行政学院学报》2006 年第 12 期。

172. 俞可平：《治理和善治理论》，《马克思主义与现实》1999 年第 5 期。

173. 袁贵仁：《深化教育领域综合改革加快推进教育治理体系和治理能力现代化》，《中国高等教育》2014 年第 5 期。

174. 曾祥春：《普通高中教育质量监测"教师成长监测指标"研究》，福建师范大学硕士学位论文，2007 年。

175. 张奠宙：《国家高中数学课程标准正在研究的 15 个课题》，《数学教学》2000 年第 6 期。

176. 张力、郭戈：《建立和完善国家教育评价制度——"国家教育评价制度国际研讨会"综述》，《教育研究》1994 年第 2 期。

177. 张林静：《我国基础教育质量监测工作综述》，《河北广播电视大学学报》2012 年第 5 期。

178. 张祥明：《教育评价制度的意义、类型和特征》，《福建教育学院学报》2001 年第 3 期。

179. 张镇平、程百有等：《关于我国高校领导体制改革的历史回顾和对改革中几个问题的探讨》，《浙江大学学报》1988 年第 2 期。

180. 赵同祥、李天鹰：《校长职级制实施的现状、问题及对策》，《齐鲁学刊》2013 年第 2 期。

181. 中共中央文献编辑委员会编辑：《邓小平文选(第二卷)》，人民出版社 1994 年版。

182. 钟秉林：《加强综合改革平稳涉过教育改革"深水区"》，《教育研究》2013 年第 7 期。

183. 钟启泉编著：《现代课程论》，上海教育出版社 2006 年版。

184. 钟启泉、崔允漷、吴刚平主编：《普通高中新课程方案导读》，华东师范大学出版社 2003 年版。

185. 钟启泉、罗厚辉主编：《课程范式的转换——上海与香港的课程改革》，上海科技教育出版社 2003 年版。

186. 钟启泉、王艳玲：《从"师范教育"走向"教师教育"》，《全球教育展望》2012 年第 6 期。

187. 钟启泉：《选修制度与个性发展——兼评上海市中学选修课程标准》，《比较教育研究》1999 年第 4 期。

188. 钟启泉：《一纲多本：教育民主的诉求——我国教科书政策述评》，《教育发展研究》2009 年第 4 期。

189. 钟晓敏主编：《地方财政学(第三版)》，中国人民大学出版社 2012 年版。

190. 周德义：《60 年来我国教育督导制度的回顾与审思》，《教育测量与评价》2009 年第 9 期。

191. 周飞舟：《分税制十年：制度及其影响》，《中国社会科学》2016 年第 10 期。

192. 周国华、吴海江：《中小学教师薪酬研究：问题与方向——基于近 15 年的文献分析》，《教师教育研究》2016 年第 6 期。

193. 周红：《美国国家教育进展评估（NAEP）体系的产生与发展》，《外国教育研究》2005 年第 2 期。

194. 周济：《促进高校独立学院持续健康快速发展》，《中国高等教育》2003 年第 13—14 期。

195. 周满生：《我国教育投资的特点以及所面临的问题》，《教育科学》1996 年第 2 期。

196. 朱旭东：《论我国后师范教育时代的教师教育制度重建》，《教育学报》2005 年第 2 期。

197. 朱永新：《我看学校转制》，《教育发展研究》2005 年第 8B 期。

198. 邹尚智编著：《校本课程开发与管理》，科学普及出版社 2007 年版。

199. Chambliss, M. J. & Calfee, R. C. Textbooks for Learning：Nurturing Children's Minds. Massachusetts：Blackwell, 1998.

200. Della-Dora, D. Foreword. In O. L. Davis, Jr. Perspectives on Curriculum Development 1776 - 1976. Washington, DC：ASCD Yearbook Committee, 1976.

201. Ehren, M. C. M. , H. Altrichter, G. McNamara & J. O'Hara. Impact of School Inspections on Teaching and Learning-describing Assumptions on Causal Mechanisms in Seven European Countries. Educational Assessment, Evaluation and Accountability, 2013 (25)：3 - 43.

202. Elliott, D. L. , A. Woodward & K. J. Rehage. Textbooks and Schooling in the United States. Chicago：National Society for the Study of Education, 1990.

后 记

改革开放的 40 年不仅是中国经济社会大转型、大改革和大发展的 40 年,也是中国教育大转型、大变革和大发展的 40 年。40 年来,我国教育改革和发展取得了巨大成就,各领域、各方面、各层次教育都实现了跨越式发展。在新时代中国特色社会主义建设的背景下,教育迎来了新的机遇和新的挑战,我们需要从新的视角、以新的机制建构教育改革和发展的新格局。

梳理改革开放以来教育领域中的重大改革、重大转折和重大突破,分析改革的背景、条件和政策措施,有利于明晰制度改革和建设的发展路径,有助于审视当下的教育实践。站在新时代教育发展的新起点上,我们有必要回望曾进行了哪些艰难探索,突破了哪些障碍和禁区,获得了哪些教训和启示。改革开放之初,面临百废待兴的社会发展局面,邓小平力挽狂澜,以教育领域拨乱反正为突破口,以恢复高考为重大标志,开启了教育改革开放的新征程,一些重大的制度建设,如恢复高考,进行教育体制改革,其意义已远远超越教育本身,成为影响 40 年社会发展的重大事件。

本书是对我国改革开放 40 年来的教育制度变迁的梳理与反思。之所以将分析的重心放在制度变迁上,一方面是因为这 40 年的重大战略方向、重大战略思想和重大战略举措都清楚地体现在制度文本中;另一方面,将制度作为分析对象,可以比较完整地反映 40 年来教育改革的基本方向、主要内容和基本策略。为此,我们以学校为基点,以专题为主线,分别呈现了宏观层面的办学体制改革、教育管理体制改革;微观层面的学校领导与管理制度改革、课程与教材制度改革、教师制度改革和教育评价制度改革;以及作为学校教育重要支撑的考试招生与就业制度改革、教育督导制度改革、教育财政制度改革、教育对外开放制度改革。通过对这三个维度的制度分析,大致勾勒各个制度变迁的来龙去脉,以此反映整个教育改革发展的战略图景。当然,要对教育领域所有制度作一个非常全面的分析是困难的,事实上也是不可能的。纵观 40 年来的教育制度与教育改革过程,我们发现,这是一个在走出“文革”乱象之后的不断规范化、法治化的过程,是一个不断以教育政策和规章推进点状改革到以教育法律规范教育秩序、推进教育制度建设的过程,是一个以法治赋权、推进协商共治、激发各教育利益主体活力的过程,是一个从规制走向赋能的过程。

本书是集体劳动的成果,经历了一个从集体讨论到个人起草、反复讨论、修改、润饰的过程;各章主题的选择与厘定、历史材料的取舍、论点的斟酌等,都是在集体反复研讨的基础上确定的;在写作过程中,还多次与本丛书其他著作的相关作者反复交流沟通。我们的脉搏始终跳跃在一个节奏上,力求整齐有序地展示每个主题的核心内容。参与研讨与执笔的同志,都是华东师范大学教育学部教育学系、教育管理学系、基础教育改革与发展研究所、教育治理研究院的中青年学者,各章执笔人如下:导言,范国睿;第一、五章,杜明峰;第二、七章,孙勇;第三章,魏叶美;第四章,闻凌晨;第六章,刘明昊;第八章,杨文杰;第九章,胡耀宗;第十章,陈婧。

反思教育的历史发展轨迹是为了促进教育事业的健康持续发展。当前,我国正步入中国特色社会主义新时代,在这样一个新时代,教育对社会发展具有基础性、先导性、全局性作用,正如中共十九大报告所指出的,"建设教育强国是中华民族伟大复兴的基础工程,必须把教育事业放在优先位置,加快教育现代化,办好人民满意的教育"。在未来的社会发展中,社会将更加开放,更加民主,更加繁荣;同样,在教育制度建设与教育事业发展过程中,将坚持以人民为中心的教育理念,借助互联网、大数据、人工智能等新技术、新方法、新途径,通过推进教育法治建设、制度建设,加快推进教育治理体系与治理能力现代化进程,赋予学校、社会组织等更加充分的自主权,建成更加开放、民主的教育体系,满足公众个性化、多样化、高质量的教育需求,形成"幼有所育、学有所教"健康教育生态。

图书在版编目(CIP)数据

从规制到赋能:教育制度变迁创新之路/范国睿等著.
—上海:华东师范大学出版社,2018
(教育现代化的中国之路.纪念教育改革开放40年丛书)
ISBN 978-7-5675-7749-7

Ⅰ.①从…　Ⅱ.①范…　Ⅲ.①教育制度-教育史-研究-中国　Ⅳ.①G529

中国版本图书馆 CIP 数据核字(2018)第 155372 号

教育现代化的中国之路——纪念教育改革开放 40 年丛书

从规制到赋能
——教育制度变迁创新之路

著　　者　范国睿等
组稿编辑　张俊玲
项目编辑　袁梦清
审读编辑　李玮慧
责任校对　张　雪
装帧设计　高　山

出版发行　**华东师范大学出版社**
社　　址　上海市中山北路 3663 号　邮编 200062
网　　址　www.ecnupress.com.cn
电　　话　021-60821666　行政传真 021-62572105
客服电话　021-62865537　门市(邮购)电话 021-62869887
地　　址　上海市中山北路 3663 号华东师范大学校内先锋路口
网　　店　http://hdsdcbs.tmall.com

印刷者　杭州日报报业集团盛元印务有限公司
开　　本　787×1092　16 开
印　　张　27.5
字　　数　431 千字
版　　次　2018 年 7 月第 1 版
印　　次　2018 年 7 月第 1 次
书　　号　ISBN 978-7-5675-7749-7/G·11135
定　　价　92.00 元

出 版 人　王　焰

(如发现本版图书有印订质量问题,请寄回本社客服中心调换或电话 021-62865537 联系)